# Barcelone et ses environs

## 2021/22

Cofondateurs : Philippe GLOAGUEN et Michel DUVAL

Directeur de collection et auteur
Philippe GLOAGUEN

Secrétaire général
Gavin's CLEMENTE-RUIZ

Rédacteurs en chef
Amanda KERAVEL (France)
Benoît LUCCHINI (Étranger)

Directrice administrative
Bénédicte GLOAGUEN

Conseiller à la rédaction
Pierre JOSSE

Responsable voyages
Carole BORDES

Direction éditoriale
Élise ERNEST

Rédaction
Isabelle AL SUBAIHI
Emmanuelle BAUQUIS
Mathilde de BOISGROLLIER
Thierry BROUARD
Marie BURIN des ROZIERS
Diane CAPRON
Véronique de CHARDON
Laura CHARLIER
Florence CHARMETANT
Fiona DEBRABANDER
Anne-Caroline DUMAS
Éléonore FRIESS
Géraldine LEMAUF-BEAUVOIS
Olivier PAGE
Alain PALLIER
Anne POINSOT
André PONCELET

hachette

# TABLE DES MATIÈRES

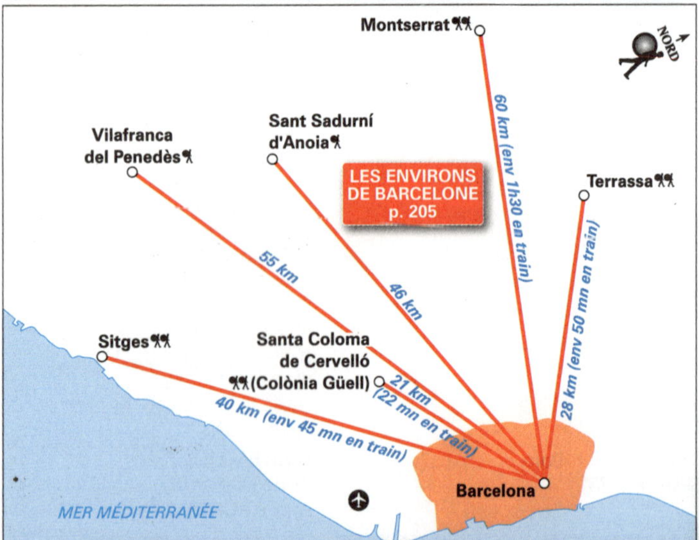

## PRÉAMBULE



## COMMENT Y ALLER ? .... 36



## BARCELONE UTILE .... 42



## BARCELONE .... 80

### ADRESSES ET INFOS UTILES .... 80



### OÙ DORMIR ? .... 89



### BARCELONE PAR QUARTIER .... 104

## IMPORTANT : DERNIÈRE MINUTE

Entre deux parutions du *Routard*, des événements fortuits (conditions sanitaires, catastrophes naturelles, mais aussi formalités, taux de change, conditions d'accès aux sites, fermetures inopinées, etc.) peuvent modifier vos projets de voyage. Pour éviter les déconvenues, nous vous recommandons de consulter la rubrique « Guide » par pays de notre site • *routard.com* • et plus particulièrement les dernières **Actus voyageurs.**

**UNE PANDÉMIE INOUÏE !**

Depuis toujours, le ***Routard*** **apporte son soutien aux hôteliers et restaurateurs** qui accueillent nos lecteurs avec sourire et professionnalisme. Inlassablement, nos enquêteurs sont à l'affût de ces établissements, pour le plus grand bonheur de nos lecteurs. Des adresses familiales et accueillantes que nous continuerons à soutenir et mettre en valeur. Malgré toute notre vigilance, certains d'entre eux auront fermé quand ce livre sortira. Cette terrible **pandémie de Coronavirus** a, on le sait, des conséquences importantes pour tous les professionnels du tourisme. **Nous sommes de tout cœur avec eux !**

☎ **112 :** c'est le numéro d'urgence commun à la France et à tous les pays de l'UE, à composer en cas d'accident, agression ou détresse. Il permet de se faire localiser et aider en français, tout en améliorant les délais d'intervention des services de secours.

*Le castell, une tradition catalane*

Reial Monestir de Pedralbes
Finca Güell
Palau Real
Avda de Pedralbes
Av.
Maria Cristina
Via Augusta
R. del General Mitre
Muntaner
Carles III
Diagonal
Camp Nou (Museu FC Barcelona)
Gran Vía de
C. de
GRÀCIA
Travessera de Grà
Carrer de Numància
R. del Brasil
Avda de Josep Tarradellas
Avinguda
Carrer de Sants
Estació de Barcelona-Sants
Muntaner
Catalunya
L'EIXAMPLE
Avda de Roma
Carrer d'Aragó
Fundació Tàpies
C. de la Creu Coberta
Parc Joan Miró
Plaça Braus les Arenes
R. de
Gran Vía de
PLAÇA D'ESPANYA
Caixa Forum
Avinguda del Paral·lel
R. de Sant Antoni
CCCB
MACBA
SANT ANTONI
Poble Espanyol
Pavelló Mies Van Der Rohe
Mercat de la Boquería
La Rambla
MNAC
POBLE SEC
EL RAVAL
MONTJUÏC
Fundació Miró
Sant Pau del Camp
Palau Güell
Museu marítim
P. de
Mirador de Colom
Goélette Santa Eulàlia
SITGES
Passeig de Josep Carner
EL PORT VELL

Vallcarca
TIBIDABO
Torres Bellesguard
Park Güell
Parc del Carmel
NORD
Lesseps
Avda de Vallcarca
Travessera de Dalt
Casa Vicens
Fontana
Carrer del Torrent de l'Olla
C. Gran de Gràcia
Alfons X
Ronda del Guinardó
Hospital de Sant Pau
Travessera de Gràcia
Carrer de Sardenya
Carrer de Marina
Carrer de Sant Antoni Maria Claret
Carrer de la Indústria
Sant Pau Dos de Maig
Diagonal
P. de San Joan
Avda de Gaudí
Gràcia
La casa Milà
Sagrada Família
Carrer de Padilla
C. de Cartagena
SAGRADA FAMÍLIA
Meridiana
Casa Batlló
Avinguda Diagonal
Carrer d'Aragó
Casa Amatller
Casa Lleó i Morera
Passeig de Gràcia
Avinguda Meridiana
PLAÇA GLÒRIES CATALANES
Gran Vía de les Corts Catalanes
PLAÇA DE CATALUNYA
Palau de la Música catalana
Glories
DHUB
Avinguda Diagonal
R. de Sant Pere
22@
Marina
Rambla del Poblenou
BARRI GÒTIC
LA RIBERA
Laietana
Carrer Pere IV
Poblenou
Catedral
Carrer de Pujadas
Bogatell
Llacuna
C. de la Princesa
Museu Picasso
EL BORN
Sta María del Mar
GIRONA, MATARÓ
V.
Colom
Estació de França
Parc de la Ciutadella
Ciutadella
Avda d'Icària
POBLENOU
Museu d'Història de Catalunya
Aquàrium
Vila Olímpica
LA BARCELONETA
Platja Bogatell
Mar Bella
Platja Nova Icària
Platja Barceloneta
Platja Sant Sebastià


# BARCELONE

# LA RÉDACTION DU ROUTARD

## (sans oublier nos 50 enquêteurs, aussi sur le terrain)

© R. Delalande et E. Dessons

**Jean-Sébastien, Olivier, Mathilde, Thierry, Alain, Gavin's, Éléonore, Anne-Caroline, André, Laura, Florence, Véronique, Isabelle, Géraldine, Fiona, Amanda, Benoît, Emmanuelle, Bénédicte, Philippe, Carole, Diane, Anne, Marie.**

**La saga du *Routard* :** en 1971, 2 étudiants, Philippe et Michel, avaient une furieuse envie de découvrir le monde. De retour du Népal germe l'idée d'un guide différent qui regrouperait tuyaux malins et itinéraires sympas, destiné aux jeunes fauchés en quête de liberté. 1973. Après 19 refus d'éditeurs et la faillite de leur première maison d'édition, l'aventure commence vraiment avec Hachette. Aujourd'hui, le *Routard*, c'est plus d'une cinquantaine d'enquêteurs impliqués et sincères. Ils parcourent le monde toute l'année dans l'anonymat et s'acharnent à restituer leurs coups de cœur avec passion.

**Merci à tous les routards qui sont solidaires de nos convictions :** liberté et indépendance d'esprit ; découverte et partage ; sincérité, tolérance et respect des autres.

## NOS SPÉCIALISTES BARCELONE

**Anne Poinsot :** après avoir tâté de l'histoire, de la sociologie et de la sculpture, c'est au *Routard* qu'Anne nourrit chaque jour sa curiosité éclectique, ses désirs d'ailleurs et son goût du mot juste. Toujours l'œil grand ouvert sur la beauté paradoxale du monde. Entre les rencontres, l'exploration de terrain et les plages d'écriture, elle ne voit pas le temps passer…

**Emmanuelle Bauquis :** les yeux ouverts, les papilles en émoi, elle trace sa route à la semelle de ses souliers, rencontre l'aventure au coin de la rue comme au bout du tarmac. Elle trouve l'ailleurs dans l'écriture comme dans la géographie. À son programme : raconter la beauté des paysages et les épopées qui les ont façonnés.

**Fabrice de Lestang :** il s'est longtemps levé bien tard puis a subitement réalisé, à 22 ans, que la vie c'est le mouvement. Régisseur sur les plateaux de tournage 7 jours sur 7, il est passé avec bonheur des décors de studio aux paysages réels. Au *Routard* depuis plus de 25 ans, il se lève désormais très tôt et affiche plus de 150 voyages au compteur.

## UN GRAND MERCI À NOS AMI(E)S SUR PLACE ET EN FRANCE

**Pour cette nouvelle édition, nous remercions particulièrement :**

- les offices de tourisme de Barcelone et leurs équipes, avec un clin d'œil particulier à **Montse Planas,** de Barcelona Turisme ;
- **Josefina Mariné** et **Emmanuelle Poiret,** de Catalunya Tourisme à Paris, pour leur grand professionnalisme ;
- l'office espagnol de tourisme à Paris, pour son efficacité sans faille ;
- **Miquel, Jordi** et **Adrià,** pour leurs bons tuyaux et leur bonne humeur ;
- **Ilona** et **Bénédicte,** sources inépuisables d'infos ;
- **Julie Lopez, Olivier Perez** et **Gabriel,** pour leurs bonnes adresses et leur grande gentillesse ;
- **Joan Vitòria i Codina,** le roi de l'urbanisme et de l'architecture !
- **Nina L,** pour son plaisir de partager la magie de la casa Vicens ;
- **Carine Derangère-Lebecque,** pour son accueil chaleureux et sa curiosité toujours en éveil.


### Pictogrammes du Routard

**Établissements**

- Hôtel, auberge, chambre d'hôtes
- Camping
- Restaurant
- Terrasse
- Boulangerie, sandwicherie
- Pâtisserie
- Glacier
- Café, salon de thé
- Café, bar
- Bar musical
- Club, boîte de nuit
- Salle de spectacle
- Boutique, magasin, marché

**Infos pratiques**

- Office de tourisme
- Poste
- Accès Internet
- Hôpital, urgences
- Adapté aux personnes handicapées

**Sites**

- Présente un intérêt touristique
- Point de vue
- Plage
- Spot de surf
- Site de plongée
- Recommandé pour les enfants
- Inscrit au Patrimoine mondial de l'Unesco

**Transports**

- Aéroport
- Gare ferroviaire
- Gare routière, arrêt de bus
- Station de métro
- Station de tramway
- Parking
- Taxi
- Taxi collectif
- Bateau
- Bateau fluvial
- Piste cyclable, parcours à vélo




Le *Routard* est imprimé sur un papier issu de forêts gérées.





I.S.B.N. 978-2-01-629316-4

L'hôpital de la Santa Creu i Sant Pau

© Guido Cozzi/SIME/Photononstop

*« Bien dire ne dispense pas de bien faire. »*
*Proverbe catalan*

**On aime passionnément Barcelone !** D'ailleurs, la ville est une véritable destination en soi : on y vient, on y revient… et on y retourne, même pour un grand week-end. La capitale de la Catalogne brille par sa culture, son architecture, son climat, sa gastronomie, sa mythique équipe de football et, surtout, sa bonne humeur. Il faut dire qu'elle possède **8 bâtiments classés au Patrimoine mondial de l'humanité par l'Unesco** : un record mondial pour une seule ville ! Et tous appartiennent au mouvement moderniste : le palais de la Musique catalane, la Pedrera, la casa Batlló, le park Güell, le palau Güell, la Sagrada Família, l'hospital de Sant Pau et la casa Vicens. Cerise sur le gâteau, **les chefs d'œuvre de Gaudí et de ses confrères** cohabitent paisiblement avec **une architecture gothique** et avec… **les plages,** donnant à la ville un air perpétuel de vacances ! Quel bonheur que de pouvoir piquer une tête après avoir visité toutes ces merveilles culturelles… Ajoutez à cela des transports en commun efficaces – dont un métro d'une simplicité élémentaire – des téléphériques, des funiculaires, des bateaux, une myriade de bars à tapas, restos, cafés et terrasses, et vous aurez une idée du charme de Barcelone. Enfin, quand son altesse Covid Ier daigne nous offrir une paix royale, quand le soleil se couche et que les musées ferment leurs portes, **la nuit barcelonaise s'embrase.** Destination fétiche de fêtards venus des 4 coins de l'Europe, ici, les nuits peuvent être plus longues que les jours… En résumé, une destination bien vivante, affichant une tolérance prisée des jeunes (pas mal d'étudiants Erasmus en goguette, CQFD le succès du film *L'Auberge espagnole* !) mais aussi des moins jeunes, qui y trouvent une **Espagne fière, autonome (pour ne pas dire plus !), à la fois ancrée dans un passé culturel prestigieux et bien décidée à croquer la modernité à pleines dents.**

*Dans le palais de la Musique catalane*

© Serrano Anna/SIME/Photononstop

# NOS COUPS DE CŒUR

**Déambuler tranquillement dans le Barri Gòtic, entre ruelles et placettes, pour profiter pleins feux de tous les détails architecturaux de ce quartier au caractère médiéval encore marqué.**

C'est le cœur historique de Barcelone. Parce qu'avant d'être « gothique », ce quartier était déjà occupé par les Romains. Leurs solides murailles restent visibles ici ou là. Passage obligé par la cathédrale, d'une remarquable homogénéité même si sa construction s'est échelonnée du XIIIe au début du XXe s ! *p. 104*

***Bon à savoir :** les visites payantes de la cathédrale donnent accès au chœur, au cloître, au trésor et aux toits.*

© Gunnar KNECHTEL/LAIF-REA

2 **Tourner et retourner dans le marché de la Boquería, saliver à chaque étal jusqu'à craquer et s'attabler devant de superbes tapas en éclusant un gorgeon !**

Installé ici depuis 1914, le plus célèbre marché couvert de la ville est devenu une vraie attraction touristique. Normal ! Sa structure de fer et de verre très Art nouveau vaut déjà le coup d'œil. Et la Boquería, c'est, d'étal en étal, un véritable spectacle pour les yeux, les narines, voire les oreilles, avec la gouaille toute catalane des commerçants. Les Barcelonais en parlent souvent comme d'une « cathédrale des sens ». L'expression est bien choisie ! *p. 152*

***Bon à savoir :*** *ouv lun-sam 8h-20h, fermé dim.*

**3 Assister à une démonstration de sardane, la danse nationale catalane.** La sardane se dansait déjà, paraît-il, chez les Étrusques et dans la Grèce antique. Interprétée par toutes les générations confondues, c'est une danse sobre, calme, mais pas aussi simple qu'elle en a l'air, puisque tous les pas et les pointes sont comptés. Alors, prêt à entrer dans la ronde ? *p. 120, 251*

***Bon à savoir :** sur le parvis de la cathédrale, ts les sam vers 18h de fév à juil, ou de sept à nov, les dim vers 11h15, un orchestre vient spécialement, et les habitants laissent tomber leurs paniers de courses et le bébé du landau pour participer.*

© Guillem Lopez/Alamy/Hemis

**4 Contempler la plus belle donation de Picasso, effectuée de son vivant, au musée… Picasso, tout simplement !**

Dans un superbe ensemble de 5 palais gothiques, parmi les plus beaux de la ville, ce musée offre un fabuleux voyage à travers des aspects parfois méconnus de la vie et de l'œuvre du peintre. De ses toiles de jeunesse à l'impressionnante série de réinterprétations des *Ménines* de Velásquez en passant par les périodes bleue ou rose. Belle collection de céramiques également. *p. 133*

***Bon à savoir :** il est indispensable de réserver sur le site internet • museupicasso.bcn.cat •*

*Variation d'après Les Ménines de Velasquez : Isabel de Velasco, Maria Barbola et Nicolasito Pertusato. III, 24/10/1957. Succession Picasso 2020*

© Maisant Ludovic/hemis.fr

© Rebecca Horn, *L'Estel Ferit*, © Adagp, Paris, 2021

© Sergey Kelin/shutterstock

5 **Se payer le luxe d'une petite brasse dans la Méditerranée sur la plage de la Barceloneta, après ou avant une balade dans cet ancien quartier de pêcheurs.**

Rues à angle droit et quadrillages d'immeubles presque tous identiques : la Barceloneta a été créée au XVIIIe s par le génie militaire, et ça se remarque ! Mais le quartier conserve un aspect typiquement méditerranéen, et être bordé par la plage la plus fréquentée de la ville ne l'empêche pas d'entretenir une ambiance résolument populaire : moult adresses authentiques où se régaler de *bombas*, de poissons et autres fruits de mer. *p. 137*

***Bon à savoir :*** *la Barceloneta abrite également le très pédagogique musée d'Histoire de la Catalogne.*

© René Mattès © Successió Miró/ADAGP, Paris, 2021 : *Tapisserie de la Fondation*, 1979

6 **Découvrir Miró en profondeur, en prenant tout son temps, dans la fondation qui porte son nom, sur la colline de Montjuïc.**

Joan Miró, le plus célèbre (avec Dalí) des artistes catalans, a créé cette fondation de son vivant. Superbe ensemble architectural pour découvrir, à travers la collection la plus complète au monde, une œuvre beaucoup plus vaste et complexe que ces toiles géométriques aux couleurs vives auxquelles on l'associe souvent : de l'impressionnisme au « dripping ». Régulières expos de jeunes artistes. *p. 163*

***Bon à savoir :*** *• fmirobcn.org • fermé lun ; n'oubliez pas de grimper sur la terrasse pour les sculptures de Miró et la vue sur la ville !*

7 **Explorer le musée national d'Art de Catalogne, soit le plus beau musée d'art roman au monde, en admirant salle après salle les merveilles romanes, mais aussi gothiques, Renaissance, baroques ou modernistes.**

Le clou du musée, c'est cet ensemble de fresques d'origine prélevées sur des églises catalanes et remarquablement reconstituées. Également une extraordinaire collection de Christ en majesté et de vierges à l'enfant ainsi que, Barcelone oblige, une section consacrée au modernisme p. 164

***Bon à savoir :*** *• museunacional.cat • fermé lun ; il faut bien min 5h pour découvrir ce musée mais, bonne nouvelle, le billet est valable 2 jours !*

© René Mattès

**8 Découvrir un véritable condensé architectural du pays au *Poble Espanyol.***

Héritage de l'Exposition universelle de 1929, le *Poble Espanyol* offre une réplique fidèle de différents monuments du pays, et un village idéal composé des diverses architectures populaires régionales. Le résultat ? Ce village fortifié de 49 000 m² qui compte une mairie, un monastère, 117 bâtiments, rues et places. Le visiteur musarde entre *plazas mayores* castillanes et ruelles de villages andalous, palais et églises… Le soir, lorsque la majorité des visiteurs a regagné le centre-ville, la balade est pleine de charme. *p. 167*

***Bon à savoir :** au cœur du* Poble Espanyol, *une des boîtes les plus folles de Barcelone, ouv slt en été,* La Terrrazza. *• poble-espanyol.com •*

**9 Découvrir les deux visages d'El Raval, quartier à la réputation en partie sulfureuse qui, doucement, se transforme en un des secteurs branchés de la ville.**

On l'appelait autrefois le *barrio chino,* et Hemingway aimait à y traîner de bar en bar. Comme Jean Genet, qui a immortalisé dans son *Journal du voleur* ce quartier chaud dont quelques rues continuent à maintenir le souvenir. Mais le « nouveau Raval » affiche boutiques de fringues ou de vinyles vintage et skaters sur le parvis du surprenant MACBA (musée d'Art contemporain). *p. 144*

***Bon à savoir :** si le nord du quartier a effectivement connu une complète transformation, le sud, côté mer, reste, ici ou là, un peu sensible dès la nuit tombée…*

10 **Partir sur les traces d'architectes magnifiquement allumés dans le quartier de l'Eixample ! Gaudí, bien sûr, mais pas seulement. Un grand bain de couleurs, d'imagination et de liberté.**

Tout le quartier de l'Eixample, créé ex nihilo au milieu du XIXe s, regorge d'édifices modernistes. Poussez seulement jusqu'au passeig de Gràcia et à ce pâté de maisons (et quelles maisons !) baptisé la *Manzana de la Discordia* (« pomme de discorde »), tant s'y expriment les différentes sensibilités du mouvement moderniste entre la *casa Lleó i Morera,* la *casa Amatller* et l'incontournable *casa Batlló* dessinée par Gaudí. *p. 168*

***Bon à savoir :*** *seules la casa Amatller (• amatller.org •) et la casa Batlló (• casabatllo.cat •) se visitent. Résa fortement conseillée pour éviter les files d'attente.*

**11 Attraper un torticolis en se baladant entre les vertigineux buildings du 22@, quartier qui s'invente sur les friches industrielles du Poblenou.**

Autour de l'immanquable *Torre Glories* signée Jean Nouvel poussent de tout aussi étonnants exemples d'architecture contemporaine (dont le bâtiment du passionnant musée du Design), faisant de ce quartier dédié aux nouvelles technologies un symbole de la perpétuelle effervescence de la capitale catalane. À 2 pas, balade conseillée dans le Poblenou, vieux quartier ouvrier, lui aussi en complète transformation (sociologique, dans son cas). *p. 191*

***Bon à savoir :** les grandes plages du Poblenou sont parmi les moins bondées de la ville.*

© Vladimir Sazonov/Adobstock

12 **Admirer l'imagination flamboyante de Gaudí qui explose littéralement dans la basilique de la Sagrada Família, l'œuvre de sa vie.**
Monument le plus visité d'Espagne après l'Alhambra de Grenade. Et ce n'est pas par hasard. Cet édifice désormais emblématique de Barcelone, inachevé après la mort accidentelle de Gaudí en 1926, en chantier quasi permanent depuis (les plus optimistes prévoient une fin des travaux pour 2026 !), est définitivement une œuvre hors norme pour laquelle les qualificatifs viennent à manquer. Alors, à votre avis, la Sagrada Família : révolutionnaire ? Extravagante ? Présurréaliste ?… *p. 183*
*Bon à savoir :* ***résa obligatoire*** *sur le site internet • sagradafamilia.org •*

13 **Pousser la balade urbaine jusqu'au quartier de Gràcia et profiter de son ambiance encore vraiment populaire.**

Ancien village, Gràcia a conservé un esprit de clocher qui n'est pas pour nous déplaire. C'est même un de nos quartiers fétiches à Barcelone. Oh, bien sûr, hormis la *Casa Vicens*, on n'y trouve guère de monument d'envergure, mais une vraie ambiance de quartier justement qui, même si les boutiques branchées y fleurissent, ne sacrifie en rien à la mode. Baladez-vous au hasard des ruelles, vous tomberez toujours sur une placette où se retrouve, à tout moment de la journée, une population des plus mélangée. *p. 193*

***Bon à savoir :** si vous êtes là aux alentours du 15 août, ne ratez pas la fête du quartier !*

**(14) Prendre un grand bol d'air dans le park Güell, au milieu des fantaisies architecturales de Gaudí.**

Le parc regroupe de vastes jardins méditerranéens que Gaudí a plantés de pavillons aux cheminées-champignons, d'une forêt de 86 colonnes doriques, d'un dragon couvert d'éclats de céramiques comme la balustrade-banquette qui sinue follement avec la ville comme horizon. Hors la zone monumentale (payante), le parc (gratuit) offre également quelques jolis points de vue sur la ville. *p. 197*

***Bon à savoir :*** *pour la visite de la zone monumentale,* ***résa indispensable*** *sur • parkguell.barcelona •*

**(15) Faire une retraite express au monastère de Pedralbes, à l'ouest de Barcelone**

Après avoir passé le portail, dès la petite grimpette au long de la large rue pavée qui mène à l'église, on oublie qu'on vient à peine de quitter un boulevard très urbain. Atmosphère quasi campagnarde, donc, pour la visite de ce monastère fondé au XIVe s, de style gothique catalan : cloître d'une totale tranquillité, superbes fresques dans les chapelles, trésor exposé dans les impressionnants anciens dortoirs. Un des secrets presque caché de Barcelone. *p. 201*

***Bon à savoir :*** *les salles conventuelles abritent régulièrement d'intéressantes expos temporaires.*

16 **Prendre de la hauteur sur la colline du Tibidabo et s'offrir quelques sensations fortes sur les attractions d'un des plus vieux parcs du genre au monde.**

Point culminant (à plus de 500 m) de la serra de Colserolla, petit massif très verdoyant, et réserve d'oxygène de la ville, la colline du Tibidabo abrite un parc d'attractions ouvert depuis 1908. Vue sublime depuis la grande roue, construite, elle, en 1921 (mais rénovée depuis !). Pour ceux qui en voudraient encore, à côté, des ascenseurs grimpent en haut des clochers de l'église du Sacré-Cœur ou de la tour de communication signée Norman Foster. *p. 202*

***Bon à savoir :*** *chaque attraction peut se payer à l'unité ; horaires réduits hors saison • tibidado.cat •*

© Xavier Forés & Joana Ro... / ... fotostock

**17 S'offrir une petite balade dans le temps et l'espace, à Cosmo Caixa, le musée de la Science de Barcelone.**

Ce musée de 50 000 m² dans lequel on plonge via une surprenante rampe hélicoïdale est une vraie réussite. À l'entrée, une lunette géante remonte jusqu'au Big Bang originel. Tout autour, de nombreuses expériences scientifiques permettent de se régaler les yeux et le cerveau des petits comme des grands. Au fond, les arbres plongent leurs racines puissantes dans un bassin où nagent piranhas, caïmans et autres sympathiques bestioles. Sur le côté, un étonnant mur géologique constitué de 100 t de roches… Les enfants vont adorer ! *p. 203*

***Bon à savoir :*** *nombreuses animations à heures fixes pour les enfants (hors période de Covid).*

**18 Faire une escapade au vert à Montserrat.**

Le monastère de Montserrat, sorte de nid d'aigle à 700 m d'altitude, sur un site occupé depuis le VIIIe s, est un pèlerinage prisé des Catalans. L'endroit a toujours enflammé l'imagination des hommes : un rude massif aux longs monolithes verticaux (d'ailleurs très appréciés des grimpeurs). C'est aujourd'hui sa Vierge noire qui les aimante ! Plus que le monastère en lui-même, ce sont le magnifique point de vue et les belles balades (accessibles en funiculaire pour certaines) qui valent le déplacement. *p. 207*

***Bon à savoir :*** *facile d'accès en train + téléphérique (ou train à crémaillère) depuis Barcelone, via la ligne R5 ; et même des forfaits tout inclus.*

© Alamy/hemis.fr

**(19) S'offrir une folle nuit de fiesta dans les boîtes hyper branchées de Barcelone, une ville qui ne dort jamais tout à fait !**

Avec son insouciance légendaire et son atmosphère *caliente,* Barcelone est l'une des meilleures destinations festives d'Europe. Les Catalans dînent tard, boivent tard et sortent très tard. Le week-end, ne soyez pas surpris si les discothèques de Barcelone sont encore vides jusqu'à 1h ou 2h du mat', elles ouvrent souvent jusqu'à 6h ! Au choix, un des bars branchés du passeig de Born, du quartier de Raval ou du Barri Gòtic. La nuit est à vous… *p. 71*

*Bon à savoir : guetter les flyers des soirées ; sinon • barcelonaparties.com • afin de connaître les offres gratuites.*

© CSP_gina_sanders/Fotosearch LBRF/Age fotostock

**(20) Tous les jours et à toutes les heures, du bout des lèvres et l'air de rien, à l'apéro ou en guise de dîner, tapez-vous des tapas !**

Poissons et fruits de mer sont évidemment à l'honneur, mais ne vous privez pas non plus des nombreuses spécialités catalanes : *embotits* (toutes sortes de saucisses, crues ou cuites, ou même à l'œuf), *escalivada* (de délicieux légumes confits), crème catalane en dessert… Sans oublier les nombreux chefs qui tournent et retournent les produits traditionnels à leur manière, avec créativité : de quoi surprendre toutes les papilles ! *p. 229*

Plage de Barcelone

# ITINÉRAIRES CONSEILLÉS

Voici quelques suggestions, à adapter à vos pas, pour découvrir Barcelone, selon le temps dont vous disposez.

Lisez aussi la rubrique « Barcelone utile. Enfants » si vous comptez explorer Barcelone accompagné de vos p'tits routards en herbe. Découvrez également 2 itinéraires thématiques : l'un « gothique », dans le Barri Gòtic, l'autre consacré au modernisme, dans l'Eixample.

## Barcelone en une demi-journée

À vos marques, prêts ? Histoire d'avoir un avant-goût du modernisme, depuis la **plaça de Catalunya (1),** remontez le **passeig de Gràcia** pour jeter un œil aux belles maisons de la **Manzana de la Discordia (2).** Avec un peu de chance, s'il n'y a pas trop la queue, vous pourrez même visiter la **casa Batlló (3).** Sinon, tentez votre chance chez sa voisine, la **casa Amatller (4).** Descendez ensuite la **Rambla (5)** pour humer Barcelone, puis allez vous perdre dans le **Barri Gòtic (6),** son lacis de ruelles et sa cathédrale. Enfin, offrez-vous un déjeuner ou un dîner en bord de mer, à la **Barceloneta (7)** par exemple…

## … en 1 jour

Attention à vos pieds, ça va chauffer !

Attaquez par la **Rambla (1)** pour prendre le pouls de la ville. Passez réserver votre billet au **palau Güell (2)** puis, en fonction de l'heure de la convocation, allez vous perdre entre les étals du marché de la **Boquería (3)** puis dans le quartier du **Barri Gòtic (4),** avec sa **cathédrale (5).** Après la pause déjeuner, rejoignez, via la plaça de Catalunya, le quartier de l'**Eixample (6)** pour consacrer l'après-midi à Gaudí : avec la **casa Batlló (7),** la **Pedrera (8)** et la **Sagrada Família** (**9 ; réservation indispensable !).**

© Jon Arnold Images/hemis.fr

Bar à tapas

## ... en 3 à 5 jours

Vous consacrerez le 1er jour au **Barri Gòtic,** à sa **cathédrale (1),** à ses ruelles, où vous prendrez le temps de vous perdre. Si l'histoire de l'urbanisation de la ville vous intéresse, inscrivez à votre programme le **museu d'Història de Barcelona (2)** : idéal pour mieux comprendre la croissance de la ville ! Déjeunez tôt (profitez du fait que vous n'êtes pas encore à l'heure espagnole) au marché de la **Boquería (3),** puis poussez vers le quartier de la **Ribera (4).** Profitez-en pour visiter le **musée Picasso (5),** le **palais de la Musique catalane** (6 ; attention, il faut avoir réservé) et **El Born Centre de Cultura i Memòria (7).** Là aussi, prenez le temps de flâner, de vous poser à la terrasse d'un café. Après tout ça, vous aurez bien mérité des tapas et/ou un bon dîner…

Le 2e jour sera peut-être l'occasion d'une journée en bus touristique. Vous pourrez ainsi vous éloigner un peu du centre et enchaîner assez facilement la **Sagrada Família (8)** et le **park Güell (9 ; réservation pour les 2).** Belle visite aussi de la **casa Vicens (10),** une des œuvres de jeunesse de Gaudí. Embrayez ensuite sur la colline de **Montjuïc (11)** et la **fondation Miró (12).** De là, redescendez avec le bus touristique ou le funiculaire ou, mieux encore, le téléphérique (bien que ce ne soit pas donné). Vous pourrez ainsi faire une petite balade sur la **plage (13)** avant d'aller dîner et… dormir !

Le 3e jour, commencez la journée en prenant rendez-vous au **palau Güell (14)** et avisez en fonction de l'heure du rendez-vous. Ce peut être, par exemple, l'occasion de visiter le **Musée maritime (15)** ou le **musée d'Histoire de la Catalogne (16).** Le reste de la journée sera consacré au modernisme, au **passeig de Gràcia (17)** : la **casa Batlló (18),** la **Pedrera (19)** et la **casa Amatller** (**20** ; lire aussi notre itinéraire spécial dans la rubrique « À voir »), et à vos centres d'intérêt.

En **5 jours,** c'est à peu de chose près le même programme, mais vous aurez plus de temps pour flâner et pour profiter en plus des fabuleux musées de la ville : **MNAC (21), Frederic-Marès (22)…** et, qui sait, passer un après-midi à la **plage (23),** ou une matinée sur la côte à **Sitges (24)** ou même une journée de balade à **Montserrat (25)…**

## SI VOUS ÊTES PLUTÔT…

**Avec des enfants :** zoo et parc de la Ciutadella, Poble Espanyol, aquarium, museu de la Xocolata, balades en bateau sur le port, plages, parc d'attractions du Tibidabo et Cosmo Caixa. Voir aussi nos suggestions détaillées dans la rubrique « Barcelone utile. Enfants ».

**Architecture moderniste :** à Barcelone même, le palau Güell, le palau de la Música catalana, la casa Batlló, la casa Amatller, la casa Lleó i Morera, la Pedrera, la Sagrada Família, la casa Vicens, le park Güell et la casa-museu Gaudí, le museu del Modernisme Català, l'hospital de Sant Pau, la torre Bellesguard… et notre formidable itinéraire de balade moderniste à travers la ville. Dans les proches environs, accessibles en transports en commun, la Colònia Güell, et les nombreuses demeures modernistes de Sitges, sur la côte.

**Architecture gothique :** tout le Barri Gòtic, catedral et alentour, palau de la Generalitat, Ajuntament, plaça del Rei, basílica Santa María del Mar, section gothique du museu nacional d'Art de Catalunya (MNAC), Reial Monestir de Pedralbes et notre tout aussi formidable itinéraire gothique.

**Art contemporain :** museu Picasso, fundació Miró et son jardin de sculptures, fundació Tàpies, section art moderne du museu nacional d'Art de Catalunya (MNAC), museu d'Art contemporani de Barcelona (MACBA), Centre de Cultura contemporània de Barcelona (CCCB), museu del Disseny, la Capella, museu europeu d'Art moderne (MEAM), Caixa Forum.

**Gourmand :** mercat de la Boquería (ou de Sant Antoni ou de la Barceloneta), museu de la Xocolata, boutique de la casa Amatller (chocolatier tradi), pâtisseries historiques, tapas de poissons et fruits de mer de la Barceloneta.

**Amateur d'histoire :** museu d'Història de Barcelona (MUHBA), Call Mayor, museu d'Història de Catalunya, El Born Centre de Cultura i Memòria.

**Culture locale :** démonstrations de sardanes, *castellers,* la Rambla, les marchés, quartier de Gràcia, museu FC Barcelona.

Sur le toit de la casa Batlló

## Interview #experienceroutard

**par la rédaction du *Routard***

**Un site coup de cœur ?**
On reste sans voix devant la superbe restauration de l'hôpital de la Santa Creu i Sant Pau, dans le nord de l'Eixample. Même si certains bâtiments, utilisés, ne se visitent que de l'extérieur !
Ce qui est étonnant, c'est qu'on y retrouve toute la rigueur nécessaire à la construction d'un bâtiment dédié aux soins et à la médecine (avec en arrière-plan les principes hygiénistes en vogue fin XIXe-début XXe s : séparation maladies infectieuses/pas infectieuses, séparation hommes/femmes, nécessité de faire pénétrer la lumière, etc.), toute l'organisation d'une miniville de bâtiments très spécialisés ; donc vraiment l'utilisation de l'intelligence de l'architecte appliquée aux nécessités de la médecine... C'est tout simplement superbe, et ça parle autant à la raison qu'au sentiment esthétique !

**Une balade à faire absolument ?**
Déambuler de placette en placette dans le quartier de Gràcia, à partir de 18h-19h lorsqu'il fait beau... c'est un quartier encore habité par des Barcelonais (et pas uniquement par des touristes), et, en fin de journée, les habitants sont dehors : d'un côté des gamins qui jouent pendant que les parents devisent sur les terrasses des cafés, sur telle autre place ce sont plutôt des jeunes dans la vingtaine ou des trentenaires qui commencent leur soirée autour d'une bière... C'est une vraie tranche de vie locale, et c'est plutôt marrant parce que chaque place a sa propre « typologie » sociale !

**Une activité à faire absolument ?**
Traverser Barcelone dans les airs, à bord du téléphérique qui part de la Barceloneta et mène jusqu'à Montjuïc. On a une vue extra sur une bonne partie de la ville, sur le port que l'on survole... et ça permet aussi de grimper à Montjuïc sans faire chauffer ses mollets ! (Bon, il y a aussi une crémaillère qui permet d'y monter tranquillou depuis Poble Sec...)

**Un refuge à découvrir ?**
Restons dans les « hospitales »... et conseillons un tour dans l'ancien hôpital de la Santa Creu (qui fut pendant des siècles l'hôpital principal de la ville jusqu'à l'ouverture de l'hôpital de la Santa Creu i Sant Pau, justement). Sa grande cour, entourée par des bâtiments médiévaux, est une vraie bouffée de calme dans le Barcelone trépidant : des bancs invitent à la lecture sous les orangers, et s'y installe parfois une bibliothèque éphémère.

**Une pause à s'offrir ?**
On l'oublie souvent, mais Barcelone est une ville... au bord de la plage. Que ce soit après des heures d'éblouissement entre les musées de la ville ou pour récupérer d'une nuit à dézinguer les *dance floor,* la Méditerranée s'avère une escale bienfaisante ! Ne pas hésiter à pousser du côté du Poblenou pour découvrir des anses moins peuplées qu'à la Barceloneta. Alors n'oubliez pas les maillots !

# LES QUESTIONS QU'ON SE POSE AVANT LE DÉPART

## ➢ Quels sont les documents nécessaires ?

Pour les Français, les Belges et les Suisses, pas de visa pour les séjours touristiques, mais une carte d'identité ou un passeport en cours de validité. Les Canadiens, eux, se voient demander leur passeport.

• **spth.gob.es** • Dans le cadre de la prévention de la Covid, **il est obligatoire, jusqu'à nouvel ordre,** avant toute entrée en Espagne, de remplir un formulaire sur ce site officiel du gouvernement espagnol. Il délivre un QR code personnel, à imprimer et à présenter à l'entrée sur le territoire. Disponible aussi via l'application *SpTH*. De plus, il est également obligatoire, jusqu'à nouvel ordre, de présenter les résultats **d'un test PCR négatif réalisé moins de 72h** avant le voyage.

## ➢ Quelle est la meilleure saison ?

Le printemps et l'automne sont agréables ; il fait déjà doux, et vous trouverez moins de monde que l'été. Mais juillet et août restent des mois propices aux baignades (et aux soldes !), et la proximité de la mer tempère les grandes chaleurs.

## ➢ Quel budget prévoir ?

Barcelone fait partie des villes les plus chères d'Espagne, en particulier pour se loger. Une chambre double dans une pension coûte entre 60 et 80 € en moyenne, mais les prix grimpent franchement lors de la Semaine sainte, l'été, à Noël ou lors de certains salons commerciaux. Pour limiter les dégâts, il reste les campings alentour, accessibles en bus depuis le centre-ville, mais aussi (et surtout) les auberges de jeunesse classiques ou privées (en gros, 16 à 30 € la nuit par personne selon la saison) et les petites pensions ou les petits *hostales.* Mais à moins d'y aller vraiment hors saison (en hiver), réservez pour être sûr de trouver le bonheur adapté à votre bourse. En revanche, on peut manger pour 10 € environ, et s'offrir un *menu del dìa* à moins de 15 €.

## ➢ Comment se déplacer ?

De préférence en métro ou en bus pour changer de quartier, mais surtout... en marchant : le centre ancien ne s'offre qu'ainsi. En fin de journée ou la nuit, vous avez toujours la solution du taxi, relativement bon marché.

## ➢ Y a-t-il des problèmes de sécurité ?

Le vol, la fauche, la tire : quel que soit son nom, c'est la seule chose, à part les notes un peu salées, que vous aurez à redouter, en particulier sur le passeig de Gràcia, autour de la cathédrale et, la nuit, au sud du Raval et autour de la Rambla à hauteur de la carrer dels Escudellers. Alors faites attention à votre sac, ce n'est pas un mythe ! Mais comme dans beaucoup de villes touristiques, non ?

## ➢ Y a-t-il un décalage horaire ?

Non : l'heure est la même qu'en France à toutes les saisons, puisque la péninsule ibérique effectue les changements heure d'hiver/heure d'été aux mêmes dates.

## ➢ Quel est le temps de vol ?

Il faut compter environ 1h40 pour les vols directs entre Paris et Barcelone. Pour les adeptes du train, compter 6h10 de Paris à Barcelone, et à peine 4h30 depuis Marseille ou 3h15 depuis Toulouse.

## ➢ Côté santé, quelles précautions ?

Hors période de Covid, pas de précautions particulières : être à jour des vaccins traditionnels et, en été, prévoir de la crème solaire. Et puis c'est l'Europe, donc penser à emporter sa carte européenne d'assurance maladie (CEAM).

## ➢ Peut-on y aller avec des enfants ?

Oui, car la ville offre nombre d'aires de jeux, de visites ou d'attractions qu'ils adoreront, les fantaisies de Gaudí, par exemple. Mais gardez en tête que l'on se déplace beaucoup à pied, alors ne surchargez pas le programme ! On vous propose un itinéraire spécial moutards dans « Barcelone utile », un peu plus loin ! Et repérez les meilleurs sites grâce au symbole 🚸.

## ➢ Quel est le taux de change ? Comment payer sur place ?

La monnaie est bien sûr l'euro, ce qui est bien pratique pour les Français. Pour nos amis canadiens et suisses, le taux de change est d'environ 1 € = 1,54 $Ca = 1,08 CHF. Sur place, nombreux distributeurs de billets, change aisé, et on peut régler à peu près partout avec une carte de paiement, hormis dans certains petits *hostales* ou les bars à tapas les plus modestes.

## ➢ Quelle langue parle-t-on ?

Le catalan ! Bon, en réalité, l'espagnol (castillan) est en général compris. Cela dit, nombre de Catalans et de Barcelonais préféreront pratiquer le français plutôt que l'espagnol... C'est que l'identité catalane, ce n'est pas rien ! Enfin, l'anglais est suffisamment courant pour pouvoir se débrouiller au quotidien.

# COMMENT Y ALLER ?

## EN AVION

### Les compagnies régulières

▲ **AIR FRANCE**
*Rens et résas au ☎ 36-54 (coût d'un appel local – tlj 6h30-22h), sur • air france.fr • dans les agences Air France et dans ttes les agences de voyages.*
➢ Au départ de Paris-Roissy-Charles-de-Gaulle, Air France propose des vols directs pour ***Barcelone.***
Air France propose à tous des tarifs attractifs toute l'année. Pour consulter les meilleures offres du moment sur Internet, allez directement sur la page « Nos meilleurs tarifs » sur *• airfrance.fr •*
*Flying Blue,* le programme de fidélité gratuit d'Air France-KLM, permet de gagner des *Miles* en voyageant sur les vols Air France, KLM, Transavia et les compagnies membres de Skyteam, mais aussi auprès des nombreux partenaires non aériens Flying Blue... Les *Miles* peuvent ensuite être échangés contre des billets d'avion ou des services (surclassement, bagage supplémentaire, accès salon...) ainsi qu'auprès des partenaires. Pour en savoir plus, rendez-vous sur *• flyingblue.com •*

▲ **AIR EUROPA**
*– Paris : 58 A, rue du Dessous-des-Berges, 75013. ☎ 01-42-65-08-00. • aireuropa.com • Ⓜ Bibliothèque-François-Mitterrand. Bureau ouv lun-ven 9h-17h. Résas possibles par tél 24h/24.*
➢ Au départ de Roissy-Charles-de-Gaulle, Air Europa dessert ***Barcelone.***

▲ **IBERIA**
*Central de résas : ☎ 0825-800-965 (nº Indigo ; 0,12 €/mn). • iberia.com •*
➢ Au départ de Paris, vols vers ***Barcelone*** (directs ou via Madrid). Dessert également Barcelone au départ de Marseille, Nantes et Nice, certains opérés par sa filiale *Air Nostrum.*

### Les compagnies *low-cost*

▲ **BRUSSELS AIRLINES**
*• brusselsairlines.com •*
➢ Liaisons Barcelone-Bruxelles A/R, parfois avec correspondance.

▲ **EASYJET**
*• easyjet.fr •*
➢ Dessert ***Barcelone*** au départ de Paris-Charles-de-Gaulle, Bordeaux, Lyon, Nice, Genève et Bâle-Mulhouse.

▲ **RYANAIR**
*• ryanair.com •*
➢ Dessert ***Barcelone*** depuis Paris-Beauvais et Bruxelles-Zaventem ou Bruxelles-Charleroi ; Gérone, au nord de Barcelone, au départ de Paris-Beauvais, Bruxelles-Charleroi et Karlsruhe-Baden. Dessert également ***Reus,*** au sud de Barcelone, depuis Bruxelles-Charleroi.

▲ **VUELING**
*• vueling.com •*
➢ Vols vers ***Barcelone*** depuis Paris (Roissy-Charles-de-Gaulle) et Bruxelles. Et liaisons régulières directes entre Barcelone et Bordeaux, Brest, Lyon, Marseille, Nantes, Nice, Rennes, Toulouse ou Genève.

## LES ORGANISMES DE VOYAGES

### En France

▲ **COMPTOIR DES VOYAGES**
*• comptoir.fr • Lun-sam 9h30-18h30.*
*– Paris : 2-18, rue Saint-Victor, 75005. ☎ 01-53-10-30-15. Ⓜ Maubert-Mutualité.*
*– Bordeaux : 26, cours du Chapeau-Rouge, 33800. ☎ 05-35-54-31-40.*

*– Lille : 76, rue Nationale, 59160. ☎ 03-28-04-68-20. Ⓜ Rihour.*
*– Lyon : 10, quai Tilsitt, 69002. ☎ 04-72-44-13-40. Ⓜ Bellecour.*
*– Marseille : 12, rue Breteuil, 13001. ☎ 04-84-25-21-80. Ⓜ Estrangin.*
*– Nice : 62, rue Giofreddo, 06000. ☎ 04-97-03-64-80.*
*– Toulouse : 43, rue Peyrolières, 31000. ☎ 05-62-30-15-00. Ⓜ Esquirol.*

En plus de 30 ans, Comptoir des Voyages s'est imposé comme la référence incontournable du voyage sur mesure en immersion, avec plus de 90 destinations sur les 5 continents. Ses conseillers-spécialistes construisent des voyages uniques en s'adaptant à votre budget, vos goûts et vos envies. Pour favoriser les rencontres et l'immersion dans la vie locale, ils privilégient des hébergements typiques et des expériences authentiques. Sur place, des *greeters* francophones partagent avec vous conseils et bonnes adresses le temps d'un café. Sur votre Smartphone, l'application mobile Luciole vous informe sur le déroulé de votre voyage et vous guide grâce à un GPS hors connexion. Comptoir des Voyages est membre d'Agir pour un tourisme responsable depuis 2009, labellisation ATR renouvelée par Ecocert Environnement en 2019.

### ▲ LA ROUTE DES VOYAGES

*• laroutedesvoyages.com •*
*– Paris : 10, rue Choron, 75009. ☎ 01-55-31-98-80. Ⓜ Notre-Dame-de-Lorette.*
*– Angers : 6, rue Corneille, 49000. ☎ 02-41-43-26-65.*
*– Annecy : 4 bis, av. d'Aléry, 74000. ☎ 04-50-45-60-20.*
*– Bordeaux : 19, rue des Frères-Bonie, 33000. ☎ 05-56-90-11-20.*
*– Lorient : 42, av. de la Perrière, 56100. 📱 06-15-48-82-69. Sur rdv lun-mer.*
*– Lyon : 59, rue Franklin, 69002. ☎ 04-78-42-53-58.*
*– Toulouse : 9, rue Saint-Antoine-du-T, 31000. ☎ 05-62-27-00-68.*
*Agences ouv lun-ven 9h-19h (18h ven). Rdv conseillé.*

25 ans d'expérience de voyage sur mesure sur les 5 continents ! 15 pays en Europe complètent à présent leur offre. Cette équipe de voyageurs passionnés a développé un vrai savoir-faire du voyage personnalisé : écoute, conseils, voyages de repérage réguliers et des correspondants sur place soigneusement sélectionnés, avec lesquels ils travaillent en direct. Son engagement à promouvoir un tourisme responsable se traduit par des possibilités de séjours solidaires à insérer dans les itinéraires de découverte individuelle. Elle a aussi créé un programme de compensation solidaire qui permet de financer des projets de développement locaux.

### ▲ TERRES DE CHARME & ÎLES DU MONDE

*☎ 01-55-42-74-10. • terresdecharme.com •*
*– Paris : 3, rue Villebois-Mareuil, 75017.*

Artisans du voyage individuel sur mesure depuis plus de 20 ans, leurs scénaristes du voyage ont à cœur de faire partager leurs passions en concevant des séjours authentiques, inoubliables et singuliers aux quatre coins du monde. C'est la rareté et le charme raffiné savamment dosés qui animent l'équipe pour créer des voyages placés sous le signe d'émotions intenses. *Sandals* privés glissant le long du Nil, camp privatif au cœur du Masaï Mara, îles exclusives de l'océan Indien, décors magiques des Caraïbes, sites cachés en Asie, trains de luxe et de légende... Telles sont quelques-unes des créations de Terre de Charme & Îles du Monde pour faire de votre voyage une expérience unique.

### ▲ VOYAGEURS DU MONDE EN ESPAGNE ET AU PORTUGAL

*• voyageursdumonde.fr •*
*– Paris : la Cité des Voyageurs, 55, rue Sainte-Anne, 75002. ☎ 01-42-86-17-20. Ⓜ Opéra ou Pyramides. Lun-sam 9h30-19h. Avec une librairie spécialisée sur les voyages.*
*– Des agences à Bordeaux, Grenoble, Lille, Lyon, Marseille, Montpellier, Nantes, Nice, Rennes, Rouen, Strasbourg et Toulouse. Également à Bruxelles et à Genève.*

Parce que chaque voyageur est différent, que chacun a ses rêves et ses idées pour les réaliser, Voyageurs du Monde conçoit, depuis plus de 30 ans,

des projets sur mesure. Les séjours proposés sur 120 destinations sont élaborés par leurs 180 conseillers voyageurs. Spécialistes par pays et même par région, ils vous aideront à personnaliser les voyages présentés à travers une trentaine de brochures d'un nouveau type et sur le site internet, où vous pourrez également découvrir les hébergements exclusifs et consulter votre espace personnalisé. Au cours de votre séjour, vous bénéficiez des services personnalisés Voyageurs du Monde, dont la possibilité de modifier à tout moment votre voyage, l'assistance d'un concierge local, la mise en place de rencontres et de visites privées et l'accès à votre carnet de voyage via une application iPhone et Android.
Voyageurs du Monde est membre de l'association ATR (Agir pour un tourisme responsable) et a obtenu sa certification Tourisme responsable AFAQ AFNOR.

Voir aussi au sein du guide les agences locales que nous avons sélectionnées.

***Comment aller à Roissy et à Orly ?***

Toutes les infos sur notre site *• routard.com •* à l'adresse suivante : *• bit.ly/aeroports-routard •*

## En Belgique

**▲ CONNECTIONS**

*☎ 070-233-313. • connections.be •*
Fort d'une expérience de plus de 20 ans dans le domaine du voyage, Connections dispose d'un réseau de 32 *travel shops,* dont 1 à Brussels Airport. Connections propose des vols dans le monde entier à des tarifs avantageux, et des voyages destinés à des voyageurs désireux de découvrir la planète de façon autonome. Connections propose une gamme complète de produits : vols, hébergements, location de voitures, autotours, vacances sportives, excursions...

**▲ TAXISTOP**

*☎ 070-222-292. • taxistop.be •*
*– Bruxelles : rue Thérésienne, 7, 1000.*
*– Gent : Maria Hendrikaplein, 65, 9000.*
*– Gembloux : rue Buisson Saint-Guilbert, 1b, 5090.*
Taxistop propose un système de covoiturage, ainsi que d'autres services comme l'échange de maisons ou le gardiennage.

**▲ VOYAGEURS DU MONDE**

*☎ 02-543-95-50. • voyageursdumonde.fr •*
*– Bruxelles : chaussée de Charleroi, 23, 1060.*
Le spécialiste du voyage en individuel sur mesure. Voir texte dans la partie « En France ».

## En Suisse

**▲ LA ROUTE DES VOYAGES**

*☎ 022-552-34-46. • laroutedesvoyages.com •*
Voir texte dans la partie « En France ».

**▲ VOYAGEURS DU MONDE**

*• voyageursdumonde.com •*
*– Genève : 19, rue de la Rôtisserie, 1204. ☎ 022-519-12-10. Lun-sam 9h30-19h (18h30 sam).*
*– Lausanne : rue du Bourg, 6 (2e étage), 1003. Lun-ven 9h-18h30, sam sur rdv.*
Le spécialiste du voyage en individuel sur mesure. Voir texte dans la partie « En France ».

## Au Québec

**▲ EXOTIK TOURS**

*Rens sur • exotiktours.com • ou auprès de votre agence de voyages.*
Exotik Tours offre une importante programmation, en été comme en hiver, sur la Méditerranée (dont Barcelone) et l'Europe. L'hiver, des séjours sont proposés dans le Bassin méditerranéen et en Asie. Durant cette saison, on peut également opter pour des combinés plage + circuit. Dans la rubrique « Grands voyages », le voyagiste suggère des périples en petits groupes ou en individuel. Au choix : l'Amérique du Sud, le Pacifique Sud, l'Afrique (Afrique du Sud, Kenya, Tanzanie), l'Inde et le Népal.

**▲ TOURS CHANTECLERC**

*• tourschanteclerc.com •*
Tours Chanteclerc est un tour-opérateur qui publie différentes brochures de

voyages : Europe, Amérique du Nord, Amérique du Sud, Asie et Pacifique Sud, Afrique et le Bassin méditerranéen en circuits ou en séjours. Il s'adresse aux voyageurs indépendants qui réservent un billet d'avion, un hébergement (dans toute l'Europe), des excursions ou une location de voiture. Également spécialiste de Paris, ce tour-opérateur offre une vaste sélection d'hôtels et d'appartements dans la capitale française.

# EN TRAIN

## Au départ de Paris et de la province

➢ ***RENFE-SNCF en coopération :*** en partenariat avec la SNCF et la RENFE, les TGV Euroduplex circulent entre Paris et Barcelone à raison de 2-4 trains/j. selon les saisons. Compter environ 6h20 de voyage jusqu'à Barcelone. Ils desservent les gares de Valence, Nîmes, Montpellier, Narbonne, Perpignan, Figueres et Gérone. Certains font, en outre, halte à Sète, Agde et Béziers durant la période d'été. Il existe aussi 1 train/j. au départ de Lyon (5h de trajet) et de Marseille (4h35 de trajet), et depuis Toulouse sur certaines périodes (env 3h de trajet).
– Plus d'informations : • *renfe-sncf.com* • *oui.sncf* • *renfe.com* •

## Les *passes* internationaux

Avec le ***Pass InterRail,*** les résidents européens peuvent voyager dans 33 pays d'Europe, dont l'***Espagne.*** Plusieurs formules et autant de tarifs, en fonction de la destination et de l'âge. À noter que le *Pass InterRail* n'est pas valable dans votre pays de résidence. Cependant, l'*InterRail Global Pass* offre une réduc de 50 % de votre point de départ jusqu'au point frontière en France. • *interrail.eu* •
Pour les grands voyageurs, l'***InterRail Global Pass*** est valable dans l'ensemble des 33 pays européens concernés. Intéressant si vous comptez parcourir plusieurs pays au cours du même périple. Il existe sous forme papier, et désormais aussi sous forme numérique (« Pass mobile », à utiliser via l'application gratuite *Eurail/Interrail Rail Planner*). Quel que soit son support, il se présente sous 10 formules au choix.
– 5 formules flexibles : utilisables 4, 5 ou 7 j. sur une période de validité de 1 mois (246-335 € selon formule en version adulte), ou utilisable 10 ou 15 j. sur une période de validité de 2 mois (401-493 € selon formule en version adulte).
– 5 formules « continues » : *pass* 15 j., 22 j., 1 mois, 2 mois ou 3 mois (443-902 € selon formule en version adulte).
Ces formules existent aussi en version 1re classe !
Les voyageurs de plus de 60 ans bénéficient d'une réduc sur le tarif de l'*InterRail Global Pass* en 1re et 2de classes (tarif senior). Également des tarifs familles si vous êtes accompagnés d'enfants 4-11 ans, et un tarif 12-27 ans.
– Si vous ne parcourez que l'Espagne, le ***One Country Pass*** vous suffira, en format papier ou mobile là encore. D'une période de validité de 1 mois et utilisable, selon les formules, 3, 4, 5, 6 ou 8 j. en discontinu : compter 170-281 € selon âge et formule. Là encore, ces formules se déclinent en version moins de 28 ans, enfant, senior et 1re classe (mais ce n'est pas le même prix, bien sûr).
– Pour voyager dans 2 pays, vous pouvez combiner 2 *One Country Pass.* Au-delà, il est préférable de prendre l'*InterRail Global Pass.*
– ***InterRail*** vous offre également la possibilité d'obtenir des réductions ou avantages à travers toute l'Europe avec ses partenaires bonus (musées, chemins de fer privés, hôtel, etc.).
*Tous ces prix ne sont qu'indicatifs. Pour plus de renseignements, adressez-vous à la gare ou boutique SNCF la plus proche.*

### Renseignements et réservations

- ***Internet :*** • *oui.sncf* •
- ***Téléphone :*** ☎ *36-35 (0,40 € TTC/mn).*
- Également dans les gares, les boutiques SNCF et les agences de voyages agréées.

## EN VOITURE

2 itinéraires possibles pour rejoindre Barcelone au départ de Paris.

➢ Sortir de Paris par la porte d'Orléans et prendre l'autoroute A 6 direction Lyon, puis l'A 7 direction Marseille. À la hauteur d'Orange, suivre l'A 9, direction Nîmes, Montpellier, Béziers, Perpignan, puis suivre Figueres, Gérone, Barcelone.

➢ À Paris, prendre l'A 10 direction Orléans, puis l'A 71 direction Bourges. À la hauteur de Vierzon, suivre l'A 20 direction Toulouse, puis l'A 61 direction Carcassonne-Narbonne. À la hauteur de Narbonne, prendre l'A 9 direction Perpignan et suivre Figueres, Gérone, Barcelone.

### Le covoiturage

Le principe est économique, écologique et convivial. Il s'agit de mettre en relation un chauffeur et des passagers afin de partager le trajet et les frais, que ce soit de manière régulière ou exceptionnelle (pour les vacances, par exemple). Les conducteurs sont invités à proposer leurs places libres sur BlaBlaCar • *blablacar.fr* • (disponible sur Web et sur mobile). L'inscription est gratuite.

## EN BUS

2 compagnies se partagent désormais le réseau des bus longue distance : • *flixbus.fr* • *et* • *blablacar.fr/bus* • De nouvelles dessertes sont régulièrement mises en place entre de nombreuses villes de l'Hexagone et vers Europe. Afin de vous aider à faire votre choix, il existe des sites de comparaisons et de réservations de billets, dont certains comparent plusieurs modes de transports (train, bus, covoiturage) et permettent d'acheter directement son billet : • *kombo.co* • *comparabus.com* •

# BARCELONE UTILE

## ABC de Barcelone

- ***Superficie :*** 101 km².
- ***Population :*** 1 608 000 hab., 5 327 872 hab. avec le grand Barcelone (estimation).
- ***Densité de la population :*** 16 023 hab./km².
- ***Monnaie :*** l'euro.
- ***Taux de chômage :*** env 13,4 % (13,25 % en Catalogne et 16,25 % en Espagne fin 2020).
- ***Statut :*** capitale de la région autonome.
- ***Président de la Catalogne :*** Quim Torra (depuis mai 2018).
- ***Maire de la ville :*** Ada Colau, réélue en 2019.
- ***Langues parlées :*** catalan, castillan.

# AVANT LE DÉPART

## Adresses utiles

### En France

– ***Tourisme de la Catalogne :*** *infos sur* ● *catalunyaexperience.fr* ● *info.fr@act.cat* ● *et* ● *catalunya.com* ● Les sites officiels du tourisme sur la région. Ils s'enrichissent régulièrement de brochures à télécharger.

***Office national espagnol de tourisme :*** *pas d'accueil du public, mais rens touristiques lun-ven 9h-17h (14h ven), et juil-août lun-ven 9h-14h au ☎ 01-45-03-82-50. Fermé w-e. Par e-mail :* ● *paris@tourspain.es* ● *ou sur* ● *spain.info/fr* ● Nombreuses brochures très bien faites téléchargeables sur le site.

■ ***Consulat d'Espagne :*** *165, bd Malesherbes, 75017 Paris. ☎ 01-44-29-40-00.* ● *exteriores.gob.es/consulados/paris* ● *Ⓜ Wagram ou Malesherbes. Lun-ven 8h30-14h30 (14h ven). Autres consulats généraux à Bayonne, Bordeaux, Lyon-Villeurbanne, Marseille, Montpellier, Pau, Perpignan, Strasbourg et Toulouse.*

■ ***Ambassade d'Espagne :*** *22, av. Marceau, 75008 Paris. ☎ 01-44-43-18-00.* ● *exteriores.gob.es/embajadas/paris* ● *Ⓜ Alma-Marceau. Lun-ven 9h-13h30, 14h30-17h30. Fermé w-e.*

■ ***Location d'appartements à Barcelone :*** vous trouverez une sélection d'agences (françaises ou catalanes) proposant des appartements en pleine ville dans le chapitre « Barcelone », rubrique « Où dormir ? Locations d'appartements ».

### En Belgique

***Office de tourisme d'Espagne :*** *av. des Arts, 52, Bruxelles 1000. ☎ 02-280-19-26 ou 29.* ● *spain.info* ● *Accueil du public lun-ven 8h30-16h30 (14h30 ven). Fermé w-e.*

■ ***Turisme de Catalunya :*** *rue de la Loi, 227, Bruxelles 1040. ☎ 02-640-61-51.* ● *info.bnl@act.cat* ● *catalunya.com* ● *Lun-ven 9h-18h (15h ven) ; fermé w-e.*

■ ***Consulat général d'Espagne :*** *rue Ducale, 85-87, Bruxelles 1000. ☎ 02-509-87-70.* ● *exteriores.gob.*

*es/consulados/bruselas • Lun-ven 8h30-14h ; fermé w-e.*

■ ***Ambassade d'Espagne :*** *rue de la Science, 19, Bruxelles 1040. ☎ 02-230-03-40. • exteriores.gob.es/embajadas/bruselas • Lun-ven 9h-13h ; fermé w-e.*

## En Suisse

🅘 ***Office de tourisme d'Espagne :*** *Seefeldstrasse, 19, 8008 Zürich. ☎ 044-253-60-50. • spain.info • Lun-ven 9h-17h ; fermé w-e.* Comme en France, renseignements également très complets par téléphone, et des brochures à télécharger sur leur site internet.

■ ***Consulat général d'Espagne :*** *av. Blanc, 53, 1202 Genève. ☎ 022-749-14-60. • exteriores.gob.es/consulados/ginebra • Lun-ven 8h15-13h30 ; fermé w-e.*

■ ***Consulat général d'Espagne :*** *Marienstrasse, 12, 3005 Bern. ☎ 031-356-22-20 ou 23. • exteriores.gob.es/consulados/berna • Lun-sam 8h30-13h30 (12h30 sam) ; fermé dim.*

■ ***Ambassade d'Espagne :*** *Kalcheggweg, 24, 3000 Bern 15. ☎ 031-350-52-52. • exteriores.gob.es/embajadas/berna • Lun-ven 8h-15h30 ; fermé w-e.*

## Au Canada

🅘 ***Bureau de tourisme d'Espagne :*** *2, Bloor St West, 34th floor, suite 3402, Toronto (Ontario) M4W-3E2. ☎ (416) 961-3131. • spain.info • Ⓜ Bloor-Yonge. Lun-ven 9h-15h ; fermé w-e.*

🅘 ***Agència Catalana de Turisme :*** *• info.usa@act.cat • catalunyaexperience.fr • catalunya.com •* Les sites officiels du tourisme sur la région s'enrichissent régulièrement de brochures à télécharger.

■ ***Consulat général d'Espagne :*** *2, Bloor St East, suite 1201, Toronto (Ontario) M4W-1A8. ☎ (416) 977-1661 ou 3923. • exteriores.gob.es/consulados/toronto • Au 12e étage. Lun-ven 9h-12h30 ; fermé w-e.*

■ ***Consulat général d'Espagne :*** *1200, Ave McGill College, suite 2025, Montréal (Québec) H3B-4G7. ☎ (514) 935-5235. • exteriores.gob.es/consulados/montreal • Lun-ven 9h-13h ; fermé w-e.*

■ ***Ambassade d'Espagne :*** *74, Stanley Ave, Ottawa (Ontario) K1M-1P4. ☎ (613) 747-2252 ou 7293. • emb.ottawa@maec.es • exteriores.gob.es/embajadas/ottawa •* ***Section consulaire*** *à la même adresse. Lun-ven 9h-13h ; fermé w-e.*

## Sur Internet

***• spth.gob.es •*** Dans le cadre de la prévention de la Covid, **il est obligatoire, jusqu'à nouvel ordre,** avant toute entrée en Espagne, de remplir un formulaire sur ce site officiel du gouvernement espagnol. Il délivre un QR code personnel, à imprimer et à présenter à l'entrée sur le territoire. Disponible aussi via l'application *SpTH*. De plus, il est également obligatoire jusqu'à nouvel ordre de présenter les résultats **d'un test PCR négatif réalisé moins de 72h** avant le voyage.

Pensez à ***réserver vos billets pour les sites et musées*** majeurs de la ville directement sur leurs sites internet, avant de partir. En période d'affluence (dès Pâques et les 1ers week-ends fériés, ainsi qu'en été et à Noël), ce sont des coupe-files très efficaces. Et lors de courts séjours, ça permet de gagner pas mal de temps. ***Quasiment obligatoire pour la Sagrada Família et le park Güell,*** et vraiment recommandé pour le musée Picasso, le palau de la Música catalana (les visites guidées intérieures), la casa Batlló, la Pedrera... entre autres. ***Une nécessité pour certains sites en période épidémique.***

***• routard.com •*** Le site de voyage n° 1, avec plus de 800 000 membres et plusieurs millions d'internautes chaque mois. Pour s'inspirer et s'organiser, près de 300 guides destinations actualisés, avec les infos pratiques, les incontournables et les dernières actus, ainsi que les reportages terrain et idées week-end de la rédaction. Partagez vos expériences avec la communauté de voyageurs : forums de discussion avec avis et bons plans, carnets de route et photos de voyage. Enfin, vous trouverez tout pour vos vols, hébergements, voitures et activités, sans oublier notre sélection de bons plans, pour réserver votre voyage au meilleur prix.

• ***gencat.cat*** • Le site du gouvernement autonome catalan, la Generalitat, pour être top informé sur la Catalogne et son actualité ! En catalan, en castillan et en anglais.

• ***barcelonaturisme.com*** • Le site de l'office de tourisme, clair et complet, en catalan, castillan, anglais et français. Et la possibilité d'acheter en ligne et à l'avance l'entrée dans certains sites touristiques. Voir aussi • ***barcelona.cat*** •, site de la mairie de la ville, • ***barcelonaesmoltmes.cat*** •, sur la région de Barcelone, et • ***costadebarcelonamaresme.cat*** •, spécialisé dans la côte de Barcelone-Maresme.

• ***catalunyaexperience.fr*** • et • ***catalunya.com*** • Les sites officiels du tourisme pour toute la Catalogne ; s'enrichissent régulièrement de brochures à télécharger.

• ***barcelona.com*** • Ce n'est pas compliqué, (presque) tout ce qu'il faut voir ou savoir sur la capitale, des renseignements pratiques aux infos culturelles en passant par des idées de sorties. En anglais, castillan et français.

## Formalités

**Pensez à scanner** passeport, visa, carte bancaire, billets d'avion et *vouchers* d'hôtel. Ensuite, adressez-les-vous par e-mail, en pièces jointes. En cas de perte ou de vol, rien de plus facile pour les récupérer. Les démarches administratives seront bien plus rapides. Merci, tonton Routard !

Pour les ressortissants français, belges et suisses, la ***carte d'identité*** ou le ***passeport*** en cours de validité suffisent pour entrer sur le territoire espagnol. Les ressortissants canadiens se verront demander un ***passeport*** valable 3 mois au moins après leur sortie du pays, ou de l'espace Schengen (pour les séjours touristiques de moins de 90 jours).
Les ***mineurs*** doivent être munis de leur propre pièce d'identité (carte d'identité ou passeport). Pour l'autorisation de sortie de territoire, lorsque les enfants ne sont pas accompagnés par un de leurs parents, chaque pays a mis en place sa propre régulation. Ainsi, depuis 2017, ***les mineurs français*** doivent être munis d'une ***autorisation de sortie du territoire.*** Pour voyager à l'étranger, ils doivent être munis d'une pièce d'identité (carte d'identité ou passeport), d'un formulaire signé par l'un des parents titulaire de l'autorité parentale et de la photocopie de la pièce d'identité du parent signataire. Infos auprès des services de votre commune et sur • *service-public.fr* •

## Assurances voyages

■ ***Routard Assurance par AVI International :*** *Le Colisée Gardens, 10 avenue de l'Arche, CS 70126, 92419 Courbevoie Cedex.* ☎ *01-44-63-51-00.* • *routard@avi-international.com* • *avi-international.com* • Ⓜ *La Défense.* Enrichie au fil des années par les retours des lecteurs, *Routard Assurance* reste l'assurance voyage référence des globe-trotters. Tout y est inclus, même la ***Covid*** : frais médicaux, assistance rapatriement, bagages, responsabilité civile... Avant votre départ, appelez *AVI* pour un conseil personnalisé. Besoin d'une ***attestation Covid,*** d'un avis médical, d'une prise en charge dans un hôpital ? Téléchargez l'appli mobile *AVI International* pour garder le contact avec *AVI Assistance* et disposer d'un vaste réseau médical à travers le monde. *AVI Assistance* est disponible 24h/24 pour une réponse en temps réel. De simples frais de santé en voyage ? Envoyez les factures à *AVI* dès votre retour, ils vous remboursent sous une semaine.

■ ***AVA Assurance Voyages et Assistance :*** *25, rue de Maubeuge, 75009 Paris. ☎ 01-53-20-44-20. • ava.fr • Ⓜ Cadet.* Un autre courtier fiable pour ceux qui souhaitent s'assurer en cas de décès-invalidité-accident lors d'un voyage à l'étranger, mais surtout pour bénéficier d'une assistance rapatriement, perte de bagages et annulation. Attention, franchises pour leurs contrats d'assurance voyage.

■ ***Pixel Assur :*** *18, rue des Plantes, BP 35, 78601 Maisons-Laffitte. ☎ 01-39-62-28-63. • pixel-assur.com • RER A : Maisons-Laffitte.* Assurance de matériel photo et vidéo tous risques (casse, vol, immersion) dans le monde entier. Devis en ligne basé sur le prix d'achat de votre matériel. Avantage : garantie à l'année.

## Carte internationale d'étudiant (carte ISIC)

Elle prouve le statut d'étudiant dans le monde entier et permet de bénéficier d'avantages, services et réductions dans les domaines du transport, de l'hébergement, de la culture, des loisirs, du shopping...
La carte ISIC permet aussi d'accéder à des avantages exclusifs sur le voyage (billets d'avion spécial étudiants, hôtels et auberges de jeunesse, assurances, cartes SIM internationales, locations de voiture...).
Précisons quand même qu'à Barcelone la carte d'étudiant classique, émise par les universités françaises, suffit souvent (mais pas toujours !) pour obtenir le tarif « Étudiant » à l'entrée des sites et musées.

***Renseignements et inscriptions***

- ***En France :*** *• isic.fr • 13 € pour 1 année scolaire.*
- ***En Belgique :*** *• isic.be •*
- ***En Suisse :*** *• isic.ch •*
- ***Au Canada :*** *• isiccanada.ca •*

## Carte d'adhésion internationale aux auberges de jeunesse (carte FUAJ)

Cette carte vous ouvre les portes des 4 000 auberges de jeunesse du réseau *HI-Hostelling International* en France et dans le monde. Vous pouvez ainsi loger dans plus de 80 pays à des prix avantageux et bénéficier de tarifs préférentiels avec les partenaires des auberges de jeunesse *HI*. Enfin, vous intégrez une communauté mondiale de voyageurs partageant les mêmes valeurs : plaisir de la rencontre, respect des différences et échange dans un esprit convivial. Il n'y a pas de limite d'âge pour séjourner en auberge de jeunesse. Il faut simplement être adhérent.

***Renseignements et inscriptions***

- ***En France :*** *• hifrance.org •*
- ***En Belgique :*** *• lesaubergesdejeunesse.be •*
- ***En Suisse :*** *• youthhostel.ch •*
- ***Au Canada :*** *• hihostels.ca •*

Si vous prévoyez un séjour itinérant, vous pouvez réserver plusieurs auberges en une seule fois en France et dans le monde : *• hihostels.com •*

# ARGENT, BANQUES, CHANGE

À titre indicatif : 1 € = 1,08 Fs = 1,54 $Ca environ.
En Espagne, l'euro (prononcer « é-ou-ro ») se décline en *euros* au pluriel, et se divise en *céntimos.*

## Banques et change

En principe, les ***banques*** sont ouvertes du lundi au vendredi de 8h30 à 14h. Le ***change*** des devises se fait essentiellement dans les bureaux de change, que l'on trouve à l'aéroport et certaines gares, ou dans les banques. À Barcelone, d'une manière générale, s'abstenir de changer dans les établissements situés en face des monuments et des sites touristiques. Change possible dans la gare de Sants *(Exact Change ; tlj 10h-18h)* ; à l'aéroport *(Global Exchange)* ; à l'office de tourisme de plaça de Catalunya *(tlj 8h30-21h).* Les banques *La Caixa (lun-ven 8h30-14h30, fermé w-e)* pratiquent le change.

## Distributeurs automatiques

Sinon, il y a des ***distributeurs automatiques*** *(cajero automático)* partout en ville, qui acceptent la plupart des cartes (*MasterCard, Visa* et *Maestro*).

Petite mesure de précaution : si vous retirez de l'argent dans un distributeur, utilisez de préférence les distributeurs attenants à une agence bancaire. En cas de pépin avec votre carte (carte avalée, erreurs de code secret...), vous aurez un interlocuteur dans l'agence, pendant les heures ouvrables.

## Cartes de paiement

**Avertissement**

Si vous comptez effectuer des retraits d'argent aux distributeurs, il est **très vivement conseillé** d'avertir votre banque avant votre départ (pays visités et dates). En effet, **votre carte peut être bloquée dès le 1er retrait** pour suspicion de fraude. C'est de plus en plus fréquent. Bonjour les tracasseries administratives pour faire rentrer les choses dans l'ordre et on se retrouve vite dans l'embarras !

Quand vous partez à l'étranger, pensez à relever le plafond de retrait aux distributeurs et pour les paiements par carte, quitte à le baisser à votre retour.
Avant de partir, notez bien le numéro d'opposition propre à votre banque (il figure souvent au dos des tickets de retrait, sur votre contrat, ou à côté des distributeurs de billets), ainsi que le numéro à 16 chiffres de votre carte. Bien entendu, conservez ces informations en lieu sûr et séparément de votre carte.
Par ailleurs, l'assistance médicale se limite aux 90 premiers jours du voyage et l'assistance véhicule aux cartes haut de gamme (renseignez-vous auprès de votre banque). Et, surtout, n'oubliez pas aussi de ***VÉRIFIER LA DATE D'EXPIRATION DE VOTRE CARTE BANCAIRE*** avant votre départ !
En zone Euro, pas de frais bancaires sur les paiements par carte. Les retraits sont soumis aux mêmes conditions tarifaires que ceux effectués en France (gratuits pour la plupart des cartes).

Une carte perdue ou volée peut être rapidement remplacée. En appelant sa banque, un système d'opposition, d'avance d'argent et de remplacement de carte pourra être mis en place afin de poursuivre votre séjour en toute quiétude.
En cas de perte, de vol, ou de fraude, quelle que soit la carte que vous possédez, chaque banque gère elle-même le processus d'opposition et le numéro de téléphone correspondant. Le plus simple est de faire opposition en ligne via le site de votre agence bancaire ou leur application mobile, ou en les appelant directement. Sinon, voici les numéros des centres d'assistance des différentes cartes.

– ***Carte Visa :*** *n° d'urgence depuis l'Espagne : ☎ 900-99-11-24.* ● *visa.fr* ●
– ***Carte MasterCard :*** *n° d'urgence depuis l'Espagne : ☎ 900-822-756.* ● *mastercardfrance.com* ●
– ***Carte American Express :*** *☎ (00-33) 1-47-77-72-00 (n° accessible tlj 24h/24).* ● *americanexpress.com* ●

– Il existe un serveur interbancaire d'opposition qui, en cas de perte ou de vol, vous met en contact avec le centre d'opposition de votre banque : en France, *☎ 0892-705-705 (prix d'un appel + 0,35 €/mn) ;* depuis l'étranger, *☎ (00-33) 442-605-303.*

## Besoin urgent d'argent liquide

Vous pouvez être dépanné en quelques minutes grâce au système ***Western Union Money Transfer.*** L'argent vous est transféré en moins de 1h. La commission, assez élevée, est payée par l'expéditeur. Possibilité d'effectuer un transfert depuis un des bureaux *Western Union* ou, plus rapide, en ligne, 24h/24 par carte de paiement *(Visa* ou *MasterCard).* En Espagne, le principal correspondant de *Western Union* est *Correos* (la poste, donc).
Même principe avec d'autres organismes de transfert d'argent liquide, comme ***MoneyGram, PayTop*** ou ***Azimo.*** Transfert en ligne sécurisé, en moins de 1h.
Dans tous les cas, se munir d'une pièce d'identité. Toutefois, en cas de perte/vol de papiers, certains organismes permettent de convenir d'une question/réponse type pour pouvoir récupérer votre argent. Chacun de ces organismes possède aussi des applications disponibles sur téléphone portable. Consulter les sites internet pour connaître les pays concernés, les conditions tarifaires (frais, commission) et trouver le correspondant local le plus proche :
● *westernunion.com* ● *moneygram.fr* ● *paytop.com* ● *azimo.com/fr* ●
– Autre solution, envoyer de l'argent par ***La Banque Postale :*** le bénéficiaire, muni de sa pièce d'identité, peut retirer les fonds dans n'importe quel bureau du réseau local. Le transfert s'effectue avec un mandat ordinaire international (jusqu'à 3 500 €) et ***la transaction prend 4-5 jours en Europe*** (8-10 j. vers l'international). Plus cher, mais plus rapide, le mandat express international permet d'envoyer de l'argent (montant variable selon la destination – 34 au total) sous 2 jours maximum, 24h lorsque la démarche est faite en ligne. *Infos :* ● *labanquepostale.fr* ●

# ACHATS

L'époque n'est plus où l'on pouvait acheter des tas de choses pour une poignée de pesetas... *O tempora, o mores...* L'Espagne, grâce à son intégration dans l'UE, a connu un développement économique important, et son niveau de vie se rapproche de celui de la France ou de la Belgique.
2 souvenirs originaux à acheter en Catalogne : les fameuses ***espadrilles lacées*** (noir et blanc, ou rouge et blanc) portées par les danseurs et danseuses de sardane, et puis les ustensiles nécessaires à la préparation de la ***crema catalana*** : les petits ***ramequins en terre cuite,*** ainsi que le fer à chauffer utilisé pour caraméliser le dessus de la crème.

Plus largement, la région a une vraie tradition de céramique, et vous trouverez aisément des plats joliment rustiques à moindres frais. Toujours dans le registre culinaire, on peut rapporter du ***fromage*** (sur les marchés et dans les supermarchés, on trouve des *manchegos* entiers qui supportent bien le transport car sous vide – mais ils sont castillans et non catalans...), de la ***charcuterie*** (sous vide également), du ***turrón*** et de l'huile d'olive.
Les ***chaussures,*** à qualité égale, sont souvent moins chères qu'en France. Les articles en peau, les tissus en soie offrent un bon rapport qualité-prix. Bon à savoir également, un certain nombre de grandes enseignes de ***prêt-à-porter*** sont originaires d'Espagne *(Zara, Berschka, Stradivarius, Pull & Bear...),* voire de Barcelone *(Mango, Desigual).* Les prix sont, en revanche, pratiquement les mêmes qu'en France... Mais on trouve quelques boutiques de fins de série *(outlet),* avec des prix beaucoup plus intéressants. Signalons également les marques écoresponsables *Vaho (• vaho.es •)* et *Nukak (• nukak.es •),* qui fabriquent de la ***maroquinerie branchée*** (sacs, portefeuilles...) à partir des bâches publicitaires qui cachent les échafaudages de la ville, de voiles de kitesurf ou même de chambres à air usagées. Pas de boutiques en ville, il faut acheter en ligne.
Lire plus loin la rubrique « Horaires » pour connaître ceux des magasins.

## Et les soldes ?

***En janvier-février*** (juste après l'Épiphanie, le 5 janvier) et ***de fin juin à fin août.*** Pas de grosses démarques comme en France, mais des rabais de 10 à 25 %, ce qui, sur des prix déjà (un poil) moins élevés qu'en France, peut devenir carrément intéressant.

***La Roca Village :*** *08430* ***Santa Agnès de Malanyanes.*** *☎ 93-842-39-39. • tbvsc.com/la-roca-village • Prendre l'autoroute direction Gerona et France (AP 7), sortie n° 12. C'est à 38 km au nord-est de Barcelone, soit env 40 mn en voiture. Également accessible en train, ligne R2 depuis Barcelona Sants (descendre à Granollers Centre, env 40 mn de trajet, puis bus L51 jusqu'à La Roca en 30 mn). Ouv tlj 10h-22h. Fermé certains j. fériés.* Les collections de l'année précédente y sont vendues jusqu'à 60 % moins cher. Grand choix de marques, mais tirant plutôt vers le haut de gamme.

# BARCELONE GRATUIT

Nombreuses gratuités pour les ***jeunes,*** en général jusqu'à 15 ans, pendant que les ***étudiants de moins de 25 ans*** bénéficient aussi souvent de tarifs réduits sur présentation d'un justificatif.
Quelques musées, centres culturels, galeries ou sites sont ***gratuits pour tous toute l'année*** : l'*Ajuntament* (la mairie), le *palau de la Virreina, La Capella,* les vestiges archéologiques du centre culturel d'El Born, la *Casa de la Barceloneta 1761*.
Gratuit encore : les balades dans le Barri Gòtic, dans l'Eixample de façade moderniste en façade moderniste, le spectacle des jets d'eau de *La Font Màgica* de Montjuïc, les déambulations dans le *mercat* de la Boquería ou les *sardanes* endiablées (voir la rubrique « Sardane » dans « Hommes, culture, environnement » en fin de guide).
De nombreux *musées,* quant à eux, sont ***gratuits le 1er dimanche du mois,*** à savoir : *MUHBA El Call, museu d'Història de Barcelona, museu Frederic-Marès, museu Etnològic i de Cultures del Món, museu d'Història de Catalunya, museu nacional d'Art de Catalunya (MNAC, également gratuit le sam après 15h), palau* Güell, *museu* Picasso, *DHUB, museu de Ciències naturals, le castell de Montjuïc,* le MNAC, le *Pavelló Mies Van Der Rohe, le Reial Monestir de Pedralbes.* Et, en prime, certains d'entre eux offrent aussi l'entrée tous les dimanches après-midi à partir de 15h.

D'autres proposent un accès ***gratuit un jour précis,*** ou selon les horaires : le *palau de la Generalitat (les 23 avr, 11 et 24 sept, et sur résa les 2e et 4e w-e du mois),* le *CCCB (dim 15h-20h pour certaines expositions),* le *Museu marítim (ts les dim à partir de 15h et 18 mai et 24 sept),* le *museu Picasso (jeu 16h-19h et certains j. fériés),* le *museu d'Història de Catalunya (12 fév, 23 avr, 16 et 17 mai, 23 juil, 11 sept mat et 24 sept),* le *castell de Montjuïc (dim à partir de 15h),* le *DHUB (dim 15h-20h),* le *Reial Monestir de Pedralbes (dim à partir de 15h).*

# BUDGET

## Hébergement

Sauf mention contraire de notre part, les fourchettes de prix insérées à titre indicatif dans le texte correspondent à ceux pratiqués en ***haute saison taxe comprise*** (*IVA* ; soit 10 %) et sans le petit déjeuner. Attention toutefois, la plupart des établissements affichent les prix hors taxes, et c'est au moment de payer la note que vous les retrouvez ! Il faut aussi ajouter la taxe de séjour, qui varie selon la catégorie de l'hôtel, de 0,50 € à 1 € par jour et par personne. Lorsque nous indiquons le prix du petit déjeuner, il s'entend par personne.
Il faut savoir que le concept de haute saison varie légèrement d'un établissement à un autre, et Barcelone étant une destination très prisée, elle y dure longtemps.
- ***Bon marché :*** les auberges de jeunesse principalement. Compter de 15 à 35 € par personne en dortoir selon la saison, et de 40 à 65 € la chambre double.
- ***Prix moyens :*** de 60 à 95 € la chambre double.
- ***Chic :*** de 95 à 130 € la chambre double.
- ***Plus chic :*** de 130 à 160 € la chambre double.
- ***Très chic :*** plus de 160 € la chambre double.

## Restos

Le ***pain,*** au même titre que la ***carafe d'eau,*** est généralement facturé (sauf si inclus dans le menu). Si on le refuse, il n'est évidemment pas compté (quoique...).

On peut manger à tous les prix. Les superbes marchés procurent une nourriture équilibrée, variée et de qualité : bien des commerces incluent un rayon traiteur. Et comme dans toutes les grandes villes européennes, les sandwicheries constituent le moyen le moins onéreux pour se nourrir.
Avec les tapas, les *pintxos* et autres *cazuelitas* ne sont pas beaucoup plus chers, et on a le plaisir et le dépaysement en plus. Le menu du midi en semaine est aussi un très bon plan pour se restaurer à des prix corrects (la plupart des menus oscillent entre 9 et 15 €, pain et boisson inclus). Comme pour les hôtels, ne pas oublier d'ajouter au prix indiqué sur les cartes et menus la taxe *(IVA),* qui est de 10 %, mais qui peut grimper jusqu'à 12 % dans certains restos chics. Et, de plus en plus souvent, un supplément (5 à 10 %) est demandé en terrasse.
Les fourchettes qui suivent sont calculées sur la base d'un repas pour 1 personne sans la boisson, *IVA* incluse.
- ***Très bon marché :*** moins de 10 €.
- ***Bon marché :*** de 10 à 16 €.
- ***Prix moyens :*** de 16 à 25 €.
- ***Chic :*** de 25 à 40 €.
- ***Très chic :*** plus de 40 €.

**Recommandation à ceux qui souhaitent profiter des réductions et avantages proposés dans le Routard par les hôteliers et les restaurateurs**

À l'hôtel, pensez à les demander **au moment** de la réservation ou bien lors de votre **arrivée.** Ils ne sont valables que pour les réservations en direct et ne sont pas cumulables avec d'autres offres promotionnelles (notamment sur Internet). Au restaurant, parlez-en **au moment** de la commande et surtout **avant** que l'addition soit établie. Poser votre *Routard* sur la table ne suffit pas : le personnel de salle n'est pas toujours au courant et une fois le ticket de caisse imprimé, il est souvent difficile de modifier le total. En cas de doute, montrez la notice relative à l'établissement dans le *Routard* et ne manquez pas de nous faire part de toute difficulté rencontrée.

### Musées et sites

Voir plus loin la rubrique « Musées et sites » pour le détail des *passes.* À Barcelone, cependant, les ***tarifs changent fréquemment*** en cours d'année (souvent au 1er juillet), alors que ce guide est déjà depuis quelques mois sur les rayons de votre librairie : vérifiez donc bien les tarifs avant votre séjour, par exemple sur • *barcelonaturisme.com* •

## CLIMAT

Doux en hiver, chaud en été, le climat de Barcelone est typiquement méditerranéen. La moyenne du mois le plus froid, février, dépasse 10 °C, et l'été se rapproche de l'idéal avec une agréable température de 25 °C pour l'air et de 23 °C pour l'eau. Le secret de ce microclimat ? Un site abrité, entre mer et montagne, animé par un cortège de brises aux noms exotiques, le *gregal,* le *xaloc,* le *migjorn,* soufflant tantôt de la mer, tantôt de la terre, rafraîchissant au passage la plaine littorale.
L'été, la brise fraîche qui monte de la mer lorsque le soleil réchauffe les collines nimbe parfois Barcelone d'un halo irréel. Alors, pour varier un peu les plaisirs, la tramontane *(tramuntana),* vent sec du nord, se réveille de temps à autre, accélère entre les collines et déferle sur la côte avec une violence inouïe, au grand dam des pêcheurs. Mais ses sautes d'humeur sont généralement hivernales... À la belle saison, Éole a le bon goût de se tenir tranquille. Sans doute pour ne pas déplaire aux vacanciers !
– Les ***meilleures périodes*** pour visiter Barcelone sont le printemps et l'automne. On y bénéficie de températures agréables, sans la foule. Jusqu'en avril toutefois, il peut faire frais. Prévoir une « petite laine » pour le soir.

## DANGERS ET ENQUIQUINEMENTS

Ici, comme dans toutes les grandes villes, la spécialité est le vol à la tire ! Nombreux pickpockets, redoutablement efficaces. Pour avoir assisté à la course éperdue d'une touriste dans les escaliers de la Sagrada Família derrière le type qui lui avait piqué son sac, nous pouvons vous affirmer que les voleurs ont souvent un look... de touriste (appareil photo en bandoulière, sac à dos). Et de bonnes jambes ! Malgré la présence de policiers (beaucoup sont en civil, histoire de ne pas être repérés), voici quelques conseils à ne pas négliger, sans pour autant sombrer dans une parano qui gâcherait le séjour. En effet, l'immense majorité des touristes voyagent sans encombre.

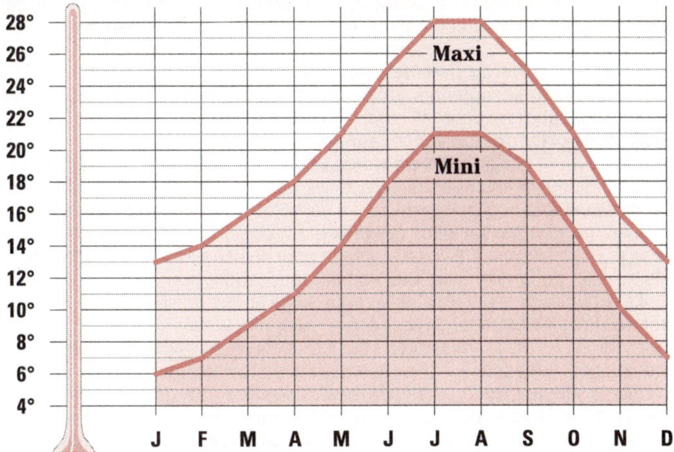


Moyenne des températures atmosphériques

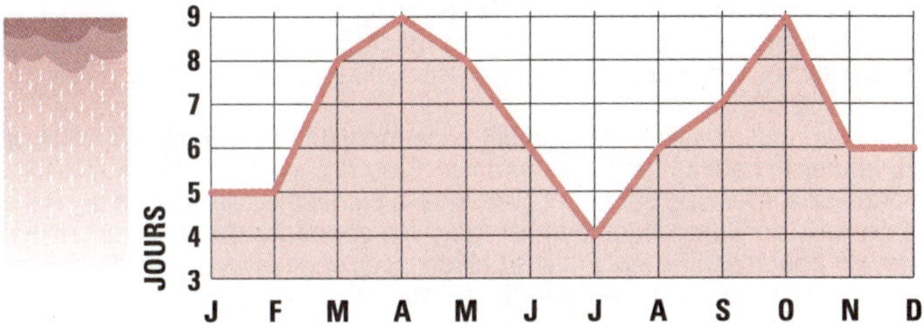


Nombre de jours de pluie

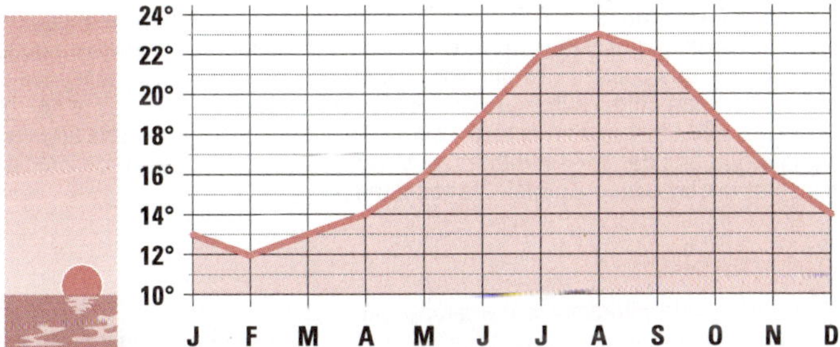


Moyenne des températures de la mer

**BARCELONE**

1) ***Laisser billets d'avion, passeport, objets de valeur*** et une partie de son argent liquide à l'hôtel (coffre), au gérant de l'AJ ou de la pension (demander un reçu).
2) ***Garder sa carte de paiement avec soi*** (dans une ceinture antivol). La plupart des restos l'acceptent, a fortiori après la Covid, et on peut retirer de petites sommes chaque jour dans les nombreux distributeurs.
3) ***Ne rien porter de trop voyant sur soi.***
4) ***Sacs à main et appareils photo*** doivent être constamment portés croisés sur la poitrine pour décourager toute tentative de vol à l'arraché... Ne pas laisser traîner son ***portable*** négligemment sur un comptoir ou une table en terrasse.
5) Enfin, ***ne rien laisser dans la voiture.*** Eh oui, on ne peut pas être tranquille ! Vous pouvez laisser votre voiture ouverte pour ne pas retrouver vos vitres cassées. Mais évitez de le faire avec une voiture de location, pour une question d'assurance. Pour les plus paranos, enlevez la plage arrière du véhicule pour bien montrer que le coffre est vide, ça peut économiser une vitre.
Les endroits les plus « fréquentés » par les voleurs sont évidemment les hauts lieux touristiques. Ils se fondent dans la masse et détroussent en douceur les touristes confiants. ***Restez donc particulièrement vigilant lors de votre arrivée, entre l'aéroport et la ville*** (tout à la joie des vacances, on relâche souvent son attention à la descente de l'avion ou du train !), sur la Rambla, autour de la Sagrada Família, de la plaça Reial, autour des grands monuments comme la cathédrale, sur le Port olympique, sur les plages et dans les gares.
– ***De nuit,*** gardez l'œil bien ouvert aussi dans le Raval entre, au nord, la carrer Hospital et, au sud, la carrer Santa Madrona (juste au-dessus du Museu marítim). Dans le Barri Gòtic, après 2h30-3h du matin, lorsque les bars ont fermé leurs portes (et que la police a plié bagage), les ruelles au sud de la plaça Reial ne sont pas très sûres.
– Et puis refusez systématiquement et fermement les ***œillets*** que vous offrent de (parfois) charmantes jeunes femmes. Très douées pour vous subtiliser votre portefeuille, elles opèrent plutôt autour de la cathédrale, de la plaça del Rei et sur le passeig de Gràcia. Même chose pour les ***vendeurs de cartes*** (certains s'en servent pour masquer leurs mains baladeuses), et pour les cireurs de chaussures sur la Rambla, qui pratiquent des tarifs « spécial touristes »...

## Piétons

À scooter (le moyen de locomotion préféré dans cette ville ensoleillée) comme en voiture, les Barcelonais démarrent en trombe. Pas au feu vert, mais juste quand le feu pour piétons passe au rouge. Il ne fait pas bon traîner sur les passages cloutés... D'un autre côté, l'automobiliste espagnol s'arrête pour marquer le feu rouge. Gaffe aussi à la traversée des pistes cyclables, nombreuses et parfois aménagées sur des portions des larges trottoirs, notamment autour du passeig de Gràcia : les cyclistes ont tendance à pédaler le nez dans le guidon !

## Automobilistes

Pour ceux qui arriveraient à Barcelone par la route, sachez que chaque année des incidents et des agressions par des bandes organisées sont signalés sur les autoroutes catalanes. Ne vous effrayez pas, l'immense majorité des touristes circulent sans encombre, mais les recommandations suivantes peuvent vous éviter de donner de mauvaises idées à ces petits malins.
1) Ne vous arrêtez que sur les aires de service.
2) Sur ces aires de service, fermez bien votre voiture, branchez l'alarme et ne laissez rien de précieux en vue.
3) Méfiez-vous d'autres conducteurs qui pourraient vous signaler des incidents sur votre voiture et vous pousseraient à vous arrêter.

4) Si vous êtes en panne sur la voie d'urgence et que vous appelez une dépanneuse d'une borne, vérifiez que cette dépanneuse porte bien le symbole des *autopistas.*
5) Si vous êtes loin d'une borne et que vous avez un portable, appelez *Autopistas* (☎ 902-200-320 ou 934-927-827 ; fonctionne 24h/24, avec un service d'interprète le mat ; ● autopistas.com ●). Vous pourrez donner votre position à votre interlocuteur grâce aux chiffres marqués sur le côté de la chaussée. Ces chiffres indiquent le numéro de l'autoroute et le point kilométrique.

## ENFANTS

Barcelone est une ville qui se prête aux escapades familiales. Cité dynamique, elle propose un large éventail d'activités sportives et ludiques qui conviennent aux petits et aux grands. Par ailleurs, le tissu urbain est conçu de telle manière que les rues sont souvent sûres pour les piétons : trottoirs particulièrement larges dans l'Eixample, et même dans les quartiers populaires ou plus anciens, où les rues se resserrent jusqu'à devenir un dédale de venelles, la municipalité a eu l'intelligence de rendre les voies uniquement piétonnes. Vos bambins n'auront donc pas à se soucier de la circulation, ce que savent déjà les gamins barcelonais qui gambadent en ville jusqu'à une heure avancée de la nuit.
***Rien ne vaut la marche*** pour découvrir cette ville merveilleuse. Néanmoins, lorsque les enfants fatiguent, il est toujours possible de finir la balade en bus ou en métro. Barcelone est dotée d'un ***excellent réseau de transport urbain.*** Il existe aussi un bus touristique, très pratique mais nettement plus onéreux, qui s'arrête devant tous les monuments et musées indispensables. Sinon, il reste encore la solution du ***vélo,*** très attractive, d'autant que Barcelone est pourvue de nombreuses pistes cyclables. Possibilité aussi de louer des rosalies, ces amusantes voitures à pédales familiales.
Voici quelques ***suggestions d'itinéraires,*** modulables selon la curiosité, le budget et l'endurance de chacun.
➢ Autant commencer par l'un des symboles les plus frappants de la ville : la ***Sagrada Família (réserver impérativement vos billets).*** Si vos enfants ont le cœur bien accroché, faites-les grimper dans une des tours (ascenseur obligatoire !) pour voir de près le bestiaire enchanté créé par Gaudí sur la façade : escargots, grenouilles, conques et autres lézards finement sculptés et impossibles à voir d'en bas. De retour sur terre, jeter un coup d'œil aux somptueuses ***demeures modernistes du passeig de Gràcia*** (notamment la ***casa Batlló*** dont le toit évoque le dragon terrassé par Saint-Georges). Leurs lignes délirantes devraient intriguer les plus jeunes. Un peu plus loin, n'hésitez pas à pénétrer dans la célèbre ***casa Milà,*** appelée aussi la ***Pedrera.*** La visite des toits est indispensable pour observer les cheminées « darkvadoresques » et les cages d'escalier revêtues de *trencadis* (mosaïques de céramique).
Consacrez enfin l'après-midi à une promenade dans le ***park Güell*** (réservation là encore obligatoire), avec son iguane géant en... mosaïque, encore.
➢ Employez la matinée à visiter le ***Museu marítim,*** installé dans les anciens chantiers navals de Barcelone. Belles maquettes et différents types d'embarcation grandeur nature, dont une impressionnante galère. Le parcours est ponctué de passionnantes expos temporaires avec la mer pour thème, évidemment.
L'après-midi, après une pause au ***museu de la Xocolata*** (oui ! un musée du Chocolat, avec des maquettes tout choco assez appétissantes !), emmenez vos enfants dans le ***parc verdoyant de la Citadelle (Ciutadella)*** pour faire un petit tour de barque sur l'étang, avant de les conduire au ***zoo.***
➢ Commencez la journée par le ***musée d'Histoire de la Catalogne.*** Les visiteurs sont invités à une remontée dans le temps extrêmement ludique, qui met l'accent sur les événements essentiels et les dates clés de la région. Un must pour toute

la famille. Profitez-en pour déjeuner au resto du musée sur le toit (vue extra sur les bateaux ancrés dans le port, et menu du déjeuner à prix très honnête). À quelques pas du musée d'Histoire, on peut attraper le ***téléphérique*** *(aeri del port),* petite nacelle rouge se balançant au-dessus de la mer, entre la Barceloneta et Montjuïc (sauf si le temps ne s'y prête pas). Arrivés sur la colline, ceux qui en ont encore le courage peuvent grimper jusqu'au ***castell de Montjuïc*** pour admirer la vue sur Barcelone (accessible aussi par un 2d téléphérique). Redescendez en flânant à travers les jardins, avant d'aller faire un tour à la ***fondation Miró,*** où sont exposées les sculptures bariolées et joyeuses de l'artiste.

➢ Après les musées... la ***plage.*** Les flancs de la ville, qui s'étire langoureusement au bord de la mer, sont ourlés de plages généralement propres et dotées de douches gratuites. Facilement accessibles en métro, en bus (descendre par exemple à l'arrêt « Barceloneta » du bus nº 17) ou à pied. Vous pouvez rester dans le ton en visitant l'***aquarium,*** avec son impressionnant tunnel à requins. Pour terminer la journée en beauté, embarquez sur un bateau qui vous fera faire une petite ***balade en mer*** (attention, ce n'est pas donné). Départs au pied du mirador de Colom.

➢ Autre suggestion, valable pour 1 journée entière : la découverte du ***parc d'attractions du Tibidabo,*** perché sur la colline du même nom (hors saison, il n'est ouvert que lors des vacances scolaires, et le w-e en mi-saison). Cher, mais le prix d'entrée inclut l'accès à toutes les attractions, et la chenille qui fonce à toute allure en offrant une vue extraordinaire sur la ville est un grand moment ! Enfin, terminez la balade sur les collines du Tibidabo par la visite du ***musée de la Science Cosmo Caixa,*** un prodige d'intelligence architecturale et de pédagogie.

## FÊTES ET JOURS FÉRIÉS

Le 23 avril, on célèbre quasiment partout en Catalogne le jour du Livre (ou *Sant Jordi*), mais on a aussi en rayon les carnavals, les crèches de Noël et les *pastorets,* les célébrations de Pâques (accompagnées de leurs pâtisseries, *caramelles* et *mones de Pasqua*), les luttes sanguinaires entre *Moros i Cristianos...* et toutes les fêtes de quartier dont (surtout), pour nous la plus belle : la fête de Gràcia à Barcelone, autour du 15 août, qui donne lieu à un concours de décoration des rues. Ne manquez pas non plus, à la même époque, celle du quartier de Sants, puis, du 22 au 25 septembre, la fête de la Mercè, patronne de la ville, qui a donc lieu un peu partout. Le 11 septembre est le jour de la fête nationale de la Catalogne, la *Diada,* soit l'une des seules fêtes espagnoles sans origine religieuse.

### Les manifestations nationales et locales

– ***6 janvier :*** ici, c'est le jour de l'Épiphanie *(día dels Reis)* que les bambins reçoivent leurs cadeaux. Traditionnellement, des figurants représentant les Rois mages arpentent les rues et lancent des bonbons à la foule.
– ***Fin février :*** carnaval du Mardi gras. On défile derrière Carnestoltes, le Monsieur Carnaval en carton-pâte. C'est aussi la fête de santa Eulàlia, la copatronne de la ville. Le défilé en son honneur est devancé par d'énormes dragons crachant le feu.
– ***Mars-avril :*** la Semaine sainte (la semaine précédant Pâques) est l'occasion de grandes processions autour de la cathédrale, dans les petites rues étroites de la vieille ville. En 2021, le Vendredi saint tombe le 2 avril (le 15 avril en 2022), et le lundi de Pâques le 5 avril (18 avril en 2022).
– ***23 avril :*** fête de sant Jordi, saint patron de la Catalogne. On honore Saint-Georges, qui a terrassé le dragon. Filles et garçons s'offrent des fleurs mais aussi des livres, car, ce jour-là, on commémore aussi l'anniversaire de la mort de Cervantes. La Rambla est noire de monde, et l'on trouve des étalages de fleurs et de livres à tous les coins de rue.

– ***1er mai :*** fête du Travail. Presque tout est fermé. Très suivie en Espagne en général, à Barcelone en particulier.
– ***Mai ou juin :*** *Pasqua Granada* (c'est-à-dire lundi de Pentecôte). En 2021, c'est le 24 mai.
– ***Fin mai-début juin :*** *Primavera Sound.* Dans le ***parc del Fòrum,*** un gros festival rock (tendance indie) avec une programmation ambitieuse. Très sympa car en bord de mer. ● *primaverasound.com* ●
– ***Mi-juin*** *(en 2021, 17-19 juin)* ***:*** *Sónar.* Sur 3 jours, grande fête électro qui rameute les meilleurs DJs et autres groupes du genre du monde entier. ● *sonar.es* ● Si vos congés ne tombent pas à cette période, vous pourrez toujours suivre ce festival en France sur Radio Nova, qui se déplace souvent pour l'occasion.
– ***24 juin :*** fête de la Saint-Jean (concerts, danses et nombreux feux d'artifice et pétards allumés dans tous les quartiers dans la nuit du 23 au 24 juin, attention quand même !). Ce jour-là, on mange la *coca de Sant Joan,* une pâtisserie à vrai dire assez étouffe-chrétien (juste retour des choses, si l'on considère que la Saint-Jean n'est jamais qu'une fête païenne, célébrant le solstice d'été, recyclée).
– ***Juillet :*** GREC, grand festival d'été de Barcelone. Nombreux spectacles dans les salles, les rues et les jardins de la ville (théâtre, musique, etc.). Institut de la culture de Barcelone *(● barcelona.cat/grec/ ●).*
– ***15 août :*** fête de l'Assomption (et fête du quartier de Gràcia, ne pas la rater).
– ***11 septembre :*** *Diada,* fête nationale de la Catalogne (beaucoup de restos et de musées sont fermés à cette occasion).
– ***24 septembre :*** fête de la Mercè, sainte patronne de Barcelone (ou plutôt copatronne, avec santa Eulàlia). Son effigie se trouve dans l'église Nostra Senyora de la Mercè, dans la Ribera. Elle doit son titre de sainte patronne à son courage lors d'une invasion de sauterelles qu'elle a repoussées toute seule en l'an 1637 ! Pas mal de musées gratuits ce jour-là, d'autres fermés.
– ***12 octobre :*** fête de la Vierge du Pilar et jour de l'Hispanidad (fête nationale espagnole).
– ***6 décembre :*** journée de la Constitution.
– ***8 décembre :*** Immaculée Conception.
– ***Fin décembre :*** la semaine précédant Noël, c'est la kermesse de Santa Llùcia ; tout autour de la cathédrale, on trouve des stands avec des figurines représentant des scènes de la Nativité. Des files d'attente hallucinantes pour admirer le Divin Enfant ! Regardez bien les crèches d'ici : aux côtés de l'Enfant Jésus, des Rois mages, de Marie et Joseph, vous remarquerez un bonhomme déculotté et accroupi : c'est le *caganer* (littéralement, le « chieur »), une pure invention catalane ! Ce petit berger symboliserait la fertilité. Remarquez, c'est vrai qu'il engraisse la terre...
– ***25 et 26 décembre :*** fériés en Catalogne (beaucoup de musées et de sites sont complètement fermés, ou en ouverture réduite).
– Et puis toute l'année les ***lundi, mercredi, vendredi*** et ***samedi*** : ***marché aux puces*** *(9h-20h, plaça de les Glòries, ● encantsbarcelona.com ●).*
– ***Dimanche matin :*** marché aux timbres et monnaies *(plaça Reial, 9h30-14h30).*

## GÉOGRAPHIE URBAINE

Comme toute ville historique, Barcelone possède un cœur, la *Ciutat Vella,* vibrant, bouillonnant, cohérent, avec son lacis de ruelles imbriquées, son lot d'impasses sombres aux pavés assassins (pour les talons), ses quartiers populaires où l'on se retrouve après le travail et où le flux naturel des odeurs et des palpitations urbaines vous mènera comme une évidence. Séparés par la Rambla : le ***Raval,*** au sud-ouest (d'où l'on gagne ***Sant Antoni*** sans presque s'en rendre compte), le ***Barri Gòtic,*** de loin le plus touristique, au centre, et de l'autre côté de la vía Laietana, le quartier de la ***Ribera,*** populaire et historique (un peu moins touristique, à l'exception de la carrer Montcada, de la carrer Argentería et des abords de l'église Santa María del Mar, toute cette zone que l'on appelle ***El Born***).

Plus au nord, l'***Eixample*** – du nom de l'« agrandissement » ou extension (de la ville) décidé au XIXe s –, avec ses rues tirées au cordeau, où l'on trouve la plupart des hallucinantes constructions modernistes (lire notre « Itinéraire moderniste » dans « Barcelone. À voir »). C'est aussi, entre le passeig de Gràcia et la carrer Balmes, la partie la plus commerçante de la ville. Au-dessus de ce quartier, le secteur de ***Gràcia,*** ancien village rattaché à Barcelone, plus calme, plus authentique aussi, bien qu'en voie accélérée de gentrification. Un peu plus au nord encore, la colline du ***Tibidabo,*** véritable poumon vert de Barcelone, propose attractions, funiculaire et bars panoramiques. Au pied de ces collines s'étendent largement les quartiers résidentiels (et un peu chic) de ***Sant Gervasi, Sarrià*** et ***Les Corts*** où les fans de foot trouveront le mythique stade du Barça.

Au sud-est de la vieille ville, Barcelone a renoué avec la Méditerranée. Une passerelle postmoderne, au pied de la statue de Colom (Christophe Colomb pour les francophones), traverse le port pour accéder au centre commercial *Maremagnum.* À l'est, la ***Barceloneta,*** le quartier des pêcheurs, s'ouvre aujourd'hui sur une jolie plage. Sa promenade du front de mer mène à la Vila Olímpica (Port olympique). Et plus au nord-est encore, au ***Poblenou,*** ancien quartier industrieux qui se modernise à grands pas, avec ses buildings signés de grands noms de l'architecture mondiale, qui poussent à 2 pas des anciennes maisons d'ouvriers, et autres usines retapées par une nouvelle génération de Barcelonais... Belle balade jalonnée de quelques sympathiques plages familiales. Enfin, à l'ouest du port, le ***Poble Sec,*** quartier populaire qui tend à le rester, même si ses bars à tapas et petites tavernes – où l'ambiance bat son plein – attirent de plus en plus les jeunes touristes. C'est d'ici que l'on prend le funiculaire pour Montjuïc, car le Poble Sec est à la jonction entre la ville basse et la colline de ***Montjuïc,*** grand parc verdoyant, qui offre, en plus de ses superbes musées, une vue admirable sur la ville. Et des installations sportives datant des Jeux olympiques de 1992.

L'abréviation « c/ », que vous retrouverez tout au long de ce guide, signifie tout simplement « calle » ou « carrer » (sa version catalane), c'est-à-dire « rue ».

## HÉBERGEMENT

En raison de la Covid et de ses suites, certains hôtels étaient encore fermés lorsque nous avons bouclé ce guide. En particulier les auberges de jeunesse et les petits *hostales*. Pour vous assurer que l'établissement que vous avez choisi est bien ouvert, rien ne vaut un coup de téléphone !

Dans les hôtels, mais aussi dans les bars, les restos et les taxis, il existe un ***livre des réclamations*** *(el libro de reclamaciones),* visé par les inspecteurs du Turisme de Catalunya. En cas de litige, demandez ce document, et le problème s'arrangera.

### Les auberges de jeunesse

Il faut saluer la Generalitat pour la place qu'elle confère aux jeunes (une fois n'est pas coutume !). D'une manière générale, les AJ officielles sont bien

tenues et d'un rapport qualité-prix très honnête (qui rivalise souvent avec des 2-étoiles), avec des tarifs encore raisonnables. Il n'y a pas de limite d'âge, mais les tarifs pour les plus de 29 ans sont, en gros, de 4 à 5 € plus élevés dans les AJ officielles. Ces dernières exigent d'ailleurs une carte de membre (on peut l'acheter sur place), et on ne peut rester que 5 nuits maximum, avec toutefois la possibilité de prolonger son séjour selon les disponibilités d'accueil.
Les règles sont nettement plus souples dans les ***AJ privées*** (ou *hostels*). Celles-ci ont poussé aux 4 coins de la ville et sont généralement bien tenues, mais comme tous les hébergements de la ville, leurs prix s'envolent en haute saison. Nous avons sélectionné les plus agréables.
Réservez :
– soit directement à l'auberge, en réglant environ 25 % du prix du séjour ; c'est d'ailleurs le seul moyen pour les AJ privées ;
– soit en contactant l'agence centrale de résas des AJ à Barcelone : ☎ *93-483-83-63.* • *xanascat.gencat.cat* •
Sinon, la plupart des AJ privées se retrouvent sur • *hostelworld.com* •

## Les campings

À Barcelone, comme partout en Espagne et en Catalogne, il est interdit de dormir sur la plage ou de pratiquer toute autre forme de camping sauvage. Pas de camping dans la ville même, mais quelques-uns aux alentours (au nord et au sud, mais vraiment pas top) et notamment à Sitges, relié à Barcelone par le train (environ 40 km, et 35-45 mn de train Rodalies depuis passeig de Gràcia – ligne R2).
Pensez à vous équiper de sardines très robustes. Le terrain est sec partout, parfois d'une dureté incroyable.
– ***Tarifs :*** ils sont affichés soit à la parcelle (comprenant une tente et une voiture), et il faudra y ajouter le nombre d'occupants de ladite parcelle ; soit séparément : tente (petite ou grande), voiture, adultes, enfants, électricité... Nous vous indiquons le tarif sur la base de 1 petite tente, 1 voiture et 2 adultes. Compter au moins 20 € par jour.
– ***Un bon plan :*** la plupart des campings sont équipés de bungalows, chalets ou autres mobile homes pour 2 à 6 personnes. C'est assez confortable (kitchenette et salle de bains à l'intérieur, exception parfois pour les plus rustiques), en général plus calme que le camping lui-même (les bungalows sont à part), et tout de même moins cher que l'hôtel pour une famille ou un groupe de copains.

## Les hôtels et *hostales*

La classification du ministère du Tourisme met les ***hostales*** et les ***residencias*** dans la catégorie « Bon marché ». On trouve encore parfois les appellations *hospedajes* et *pensiones (pensió* en catalan*)* qui regroupent un peu la même chose, c'est-à-dire une sorte de pension de famille. Si vous le pouvez, visitez bien l'établissement avant de réserver. Il y a vraiment un choix pléthorique d'*hostales* à Barcelone et, comme dans beaucoup d'autres villes, si l'on s'écarte un poil du centre, les prix deviennent vite plus intéressants. Quoi qu'il en soit, tous conviendront aux routards peu regardants sur le confort mais exigeants sur les prix (quoiqu'ils aient beaucoup augmenté ces dernières années). Si vous tchatchez bien l'espagnol (ou, mieux, le catalan !), négociez tout de suite le prix. Les tarifs baissent presque toujours avec la durée du séjour. En revanche, il faut parfois s'attendre à un accueil sans façon et à des réponses du genre « *lo tomas o lo dejas* » (à prendre ou à laisser).

Enfin, les ***hôtels*** *(hoteles)*, classés de 1 à 5 étoiles. La réservation est conseillée, surtout en haute saison : sinon essayez d'arriver tôt pour trouver une chambre et, avec ou sans réservation, demandez à la visiter. Les prix affichés à la réception et dans les chambres sont les tarifs maximums et peuvent varier selon les divisions de l'année touristique : haute, moyenne et basse saisons. De plus en plus, on fait de bonnes affaires en profitant des promotions affichées sur le site internet des hôtels : les prix peuvent être carrément divisés par 2 !

Pour une chambre simple, demandez une *habitació individual* ; pour une chambre double, une *habitació doble* ; et si vous voulez un grand lit, précisez *llit de matrimoni* (ou *cama de matrimonio*).

ATTENTION : en principe, les prix affichés dans les établissements sont hors taxes. Il faut ajouter la TVA *(IVA)* de 10 %, ainsi que la taxe de séjour de 0,50 à 1 € par jour et par personne.

Les offices de tourisme disposent d'une liste plus ou moins exhaustive des hôtels et *hostales* avec les prix en cours. Demandez-la.

Dernier détail, pour les affamés du matin : dans les pensions espagnoles, c'est *bed* mais rarement *breakfast...* et si on vous propose le *breakfast,* il se limite en général à 2 toasts avec une minidose de confiture. Dans les 2 cas, mieux vaut donc aller déjeuner dans un bar ou une pâtisserie, puisque la plupart servent des menus petit déj variés. Les patrons de votre pension vous conseilleront peut-être un café dans le coin.

***Logis*** est la 1re chaîne de restaurateurs-hôteliers indépendants en Europe avec 2 200 établissements répartis dans 8 pays. Fort de ses 70 années d'expérience, le réseau offre l'assurance d'un accueil personnalisé et chaleureux, d'un hébergement de qualité ainsi que d'une restauration faite maison mettant à l'honneur produits locaux et de saison. Engagés sur les territoires, tous les Logis sont impliqués dans une démarche d'économie locale, privilégiant les circuits courts et les produits régionaux. Plus d'infos : • *logishotels.com* •

Nous précisons les codes postaux des établissements dans le texte de l'hôtel, logiquement à la fin de l'adresse, puisqu'il y a plusieurs arrondissements dans Barcelone. Par ailleurs, pour les environs de Barcelone, nous indiquons également le code postal général dans le bandeau de la ville.

## Location d'appartements

Un choix d'hébergements qui se développe à grande vitesse, de plus en plus prisé, et qui s'avère rentable pour une famille, en meute d'amis ou même en couple, si vous avez choisi de rester 1 semaine ou plus. Pas mal d'offres promotionnelles en réservant par Internet. Forcément, tous les appartements et agences n'étant pas sans surprise, on vous donne une sélection fiable dans « Où dormir ? ».

Une formule d'autant plus intéressante qu'on fait des économies sur la tambouille (à tour de rôle, sinon c'est plus des vacances !). Le nombre de ces locations, plus ou moins sauvages, a explosé en quelques années. Ce qui a eu pour effet de participer à la hausse des loyers. Et de compliquer la vie des Barcelonais, qui ont de plus en plus de mal à se loger dans le centre. La municipalité a donc lancé une véritable chasse aux locations touristiques illégales. Ce qui va aussi dans l'intérêt des touristes, car beaucoup se plaignaient ces derniers temps d'arnaques et d'un manque d'hygiène. Quelques ***conseils et infos :***

– vérifiez si la ***taxe de nettoyage*** est incluse, cela vous évitera une mauvaise surprise le jour du départ. Plus simplement, laissez un appart nickel ;

– les tarifs, comme pour les hôtels, varient en fonction de la saison : nous indiquons des fourchettes basse/haute saisons ;
– posez la question du ***bruit,*** car certains apparts, notamment ceux de la Rambla ou du Barri Gòtic, sont bruyants ;
– il est normalement possible de verser seulement des ***arrhes*** pour valider la réservation, et de payer le complément une fois sur place. Cela limitera la casse en cas de mauvaises surprises ;
– attention aux ***promos,*** elles doivent souvent être réglées comptant à la réservation ;
– refusez les ***locations au noir*** ;
– la majeure partie des locations incluent le ***wifi*** ;
– prévoyez environ 200-300 € ou une empreinte de CB pour la ***caution*** des clés ;
– pour vous ravitailler, il existe de ***nombreuses petites épiceries*** qui offrent une bonne qualité pour les fruits et légumes et les prix sont bas, les marchés de la ville sont aussi une bonne option, sinon la chaîne *Mercadona* est pratique pour tout le reste et également à prix démocratiques.

## HORAIRES

Les ***horaires des repas*** sont tardifs ! C'est l'heure espagnole. Pour le déjeuner, de 13h à 16h ; pour le dîner, de 20h à 23h (il fait moins chaud). Quant aux ***boîtes de nuit*** (lorsqu'elles rouvriront), elles ne commencent à s'animer que vers 2h (et encore !)... Hors temps de Covid, il faut avoir une santé de fer pour vivre ici !
Les ***magasins*** sont généralement ouverts du lundi au samedi de 9h30-10h à 13h30-14h, et de 16h30-17h à 20h-20h30. Cela dit, dans le centre de Barcelone, les grands magasins et les boutiques de chaînes sont ouverts sans interruption le midi. Dans un autre registre, la ***poste centrale*** est ouverte du lundi au vendredi de 8h30 à 21h30 et le samedi de 8h30 à 14h. Quant aux horaires des banques, voir la rubrique « Argent, banques, change » plus haut.

## LANGUE

Le ***catalan,*** c'est d'abord une langue. De racine latine comme le français, l'espagnol (ou ***castillan***) et l'italien, il a atteint sa maturité vers le X^e^ s. Au cours de ces 3 derniers siècles, le catalan a subi de multiples persécutions, vexations et interdictions. Rien qu'un exemple : en 1924, Gaudí fut arrêté parce qu'il parlait catalan sur la voie publique. Autonomie oblige, le castillan est désormais passé au 2^d^ plan, et l'enseignement du catalan est obligatoire dans les écoles. Les plaques de rues, les indications sur les plans en castillan, ont disparu (ou alors elles sont bilingues). Certaines associations, comme le *Fora Babel,* cherchent à lutter contre cette « assimilation culturelle ».

### PARLER FRANÇAIS COMME UNE VACHE ESPAGNOLE

*C'est vrai que les vaches, surtout espagnoles, parlent mal le français. Cette expression datant du XVII^e^ s vient en fait d'une altération du mot « basque » en « vache ». Avec leur accent si particulier, on comprend mieux l'expression !*

Près de 95 % des habitants de la région comprennent le catalan et près de 70 % le parlent. L'emprise de la langue dépasse les limites de la région : elle est parlée dans la quasi-totalité du pays valencien (avec ses propres nuances) et aux îles Baléares (depuis la conquête, au XIII^e^ s, de Jacques I^er^, roi d'Aragon et comte de Barcelone ; voir la rubrique « Histoire » dans « Hommes, culture, environnement » en fin de guide), en Andorre, dans une petite partie de l'Aragon, dans la ville de l'Alguer en Sardaigne, ainsi, bien sûr, qu'en France, dans le Roussillon, soit au total par plus de 10 millions de personnes. Reconnue par l'Union européenne, elle compte plus de locuteurs que le danois, le norvégien ou le finnois !

## Vocabulaire usuel en catalan (castillan entre parenthèses)

Pour vous aider à communiquer, n'oubliez pas le ***Guide de conversation du routard en espagnol.***

***Les basiques***

| | |
|---|---|
| Oui | *sí (sí)* |
| Non | *no (no)* |
| Bonjour | *bon dia (buenos días)* |
| Bonsoir | *bona tarda (buenas tardes)* |
| Salut (salut, ça va ?) | *hola (hola ¿ qué hay ?)* |
| Salut la compagnie | *hola, ¿ comanem ? (hola, muy buenas)* |
| Bonne nuit | *bona nit (buenas noches)* |
| Aujourd'hui | *avui (hoy)* |
| Hier | *ahir (ayer)* |
| Demain | *demà (mañana)* |
| Ce matin | *aquest matí (esta mañana)* |
| Ce soir | *aquesta nit (esta noche)* |
| Au revoir | *adéu, arreveure (adiós)* |
| À bientôt | *fins després (hasta luego)* |
| S'il vous plaît | *si us plau (por favor)* |
| Merci | *gràcies (gracias)* |
| De rien | *de res (de nada)* |
| Excusez-moi | *perdoni (perdone, disculpe)* |
| Parlez-vous français ? | *¿ parla francès ? (¿ habla usted francés ?)* |
| Comment vous appelez-vous ? | *¿ com es diu vostè ? (¿ cómo se llama usted ?)* |
| Je ne comprends pas | *no ho entenc (no entiendo)* |
| Je ne sais pas | *no ho sé (no sé)* |
| Comment dit-on en espagnol ? | *¿ com es diu en castellà ? (¿ cómo se dice en castellano ?)* |
| Quelle heure est-il ? | *¿ quina hora és ? (¿ qué hora es ?)* |
| Je voudrais | *voldria (quisiera)* |
| D'accord | *d'acord (de acuerdo, vale)* |
| Bureau de tabac | *estanc (estanco)* |
| Poste restante | *apartat de correus (apartado de correos)* |
| Timbre | *segell (sello)* |
| Enveloppe | *sobre (sobre)* |
| Tampons | *tampons (tampones)* |
| Serviettes hygiéniques | *compreses (toallas higiénicas)* |
| Monnaie | *canvi (cambio)* |
| Guichet automatique | *caixer automàtic (cajero automático, bancomat)* |
| Pas cher, bon marché | *barat (barato)* |
| Cher | *car (caro)* |
| Fermé | *tancat (cerrado)* |
| Ouvert | *obert (abierto)* |
| Férié | *día festin (festivo)* |

***À l'hôtel***

| | |
|---|---|
| Hôtel | *hotel (hotel)* |
| Auberge | *alberg (albergue)* |

| | |
|---|---|
| Pension | *pensió (hostal, fonda, pensión)* |
| Garage | *garatge (garaje)* |
| Chambre | *habitació (habitación)* |
| Chambre double | *habitació doble (habitación doble)* |
| Pourriez-vous me la montrer, s'il vous plaît ? | *¿ me la pot ensenyar, si us plau ? (¿ me la puede enseñar, por favor ?)* |
| Lit | *llit (cama)* |
| Lit à 2 places | *llit de matrimoni (cama de matrimonio)* |
| Lit bébé | *bressol (cuna)* |
| Réservation | *reserva (reserva)* |
| Combien par jour ? | *¿ quant per dia ? (¿ cuánto por día ?)* |
| Service compris | *servei inclòs (servicio incluído)* |
| Pourriez-vous me réveiller à 8h ? | *¿ podria despertar me a les vuit ? (¿ puede despertarme a las ocho ?)* |
| Petit déjeuner | *esmorzar (desayuno)* |
| Couverture | *manta (manta)* |
| Oreiller | *coixí (almohada)* |
| Serviette de bain | *tovallola (toalla)* |
| Toilettes | *serveis, lavabo (servicios)* |
| Savon | *sabó (jabón)* |
| Salle de bains | *bany (cuarto de baño)* |
| Douche | *dutxa (ducha)* |
| Je voudrais la note | *el compte, si us plau (la cuenta, por favor)* |
| Cour | *pati (patio)* |
| Jardin | *jardí (jardín)* |

***Au restaurant***

| | |
|---|---|
| Petit déjeuner | *esmorzar (desayuno)* |
| Déjeuner | *dinar (almuerzo)* |
| Dîner | *sopar (cena)* |
| Menu | *menú (menú)* |
| Carte | *carta (carta)* |
| Mouton | *marrà (carnero)* |
| Agneau | *xai (cordero)* |
| Porc | *porc (cerdo)* |
| Bœuf | *bou (buey)* |
| Jambon | *pernil (jamón)* |
| Poulet | *pollastre (pollo)* |
| Veau | *vedella (ternera)* |
| Filet de porc | *filet de porc (solomillo de cerdo)* |
| Côtelette | *costella, llonza (chuleta)* |
| Rôti | *rostit (asado)* |
| Grillé | *a la planxa (a la plancha)* |
| Frit | *fregit (frito)* |
| Poisson | *peix (pescado)* |
| Fruits de mer | *marisc (mariscos)* |
| Hors-d'œuvre | *entrants (entrantes)* |
| Œufs | *ous (huevos)* |
| Omelette | *truita (tortilla)* |
| Salade | *amanida (ensalada)* |
| Légumes | *verdura (verduras)* |
| Dessert | *postres (postre)* |
| Fromage | *formatge (queso)* |
| Glace | *gelat (helado)* |
| Vin rouge (hic !) | *vi negre (vino tinto)* |

| | |
|---|---|
| Vin blanc (re-hic !) | *vi blanc (vino blanco)* |
| Eau gazeuse/plate | *aigua amb gas/sense gas (agua con gas/ sin gas)* |
| Bière, panaché | *cervesa, clara (cerveza, clara)* |
| Café (noir) | *cafè (café solo)* |
| L'addition, s'il vous plaît | *¡ el compte, si us plau ! (¡ la cuenta, por favor !)* |
| Garçon | *cambrer (camarero)* |
| Assiette | *plat (plato)* |
| Verre (pour l'eau) | *got (vaso)* |
| Verre (pour le vin) | *copa (copa)* |
| Couteau | *ganivet (cuchillo)* |
| Cuillère | *cullera (cuchara)* |
| Fourchette | *forquilla (tenedor)* |
| Serviette | *tovalló (servilleta)* |
| Sel | *sal (sal)* |
| Poivre | *pebre (pimienta)* |
| Moutarde | *mostassa (mostaza)* |
| Huile | *oli (aceite)* |
| Vinaigre | *vinagre (vinagre)* |
| Beurre | *mantega (mantequilla)* |
| Pain | *pa (pan)* |
| Bouteille | *ampolla (botella)* |
| Je suis végétarien(ne) | *sóc vegetarià (ana) (soy vegetariano/a)* |
| Prix du marché | *preu segons mercat (s/m) (precio según mercado)* |

***Quelques repères***

| | |
|---|---|
| Rond-point | *rotonda (rotonda)* |
| Chapelle | *capella (capilla)* |
| Église | *església (iglesia)* |
| Stop | *parada (parada)* |
| Coin de rue | *cantonada (esquina)* |
| Kiosque à journaux | *quiosc (kiosco)* |
| Impasse, ruelle | *carreró (callejón)* |
| Tour | *torre (torre)* |
| Marché | *mercat (mercado)* |
| Place | *plaça (plaza)* |
| Promenade | *passeig (paseo)* |

***À la gare***

| | |
|---|---|
| Gare | *estació (estación)* |
| Billet | *bitllet (billete)* |
| À quelle heure le train arrive-t-il à... ? | *¿ a quina hora arriba el tren ? (¿ a qué hora llega el tren a... ?)* |
| Où faut-il changer de train ? | *¿ on s'ha de canviar de tren ? (¿ dónde hay que cambiar de tren ?)* |
| Le prochain | *el proper (el próximo)* |
| Le dernier | *l'últim (el último)* |
| Le premier | *el primer (el primero)* |
| Réduction | *descompte (precio reducido)* |
| Aller simple | *senzill (sencillo)* |
| Aller-retour | *anada i tornada (ida y vuelta)* |
| Entrée/sortie | *entrada/sortida (entrada/salida)* |
| Correspondance | *correspondència (enlace, cambio)* |

| | |
|---|---|
| Guichet | *guixeta (taquilla)* |
| Quai | *andana (andén)* |
| Bagages | *equipatge (equipage)* |
| Compartiment | *compartiment (compartimiento)* |
| Wagon | *cotxe, vagó (coche)* |
| Couchette | *llitera (litera)* |
| Contrôleur | *revisor (revisor)* |

***Le temps***

| | |
|---|---|
| Jour | *dia (día)* |
| Semaine | *setmana (semana)* |
| Lundi | *dilluns (lunes)* |
| Mardi | *dimarts (martes)* |
| Mercredi | *dimecres (miércoles)* |
| Jeudi | *dijous (jueves)* |
| Vendredi | *divendres (viernes)* |
| Samedi | *dissabte (sábado)* |
| Dimanche | *diumenge (domingo)* |
| Matin | *matí (mañana)* |
| Midi | *migdia (mediodía)* |
| Après-midi | *tarda (tarde)* |
| Soir | *vespre (noche)* |
| Minuit | *mitjanit (medianoche)* |
| Heure | *hora (hora)* |
| Quart | *quart (cuarto)* |
| Demi | *mig, mitja (media)* |
| Minute | *minut (minuto)* |
| Nuageux | *ennuvolat (nuboso)* |
| Pluie | *pluja (lluvia)* |
| Averses | *xàfec (chubascos)* |

***Chiffres et nombres***

| | |
|---|---|
| Un, une | *un, una (uno, una)* |
| Deux | *dos, dues (dos)* |
| Trois | *tres (tres)* |
| Quatre | *quatre (cuatro)* |
| Cinq | *cinc (cinco)* |
| Six | *sis (seis)* |
| Sept | *set (siete)* |
| Huit | *vuit (ocho)* |
| Neuf | *nou (nueve)* |
| Dix | *deu (diez)* |
| Onze | *onze (once)* |
| Douze | *dotze (doce)* |
| Treize | *tretze (trece)* |
| Quatorze | *catorze (catorce)* |
| Quinze | *quinze (quince)* |
| Seize | *setze (dieciséis)* |
| Dix-sept | *disset (diecisiete)* |
| Dix-huit | *divuit (dieciocho)* |
| Dix-neuf | *dinou (diecinueve)* |
| Vingt | *vint (veinte)* |
| Cinquante | *cinquanta (cincuenta)* |
| Cent | *cent (cien/ciento)* |
| Mille | *mil (mil)* |

*Important :* en espagnol, le *ñ* se prononce « gn », le *v* se prononce plus « b » que « v » : *España* se dit « Espagna » ; *cerveza* se dit « cerbesa » ; *Sevilla,* « Sebilla » ; *Valencia,* « Balencia », etc. Attention cependant, tout excès nuit. Essayez quand même de pondérer entre le « v » et le « b »... À Barcelone, c'est la même règle, mais dans certains villages, on dit « v ». À vous d'essayer !
Quant au *j,* s'il se prononce comme le « ch » allemand en castillan, c'est-à-dire comme un « r » très dur, il se prononce à la française en catalan.
Dernière petite précision, le *x* catalan se prononce comme notre « ch ». Ainsi, le mot *xarxa* (chaîne) se prononce-t-il « charcha ».

## LIVRES DE ROUTE

– ***Toutes les vagues de l'océan*** (2014), de Victor del Árbol, Actes Sud, coll. « Babel Noir », 2017. Sous couvert d'une apparente vengeance familiale, Victor del Árbol, talentueux écrivain né à Barcelone, balade son personnage, Gonzalo Gil, de Barcelone aux confins de la Russie, depuis les méandres de sa généalogie jusqu'aux tréfonds de l'histoire européenne du XX^e s, des sombres heures du stalinisme aux mafias immobilières qui mitent le littoral espagnol... Noir comme un polar, éblouissant comme une grenade éclairante.
– ***Le Bourreau de Gaudí*** (2012), d'Aro Sáinz de la Maza, Actes Sud, coll. « Babel Noir », 2017. Un polar magistral où Barcelone et les sublimes édifices de Gaudí sont rattrapés par les magouilles et autres ignominies héritées de l'après-franquisme... Très noir et très psychologique à la fois, mais la ville est vraiment au cœur de l'action.
– ***Le Labyrinthe aux olives*** (1985), d'Eduardo Mendoza (polar), Le Seuil, coll. « Points » n° 460, 1998. Ceux qui ont lu *Le Mystère de la crypte ensorcelée* connaissent déjà le héros de cette aventure burlesque, cette fois évadé d'un asile d'aliénés. Mendoza nous fait voyager dans l'Espagne contemporaine, entre Madrid et Barcelone, sur les traces d'une mallette bourrée de pesetas. Dans la même veine, ***L'Artiste des dames*** (2003), 3^e volet de cette trilogie décalée, dans laquelle Barcelone et la Catalogne tiennent une belle place.
– ***Sabotage olympique*** (1995), de Manuel Vásquez Montalbán, 10/18, coll. « Grands détectives » n° 3086, 1999. Pepe Carvalho, le célèbre détective barcelonais, est engagé pour mener l'enquête sur de mystérieux saboteurs de cette grande foire que sont les Jeux olympiques de 1992. Humour et flegme... catalans sont, comme d'habitude, au rendez-vous !
– ***La Ville des prodiges*** (1986), d'Eduardo Mendoza (roman), Points Grands Romans, 2011. Barcelone, « ville des prodiges », inspire un rythme trépidant à Mendoza. Au travers de la destinée d'Onofre Bouvila, petit paysan devenu un industriel aussi riche qu'extravagant, c'est l'aventure de la ville dans le grand chantier de l'Exposition universelle de 1888.
– ***Rue des Voleurs*** (2012), de Mathias Énard, Actes Sud, coll. « Babel », 2014. Si les prémices de cet étonnant roman initiatique tracent le portrait d'un Tanger de tous les (im)possibles puis d'une Andalousie en forme de cul-de-sac, Barcelone tient la place de choix dans un très beau final, celui de la maturité. Une belle évocation du quartier d'El Raval, où l'écho des révolutions arabes et de l'extrémisme islamique se font entendre sans manichéisme aucun. Un roman très européen et plein d'intelligence.
– ***La Place du Diamant*** (1957), de Mercè Rodoreda, Gallimard, coll. « L'Imaginaire », 2006. Un roman écrit par une Barcelonaise qui obtint en 1980 le prix d'honneur des Lettres catalanes. L'histoire d'une femme du peuple, originaire du quartier de Gràcia, à Barcelone : son adolescence, son mariage, ses maternités et la mort de son mari milicien dans l'armée républicaine pendant la guerre civile. Un chef-d'œuvre de la littérature catalane.
– ***Teresa l'après-midi*** (1966), de Juan Marsé, Le Seuil, coll. « Points » n° 523, 2014. L'histoire d'un voleur de motos qui séduit 2 jeunes filles, l'une domestique dans une maison bourgeoise, l'autre fille de bonne famille. En toile de fond, les révoltes estudiantines de la Barcelone des années 1960.

– ***Hommage à la Catalogne*** (1937), de George Orwell (reportage), 10/18, coll. « Domaine étranger » n° 3147, 2000. Après avoir été policier en Birmanie, clochard à Paris, que pouvait faire un journaliste trotskiste et sincère débarqué dans la tourmente de la guerre civile espagnole pour quelques jours et quelques articles, sinon s'engager ? Orwell n'hésite pas longtemps et rendra compte de la réalité de la guerre, jusqu'à ce qu'il soit gravement blessé, puis rapatrié dans son pays après une chasse à l'homme dans Barcelone, menée par les staliniens contre les anarchistes et les trotskistes.

– ***L'Ombre du vent*** (2001), de Carlos Ruíz Zafón, Le Livre de Poche n° 30473, 2006. Le jeune Daniel Sempere, fils d'un libraire, tombe sur le roman d'un auteur inconnu, Julián Carrax. Une rencontre virtuelle qui bouleverse sa vie et le lance dans d'étranges aventures à la poursuite de son modèle, dans une Barcelone oppressée par les années Franco. Un voyage passionnant, très littéraire, qui relève aussi de l'enquête policière, et sur lequel les ombres de la guerre civile et du traditionalisme de la société planent sans cesse... ***Le Jeu de l'ange*** (2009) puis ***Le Prisonnier du ciel*** (2013), du même auteur, reprennent bien comme cadre et comme personnage la vibrante Barcelone du tout début du XX^e^ s, mais sur un rythme moins convaincant ; les fans y retrouveront pourtant la genèse de certains personnages. Le 4^e^ et dernier tome, ***Le Labyrinthe des esprits*** (2018), clôt en beauté cette saga.

Les 2 œuvres qui suivent ne concernent pas directement Barcelone, mais, pour ceux qui désirent mieux connaître l'Espagne, ce sont des ouvrages de référence !

– ***Don Quichotte de la Manche*** (1605), de Miguel de Cervantes (roman), Flammarion, coll. « GF » n^os^ 196 et 197, 1969. Pour les esthètes : éd. du Chêne, 2009 ; illustré par Salvador Dalí. La meilleure traduction étant celle de Jacqueline Schulmann aux éditions du Seuil. Roman picaresque qui nous fait voyager dans toute l'Espagne du Siècle d'or, *Don Quichotte* est également une parodie des romans de chevalerie à la mode alors. Un classique, indispensable pour quiconque aime l'Espagne... et la littérature. Sus aux moulins à vent !

### LE PLAGIAT DE DON QUICHOTTE

*À sa sortie, le roman de Cervantes connut un succès considérable. 8 ans plus tard, un auteur sans scrupule publia une suite de l'ouvrage, dans laquelle il dénigrait vertement Cervantes... Certains affirment que c'est son ennemi préféré, l'écrivain Lope de Vega, qui s'y colla ! Furieux, Cervantes décida d'écrire sa suite des tribulations du chevalier, en le faisant mourir à la fin. L'histoire était donc définitivement close.*

– ***L'Espoir*** (1937), d'André Malraux (roman), Gallimard, coll. « Folio » n° 2958, 1997. Malraux a vécu en direct les événements de la guerre d'Espagne ; de fait, son roman est aussi une sorte de chronique où la réflexion politique prend une place centrale. Face aux franquistes, il préfère très clairement l'organisation et le pragmatisme des communistes à l'utopie anarchiste. *L'Espoir,* c'est l'espoir en l'homme.

## MUSÉES ET SITES

En raison de la Covid et de ses suites, **les horaires sont susceptibles d'être momentanément modifiés,** et la réservation devient parfois obligatoire. De même, certains services (audioguide, consigne ou café et restaurant) proposés par les musées peuvent être momentanément suspendus. Il est donc impératif de vous renseigner au préalable pour éviter toute mauvaise surprise.

***En général, les musées sont fermés le lundi*** (ou le mardi, comme le MACBA), et passent souvent en horaires réduits le week-end. Lors de certaines fêtes ou jours fériés, les musées et sites adoptent des horaires différents : l'office de tourisme édite alors une fiche spéciale.
Compter 5-10 € environ l'entrée des musées et sites secondaires, mais, pour les plus connus, elle dépasse généralement 20 €. Les offices de tourisme vendent différentes cartes offrant des réductions sur les principaux sites et les transports (voir ci-après pour le détail des *passes*). ***Cependant, à Barcelone, les tarifs changent fréquemment en cours d'année*** (souvent au 1er juillet ou au 1er décembre), alors vérifiez bien les tarifs avant votre séjour, par exemple sur • *barcelonaturisme.com* • !
Beaucoup de musées proposent 1 jour de gratuité par mois, en général le 1er dimanche du mois (et le dimanche après-midi à partir de 15h) ou pendant la 1re semaine (voir aussi « Barcelone gratuit » plus haut). Ce jour-là, on conseille vivement d'arriver dès l'ouverture. Les personnes âgées de plus de 65 ans et les étudiants peuvent bénéficier de réductions, mais ils doivent présenter leur carte (souvent, la carte d'étudiant française suffit) ou leurs papiers d'identité pour les plus de 65 ans. En résumé, prix comparables aux prix français. Attention, de nombreux musées sont ouverts seulement le matin, notamment le dimanche, ou complètement fermés les 1er et 6 janvier, 11 septembre, 25 et 26 décembre (voir plus haut la rubrique « Fêtes et jours fériés »). En général, ces jours-là, les offices de tourisme de la ville disposent d'une fiche récapitulant les horaires modifiés de tous les sites.
***Pour certains sites très fréquentés, il est impératif de réserver vos billets à l'avance, sur Internet, sous peine de ne pas pouvoir entrer.*** C'est le cas notamment de la Sagrada Família et du park Güell : ils ne conservent aucune entrée en réserve pour les curieux arrivant les mains dans les poches. Mais c'est aussi recommandé pour le museu Picasso, la casa Batlló, la Pedrera, la visite guidée du palau de la Música catalana... Certes, cela vous offre a priori un peu moins de liberté dans votre programme de visite (et se paie parfois d'un supplément), mais, en période très touristique, vous gagnerez du temps en évitant les longues files d'attente. Cette tendance a d'ailleurs été renforcée par l'apparition de la Covid.

## Passes et autres tickets groupés

Il en existe plusieurs, à différents tarifs, plus ou moins complets. Tout dépend de votre emploi du temps, de vos goûts et de votre frénésie culturelle. Vous trouverez ces *passes* ainsi que toutes les infos nécessaires dans les offices de tourisme *(turisme de Barcelona).* Vous pouvez aussi acheter la plupart d'entre eux avant votre séjour, et un peu moins cher (jusqu'à 10 % de réduction si vous achetez des billets pour plusieurs musées), sur le site de l'office de tourisme • *barcelonaturisme.com* •
– ***Barcelona Card :*** *achat aux guichets des offices de tourisme de Barcelone, sur leur site (plus haut) ou au ☎ 93-285-38-32. Compter de 46 € pour 3 j. à 61 € pour 5 j. (22-33 € pour les 4-12 ans), réduc familles et à certaines périodes sur le site. Aussi une version Express, valable 2 j., uniquement en version adulte, avec moins de réduc, pour env 20 €.* Accès illimité aux transports urbains (métro, bus – sauf les bus de nuit –, tramways, train pour l'aéroport, trains FGC intra-muros, trains RENFE zone 1 – banlieue, donc). Nombreuses réductions sur des spectacles (mais aussi dans certains bars de nuit, restos, boutiques...), les autres moyens de transport (Tibibús, téléphérique de Montjuïc, Aerobús...). Surtout, vous obtiendrez une gratuité dans 25 musées et sites (dans tous les musées municipaux, dont le museu Picasso, le MNAC et la Fondation Miró, entre autres) ou, plus fréquemment, un tarif réduit (voir la liste remise à jour chaque année sur le site) dans plus 30 des plus grands musées et sites de la ville (dont le palau de la Música, la casa Batlló, la casa Milà, le zoo, l'Aquàrium...). C'est celle qui nous a semblé la plus complète, d'autant qu'***elle sert aussi de coupe-file.*** Elle reste très chère, puisqu'il faut quand même débourser

à l'entrée de la plupart des sites ou musées, et les réductions offertes sur certains sites sont presque symboliques. Elle n'inclut ni la Sagrada Família ni la cathédrale. Attention, il n'est pas toujours possible de faire valoir les réductions offertes par la *Barcelona Card* dans le cadre d'une réservation sur Internet.

– ***Articket :*** • *articketbcn.org* • *On peut aussi l'acheter aux guichets des centres concernés ou dans les offices de tourisme. Valable 1 an, il coûte 35 €.* Il permet de visiter 6 musées d'art à Barcelone, expositions temporaires comprises : le MNAC, le MACBA, la fondation Miró, la fondation Antoni-Tàpies, le CCCB et le musée Picasso. ***Avantage :*** sert aussi de coupe-file.

– Si vous n'en êtes pas à votre 1er séjour à Barcelone, l'***Arqueoticket,*** axé sur les musées consacrés aux civilisations anciennes, peut être intéressant. Pour 14,50 €, cette carte, valable 1 an, permet d'accéder gratuitement à 4 musées : le musée d'Archéologie de Catalogne, le Musée égyptien, le musée d'Histoire de la Ville (MUHBA), et El Born Centre de Cultura i Memòria. On se le procure dans tous les offices de tourisme ou sur leur site, ou auprès des billetteries de chacun des sites.

– ***Ruta del modernisme :*** la *ruta* recense une quinzaine de sites majeurs et propose un itinéraire cohérent ainsi que toutes sortes de facilités pour les visiter. On peut se procurer le kit aux pavillons Güell *(tlj 10h-16h ; rens : ☎ 93-317-76-52).* La formule complète, à 18 €, comprend un guide des 120 sites avec une carte pour les situer (malheureusement l'édition française est épuisée), des coupons de réduction sur les entrées des sites, ainsi qu'un petit guide des bars et restos installés dans des édifices modernistes, et un sac... pour trimballer tout ça. Pour 12 €, le guide (avec le plan) et les coupons de réduction, et c'est tout : mais c'est suffisant ! Attention, un certain nombre de sites modernistes, ceux qui sont toujours en activité ou qui appartiennent à des particuliers, ne sont accessibles qu'en visites guidées à des horaires assez restreints, et la réservation est donc conseillée en pleine saison. Ça vaut donc la peine de bien planifier ces visites-là ! • *rutadelmodernisme.com* •

– Enfin, certains sites proposent des ***billets combinés*** : pour la Sagrada Família et la casa-museu Gaudí du park Güell ; pour le MNAC et le Poble Espanyol.

– ***Barcelona Bus Turístic :*** • *barcelonabusturistic.cat* • *Suspendu pour Covid... À ne pas confondre avec la compagnie concurrente, Barcelona City Tour, bus rouges, moins intéressante. Les Barcelona Bus sont bleus avec un dégradé jusqu'au rose. Ces bus fonctionnent tte l'année, tlj sauf 1er janv et 25 déc, 9h-20h (env 19h hors saison), et passent ttes les 5-15 mn (ou 25 mn hors saison). Seule la ruta Verde ne fonctionne que de fin mars à oct. Formules 1 ou 2 j. consécutifs au choix : respectivement 30 et 40 € (16 et 21 € 4-12 ans, et 25 et 35 € pour les seniors) ; gratuit - de 4 ans. Réduc si achat sur leur site.* Accès illimité aux 3 lignes de bus touristiques de la compagnie (sauf la ruta Verde hors saison). Elles desservent les monuments majeurs, avec des arrêts pratiquement au pied de chacun. Réductions sur une vingtaine de sites, sur la location de vélos, le téléphérique de Montjuïc et autre tramway bleu. Ça fait un peu piège à touristes, mais le personnel est toujours prêt à vous aider (dans toutes les langues ou presque). Avantage : c'est agréable aux beaux jours quand il y a de la place sur l'impériale. De plus, on peut monter et descendre autant de fois qu'on le souhaite, y compris depuis le même arrêt. Inconvénients : en plein été, il peut y avoir de sacrées files d'attente ; et dans le bus même les places sont rares, et on ne voit presque rien quand on est à l'intérieur du bus. Et enfin, il est préférable de faire les visites dans le sens de la circulation du bus, même si cela paraît évident, car un trajet complet dure 2h (sauf la ruta Verde, qui ne dure que 40 mn).

## POSTE

Les ***timbres*** (*segells,* ou *sellos* en castillan) peuvent s'acheter dans les postes (*correus* ou *correos*), ouvertes la plupart du temps de 9h à 14h en semaine, ou dans les bureaux de tabac (*estancs* ou *estancos*), reconnaissables à leur panonceau marron et jaune constitué d'un « T » stylisé. Tarif normal vers l'Europe : 1,50 €.

En général, les services postaux sont plutôt lents, et leur fiabilité n'est pas garantie à 100 %. Il n'est pas rare qu'une carte postale mette plusieurs semaines avant d'arriver à bon port.
*Infos : ☎ 902-197-197. • correos.es •*

## RESTAURANTS

Barcelone est une ville-marmite toujours en ébullition, où chefs et cuistots rivalisent d'inventivité. Si la cuisine est un art, manger à Barcelone l'est aussi. Cette ville se laisse goûter du bout des lèvres, de tapas en tapas, ou à pleines bouchées. Ici, le tourisme culinaire a du sens, et vous n'êtes pas à la fin de vos surprises.
On vous met tout de suite au jus : « paella et sangria ! » reste le leitmotiv de la plupart des rabatteurs de restaurants – de restos touristiques, s'entend. Mais ni l'une ni l'autre ne sont catalanes. La paella, quoiqu'on en trouve de fort bonnes en ville, vient de València. Quant à la sangria, quasiment une institution nationale, on n'a rien contre ce breuvage lorsqu'il est élaboré dans les règles de l'art, mais c'est rare. Et il serait dommage de vous priver des bons crus catalans de la région du Penedès, d'un petit verre de vermouth artisanal et surtout d'une flûte de *cava,* ce délicieux vin pétillant typiquement régional.
– ***Horaires :*** à Barcelone, comme ailleurs en Espagne, on mange tard. Pas la peine de s'amener dans un resto avant 13h-13h30 pour déjeuner et 20h-21h pour dîner, sauf en période de Covid évidemment. En temps normal, évitez de vous pointer trop tard comme une fleur, les cuisines commencent grosso modo à fermer à partir de 22h30. Et le soir pendant le week-end ou en période de vacances, il vaut mieux ***réserver*** pour les adresses les plus courues, sauf indication contraire dans le libellé.
Pas toujours évident de s'y retrouver pour un non-initié affamé. Perdu dans la jungle des *bodegas, tascas, tabernas, bares de tapas, taperías, cervecerías, marisquerías, mesones* et *restaurantes,* sans compter les horaires des repas et cette énorme variété de plats... Il faut se laisser tenter, oser plonger dans la foule pour atteindre le comptoir et de ses éternels *jamones* (jambons), choisir un plat sans forcément comprendre ce qu'il y a dedans... C'est en goûtant qu'on devient connaisseur !
À Barcelone comme dans le reste de la Catalogne, les « restos » tels qu'on les connaît chez nous sont plutôt moins nombreux que les bars et cafés offrant de quoi se restaurer – en l'occurrence, le plus souvent, des tapas. La clientèle reste souvent debout au comptoir, ou accoudée à des guéridons, mais nombreux sont les établissements à combiner le bar à tapas avec quelques tables façon *taberna* et une salle de resto plus chic séparée. Notez que depuis la Covid, de nombreux restos proposent leur menu par QR Code : il vous suffit de télécharger une application ad hoc puis de scanner le code sur la table.
Dans les bars à tapas, on peut, selon son appétit, ou tout simplement pour goûter à plusieurs spécialités, commander des portions de différentes tailles. Les clients s'installent au comptoir, bien que certains établissements disposent de tables dans le bar ou en terrasse. Il faut savoir que manger assis à table coûte beaucoup plus cher qu'au bar. Il y en a donc pour tous les goûts et tous les budgets. La plupart proposent à l'heure du déjeuner des menus à petits prix, mais dans les restos touristiques, question cuisine, c'est souvent assez mauvais. Théoriquement, ils sont même tenus d'afficher un *menú del día.* Bon, obligés, obligés... dans le texte...

### UNE AUBERGE ESPAGNOLE

*Autrefois, dans les auberges du pays, il n'était pas rare que la nourriture manque ou soit de piètre qualité. Il était ainsi préférable de venir avec ses propres victuailles. Aujourd'hui, l'expression désigne un lieu où l'on trouve... ce que l'on apporte – et, par extension, un lieu où l'on trouve un peu de tout.*

Attention à ne pas vous emmêler les pinceaux : *bocadillo* signifie « sandwich », *sándwich* (en espagnol) signifiant « toast » ou « croque-monsieur », tandis que *tostada* veut dire « pain grillé ». Dans la catégorie sandwicheries, on apprécie la chaîne ***Buenas Migas,*** qui propose des produits particulièrement frais. Les gourmets se constitueront des sandwichs à base de jambon ibérique dans la charcuterie ***Mon Iberic*** (*zoom F4,* ***93****).* Et les *empanadas* (chaussons agrémentés d'une large variété de farces) de la chaîne ***La Fábrica,*** aux magasins situés à tous les emplacements stratégiques de la ville, calent efficacement un petit creux.
Voici, en résumé, les différents établissements que vous rencontrerez...

## Variétés de bars...

– ***Tasca :*** bar dédié aux tapas, on mange accoudé au comptoir. On dit aussi tout simplement un ***bar de tapas*** ou une ***tapería.*** Il faut ajouter les ***gastro-bares*** ou ***gastro-tabernas*** qui, depuis quelques années, réinventent la formule classique du bon vieux bar à tapas avec des recettes et des ambiances où la tradition côtoie la modernité, avec plus ou moins de réussite.
– ***Cervecería :*** « brasserie », au sens littéral, donc bar à bières (mais on peut y grignoter).
– ***Bodega :*** « cave à vins », en pratique une sorte de bar à vins.
– ***Taberna :*** taverne.
Mais tous ces noms désignent un peu la même chose : un bar où l'on consomme bières, vins, tapas et autres petits plats...

## ... et de « restaurants »

– ***Mesón :*** resto fonctionnant sous la même enseigne qu'un bar mitoyen, normalement plutôt bon marché et préparant une cuisine typique. Une sorte de cantine, quoi !
– ***Comedor :*** salle à manger dans un établissement hôtelier ou dans un bar.
– ***Marisquería :*** resto de poisson et fruits de mer (*mariscos* : fruits de mer) ;
– ***Chiringuito*** (*xiringuito* en catalan)*:* c'est un journaliste qui, à Sitges dans les années 1910, a utilisé cette expression d'origine cubaine pour désigner un resto (style paillotte) de plage ; elle est restée !
– ***Restaurante :*** on trouve de tout sous cette dénomination, du plus simple au plus chic et gastronomique. Plus c'est cher, moins il y a de chances d'y trouver un comptoir à tapas.

## Cervecería ou bodega ?

On s'explique : les ***cervecerías*** *(cerveseries),* comme leur nom l'indique, servent de la bière *(cerveza),* mais aussi toutes sortes de boissons, sodas, cafés, vins, etc., comme d'ailleurs les ***tabernas*** (tavernes) et les ***tascas*** (snacks-bars). On y propose aussi les fameuses tapas et les *entrepans* (ou *bocadillos*), ces sandwichs au chorizo, au jambon ou au fromage que l'on mange froids ou chauds. Le plus agréable : s'asseoir à la *barra* (le comptoir) et choisir de visu parmi les merveilles qui vous attendent.
Pour un repas complet, on ira dans un ***restaurante*** ; pour un repas de fruits de mer, dans une ***marisquería.*** Le ***mesón*** ou la ***casa*** servent une cuisine familiale : ils sont au resto ce que la pension est à l'hôtel. La ***bodega*** est un bar à vins, le ***chiringuito*** (*xiringuito* en catalan) une gargote (qui peut s'avérer fort chic !) en bord de mer, et la ***fonda*** une auberge.
Les ***granges*** (ou *granjas*) sont des sortes de petits cafés, où les Catalans viennent prendre le goûter : on y déguste chocolat chaud à la cannelle, thé ou café, *churros* (beignets), *tortells* (beignets à la crème) ou *coques* (de grandes langues plates, ornées de pignons, de fruits confits ou de sucre) et d'autres pâtisseries selon la saison – chaque fête a son gâteau.

***Enfin, une dernière remarque*** sur laquelle on aurait bien voulu faire l'impasse... Nombreuses sont les lettres des lecteurs nous indiquant une nette dégradation dans la qualité de la nourriture et surtout dans le service. Force est de constater que, dans cette ville commerçante et habituée à accueillir plus de touristes qu'elle ne compte d'habitants, la courtoisie fait souvent défaut. Et si derrière une décoration fort plaisante se cache hélas une nourriture quelque peu industrialisée, de même les beaux sourires des serveurs et serveuses philippins ou latino-américains masquent une gestion âpre des patrons locaux.

## SANTÉ

À Barcelone, pas de réels problèmes sanitaires, mais méfiez-vous tout de même de la chaleur et du soleil : prévoyez chapeau, crème solaire protectrice adaptée à votre type de peau, et pensez à boire souvent pour éviter la déshydratation.

Enfin, pour un séjour temporaire en Espagne, pensez à vous procurer la ***carte européenne d'assurance maladie.*** Il suffit d'appeler votre centre de Sécurité sociale (ou de vous connecter au site internet de votre centre, encore plus rapide !), qui vous l'enverra sous une quinzaine de jours. Cette carte fonctionne avec tous les pays membres de l'Union européenne. C'est une carte plastifiée bleue du même format que la carte Vitale. Attention, elle est valable 2 ans et c'est une carte personnelle (chaque membre de la famille doit avoir la sienne, y compris les enfants).

### LA FAUSSE « GRIPPE ESPAGNOLE »

*Ce virus de souche H1N1 venait, en fait, de Chine et transita en Europe via les États-Unis. Cette terrible grippe fut appelée « espagnole », car elle toucha le roi d'Espagne Alphonse XIII et parce que le pays, l'un des rares à ne pas être impliqué dans la Première Guerre mondiale, fut le seul à publier des informations à son propos – les différents belligérants les classant secret-défense... Commencée en 1918, l'épidémie fit, selon les estimations, entre 30 et 100 millions de morts, soit bien plus que le conflit lui-même. Cette pandémie fut l'une des plus meurtrières de l'histoire de l'humanité (2 fois plus que la peste noire).*

### Vaccins

Aucun n'est obligatoire, mais il est préférable d'avoir son rappel antitétanique à jour, surtout si l'on fait du camping.

## SORTIR À BARCELONE

### ... pour boire un verre

Hors période de Covid, Barcelone fonctionne au coup de cœur. Quand un type d'établissement plaît, il y a aussitôt multiplication. La mode étant par définition volatile, elle passe à autre chose très vite. Après les cafés d'inspiration new-yorkaise (pierres et tuyaux d'aération apparents, carte écrite sur l'ardoise, etc.), les cafés-bars minimalistes (tout blancs, murs nus et musique électronique), et l'arrivée du design, bien malin qui pourrait dire quel nouveau style va faire chavirer la jeunesse barcelonaise. Vous trouverez dans nos pages quelques adresses qu'on aime bien, mélange de vieux comptoirs historiques, de modes passées et de tendances actuelles. Il y en a beaucoup d'autres, éphémères, que nous ne citons pas. Il en est ainsi de cette ville qui consomme les lieux de façon gloutonne

et en crée d'autres encore plus vite... la plupart du temps dans un esprit de surenchère. Parmi les bars dernier cri, c'est un peu à celui qui saura trouver l'innovation qui collera le mieux à l'esprit du moment.
Les endroits étant innombrables et les intérêts divers, vous trouverez dans ces rubriques ***des adresses de jour et de soir*** (certaines étant d'ailleurs aussi fréquentées en journée qu'à la nuit tombée), des lieux où boire seulement et d'autres où manger aussi, des endroits où siroter un café, des bars branchés... Bref, face à l'embarras du choix, n'hésitez pas non plus à vous fier à votre intuition, selon vos goûts et vos envies festives. Pour vous aider à voir un peu plus clair dans la nuit barcelonaise, nous avons classé les adresses par quartiers géographiques (eh oui, on finit par avaler des kilomètres lorsqu'on se déplace à pied) et par tranches horaires. ***Ah oui ! dernier conseil :*** à partir de 2h30-3h du mat, évitez de faire un remake de la scène de sortie entre potes de *L'Auberge espagnole* (le film de Cédric Klapisch) dans les rues de la vieille ville ; sinon, des mamies exaspérées pourraient bien vous rafraîchir avec un seau d'eau ou vous couvrir de jaune d'œuf ! Vous voilà prévenu ! Pour les amateurs de discothèque, toujours hors période de Covid, rendez-vous sur le site • *barcelonaparties.com* • afin de consulter les offres gratuites pour la soirée et éviter les arnaques dans la rue.

## ... pour voir un spectacle (opéras, concerts classiques, etc.)

Pour vous informer sur les concerts de musique classique, adressez-vous à l'office de tourisme ou allez directement sur les sites internet des salles et spectacles indiqués ci-dessous. On peut aussi réserver sur • *classictic.com* •

***Palau de la Música catalana*** *(zoom détachable F-G4)* **:** *se reporter à la rubrique « La Ribera et El Born ».* Le plus bel écrin de la ville pour un concert !

***Gran Teatre del Liceu*** *(zoom détachable E5)* **:** *se reporter à la rubrique « El Raval ».* Pour les passionnés d'opéra.

***Auditorium*** *(plan d'ensemble)* **:** *se reporter à la rubrique « El Poblenou ».* Accueille la plupart du temps des concerts classiques. Il ouvre également certaines salles au jazz, au flamenco, au rock et même au *Sónar* !

***Palau Dalmases*** *(zoom détachable G5,* ***355****)* **:** *voir « La Ribera et El Born. Où boire un verre ? ».*

***La Font Màgica de Montjuïc*** *(centre détachable B3-4)* **:** *se reporter à la rubrique « Montjuïc ». GRATUIT.* Conçu pour l'Exposition universelle de 1929, ce spectacle son et lumière est très réussi.

***Sala Montjuïc*** *(centre détachable B-C6)* **:** *se reporter à la rubrique « Montjuïc ». Hors Covid, début juil-début août, ciné en plein air dans la cour du château de Montjuïc.* Pour finir en beauté une journée de visites !

## ... en musique ou pour faire la tournée des boîtes

Aucun problème pour trouver, chaque soir, un bar ou une boîte de nuit où écouter un concert ! On en donne la liste dans la plupart des petits agendas culturels distribués dans les bars. Un site également bien complet : • *infoconcerts.cat* • Les amateurs de jazz consulteront classiquement le site du Festival international de jazz de Barcelona *(fin sept-oct ; • theproject.es • jazz.barcelona •).*
Ce n'est un mystère pour personne que la capitale catalane ne reste pas les deux pieds dans le même sabot quand la nuit tombe ! Évidemment, cette remarque ne vaut rien en période de Covid, quand les boîtes restent fermées.
Des dizaines de lieux hyper branchés sont nés sur la lancée des années *movida* (mouvement créatif espagnol, à la suite des années Franco). C'est à un rythme effréné que s'ouvrent et se referment les bars postmodernes, les pubs « néo-froids » où pulse la musique électro, là où les belles gens se donnent rendez-vous.

3 mouvances principales : la zone B.C.B.G. *(pijo)* au-dessus de Diagonal et le long de Muntaner, où se rendent surtout les Barcelonais (clientèle 30 ans et plus) ; la scène électro et les endroits gays ; enfin, le Port olympique, plus jeune (touristes et Espagnols) et débraillé. Attention, certains clubs auront peut-être déjà déménagé quand vous lirez ces lignes.

– ***Tarifs d'entrée et astuces :*** la plupart des discothèques sont payantes, mais, en se débrouillant bien, on paie rarement plein tarif. On trouve des invitations et des coupons de réduction *(flyers)* sur les comptoirs de nombreux bars, boutiques de fringues, de disques, ou même dans la rue, où l'on vous en distribuera. Mieux, si vous restez quelques jours, préinscrivez-vous sur les listes d'entrée des boîtes via Internet (surtout le week-end). Plus simple, via Facebook, introduisez-vous dans un groupe qui vous donnera accès au piston souvent indispensable pour faire partie des *happy few* de la soirée à ne pas rater. Pour bien choisir votre boîte, le plus efficace est de repérer le look de la file d'attente. Attention, en fonction des soirs, l'ambiance peut changer.

## La scène électronique

– La 2e ou 3e semaine de juin ou juillet (en 2021, du 17 au 19 juin), le festival ***Sónar*** est l'événement de l'année pour toute l'Europe électronique : 3 jours de fièvre musicale avec les plus grands noms de la scène internationale. Lives et mixes de Carl Cox à Death in Vegas en passant par Laurent Garnier. Créé en 1994, le *Sónar* attire chaque année des dizaines de milliers de spectateurs, sans compter le festival off. Autant vous dire qu'il faut s'y prendre à l'avance. Site très bien fait qui permet d'acheter des places, d'avoir le programme complet et de trouver un logement selon ses moyens : ● *sonar.es* ● Sur place, on peut aussi se procurer les places au CCCB ou au MACBA (*Sónar* de jour).

*– Tarifs : pass 3 j. à partir de 165 €. Préventes sur le site dès juil pour l'année suivante, à tarif très préférentiel (les moins chers partent très vite !).*

– Plus encore que Madrid, Barcelone est une scène de réputation internationale des musiques d'avant-garde. On ne compte plus les DJs du monde entier qui viennent se produire dans les nombreux bars et boîtes underground de la ville ; pour choisir, prenez les *flyers* dans les magasins de sapes de la carrer Portaferissa, ou les journaux gratuits genre *AB.* Généralement, le *Moog,* le *Nitsa Club* ou la salle *Loft* du *Razzmataz* présentent les meilleurs DJs et groupes live.

# TABAC

En Espagne, il est strictement ***interdit de fumer dans tous les lieux publics*** (y compris les cafés, les restaurants et les discothèques) et sur les lieux de travail. Cette interdiction s'applique, bien sûr, à toutes les administrations publiques et entreprises privées, aux gares, aéroports, stations de métro, mais aussi aux espaces extérieurs faisant face aux écoles et hôpitaux. Petites exceptions à cette loi rigoureuse : les hôtels peuvent conserver 30 % de leurs chambres pour les fumeurs. Désormais, la seule possibilité pour les bars d'accueillir des fumeurs est d'aménager des salles fumeurs, bien ventilées et interdites

### LE DANGER DU TABAC

*Rodrigo de Jerez, compagnon de Christophe Colomb, considéré comme le 1er fumeur européen (suite à la découverte du tabac dans les Bahamas), fut condamné à 7 ans de prison par l'Inquisition espagnole pour satanisme... En effet, on pensait que seul le diable pouvait sortir de la fumée par la bouche.*

aux mineurs. Et en Catalogne, la cigarette électronique est concernée par ces restrictions. Les contrevenants se voient infliger de lourdes amendes, dont le montant augmente graduellement : 30 € à la 1re infraction, 600 € à la 2e et 10 000 € à la 3e !

# TÉLÉPHONE, INTERNET

## Appels internationaux

- ***Espagne → France :*** 00 + 33 + numéro du correspondant à 9 chiffres (c'est-à-dire le numéro à 10 chiffres sans le 0).
- ***France, Belgique, Suisse → Espagne :*** 00 + 34 + numéro du correspondant à 9 chiffres (lignes fixes comme portables).
- ***Espagne → Belgique*** et ***Suisse :*** 00 + 32 (pour la Belgique) ou 41 (pour la Suisse) + numéro du correspondant à 8 chiffres.

## Appels intérieurs

Pour les ***appels locaux*** (de Barcelone à Barcelone) et ***nationaux*** (de Barcelone à Sitges, par exemple), on compose directement le numéro complet à 9 chiffres.
- ***Renseignements nationaux*** *(en Espagne) : ☎ 118-18 ou 118-88.*
- ***Renseignements internationaux*** *(en Espagne) : ☎ 025.*

### *Le téléphone portable en voyage*

Depuis 2017, un voyageur européen titulaire d'un forfait dans son pays d'origine peut utiliser son téléphone mobile ***au tarif national*** dans les 27 pays de l'Union européenne, sans craindre de voir flamber sa facture. Des plafonds sont néanmoins fixés par les opérateurs pour éviter les excès... Cet accord avantageux signé entre l'UE et ses opérateurs télécoms concerne aussi la consommation de ***données internet 3G ou 4G,*** dont le volume utilisable sans surcoût dépend du prix du forfait national (se renseigner). Une bonne nouvelle qui permet dans certains sites ou musées de ***bénéficier d'une traduction en français en scannant les QR CODES*** mis à disposition des visiteurs quand ceux-ci ne disposent pas de wifi. Attention néanmoins, si le voyageur réside plusieurs mois en dehors de son pays, des frais peuvent lui être prélevés...
Plus besoin d'acheter une carte SIM locale pour diminuer ses frais.

### *La connexion internet en voyage*

En Catalogne (Barcelone incluse), la plupart des hôtels, restos, bars, et mêmes certains espaces publics, disposent du wifi gratuit. Mieux que la connexion 3G et 4G qui peut entraîner des frais en usage intensif, le wifi permet aussi de profiter d'un débit parfois supérieur.
Une fois connecté au wifi, vous avez accès à tous les services de la ***téléphonie par Internet. WhatsApp, Messenger*** (la messagerie de *Facebook*), ***Viber, Skype*** permettent d'appeler, d'envoyer des messages, des photos et des vidéos aux 4 coins de la planète, sans frais. Il suffit de télécharger – gratuitement – l'une de ces applis sur son smartphone. Elle détecte automatiquement dans votre liste de contacts ceux qui utilisent la même appli.

## Autres informations utiles

- ***Information aux citoyens :*** il existe un service très pratique à Barcelone exclusivement, le *☎ 010* ; dès que vous vous posez une question d'ordre pratique (transports urbains et nationaux, dans quel magasin acheter tel objet...), composez ce numéro et, si vous parlez l'espagnol ou l'anglais, on essaiera de vous aider !

## Urgence : en cas de perte ou de vol de votre téléphone portable

Suspendre aussitôt sa ligne permet d'éviter de douloureuses surprises au retour du voyage ! Le plus simple est de demander la suspension de votre ligne depuis le site internet ou l'appli de votre opérateur. Voici les numéros des 4 opérateurs français, accessibles depuis la France et l'étranger :

- ***Free :*** *depuis la France : ☎ 3244 ; depuis l'étranger : ☎ + 33-1-78-56-95-60.*
- ***Orange :*** *depuis la France : ☎ 3900 ; depuis l'étranger : ☎ + 33-969-39-39-00.*
- ***SFR :*** *depuis la France : ☎ 1023 ; depuis l'étranger : 📱 + 33-6-1000-1023.*
- ***Bouygues Télécom :*** *depuis la France : ☎ 1064 ; depuis l'étranger : 📱 + 33-6-60-61-46-14.*

Avant de partir, notez (ailleurs que dans votre téléphone portable !) votre numéro IMEI utile pour bloquer à distance l'accès à votre téléphone en cas de perte ou de vol. Comment avoir ce numéro ? Tapez sur votre clavier *#06#

# TRANSPORTS

## Transports urbains à Barcelone

- ***Informations :*** *☎ 010 ou 012.* • *amb.cat* • Un tuyau : il existe aussi une application gratuite pour smartphone que vous pouvez télécharger sur le site. Vous aurez ainsi en permanence dans votre poche le plan interactif des transports barcelonais, tramways et trains inclus, en catalan, espagnol et anglais. Une autre appli gratuite, qui ne concerne que les bus et métro, à télécharger sur • *tmb.cat* •
- Il suffit de rentrer sa destination sur une appli comme ***Google Maps*** pour obtenir les différents moyens de transport possibles, le temps de voyage estimé, l'itinéraire vers la station la plus proche et même les heures de passage prévues. Un jeu d'enfants !
- ***Bus et métro urbains*** sont inclus à volonté dans la ***Barcelona Card*** (voir plus haut « Musées et sites. *Passes* et autres tickets groupés »). Par ailleurs, les transports sont gratuits pour les enfants de moins de 4 ans.
- Les transports urbains sont variés et modernes, et la signalisation est en général claire. ***Seul risque de confusion :*** certaines stations comme Passeig-de-Gràcia, Plaça-de-Catalunya ou Sants, gros pôles de connexions, cumulent sur plusieurs niveaux en sous-sol plusieurs stations différentes : lignes de métro, ligne *FGC* et *Cercanías* (ou *Rodalies*), et même en plus les trains moyenne et longue distances en surface pour Sants.

### *Le métro*

• *tmb.cat* • Un des moyens les plus pratiques pour se déplacer. Le réseau est dense et dessert pratiquement tous les points d'intérêt. Les différents titres de transport s'achètent aux automates multilingues ou aux rares guichets. Ne froissez pas les tickets, car ils ne passeront plus le composteur magnétique. Dans ce cas, adressez-vous au préposé. Il y a 8 lignes de métro plus 3 lignes de train (*Ferrocarrils de la Generalitat de Catalunya – FGC,* voir ci-après), numérotées et colorées. Points de connexion des lignes importantes : Passeig-de-Gràcia, Diagonal et Catalunya.
- ***Horaires :*** fonctionne tlj 5h-minuit (23h le 24 déc).

– ***Tarifs : attention, les prix changent tous les ans. À l'unité, le ticket coûte 2,40 € en 2021.*** Individuelle, la ***carte T-Casual*** (11,35 € pour 1 zone, ce qui est suffisant pour le centre touristique) donne droit à 10 trajets en métro ou en bus ainsi que sur les 3 lignes de train, y compris avec correspondance (mais pour des trajets de 1h15 max). La ***T-Familiar*** (10 € pour 8 trajets) peut être utilisée par plusieurs personnes sur 30 jours consécutifs. Individuelle, la ***T-Usual*** (40 € pour 1 zone) est une carte mensuelle illimitée, incluant le métro jusqu'à l'aéroport. La ***T-Jove*** (80 € pour 1 zone), réservée aux moins de 25 ans, est une carte illimitée de 3 mois. Enfin, la ***T-Grup*** (à partir de 79,45 €) est utilisable par plusieurs personnes et inclut 70 trajets pendant 1 mois. ***Attention, les cartes* T-Casual, T-Familiar *et* T-Grup *ne permettent pas de relier l'aéroport en métro (ticket à 5,15 € en 2021).***

D'autre part, ***Hola Barcelona Travel Card*** *(● holabarcelona.com ●)* propose des cartes de 2 à 5 j. (16,30-38 €) fonctionnant à partir de l'heure de validation du titre. Elles fonctionnent avec l'aéroport, le métro, le bus, le tram, le funiculaire de Montjuïc et le réseau FGC et Rodalies (zone 1 uniquement). Mais, à moins de se déplacer beaucoup dans le temps imparti, ces cartes sont plutôt difficiles à amortir ; à noter qu'on peut les acheter sur Internet, avec une réduc de 10 % (on échange ensuite la contremarque avec le code personnel à un guichet du métro, dès l'arrivée à l'aéroport par exemple). Sinon, elles sont à prix normal aux machines automatiques du métro.

#### *Le bus*

Plus de 80 lignes quadrillent efficacement toute la ville. Plan téléchargeable sur *● tmb.cat ●,* disponible à certains guichets des stations de métro, et affiché sur les arrêts d'autobus les plus importants. Les bus se distinguent par couleur et numéro. Chaque arrêt affiche les bus qui s'y arrêtent, les trajets de chacun et l'heure estimée des prochains bus. Notez que depuis la Covid, il n'est pas possible d'acheter son ticket à bord.

– ***Horaires :*** fonctionne 6h30 (4h30 pour certains)-22h (voire 30 mn plus tôt ou plus tard), y compris dim. Certaines lignes roulent 24h/24. De 22h30 à 5h (env), les principaux trajets sont desservis par des bus nocturnes (les *Nitbus*).

– ***Tarifs :*** pour les cartes de transport, voir plus haut « Le métro ». À noter que l'on peut changer de bus avec 1 seul et même ticket à condition que le trajet final ne dure pas plus de 1h15.

– Il existe également 2 compagnies de ***bus touristiques*** qui permettent de visiter les points touristiques de son choix (voir plus haut notre rubrique « Musées et sites. *Passes* et autres tickets groupés »).

➢ ***Liaisons avec l'aéroport :*** voir la rubrique « Arrivée à l'aéroport de Barcelone. Comment se rendre en ville ? » dans le chapitre « Barcelone. Adresses et infos utiles ». Aux heures de pointe, préférer le train (voir ci-après).

#### *Cercanías (ou Rodalies en catalan)*

*Infos et horaires : ● renfe.com ●* Entre le train de banlieue pour ses destinations et le métro pour ses arrêts centraux (Plaça-de-Catalunya, Passeig-de-Gràcia, Estació-de-Sants, Arc-de-Triomf, Estació-de-França, etc.), un peu l'équivalent du RER parisien. Gérées par la *RENFE,* les lignes sont nommées R1, R2, etc. (attention, sur certains plans, leur numéro est précédé d'un C comme *Cercanías* et non d'un R comme *Rodalies*). Toutes passent par Estació-de-Sants, et desservent ensuite soit Passeig-de-Gràcia, soit Plaça-de-Catalunya.

– La ligne R2 Nord dessert l'***aéroport*** (la solution la plus sûre aux heures de pointe) : départs de Passeig-de-Gràcia ou Sants (voir le chapitre « Arrivée à l'aéroport de Barcelone. Comment se rendre en ville ? » dans « Barcelone. Adresses et infos utiles »).

#### *FGC*

*Infos et horaires :* • *fgc.cat* • Entre le train de banlieue et le réseau régional, lignes numérotées L6 à L8 puis L12, R5 et R6 ou S + n° (de 1 à 9). Quelques lignes intéressantes pour les visiteurs de passage. 2 terminus en pleine ville : Plaça-d'Espanya et Plaça-de-Catalunya. De cette dernière, à l'angle de la c/ Pelai, part entre autres la L7 à destination de Avinguda-del-Tibidabo.

#### *Le tramway*

On le cite pour le principe, mais les 6 lignes contournent le centre et ne desservent pas de quartiers notables pour le touriste (à l'exception du *Tramvía Blau* qui devrait de nouveau desservir le Tibidabo après rénovation – voir ce chapitre).

#### *Les taxis*

Tous en jaune et noir. Ils pullulent, c'est donc en général très simple d'en attraper un dans la rue. Prise en charge 24h/24, 2,20 € sauf les nuits sam, dim et j. fériés (2,30 €) – les nuits des 23-24 juin, 24-25 et 31 déc, 1er janv (3,20 €). 8h-20h, le km est facturé 1,17 €, puis 1,40 € à partir de 20h et 6h-20h w-e et fêtes, de même w-e et fêtes minuit-6h et 20h-minuit. Si vous appelez un taxi, la prise en charge à son arrivée s'élève à 4 € (4,20 € le w-e en journée, 4,50 € le w-e de nuit).
Très pratique pour passer d'un quartier à l'autre le soir. Course minimale (quelle que soit la période) : 7 €. Une course en ville vous coûtera rarement plus de 10 € ; compter min 20 € pour une desserte d'aéroport, suppléments inclus. Quelques suppléments : pour les gros bagages et les animaux, 1 € ; pour la gare de Sants, 2,10 € ; pour le port, ou pour 5 ou 6 passagers au lieu de 4, 3,10 €.
– ***Infos et tarifs :*** *auprès de l'Institut Metropolità del Taxi.* • *taxi.amb.cat* • *En cas de souci, réclamations au ☎ 93-223-51-51, ou formulaire en ligne sur leur site.*
– Objets perdus dans un taxi : ☎ *902-101-564.*
***Radio Taxi Catalana :*** ☎ *93-399-37-37.* ***Fono Taxi :*** ☎ *93-300-11-00.* ***Servi-taxi :*** ☎ *933-300-300.* Il y en a d'autres.

## La voiture

Un vrai casse-tête dans le centre ! Faites très attention où vous garez votre véhicule, cela peut vous coûter très cher : la fourrière municipale est impitoyable. Une solution : le parking à la journée qui vous laisse l'esprit tranquille ; mais les tarifs sont prohibitifs ! On en trouve partout en ville, publics comme privés. On peut consulter la liste sur le site • *aparcamentsbsm.cat* •, c'est le site de la ville sur le stationnement payant public. Il propose également des infos sur les parkings les moins chers. Attention, ces derniers sont souvent fermés dim et j. fériés ; renseignez-vous bien à votre arrivée. Pour les visiteurs de passage, la *B:SM Parking Card* de 1 à 7 j. permet de se garer dans un parking choisi pour 24 à 168h consécutives (et la possibilité de sortir et rentrer autant de fois que l'on veut pendant ce temps donné). Prix variable selon le parking choisi et réservé (à partir de 25 € la carte 24h).
Sinon, le meilleur plan est probablement le site • *parclick.com* • Très simple d'utilisation, il permet de réserver à l'avance sa place de parking à Barcelone, pour une durée donnée. Dans la liste, on choisit le parking qui convient le mieux, tant pour son emplacement que pour son tarif – variable selon les parkings, mais toujours plus avantageux que les tarifs pratiqués sur place. Puis on sélectionne le forfait qui s'adapte le mieux à son séjour : 3-7 j., soit 30-95 € selon parking (également des forfaits jusqu'à 1 mois). Après le paiement en ligne, la place est réservée. Sur place, il suffit d'échanger son justificatif de paiement contre une carte qui permet de garer son véhicule. Comme c'est bien pensé, on peut sortir du parking et y rentrer librement aussi souvent que l'on veut pendant toute la durée prévue par le forfait.

– Un bon plan tout de même, le ***parking Viajeros*** : *c/ Carreras i Candi, 65, 08028. 618-70-79-70. • parkingviajeros.com • Ⓜ Badal ou Santa-Eulalia.* Proche de la pl. de España et de la gare de Sants. En plus des tarifs très compétitifs, ils ont un service de transfert vers la gare de Sants ou le port. Résas sur Internet et règlement en arrivant.
– Autre solution : garer sa voiture à l'université et continuer en métro (ligne 3, station Zona-Universitaria ou Palau-Reial).
– À plusieurs reprises, des espèces d'embuscades sur les autoroutes ont été signalées dans la presse, à proximité de Barcelone. Si, pour une raison ou pour une autre, vous vous voyez contraint d'arrêter votre véhicule au bord de la route et de descendre, soyez vigilant (voir aussi « Dangers et enquiquinements » plus haut).

## Se déplacer en Catalogne

### *Le train*

Presque tous les trains (banlieue comprise) sont maintenant climatisés. Le ***pass InterRail*** est globalement accepté partout (souvent avec un supplément sur les grandes lignes). Réservation obligatoire.
– ***Réductions*** selon l'âge (enfants et seniors en particulier). Prendre un aller-retour revient quasiment toujours moins cher que de prendre l'aller puis le retour séparément. Et, d'ailleurs, sur les courtes distances, le billet aller-retour en train s'avère parfois moins onéreux que son équivalent en bus.
– Sur certaines grandes lignes intérieures, les lignes *AVE* et *Avant* (c'est-à-dire les lignes grande vitesse, type TGV) en particulier, prévoyez une bonne marge pour vous rendre à la gare, car les bagages sont passés dans des machines de sécurité du même type que dans les aéroports avant d'être embarqués : cela prend forcément un peu de temps !

– ***RENFE*** *(Red nacional de los ferrocarrils de España) : ☎ 912-320-320 (n° national). • renfe.com •* Dans la plupart des gares, en plus des guichets normaux de vente et des automates, on trouve un guichet de *atención al cliente.* C'est le service commercial auprès duquel vous pourrez obtenir toutes les informations utiles (avec ou sans couchettes, prix, départ, fréquences...). Ils sont généralement très pros et peuvent même vous imprimer tout ça.
■ ***Rodalies de Catalunya :*** *☎ 900-41-00-41. • rodalies.gencat.cat •* Dépendant de la Généralité depuis 2010, dans le cadre de l'autonomie accentuée, ce service gère 17 lignes intra-catalanes auparavant administrées par la RENFE. Elles desservent entre autres Barcelone, Figueres, Gérone, Puigcerdà, Ripoll, Tarragone et Vic.
– Pour réserver et retirer vos billets en France, une adresse (mais uniquement pour les trajets grandes lignes) :
■ ***Iberrail France :*** *14, rue Bruno-Coquatrix, 75009 Paris. ☎ 01-40-82-63-60 ou 63. • renfe@iberrail.fr • Ⓜ Opéra ou Madeleine. Lun-jeu 9h30-13h, 14h-18h30 ; ven 10h-13h, 14h-18h.* Représentant officiel de la RENFE en France. Tout se fera en français, moyennant une petite commission selon les billets !

– ***Bon à savoir :*** sur certaines liaisons régionales, on a également la possibilité d'utiliser le *Bono 10,* une carte de 10 trajets valable sur tous les trains régionaux.
Enfin, il y a les *Ferrocarrils* de la Generalitat, pour toute la Catalogne. *Rens au ☎ 93-205-15-15 ou sur • fgc.cat •*

### *L'autobus*

Aussi bien sur les axes majeurs que sur les routes secondaires où elles sont parfois les seules à proposer une liaison, les compagnies de bus peuvent être un bon recours. Les gares routières sont très bien organisées et les véhicules récents et confortables. Sur les longs trajets, le bus a tendance à être moins cher que le train. Mais, pour les courtes distances, c'est parfois l'inverse, surtout si vous achetez directement un aller-retour avec le train. Bref, il faut comparer non seulement les prix, mais aussi les temps de trajet, qui varient aussi entre le bus et le train en fonction des destinations.

***La voiture***

– Comme dans toute l'Europe sont obligatoires dans tous les véhicules circulant en Espagne un ***gilet fluorescent*** (à conserver ***dans l'habitacle,*** à portée de main, et non dans le coffre) ainsi que ***2 triangles de signalisation.*** Ce gilet devra être porté par tout automobiliste amené à quitter son véhicule sur le bord d'une route, sous peine d'une amende de 90 €. Si la voiture n'est pas une bonne idée à Barcelone même, elle peut être pratique pour atteindre certains sites proches.
– Pour la plupart, les ***stations-service*** acceptent les cartes de paiement traditionnelles (*MasterCard, Visa, Diners* et parfois *American Express* et *Maestro*).
– Les ***routes*** sont refaites à neuf à peu près partout du nord au sud de l'Espagne. En général, le réseau est bon. À noter tout de même que, les jours de pluie (oui, ça arrive), il convient de redoubler de prudence, même sur les autoroutes (signalées *A*), l'écoulement des eaux s'effectuant assez mal ; conséquence : de gros risques d'aquaplaning. Côté budget, les autoroutes *(autopistas)* sont plutôt moins chères qu'en France. Tout comme l'essence.
– Les ***autovías,*** qui correspondent aux « voies express » françaises (4 voies avec un terre-plein central, signalées *A*), sont comme elles gratuites. À ne pas confondre avec les ***autopistas de peaje*** (AP), payantes.
– La ***limitation de vitesse*** sur autoroute est de 120 km/h (et non de 130 km/h) et de 100 km/h sur 4 voies. Sur les autres routes, elle est de 90 km/h ; sauf en ville : limitation à 50 km/h. Important également : les stops ne sont pas toujours matérialisés par une bande blanche au sol.
– Port de la ***ceinture de sécurité*** obligatoire pour les passagers, à l'avant comme à l'arrière.
– Le taux maximal autorisé d'***alcoolémie*** est de 0,50 g/l (et 0,30 g/l pour les conducteurs novices de moins de 2 ans).
– ***Interdit de téléphoner au volant,*** même avec un kit « mains libres » ou une oreillette.
– ***Savoir-vivre au volant :*** les Espagnols sont de bons conducteurs, souples et respectueux du code de la route et des autres usagers. Pas d'insultes, pas de coups d'avertisseur permanents... un vrai modèle ! Toutefois, comme partout ailleurs, on n'est jamais à l'abri d'un chauffard.
– ***Sécurité :*** comme partout, les vols dans les voitures arrivent, et parfois des braquages (notamment autour de Barcelone). Choisissez de préférence des parkings gardés et, surtout, ne laissez rien traîner sur les sièges ou la plage arrière, pas même un paquet de cigarettes. Mieux : ne laissez rien du tout ! Les bris de glace, même pour voler quelques livres, sont fréquents dans les voitures immatriculées à l'étranger. Voir nos conseils dans « Dangers et enquiquinements », plus haut.

### CHARLES QUINT, UN SACRÉ ROUTARD

*Son royaume, étendu de l'Espagne aux Pays-Bas en passant par l'Autriche, l'Italie du Sud et la Bourgogne, était si vaste qu'il passa le tiers de sa vie à cheval. De plus, en guerre contre son ennemi François Ier, il ne pouvait pas traverser la France. Bonjour les détours ! À 56 ans, martyrisé par la goutte, il abdiqua pour s'enfermer au monastère de Yuste (en Estrémadure) où il mourut, épuisé, 2 ans plus tard.*

– ***Loueurs de voitures :*** si vous décidez d'explorer les alentours de Barcelone en voiture, vous trouverez évidemment les principaux loueurs aux aéroports, gares, etc. Voir aussi, au début du chapitre « Barcelone », la rubrique « Adresses et infos utiles. Location de vélos, de scooters et de voitures ».

■ ***BSP Auto :*** *☎ 01-43-46-20-74 (tlj 9h-21h30, w-e 20h). • bsp-auto.com • Remise spéciale de 5 % aux lecteurs de ce guide avec le code « ROUTARD21 ».* Les prix proposés sont attractifs et comprennent le kilométrage illimité et les assurances. *BSP Auto* propose exclusivement les grandes compagnies de location sur place, assurant un très bon niveau de service. Les plus : vous ne payez votre location que 5 jours avant le départ.

■ ***Hertz :*** *☎ 0825-861-861 (0,18 €/mn + prix d'appel). • hertz.com • Lun-sam 8h-23h.*

■ ***Europcar :*** *☎ 0825-358-358 (0,15 €/mn + prix d'appel). • europcar.fr • Tlj 7h-22h.*

■ ***Avis :*** *☎ 0821-230-760 (0,15 €/mn + prix d'appel). • avis.fr •*

## URGENCES

– ***Urgences européennes*** *(ambulances, pompiers, police) : ☎ 112.* Voici le numéro d'urgence commun à la France et à tous les pays de l'UE, à composer en cas d'accident, d'agression ou de détresse. Il permet de se faire localiser et aider en français, tout en améliorant les délais d'intervention des services de secours. D'autre part, un numéro spécial destiné aux touristes étrangers en cas de vol ou de perte des papiers d'identité : *☎ 902-101-112, tlj 9h-21h.*

– ***Police nationale :*** *☎ 091.*

– ***Secours divers :*** *guàrdia urbana (police locale), ☎ 092.*

– En cas d'***accident de la circulation,*** appeler les ***Mossos d'Esquadra*** (équivalent catalan de la *guàrdia civil*) au *☎ 112* ou le ***Central tráfico*** *(☎ 060).*

– En cas de ***perte*** ou de ***vol de l'un de vos biens,*** faites une déclaration au commissariat le plus proche *(commissariat principal de Barcelone : ☎ 93-290-30-00).* S'il s'agit d'une carte de paiement, faites immédiatement et impérativement opposition (voir plus haut la rubrique « Argent, banques, change »).

– En cas de ***gros pépin,*** contactez le ***consulat de France à Barcelone*** : *☎ 93-270-30-00. • barcelone.consulfrance.org • Permanence consulaire en cas d'extrême urgence seulement (grave accident, décès), et hors horaires d'ouverture : 📱 699-30-07-49.* Voir, au début du chapitre « Barcelone », la rubrique « Adresses et infos utiles. Représentations diplomatiques » pour plus de détails.

# BARCELONE

• Pour se repérer dans Barcelone, se reporter au plan détachable (centre, zoom et transports en commun) en fin de guide.
• Plan d'ensemble *p. 82-83* • Plan Poblenou *p. 189*

## ADRESSES ET INFOS UTILES

### Arrivée à l'aéroport de Barcelone

✈ ***L'aéroport Josep-Taradellas*** *(hors plan d'ensemble)* **:** *situé à* ***El Prat de Llobregat,*** *à 12 km du centre-ville.* ☎ *91-321-10-00.* • *aena.es* • Il comprend 2 terminaux : le terminal 1 (ou T1) récent, tout de blanc et en transparence (œuvre du célèbre architecte catalan Ricardo Bofill), et le terminal 2 (fermé pour Covid jusqu'à nouvel ordre), qui regroupe les 3 anciens terminaux (appelés T2A, T2B, T2C). Distants de 4 km, le T1 et le T2 sont reliés par une navette gratuite (indispensable pour les passagers du T1 qui souhaiteraient gagner le centre-ville en train depuis le T2). On trouve de tout dans chaque terminal, dont un ***office de tourisme*** (T1 et T2B ; *lun-sam 10h-18h, dim 9h-14h30*), une ***consigne*** (au bout du T1 au niveau 0 – ouv 24h/24 – et face au T2B – tlj 6h-22h –, à côté du parking), des ***bureaux de change*** et des ***distributeurs de billets.***

### Comment se rendre en ville ?

➢ ***Navette Aerobús :*** ☎ *93-415-60-20.* • *amb.cat* • *aerobusbcn.com* • Navette A1 depuis le T1, et A2 depuis le T2 (arrêts aux T2A, T2B, T2C). Navette A1 : tlj 5h43-23h (5h-22h24 depuis Plaça-de-Catalunya) ttes les 15 mn. Durée : env 35 mn. Navette A2 : tlj 5h53-23h10 (5h-22h24 depuis Plaça-de-Catalunya), ttes les 15 mn. Durée : env 50 mn. Le ticket s'achète aux distributeurs (CB uniquement, installés aux arrêts) des T1 et T2, ou encore sur le site internet. Tarif : 5,90 € (A/R 10,20 € : valable 15 j. après l'aller). Arrêts dans l'ordre : Plaça-d'Espanya ; Gran-Vía-Urgell ; Plaça-de-la-Universitat ; Plaça-de-Catalunya *(centre détachable F4).*

➢ ***En train :*** • *renfe.com* • Depuis le T2B seulement, la ligne R2 assure des liaisons directes ttes les 30 mn 5h42-23h38 (5h08-23h07 depuis Passeig-de-Gràcia ; *centre détachable F3*). Trajet : 25 mn. Le plus économique : 4,10 € (sans correspondance incluse avec le métro ; attention, le billet A/R, moins cher, n'est valable que le jour même ; en revanche, inclus dans les cartes de transports *T-Día 4 zones, T-10 4 zones* et dans la *Barcelona Card*). Entre les T2A et T2B, prendre l'escalator menant à la passerelle-tunnel rouge et blanc. Arrêts aux gares de Sants Estació et de passeig de Gràcia (la plus pratique car très centrale).

➢ ***En bus :*** • *tmb.cat* • Pour la pl. d'Espanya *(centre détachable B-C3)* : ***ligne 46,*** départs du T1 et du T2B ttes les 10-15 mn selon heures (25 mn le w-e) tlj 4h50-23h50 dans les 2 sens. Le ticket s'achète directement dans le bus (2,20 €). Ou ***bus nocturne N16*** (pour le T2), ***N17*** (pour le T1) et N18 (pour le T1 et le T2) pl. de Catalunya (et ronda Universitat). Ttes les nuits, départs ttes les 20 mn 21h55-4h45 depuis l'aéroport, 23h-5h depuis la pl. de Catalunya.

➢ ***En métro :*** • *tmb.cat* • La ***ligne 9*** relie l'aéroport à la station *Zona Universitària,* à l'ouest de la ville. Départs des T1 et T2, aux horaires du métro : tlj 5h-minuit. Ticket (5,15 €) spécifique à cette ligne : impossible de l'emprunter avec la carte *T-Casual.* Plutôt économique mais ni très rapide (compter min 1h) ni très pratique pour gagner le centre puisqu'il faut changer à *Europa Fira* (ligne 8), *Collblanc* (ligne 5) ou au terminus (ligne 3), selon votre destination.

➢ ***En taxi :*** évidemment la solution la plus chère (voir plus haut les numéros de tél et tarifs dans la rubrique « Transports. Transports urbains à Barcelone » dans « Barcelone utile »). Env 30 € depuis le T1, 29 € depuis le T2.

## Arrivée à l'aéroport de Gérone

Desservi essentiellement par des compagnies *low-cost,* même si certaines, comme *Ryanair,* arrivent aussi à El Prat de Llobregat.

✈ ***Aéroport de Gérone :*** *env 12 km de Gérone et à une centaine de km de Barcelone.*
➢ Depuis l'aéroport, bus réguliers vers Barcelone (estació del Norte ; Ⓜ Arc-de-Triomf ; *centre détachable H4*) en fonction des arrivées des vols avec la compagnie *Sagalès (● sagalesairportline.com ●)* pour 16 € l'aller ou 25 € l'A/R (valable 30 j.). Même principe depuis Barcelone (départ de la estació del Norte ; guichet C-0 pour les tickets ; *centre détachable H4*) vers l'aéroport de Gérone. Env 1h15 de trajet (en fonction du trafic).

BARCELONE

## Infos touristiques

### Infos sur Barcelone

Les offices de tourisme ont un ***numéro de téléphone et un e-mail communs*** *(☎ 93-285-38-32 ; ● info@barcelonaturisme.com ● ; 8h-20h).* Tous sont fermés les 1er et 6 janvier, et le 25 décembre.

🅸 ***Turisme de Barcelona – Catalunya*** *(centre détachable F4,* **1***) : pl. de Catalunya, 17 S. ☎ 93-285-38-32. ● barcelonaturisme.com ● Ⓜ Catalunya. Tlj 9h-20h. Fermé le 25 déc, et ouv seulement 10h-14h30 le 26 déc, et les 1er et 6 janv. Entrée sur la place (par un escalator menant au sous-sol).* C'est le point d'information principal de la ville. Accueil en français, disponible et efficace. Excellent niveau d'informations sur la ville (y compris des infos et résas hôtelières en « dernière minute »). Organise aussi des visites guidées à pied de la ville (en particulier du Barri Gòtic, ainsi qu'un circuit qui vous mène sur les pas de Picasso). Vend tous les forfaits et *passes* cités ci-après. Également des tours en bus (voir plus bas).

🅸 ***Turisme de Barcelona – Sant Jaume*** *(zoom détachable F5,* **2***) : c/ de la Ciutat, 2 ; à l'angle de la pl. Sant Jaume I. Ⓜ Jaume-I. Fermé pour Covid, sinon lun-ven 8h30-20h30 ; sam 9h-19h ; dim et j. fériés 9h-14h.* C'est le point d'infos du centre historique.

🅸 ***Turisme de Barcelona – Mirador de Colom*** *(centre et zoom détachables E6) : pl. Portal de la Pau. Un kiosque sur la place. Ven-dim 14h30-20h.* Profitez de votre passage pour prendre l'ascenseur jusqu'au sommet de la colonne (lire plus loin « À voir »).

🅸 ***Turisme de Barcelona – Estació de Sants*** *(plan d'ensemble et centre détachable B2,* **3***) : Ⓜ Sants-Estació. Dans le hall de la gare, côté pl. Joan Peiro. Fermé pour Covid, sinon tlj 8h30-20h30.* C'est là qu'arrive le train en provenance de l'aéroport, avant de continuer vers la station Passeig-de-Gràcia. Mais c'est aussi ici qu'arrive le TGV en provenance de Paris, Montpellier, Nîmes, Perpignan... Également un ***petit kiosque*** : *pl. Joan Peiro (tlj 9h-15h), tt proche de la gare routière.*

🅸 ***Kiosques d'infos touristiques :*** hors temps de Covid, plusieurs kiosques bien répartis dans la ville disposent des plans et informations les plus demandés, et vendent pour la plupart la *Barcelona Card* et le *Barcelona Bus Turístic : en face de l'entrée de la* ***Sagrada Família*** *(centre détachable H2 ; tlj 9h-20h) ; sur la* ***pl. d'Espanya*** *(centre détachable B3 ; fermé pour Covid, sinon juil-sept, tlj 8h30-19h30 ; oct-juin, tlj 9h-15h).*

– En été, on croise souvent dans le Barri Gòtic, sur la Rambla et le passeig de

### ■ Adresses utiles

- 3 Turisme de Barcelona – Estació de Sants
- 19 Consulat général de Suisse

### Où dormir ?

- 71 Eric Vökel Indústria

### Où manger ?

- 162 El Celler del Vermut
- 247 Bar El Tomás de Sarria et Casa Joana
- 292 Can Punyetes
- 301 La Venta

### Où prendre un goûter ?

- 316 Comaxurros

### La tournée des boîtes

- 437 Otto Zutz Club
- 450 Mirablau

### Achats

- 475 Olokuti

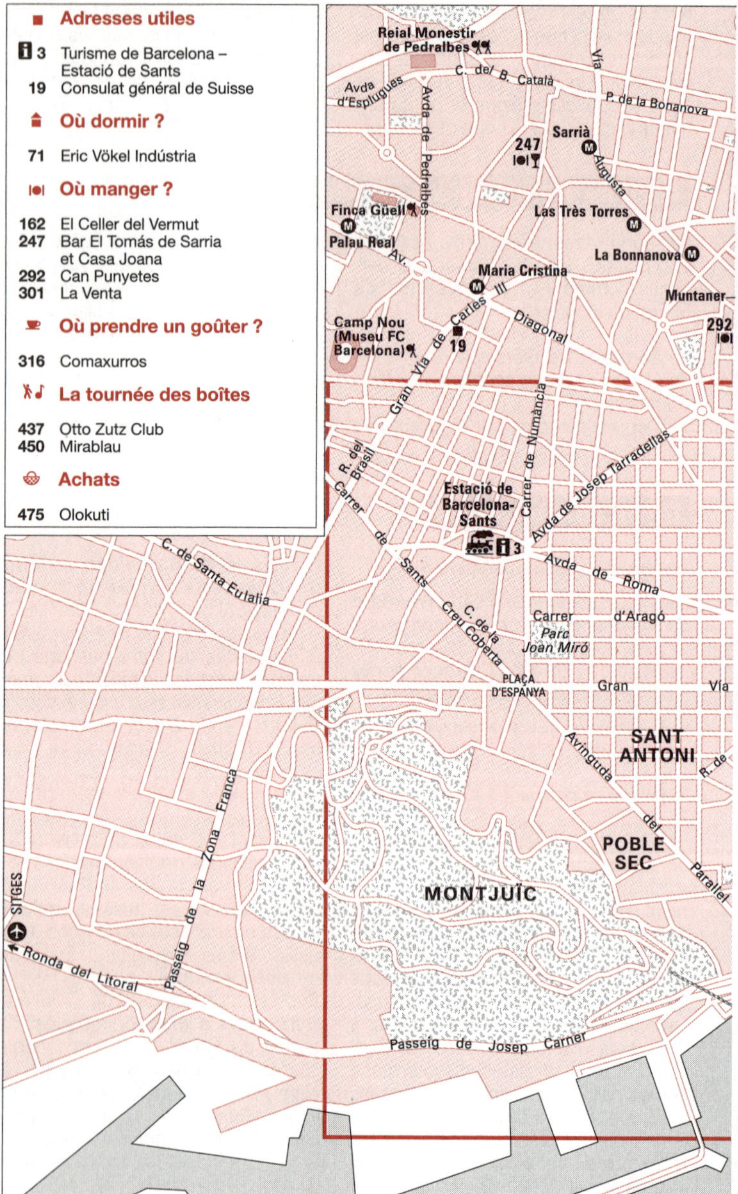

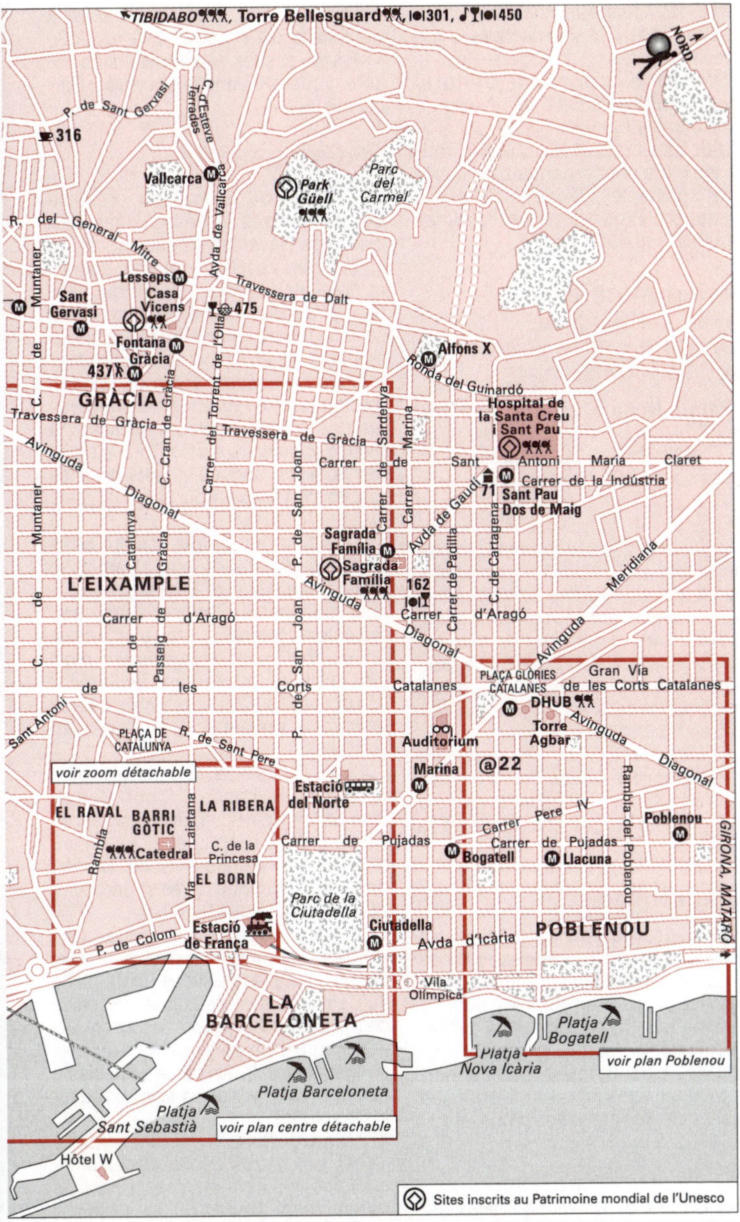


**BARCELONE – Plan d'ensemble**

Gràcia des *hôtesses en uniforme rouge* avec un badge « Turisme de Barcelona ». N'hésitez pas à vous adresser à elles.

**Oficina d'Informació Cultural** *(zoom détachable E-F4, **6**) : palau de la Virreina, la Rambla, 99. ☎ 93-316-10-00. Ⓜ Liceu. Tlj 10h-20h30.* Toutes les infos concernant les concerts et les spectacles. Très bon niveau de prestation. Programmes et fanzines culturels gratuits à dispo.



## Infos générales sur la Catalogne, Barcelone et le reste de l'Espagne

**Palau Robert** *(centre détachable F2, **4**) : passeig de Gràcia, 107. ☎ 93-238-80-91 à 93. • palaurobert.gencat.cat • Ⓜ Passeig-de-Gràcia ou Diagonal. Lun-sam 9h-20h ; dim et j. fériés 9h-14h30. Fermé 1er et 6 janv, et 25-26 déc.* Infos sur toute la Catalogne (Montserrat...) : bien pour préparer des excursions ou des balades dans les environs. Consultation de cartes, guides, livres, dépliants touristiques, etc. En plus, le palau Robert accueille ***régulièrement des expos*** et parfois des concerts dans son jardin ombragé avec des bancs pour se poser.

***À l'aéroport :*** *T1 et T2B. Lun-sam 10h-18h, dim 9h-14h30. Fermé 1er janv, Vendredi saint, 1er mai, 11 sept et 25-26 déc.* Infos sur Barcelone et la Catalogne.

## Infos en ligne

– ***Sites internet de la ville :*** il en existe 2. *• barcelona.cat •* est celui de la mairie. *• barcelonaturisme.com •* est beaucoup plus complet pour le tourisme (et en français). Infos sur les hébergements, les événements ponctuels, les circuits touristiques, réservations en ligne d'entrées pour les musées et sites avec réductions, etc.

## Cartes et *passes*

– Les ***offices de tourisme*** distribuent de bons ***plans de la ville.***

– C'est également auprès d'eux que vous vous procurerez les divers **passes *touristiques*** : *Barcelona Card, Articket* et *Arqueoticket.* Pour plus de détails, se reporter à la rubrique « Musées et sites. *Passes* et autres tickets groupés » dans le chapitre « Barcelone utile ».

## Visites guidées

■ ***Turisme de Barcelona*** organise de nombreuses visites guidées thématiques payantes (réduc moins de 12 ans), en castillan, catalan, anglais ou français (en français, surtout vendim, et parfois aussi en sem en haute saison), même si leur offre est actuellement réduite en raison de la pandémie. Résa indispensable plaça de Catalunya, ou vente en ligne via leur site (avec réduc à la clé). Plusieurs formules, à pied, à scooter ou à vélo. Tout le détail des horaires, langues et tarifs dans les offices de tourisme ou sur *• barcelonaturisme.com •*

– ***À pied, avec guide,*** de 14,50 à 22 €/pers (5-8 €/4-12 ans) : Barcelone Gòtic, Barcelone et Picasso, Barcelone moderniste, Barcelone gourmet, Barcelone littéraire, etc. Les visites (2h ou 2h30) sont intéressantes, mais les groupes atteignent facilement 45 personnes. Du coup, on se balade avec une oreillette et on perd en convivialité.

– ***À vélo :*** plusieurs circuits (en ville, dans les environs...), dont Barcelone Street Art en anglais, castillan ou catalan. Vélo, casque et siège enfant fournis, ainsi qu'une boisson. Durée : de 1h30 à 3h. Selon durée et parcours, 24-50 €/pers (réduc 9-15 ans).

– ***En bus :*** des tours avec guide, dans les quartiers moins connus de la ville, durée : 3h30, rendez-vous 9h30, plaça de Catalunya et résas auprès de l'office de tourisme (30-35 € selon le tour choisi).

– D'autre part, il est possible d'acheter en ligne sur le site de l'office de tourisme des MP3 pour visiter en solo, baladeur sur les oreilles.

■ ***Mabarcelone :*** *📱 678-15-46-42 (Ilona). • contact@mabarcelone.com • mabarcelone.com • Résa conseillée pdt vac scol.* Visites guidées thématiques de 2h30 en petits groupes (4-10 pers) et en français : à partir de 25 €/adulte, 15 € - de 18 ans et gratuit - de 6 ans. Petite agence montée par

2 jeunes Françaises dynamiques et chaleureuses, Ilona et Bénédicte, et surtout passionnées par la ville, son histoire, ses coins et ses recoins, ses habitants, ses artisans... Itinéraires vraiment chouettes et originaux – que les thèmes soient classiques (Barri Gòtic, gastronomie, modernisme, etc.) ou plus insolites (le Raval, tournages mythiques à Barcelone...). Propose aussi des itinéraires adaptés aux enfants, en particulier autour du modernisme. Organise également une visite privée du park Güell et de la Sagrada Família avec un guide français spécialiste de Gaudí *(à partir de 195 € pour 2 pers + entrées coupe-files aux 2 sites ; résa min 15 j. avt).* Également des balades à vélo pour découvrir à coups de mollets les contrastes de la ville.

■ ***Itinera Plus :*** *c/ Marquesa, 1.* Ⓜ *Barceloneta.* ☎ *93-319-00-20.* • *info@itineraplus.com* • *itineraplusbarcelona.com* • Les visites guidées, thématiques, se font en français, en catalan, en castillan et en anglais. Compter 10 €/pers (groupes 15-25 pers). Possibilité de visites privées ou en groupes plus restreints. Les visites couvrent aussi bien les époques romaine, médiévale, industrielle que moderniste. Programme disponible sur Internet.



## Agendas culturels

Ces agendas culturels sont pour la plupart disponibles en ligne, dans les offices de tourisme et à l'*Oficina d'Informació Cultural,* palau de la Virreina.

– ***Agenda cultural :*** agenda culturel bimensuel, très bien fait, à parcourir sur le site internet de *Barcelona Turisme,* • *barcelonaturisme.com* •

– ***B-guided :*** le guide trimestriel payant qui fait référence, décliné en plusieurs rubriques sympas *(b-inspired, b-ing, b-wear, b-served, b-seen...).* Guide en anglais et en espagnol plutôt orienté design, zique et fringues. • *barcelona.b-guided.com* •

– ***Mondo sonoro :*** mensuel gratuit indispensable pour suivre l'actualité musicale de la ville et connaître les dates de concerts. • *mondosonoro.com* • Disponible chez les disquaires et dans les bars.

– ***Metropolitan :*** mensuel gratuit en anglais. Là où ça bouge : bars, lifestyle, sorties... • *barcelona-metropolitan.com* •

– ***La Guía del Ocio :*** l'équivalent de l'*Officiel des spectacles* parisien. En vente le jeudi. Beaucoup plus conventionnel, il va sans dire. • *guiadelocio.com/barcelona* •

## Services

■ ***Consignes :*** *hors temps de Covid, à la gare de bus* ***estació del Norte*** *(centre détachable H4), directement sur les quais d'accès aux bus. Également à Sants Estació, en sous-sol (centre détachable B2). Sinon, très pratique car à 2 mn de la pl. de Catalunya,* ***Locker*** *(centre et zoom détachables F4,* ***12****) : c/ Estruc, 36.* ☎ *93-302-87-96. Tlj 9h-20h. Prix : 3,60-12,60 €/24h selon taille et nombre de bagages.*

## Représentations diplomatiques

■ ***Consulat de France*** *(centre détachable F4,* ***18****) : ronda Universitat, 22 bis, 4°, 08007 Barcelona.* ☎ *93-270-30-00, 07 ou 08.* • *barcelone.consulfrance.org* • Ⓜ *Catalunya. Lun-ven 9h-13h (permanence tél lun-jeu 9h-13h, 14h30-17h30 ; ven 9h-13h) ; fermé w-e. En cas d'extrême urgence (grave accident, décès) seulement, et hors horaires d'ouverture :* 📱 *699-30-07-49.* Le consulat peut notamment, en cas de difficultés financières, vous indiquer la meilleure solution pour que des proches vous fassent parvenir de l'argent, ou encore vous assister juridiquement en cas de problème.

■ ***Consulat général de Suisse*** *(plan d'ensemble,* ***19****) : Edificios Trade, Gran*

*Vía de Carles III, 94. ☎ 93-409-06-50. • helpline@eda.admin.ch • eda.admin.ch/barcelona • Au 7e étage. Lun-ven 9h-12h30 (permanence tél lun-jeu 14h-17h) ; fermé w-e.*

■ **Consulat de Belgique** (centre détachable G3, **20**) : *Gran Vía de les Corts Catalanes, 680, àtic 2. ☎ 93-467-70-80. • barcelona@diplobel.fed.be • spain.diplomatie.belgium.be • Lun-ven 9h-14h (jusqu'à 16h par tél) ; fermé w-e. En cas d'extrême urgence (grave) seulement, et hors horaires de bureau : 📱 609-66-10-00.*

■ **Consulat du Canada** (centre détachable F4, **21**) : *pl. de Catalunya, 9. ☎ 93-270-36-14. • espana.consulaire/consular@international.gc.ca • voyage.gc.ca • Ⓜ Catalunya. Au 1er étage. Lun-ven 9h-12h30 ; fermé w-e.*

## Urgences

■ ***Toutes urgences (Samu, police, pompiers) :*** *☎ 112 (accès à un opérateur français qui vous orientera).*

■ ***Police nationale :*** *☎ 091 pour les agressions et vols, ou ☎ 092 (police municipale). Sinon, vous pouvez vous rendre au commissariat de la c/ Nou de la Rambla, 78, mais prévoir 2-4h d'attente.*

■ ***Ambulances de la Croix-Rouge :*** *☎ 93-300-20-20.*

■ ***Secours divers :*** ***guàrdia urbana,*** *☎ 092.*

■ ***Service d'assistance*** aux victimes de vol, d'agression ou d'accident, en cas de perte des papiers, des bagages ou en cas de problème médical, ***Turismo Atención*** (zoom détachable E5, **22**) : *la Rambla, 43. ☎ 93-256-24-30. Ce service dépend de la guàrdia urbana et est ouv tlj 24h/24.*

✚ ***Hôpital*** (centre détachable E2, **23**) : ***Clínic Barcelona,*** *Villarroel, 170. ☎ 93-227-54-00. • clinicbarcelona.org • Dans l'Eixample.*

■ ***Pharmacies 24h/24 :***

– ***Farmàcia Clapés :*** *la Rambla, 98 (juste à côté du musée de l'Érotisme). ☎ 93-301-28-43. Dans le Barri Gòtic.*

– ***Farmàcia Torres :*** *c/ d'Aribau, 62. ☎ 93-453-92-20. Dans l'Eixample.*

– ***Farmàcia Laguna :*** *c/ de Provença, 62. ☎ 93-453-92-20. Vers la Sagrada Família.*

■ ***Médecins généralistes français :*** *Dr Allard, 📱 606-575-656. Consultation sur rdv : Dr Emmanueli, 📱 612-908-315, se déplace.*

■ ***Ostéopathe :*** *Franklin Golay, trav. de Gràcia, 12. Ⓜ Hospital-Clínic. 📱 695-227-695.*

■ ***Objets trouvés – Oficina de Troballes*** (zoom détachable F5, **16**) : *c/ Ciutat, 2 (ce service dépend de la mairie). ☎ 010 depuis Barcelone, ☎ 00-34-93-153-70-10 depuis la France. Sur rdv cause Covid, sinon lun-ven 9h-14h.* Service très efficace. ***Objets perdus dans le métro ou le bus :*** *☎ 010 ou 902-07-50-27 ; en général, à récupérer au Punt d'Atenció TBM de la station Universitat (lun-ven 8h-20h, sam 9h-17h30, dim 9h-14h) ; mieux vaut commencer par faire une déclaration en ligne sur • tmb.cat •* ***Objets perdus à l'aéroport :*** *☎ 93-259-64-40 ou • objetosperdidosbcn@aena.es •* ***Dans le taxi :*** *☎ 902-101-564 ou 93-707-06-00.*

■ ***Fourrière :*** si vous retrouvez à la place de votre voiture un autocollant bleu triangulaire, vous n'avez plus qu'à bondir (en taxi !) à l'adresse indiquée sur ledit triangle bleu (même en pleine nuit : la fourrière est payante à l'heure... et l'enlèvement coûte déjà dans les 175 €...). Sinon, pour localiser son véhicule dans l'un des dépôts : *☎ 93-706-52-50 ou • gruabcn.cat/fr/recuperar-el-vehiculo/busqueda-de-vehiculo •* Quand on vous dit qu'il vaut mieux se passer de voiture à Barcelone...

## Loisirs

■ ***Llibreria Jaimes*** (centre détachable G3, **8**) : *c/ de València, 318. ☎ 93-215-36-13. • jaimes.cat • Ⓜ Passeig-de-Gràcia ou Diagonal. Tlj* *sauf dim 10h-14h, 16h-20h.* L'une des bonnes librairies françaises de Barcelone, où vous trouverez des bouquins sur la ville, son histoire et son art, et pourrez recharger votre provision de romans. Et évidemment, en rayon aussi, votre guide préféré.

■ ***Llibreria Altaïr*** *(centre détachable F3) : Gran Vía de les Corts Catalanes, 616. ☎ 93-342-71-71. • altair.es • Ⓜ Universitat ou Catalunya. Entre Balmès et rambla de Catalunya, en face du superbe cinéma Coliseum. Tlj sauf dim 10h-20h30.* Une librairie de voyage vaste et très bien approvisionnée, où vous trouverez toutes les cartes dont vous aurez besoin et des livres de voyage.

## Transport ferroviaire

Outre sur Internet (avec des billets électroniques, téléchargeables sur l'appli de la RENFE aussi) on peut toujours acheter ses billets aux automates ou aux guichets de passeig de Gràcia ou de estació de França : plus central, moins d'attente ! Valable uniquement pour les trajets nationaux, pas pour l'international.

■ ***Infos et vente de billets RENFE :*** *• renfe.com • ☎ 912-320-320.*

***Estació de Barcelona-Sants*** *(plan d'ensemble et plan détachable B2) :* *Ⓜ Sants-Estació. Lun-sam 4h30-0h30, w-e et j. fériés 5h-0h30.* Toutes les grandes lignes nationales (Madrid, Andalousie, Pays basque). C'est aussi de Sants que partent les *AVE (Alta Velocidad)* vers Madrid, Lleida et Saragosse. Et ici qu'arrivent et partent les TGV en provenance de et vers la France (direct de Paris, env 6h30).

***Estació de França*** *(zoom détachable G6) : Ⓜ Barceloneta. Infos et vente des billets 6h30-22h. Accès aux guichets automatiques 6h-23h30.* Trains de et vers Reus, Tortosa, Móra la Nova, Alicante et Madrid-Puerta de Atocha.

***Passeig de Gràcia*** *(centre détachable F3) : infos et vente des billets 7h-22h. Gare ouv 5h-minuit.* C'est l'une des gares desservies par les *Cercanías/Rodalies,* c'est-à-dire les lignes régionales : entre autres vers Gérone et Port-Bou au nord, et Sitges au sud, et la R2 vers l'aéroport.

***Plaça de Catalunya*** *(centre détachable F4) :* cette importante station de métro dessert aussi les plages et les environs de Barcelone grâce aux *Cercanías,* lignes C1, C3, C4 et C7. Trains pour Mataró, Blanes, costa del Maresme...

## Autres moyens de transport

***Lignes maritimes :*** *• portdebarcelona.cat •*

➢ ***Vers les Baléares (Palma, Mahón, Ibiza) :*** ***Trasmediterránea*** *(centre détachable F6,* ***24****), moll de Sant Beltrán. ☎ 902-45-46-45. • trasmediterranea.es •* ***Balearia,*** *• balearia.com • Également avec la compagnie* ***Euro Mer*** *: 5, quai de Sauvages, CS 10024, 34078 Montpellier Cedex 3 ; autres agences à Sète, Béziers et Avignon. ☎ 04-67-65-95-11. • euromer.com •* Traversées tlj au départ de Barcelone (ou Valence) à des prix très compétitifs (et liaisons inter-îles également). Du navire classique (9h de traversée) au ferry rapide (4h30 de trajet), avec véhicule dans les 2 cas. La traversée rapide permet de courts séjours sur les îles (Majorque, Ibiza ou Formentera). Nombreuses réduc : A/R, jeunes, retraités, familles, résas... *Euro Mer* propose aussi, sur ttes les îles, des hôtels 3 ou 4 étoiles à prix intéressants. Pour plus de détails, voir le *Routard Baléares.*

***Bus nationaux et internationaux :*** ***estació del Norte*** *(centre détachable H4), Ali Bei, 80. ☎ 902-260-606. • barcelonanord.com • Ⓜ Arc-de-Triomf. Billetterie et standard tlj 7h-21h. Consigne (sur les quais, voir plus haut « Services »).* Tous les départs et toutes les arrivées, nationaux ou internationaux, se font ici. De plus, toutes les compagnies y ont au moins un guichet (au 1er étage du bâtiment). Cette ancienne gare ferroviaire rénovée est spacieuse, bien organisée et centrale. Destinations européennes à des tarifs intéressants. Les navettes pour l'aéroport de Gérone (voir plus haut « Arrivée à l'aéroport de Gérone ») arrivent et partent d'ici aussi (en général quais 28 et 29).

✈ ***Compagnies aériennes :***
– ***Iberia :*** *☎ 901-111-500 (infos et résas). • iberia.com • Bureau à l'aéroport, T1.*
– ***Air France :*** *à l'aéroport seulement. ☎ 902-207-090. • airfrance.es •*
– Les compagnies *low-cost* n'ont pas de représentants en ville : guichets à l'aéroport ou résa sur leur site internet (voir « Comment y aller ? » au début de ce guide).

## Location de vélos, de scooters et de voitures



Barcelone dispose de tout un réseau de pistes cyclables qui mènent du palau de Pedralbes à Montjuïc, au parc de la Ciutadella, à la Barceloneta et aux plages au-delà de la vila Olímpica *(plan d'ensemble).*
Ne cherchez pas à utiliser les ***Bicing*** ni les ***Bicing Eléctrico*** (cousins des Vélo'V lyonnais ou des Vélib parisiens), ils sont réservés à l'usage des résidents de Barcelone. Les visiteurs que nous sommes ne peuvent pas en profiter...

***Budget Bikes*** *(zoom détachable G5,* ***25****) : pl. de la Llana, 3. ☎ 93-304-18-85. • budgetbikes.eu • Ⓜ Jaume-I. Tlj 10h-20h (10h-18h nov-mars). Compter 6 € pour 2h (min) et 16 €/24h. Également des vélos électriques, 2 fois plus chers.* Les vélos sont de couleur orange. Bon matériel, vélos en bon état et parfois accueil en français. *Autres adresses en ville : c/ Estruc, 38 (zoom détachable F4,* ***25*** *; presque à l'angle avec c/ Fontanella ; tlj tte l'année 10h-20h) ; c/ Nou de la Rambla, 106 (centre détachable E5,* ***25*** *; tlj 10h-20h ; fermé nov-mars).*
***Renta Bike*** *(centre détachable E4,* ***26****) : c/ Tallers, 45 et Jovellanos, 1. ☎ 93-317-19-70. • barcelonarentabike.com • Tt proche de la Rambla et de la pl. de Catalunya. Tlj 9h30-20h (10h-18h déc-fév). À partir de 6 €/2h, 12 €/j. (retour le soir), 15 €/24h.* Pas mal de vélos, bon entretien, et siège enfant sans supplément. Ils louent même des vélos « famille » (avec une caisse devant pour les petits), des vélos électriques et des tandems. *Autres adresses en ville (mêmes horaires) : passeig de Joan-de-Borbó, 35, dans la Barceloneta ; passeig de Lluis-Companys, à Arc-de-Triomf.*
***Green Bikes*** *(zoom détachable F5,* ***27****) : c/ Escudellers, 48. 📱 654-179-273. • greenbikesbarcelona.com • Tlj 10h-20h. Vélo unisexe 2 €/h et 10 €/24h, cadenas et casque inclus.* Vélos verts correctement entretenus et bon rapport qualité-prix, y compris pour enfants. Également des balades guidées en français. *Autre adresse : pl. Traginers, 3, ☎ 93-315-13-75, tlj 10h-20h.*
***Born Bike Tours*** *(zoom détachable G6,* ***29****) : c/ Marquesa, 1. Ⓜ Barceloneta. ☎ 93-319-00-20. • info@bornbikebarcelona.com • bornbikebarcelona.com • À partir de 6 €/2h. Circuits 24 €/pers.* Plusieurs circuits possibles : *Du gothique au modernisme*, le *Montjuic Bike Tour*, le *Beach Bike Tour* ou encore le *Tapas Bike Tour* à 32 € (avec 4 tapas et 1 boisson).
***Monbike*** *(zoom détachable F5,* ***28****) : c/ Nou de Sant Francesc, 25. ☎ 93-512-19-71. • monbikebarcelona.com • Tlj 10h-19h30. Vélo unisexe à partir de 10 €/j. (prix dégressifs), cadenas et casque inclus. Également des vélos pour enfants, des vélos à assistance électrique et de drôles de trottinettes électriques dotées d'une selle.* Vélos correctement entretenus, bon rapport qualité-prix et excellent accueil.
■ ***Moto Rent :*** *☎ 93-452-45-39. • moto-rent.com • Plusieurs agences en ville. Compter min 40 €/j. avec kilométrage illimité, assurance, antivol et casque ; à la sem, le prix descend. Permis B nécessaire (obtenu depuis*

*plus de 3 ans).* Soyez quand même prudent, Barcelone est la ville d'Espagne qui compte le plus de 2-roues. Location de scooters 50 et 125 cm$^3$ en bon état.

■ ***Vanguard*** *(centre détachable D1,* ***30****) : c/ Londres, 31. ☎ 93-439-38-80. • vanguardrent.com • Ⓜ Hospital-Clínic ou Entença. Lun-ven 8h30-13h30, 16h-19h ; w-e et j. fériés 9h-13h. Scooters 100 cm$^3$, à partir de 30 €/j., avec franchise, casque et cadenas.* Un des moins chers. Propose aussi des motos et des voitures.

# OÙ DORMIR ?

La difficulté n'est pas de trouver un logement, mais d'en trouver un à prix correct ! En particulier dans le Barri Gòtic, où les prix flambent sans rapport avec le confort réel ou la tenue de l'établissement. Notamment lors des congrès et salons. Plus d'infos dans la rubrique « Budget. Hébergement » dans « Barcelone utile » en début de guide. D'une manière générale, large éventail d'hébergements, de la piaule où l'on s'entasse à 4 copains à la pension bourgeoise et cossue. Ceux qui cherchent des chambres doubles à petits prix se rabattront sur les AJ (elles en ont souvent quelques-unes, mais très demandées) ou sur les *pensiones.* Dans les hôtels bon marché, visiter plusieurs chambres avant de poser ses valises. À prix équivalent, le confort n'est pas toujours le même. ***Les tarifs des nuitées variant selon saison, événements, période de la semaine parfois, confort et vue,*** les fourchettes indiquées dans nos textes correspondent à l'éventail de prix en haute saison.

– ***Avertissement spécial congés scolaires : réservez bien à l'avance*** car il y a foule. Et surtout, demandez un reçu pour les arrhes versées !

## Auberges de jeunesse

Nous vous proposons ici des auberges situées dans le centre ou à proximité, plus quelques-unes plus excentrées mais bien desservies par les transports en commun. Résa évidemment conseillée. Attention, s'attendre à un peu de bruit : à Barcelone, la nuit n'est pas forcément faite pour dormir !

🏠 ***Sant Jordi Hostel Rock Palace*** *(centre détachable F3,* ***43****) : c/ Balmes, 75, 08007. ☎ 93-453-32-81. • rockpalace@santjordi.org • santjordihostels.com • Ⓜ Passeig-de-Gràcia. Nuitée en dortoir 13-40 €/pers, twin avec sdb privée 70-100 € (oct-mars seulement) ; petit déj 3,50 € ; serviette 2 € (draps inclus). Remise sur Internet.* Impeccablement située dans un bel immeuble ancien de l'Eixample, entre passeig de Gràcia et plaça de Catalunya, cette AJ récente cumule les atouts : une thématique rock bien pêchue sur fond de design pop et d'éléments anciens restaurés, des parties communes originales et conviviales, à l'image du spectaculaire salon tout en marqueterie, vitraux et guitares électriques, ou encore un *rooftop* avec piscine et une belle terrasse avec vue sur un clocher... Répartis sur 5 étages, dortoirs (4 à 12 lits) au diapason, particulièrement au 2$^e$ (l'étage noble), le plus exceptionnel étant le 201 avec plafond peint et mouluré, parquet d'époque et grande terrasse privative ! Sanitaires modernes nickel, cuisine commune bien organisée au sous-sol avec grandes tablées et petit patio... Bref, un sans-faute. Plusieurs autres adresses en ville dans le même esprit (donc tout aussi sympas) mais avec d'autres thématiques (voir leur site).

🏠 ***Alternative Creative Youth Hostel*** *(centre détachable F3-4,* ***47****) : ronda de la Universitat, 17, 08007. 📱 635-66-90-21. • alvand@alberguest.com • alternative-barcelona.com • Une adresse discrète, à l'entresol, sonner sur le seul bouton rond et vert. Ouv 24h/24. Résa quasi obligatoire. Nuitée*

*27-37 €/pers (17 € hors saison). Pas de petit déj, mais café, thé et biscuits à dispo.* Aucune enseigne tapageuse ne vient défigurer ce bel immeuble. C'est bien simple, rien ne laisse présager qu'au 1er étage se cache une auberge de jeunesse ! N'offrant que peu de lits (3 dortoirs de 8 lits et 1 de 5 lits), l'établissement préfère fonctionner au bouche-à-oreille. Surtout, il revendique un esprit résolument différent. En misant sur la sécurité et la propreté, le jeune patron cherche à développer l'aspect convivial et culturel, et propose toutes sortes d'activités. L'ensemble est bien tenu et chaleureux. Consigne, cuisine, distributeur de boissons fraîches, machine à laver.



**Sleep Green Eco Youth Hostel** *(centre détachable E-F3-4,* ***72****) : ronda Universitat, 15, 08007. ☎ 93-250-79-38. 📱 635-66-90-21. • info@sleepgreenbarcelona.com • sleepgreenbarcelona.com • Ⓜ Universitat. Accueil au 1er étage. Ouv 24h/24. Résa quasi obligatoire. Nuitée 30-39 €/pers (19 € hors saison). Pas de petit déj servi mais thé, café et biscuits à disposition.* Très bien placée, au métro Universitat, *Sleep Green* est la 1re auberge de jeunesse à Barcelone et en Catalogne à obtenir l'écolabel européen. L'AJ offre des dortoirs climatisés et confortables de 4 à 6 lits. Toutes les chambres disposent d'un balcon et de bons matelas ! Cuisine commune, laverie. Même propriétaire qu'*Alternative Creative Youth Hostel.* Excellent accueil.

**Yeah Barcelona Hostel** *(centre détachable G2,* ***42****) : c/ Girona, 176, 08037. ☎ 93-531-01-35. • info@yeahhostels.com • yeahhostels.com • Ⓜ Verdaguer. ♿ Nuitée 20-50 €/pers, et 2 doubles avec sdb 70-100 € ; petit déj buffet 3 €, dîner 10 €.* Un *hostel* tout récent, tout beau, de 200 lits à peine (!). Du parquet et du bois blond ou brut partout, de la réception aux dortoirs : mixtes ou non, de 4 à 6 lits, avec chacun sa salle de bains. Super accueil et bonne ambiance, mais moins débridée (ça fait du bien parfois) que dans certains autres endroits du genre. *Open bar* si vous dînez sur place !

**360 Hostel** *(centre détachable G4,* ***55****) : c/ Bailen, 7, 08010. ☎ 93-246-99-73. • barcelona@360hostel.com • 360hostel.com • Ⓜ Arc-de-Triomf ou Urquinaona. Ouv 24h/24. Nuitée 10-40 €/pers et doubles (pas de grands lits) 40-80 €. Pas de petit déj, mais cuisine.* Une adresse agréable et au calme, à quelques pas du centre, dans un immeuble ancien repeint en blanc. Les dortoirs de 4 à 8 lits sont conviviaux et ceux sur la rue possèdent un balcon. Si vous optez pour une double, demandez la n° 5 pour sa petite terrasse. Sanitaires d'une totale propreté, cuisine à dispo pour faire son frichti, café et thé à discrétion. Si c'est complet, annexe à 2 pas.

**Jam Hostel** *(centre détachable G1,* ***52****) : c/ de Montmany, 38-42, 08012. ☎ 93-315-53-38. • info@jamhostelbarcelona.com • jamhostelbarcelona.com • Ⓜ Joanic. ♿ Nuitée 14-30 €/pers. Familiales 80-140 €. Pas de petit déj (mais cuisine à dispo avec thé et café gratuits).* Au cœur de Gràcia, quartier populaire et un brin alternatif. AJ ouverte par 2 ex-étudiants en environnement, donc démarche écolo de rigueur. Accueil vraiment adorable. La réception et les parties communes sont, sans ostentation, au goût du jour avec murs de béton brut, meubles chinés et luminaires design. Les dortoirs de 4 (dont 1 spécial filles) à 9 personnes sont plus basiques, propres et nets comme les salles de bains (avec sèche-cheveux, s'il vous plaît). Clim partout. Cours de yoga le matin sur la grande terrasse du toit.

**Harmony Hostel** *(centre détachable E3,* ***49****) : c/ Casanova, 52, 08011. ☎ 93-566-67-25. • info@harmonyhostelbcn.com • harmonyhostelbcn.com • Ⓜ Urgell ou Universitat. ♿ Congés : 15-30 nov. Nuitée en dortoir 18-33 €/pers (jusqu'à 40 € certains w-e), petit déj inclus. Hors saison, pas de petit déj mais coin cuisine à dispo.* À l'orée du quartier gay, une petite AJ (à peine 37 lits) sans prétention ni superflu décoratif. Espace commun pas bien grand mais sympa avec son coin cuisine, son coin salle à manger et son salon. Dortoirs de 6 à 9 lits propres, nets et bien équipés (loupiotes, placards), l'un réservé aux filles. Finalement d'un bon rapport qualité-prix. Plus tranquille que les autres AJ et accueil très souriant.

**Amistat Beach Hostel** *(plan Poblenou, B2,* ***48****) : c/ de l'Amistat, 21-23, 08005. ☎ 93-221-32-81. • info@amistatbeachhostel.com • amistatbeachhostel.com • Ⓜ Poblenou. ♿ Nuitée 10-35 €/pers, petit déj et draps inclus. Doubles 30-80 €, petit déj inclus.* Vous avez remarqué le « beach » du nom ? La plage est effectivement à 10 mn à pied. Sinon, cette AJ récente est dans la partie la plus typique du Poblenou, le quartier qui monte (au sens figuré !). Dortoirs colorés, bien conçus et de bonne taille (il vaut mieux : les plus grands accueillent 12 lits !). Clim et ascenseur. Agréables salons communs. Pas mal d'activités proposées (sports nautiques notamment).

**The Hipstel** *(centre détachable F3,* ***123****) : c/ València, 266, 08007. ☎ 93-174-54-17. • info@thehipstel.com • thehipstel.com • Ⓜ Passeig-de-Gràcia. Réception au 1er étage 24h/24. Nuitée en dortoir 20-50 €/pers, doubles 60-90 € ; petit déj 2,50 € ; serviette 2,50 €.* Une AJ nouvelle génération, pour jeunes voyageurs stylés, installée dans un ancien grand appartement bourgeois rénové à la sauce récup-vintage. Hipster, quoi ! Dortoirs (6 à 12 lits, dont 2 réservés aux filles) et chambres, impeccables et spacieux, sont répartis sur 2 niveaux : belle hauteur sous plafond au 1er (moins au 2d). Sanitaires communs tout récents et design. Cuisine conviviale, grands salons aménagés avec des meubles chinés, très sympas, et agrémentés d'une belle terrasse pour les jours d'été. Situation bien centrale pour déambuler dans la ville. Accueil jeune et chaleureux (ambiance dans le même ton).

**Don Moustache Hostel** *(centre détachable G4,* ***126****) : c/ Girona, 33, 08010. ☎ 93-667-24-73. • info@donmoustache.com • donmoustache.com • Ouv tte l'année, réception au 1er étage 9h-21h. Nuitée 12-17 €/pers hors saison, jusqu'à 45 €/pers en été, draps et petit déj compris. Doubles 50-78 €.* On est accueilli par un vieux scooter et, évidemment, quelques visages moustachus ! 2 dortoirs de 14 et 17 lits où les recoins cassent l'effet de masse pour cette petite AJ privée, joliment aménagée. Les dortoirs sont spacieux, chacun possède son propre w-c et un balcon. Cela dit, bien choisir sa chambre, certaines étant aveugles ou mal situées. 4 salles de bains pour les filles et 4 pour les garçons, parfois un peu rudimentaires quand même. Salle commune avec de gros canapés et coussins confortables devant la télé, qui fait aussi office de salle à manger-cuisine (frigo, micro-ondes, etc.).

**Casa Gràcia** *(centre détachable F2,* ***45****) : passeig de Gràcia, 116, 08008. ☎ 93-174-05-28. • reservations@casagraciabcn.com • casagraciabcn.com • Ⓜ Diagonal. Lits en dortoir 15-45 € (jusqu'à 60 € selon pic de fréquentation !), doubles 80-150 € (pointes à 190 €) ; petit déj 8 €, ou inclus si résa directe.* Installé dans 2 très beaux édifices totalement réaménagés du *passeig,* l'établissement mêle dortoirs (jusqu'à 16 lits) et chambres doubles ou familiales (jusqu'à 6 lits), tout le monde se retrouvant à partager les vastes salons communs, la cuisine, le buffet du petit déj (salle un peu petite lorsque c'est plein) et la belle terrasse-jardin. La déco joue sur le dialogue entre moulures anciennes et coloris modernes acidulés, les salles de bains sont bien de notre époque (ouf !), au contraire des vénérables ascenseurs. Dortoirs bien équipés (quelques-uns réservés aux filles). Les chambres sont tout de même assez chères. Quitte à casser sa tirelire, on préfère sans conteste les supérieures, qui donnent en façade et sont un poil plus grandes (et plus lumineuses) que les *standard.* Accueil aussi polyglotte que le lieu. Au rez-de-chaussée, un resto-bar à cocktails dans l'air du temps. Une grosse machine qui fonctionne !

**Kabul Hostel** *(zoom détachable E-F5,* ***40****) : pl. Reial, 17, 08002. ☎ 93-318-51-90. • info@kabul.es • kabul.es • Ⓜ Liceu. ♿ Réception au 1er étage. Résa seulement sur Internet. Nuitée en dortoir 12-30 €/pers. Doubles 38-120 €. Petit déj inclus. Draps inclus. Serviettes en sus.* Une AJ sur la plaça Reial, le rêve ! Certains dortoirs donnent d'ailleurs sur la place même. Attention, cette AJ festive est réservée aux plus de 18 ans. Grosse capacité d'hébergement (dortoirs de 4 à 22 lits). Rénovation du sol au plafond en 2019, ça sent le frais et le propre. Grande terrasse aménagée donnant sur les toits de Barcelone, paisible en journée. Mais elle est surtout fréquentée par des lève-tard et des couche-tôt du matin. Gros avantage sur certains concurrents : on rentre à l'heure qu'on veut et on peut se lever tard le matin ! L'ensemble des installations est correct : laverie, bar, billard, baby-foot, grand écran de TV et ambiance jeune... En revanche, évitez l'annexe, plus récente mais moins sympa.



**Safestay Passeig de Gràcia** *(centre détachable F3,* ***46****) : passeig de Gràcia, 33, 08007. ☎ 93-215-65-38. • receptionbcnpdg@safestay.com • safestay.com • Ⓜ Passeig-de-Gràcia. Nuitée 12-40 €/pers, doubles avec sdb 80-100 € ; petit déj et draps inclus.* Une usine à routards de 400 plumards (dortoirs 4 à 12 lits), bourgeoisement installée dans un superbe immeuble de l'Eixample. Installations modernes et de bon confort, le tout gaiement coloré : vaste salon commun avec bar et cuisine, dortoirs impeccables (avec clim, et même une salle de bains pour les plus chers)... Les doubles sont très bien aussi, même si les prix sont élevés. Quoi d'autre ? Une terrasse pour bronzer au dernier étage ! En revanche, sécurité oblige, on n'accède pas aux balcons depuis les chambres.

**Generator Barcelona** *(centre détachable G2,* ***41****) : c/ de Còrsega, 373, 08037. ☎ 93-220-03-77. • barcelona@staygenerator.com • staygenerator.com/hostels/barcelona • Ⓜ Verdaguer. Ouv 24h/24. Résa quasi obligatoire. Nuitée 25-36 €/pers, doubles 65-119 €. Remise de 10 % sur présentation de ce guide (non cumulable avec d'autres promos).* À 5 mn du passeig de Gràcia, cette AJ privée, présente dans plusieurs capitales européennes, offre un concept d'auberge de jeunesse qui dispose également de chambres doubles, plus chères (au dernier étage) et d'un *penthouse* (4 personnes) pour les plus aisés, le tout avec terrasse et vue sur la ville. Dortoirs de 8 (les moins chers), 4 et 6 lits (les plus chers). Plusieurs dortoirs exclusivement féminins (un peu plus chers, comme souvent... grrr). Chacun des 8 étages porte le nom d'un quartier de Barcelone. Très nombreux équipements pour cette ruche de plus de 700 lits : restaurant, bar (avec DJ !), salle de jeu, etc. Belle déco design, très colorée et réussie. Excellent accueil.

**Mediterranean Hostel** *(centre détachable G3,* ***51****) : c/ Diputació, 335, 08009. ☎ 93-244-02-78. • info@mediterraneanhostel.com • mediterraneanhostel.com • Ⓜ Girona. ♿ À 2 pas du métro. Nuitée 12-35 €/pers.* Cette agréable AJ a su compenser par des couleurs chatoyantes son manque général de fenêtres. Les dortoirs, très colorés, offrent une capacité de 4 à 10 lits. En revanche, les chambres doubles n'ont rien d'exceptionnel et ne sont envisageables qu'en dépannage. Espaces communs sympas et presque design (cuisine, salon TV et même une courette pour les fumeurs). Simple et sans prétention mais plutôt tranquille, et bonne ambiance. Accueil plus que décontracté, voire indolent.

**Alberguinn Sants Youth Hostel** *(centre détachable B1,* ***53****) : c/ Melcior de Palau, 70-74, 08014. ☎ 93-490-59-65. • alberguinn@alberguinn.com • alberguinn.com • Ⓜ Plaça-del-Centre ou Sants-Estació. Congés : 15 nov-1er fév. Nuitée 15-24 €/pers, petit déj et draps inclus.* Certes excentrée, mais proche de la gare de Sants (bien pratique) et des métros, dans un quartier très tranquille, cette petite AJ nichée dans un immeuble moderne a pour elle son atmosphère conviviale : l'accueil est jeune et dynamique, et comme il n'y a que quelques dortoirs (6 à 14 lits), on se sent vite à l'aise dans le salon commun et la cuisine. On aime bien le dortoir *Orange Mixto,* pour 10 personnes, plus spacieux et avec baies vitrées. Simple, moderne, impeccablement tenue et sympa.

**Safestay Barcelona Sea** *(centre détachable F7,* ***50****) : pl. del Mar, 1-4, c/ de la Drassana, 6 (entrée par le bar entre le B et le C), 08003. ☎ 93-224-70-75 ou 93-231-20-45 (résas). • safestaysea@safestay.com • safestay.com • Ⓜ Barceloneta. En face de la plage de San Sebastián (réception au fond du bar, repérer le Sea Bar en* *façade). Nuitée 10-30 €/pers, petit déj 2 €.* Une auberge à la pointe de la Barceloneta, presque les pieds dans l'eau, face à la plage. Qui dit mieux ? Situation idéale, donc, mais pour le reste, c'est sommaire : pas d'espace commun digne de ce nom (le coin cuisine se résume à un cagibi avec un micro-ondes et un frigo) et les dortoirs (7 à 9 lits) sont basiques, minuscules avec leur empilement de lits à caisson, mixtes ou non, et pour certains sans fenêtre. Propre, tenue par une équipe dynamique et sympa, et avec un bar mitoyen (direction séparée), impeccable pour siroter un verre face à la mer.

Voir aussi plus loin la ***Pensión Mari-Luz*** pour ses triples et quadruples (dans « Hôtels et pensions. Dans le Barri Gòtic et alentour. Bon marché »).



## Locations d'appartements

Voici quelques agences sérieuses (voir aussi nos recommandations dans « Barcelone utile. Hébergement ») :

■ ***Weflating*** *(centre détachable D4,* ***57****) : c/ Comte Borrell, 38, 08015. 620-23-57-69. • info@weflating.com • weflating.com • Ⓜ Sagrada-Família ou Hospital-de-Sant-Pau. Compter 90-220 €/j. pour 4.* Cette agence pro gère des appartements modernes et vraiment bien équipés. Ils sont situés dans tous les quartiers de la ville : à Sants, Sant-Antoni, dans l'Eixample, à Gràcia, près de la Sagrada Família ou encore près du park Güell.

***Eric Vökel :*** *☎ 93-433-46-31 (nº général). • ericvokel@ericvokel.com • ericvokel.com • Réception dans chaque résidence tlj 9h-18h ; après, un automate délivre les clés. Compter 99-190 €/j. pour 2, et 150-275 €/j. pour 4.* Location de studios et d'appartements de belle facture. La décoration est épurée : le blanc et le bois clair dominent de toutes parts. Toutefois, chaque appartement a sa touche personnalisée, généralement des photos en noir et blanc. Le niveau de prestation est très bon et l'accueil disponible. Bon rapport qualité-prix. 3 résidences en ville : *Gran Via de les Corts Catalanes, 454, ☎ 93-292-49-30 (centre détachable C-D3,* ***61****), Ⓜ Rocafort ; c/ d'En Grassot, 4 (centre détachable H2,* ***62****), Ⓜ Sagrada-Família ; c/ Indústria, 165 (plan d'ensemble,* ***71****), Ⓜ Sant-Pau-Dos-de-Maig.*

***Inside Barcelona*** *(zoom détachable G5,* ***58****) : c/ Esparteria, 1, 08003. ☎ 93-268-28-68. • info@insidebarcelona.com • insidebarcelona.com • Ⓜ Jaume-I. Ne pas confondre avec la c/ de l'Espaseria, juste à côté. Compter 69-132 €/j. pour 2 et jusqu'à 119-190 €/j. pour 4. Min 3 nuits.* Une quarantaine d'appartements tout confort et très bien entretenus, situés essentiellement dans El Born, où se trouve l'agence, et quelques-uns près de Sants. De standing variable, comme souvent à Barcelone, mais c'est toujours moderne et joliment décoré. Rendez-vous d'accueil directement dans les appartements.

***Apartaments Unió*** *(zoom détachable E5,* ***60****) : c/ Unió, 18-20, 08001. ☎ 93-317-34-63. • info@apartmentsunio.com • apartmentsunio.com • Ⓜ Liceu. Loc à la sem seulement : 980-1 500 €/sem pour 2 pers et 1 250-1 850 €/sem pour 4. Réduc de 10 % pour tte résa en direct sur présentation de ce guide.* Du studio à l'appartement de 2 chambres avec terrasse, ces logements sont répartis dans 2 immeubles très bien situés juste derrière le théâtre Liceu. Ascenseur au nº 20, mais pas pour ceux situés au nº 18. Jolis efforts de déco et bon confort : cuisine équipée, AC et chauffage, TV, et certains apparts ont même un lave-linge. L'ensemble est impeccablement tenu, et il y fait bon vivre. Accueil disponible.

***Cocoon Barcelona*** *(zoom détachable F5,* ***56****) : passatge Madoz, 6, 08002. ☎ 93-500-50-58. • info@cocoonbarcelona.com • cocoonbarcelona.com • Ⓜ Liceu. Bureau lun-ven 10h-19h ; fermé w-e. Résas sur Internet. Appart 2 pers 80-120 €, 4-6 pers 100-200 €. Min 3 nuits. Réduc de*

*30 € avec le code « ROUTARD2021 » pour les résas en direct sur leur site.* Une société sérieuse dont l'offre est très variée, du simple studio au (très) vaste appartement pour 17 personnes. Ils sont situés un peu partout dans le centre, dans l'Eixample ou proches de la plage, avec terrasse ou piscine pour certains (parking sur demande, le préciser lors de la réservation). Standing pour toutes les bourses, mais le confort est toujours de qualité.

## Hôtels et pensions

### *Dans le Barri Gòtic*
*(zoom détachable)*



Comme le dit le proverbe : « On ne peut pas avoir la fête et forcément le repos de la fête. » Dans ce quartier, les hôtels peuvent être bruyants, voire... très bruyants.

### Bon marché (moins de 65 €)

Attention, quelques adresses, notamment en haute saison, flirtent avec la catégorie « Prix moyens ».

**Pensión Mari-Luz** *(zoom détachable F5,* ***65****)* **:** *c/ Palau, 4, 08002. ☎ 93-317-34-63. • info@pensionmariluz.com • pensionmariluz.com • Ⓜ Jaume-I ou Drassanes. Au 4e étage (très haut perché !). Derrière l'hôtel de ville. Doubles 35-85 € sans sdb, 49-110 € avec sdb (1 seule), triples et quadruples sans ou avec sdb 55-175 €. Pas de petit déj mais cuisine et frigo à dispo. Réduc de 12 % avec le code « ROUTARD21 » sur leur site.* Une adresse simple et plutôt calme, car les chambres donnent pour la plupart sur la cour de cette demeure traditionnelle du vieux Barcelone. Toutes très petites mais claires et impeccables, avec clim et chauffage. Les salles de bains, communes le plus souvent (seules 1 double et 1 triple en disposent en privé), ont été rénovées au goût du jour avec vasques et douches à l'italienne. Les quadruples disposent uniquement de lits simples. Vous pourrez laisser vos objets de valeur en sécurité dans des armoires, fermant à clé, dans chaque chambre. Ambiance familiale, excellent accueil. Loue aussi des appartements de 2 à 6 personnes dans la carrer Unió (voir plus haut *Apartaments Unió*).

**Hostal & Albergue Fernando** *(zoom détachable F5,* ***67****)* **:** *c/ Ferrán, 31, 08002. ☎ 93-301-79-93. • reservas@hfernando.com • hfernando.com • Ⓜ Liceu. ♿ Selon confort (sdb ou non), 15-30 €/pers en dortoir 4-6 lits, doubles avec sdb 60-95 € (jusqu'à 150 € pour les plus grandes en haute saison) ; petit déj inclus. Consigne.* Face à l'église Sant Jaume, une bonne adresse qui mixe l'hôtel traditionnel et l'auberge de jeunesse. Les chambres offrent un bon rapport qualité-prix. Sachez néanmoins qu'elles donnent sur l'une des rues les plus animées de la vieille ville. De plus, l'*hostal* accueille beaucoup de jeunes et de scolaires qui ne viennent à Barcelone ni pour réviser ni pour dormir ! Pensez donc aux boules Quies si vous avez le sommeil léger (même si l'ensemble s'avère plutôt bien insonorisé). Cuisine à disposition. Excellent accueil, une des bonnes alternatives du quartier.

**Pensió Alamar** *(zoom détachable F5,* ***66****)* **:** *c/ Comtessa de Sobradiel, 1, 08002. ☎ 93-302-50-12. • info@pensioalamar.com • pensioalamar.com • Ⓜ Jaume-I ou Drassanes. Doubles avec sdb communes 40-65 € (25-40 € pour 1 pers). Pas de petit déj.* Dans une vieille maison, au 1er étage avec ascenseur. Chambres modestes et toutes petites (tout comme les salles de bains communes), mais impeccables et coquettes à leur façon ; certaines ont un ventilateur, d'autres un minuscule balcon, toutes un lavabo. Attention toutefois à celles sur rue, plus bruyantes. Cuisine bien équipée, TV. Accueil gentil tout plein.

**Pensión Aris** *(centre détachable F4,* ***69****)* **:** *c/ Fontanella, 14, 08010. ☎ 93-318-10-17. Ⓜ Catalunya ou*

*Urquinaona. Au 3e étage (ascenseur, interphone 3° 1a). Très bien placé, à 2 pas de la pl. de Catalunya. Doubles 55-65 € (avec lavabo ou sdb) ; triples 70-80 € (lit supplémentaire 15 €). Pas de petit déj.* Petite pension simple et propre, aux chambres basiques mais climatisées, presque gaies avec leurs murs aux couleurs aussi pétaradantes que les couvre-lits. Les amateurs de calme en demanderont une donnant sur le patio. Mais pour la vue demander la no 6 avec son balcon sur la plaza de Catalunya. Il faudra régler cash-pistache en arrivant : c'est dit poliment, et cela n'enlève rien à l'accueil sans façons, plutôt sympathique.

## Prix moyens (60-95 €)

**Pensión Canadiense** *(zoom détachable F5, **75**) : baixada Sant Miquel, 1, 08002. ☎ 93-301-74-61. 685-19-61-68. • pension.canadiense.bcn@gmail.com • pensioncanadiense.es • Ⓜ Jaume-I. Doubles avec sdb 68-73 €, triples aussi.* Au-dessus du *Gran Café*, en plein quartier Gòtic, une bonne pension dans un vieil immeuble patiné par le temps. Chambres impeccablement tenues, avec clim et chauffage en hiver. Dotées d'un balcon, elles donnent sur la carrer d'Avinyó, l'une des plus animées le soir. Une triple donne sur la cour : certes la vue est bouchée, mais c'est beaucoup plus tranquille. Une bonne adresse. Accueil jovial, et la patronne parle le français.

**Hotel Cantón** *(zoom détachable F5-6, **74**) : c/ Nou de Sant Francesc, 40, 08002. ☎ 93-317-30-19. • info@hotelcanton-bcn.com • hotelcanton-bcn.com • Ⓜ Drassanes. ♿ Doubles 50-72 € (jusqu'à 90 € certains w-e) ; petit déj-buffet 6 €. Parking 20 €.* Au cœur de la vieille ville mais plutôt au calme, ce discret 1-étoile propose des chambres modernes et nickel, disposant toutes d'une salle de bains (avec baignoire parfois) et d'un équipement parfait pour le prix : clim, coffre-fort, TV et même un minifrigo ! L'adresse ne déborde pas de charme (couvre-lits colorés quand même) mais offre un très bon rapport qualité-prix. Accueil aimable.

## Chic (95-130 €)

**Hotel Denit** *(zoom détachable F4, **79**) : c/ Estruc, 24-26, 08002. ☎ 93-545-40-00. • reservations@majestichotelgroup.com • majestichotelgroup.com • Ⓜ Plaça-Catalunya. Doubles 109-149 €. Petit déj de base inclus (supplément à la carte).* Dans une ruelle étroite et rarement ensoleillée et dans un immeuble des années 1940. Si cet hôtel entièrement rénové ne bénéficie d'aucune vue (en particulier côté cour), il est vraiment central et d'un très bon confort. Les chambres sont de taille variable, toutes bien agencées et décorées dans des tons blanc, gris et violet, assez sombres cependant. Les petites « économiques » sont riquiqui mais d'un bon rapport qualité-prix.

**Hotel California** *(zoom détachable F5, **80**) : c/ Rauric, 14, 08002. ☎ 93-317-77-66. • info@hotelcaliforniabcn.com • hotelcaliforniabcn.com • Ⓜ Liceu. Doubles 75-150 €, petit déj-buffet inclus. Parking sécurisé à 2 pas, à prix très correct.* Un bel hôtel bien rénové. Les couleurs, douces et chaudes (dans les tons prune et violet), très contemporaines, ainsi que le soin porté au confort, en font une bonne adresse. On ne peut plus central, les chambres, de tailles vraiment variables, donnent sur une ruelle étroite, sombre mais plus calme que d'autres dans le coin ; ou sur le patio, encore plus calme, mais un peu plus petites. Seul bémol : les salles de bains à la déco un peu vieillotte (mais bien propres !). Excellent accueil.

**Hotel El Jardí** *(zoom détachable F5, **81**) : pl. Sant Josep Oriol, 1, 08002. ☎ 93-301-59-00. • reservations@eljardi.com • eljardi.com • Ⓜ Liceu. Doubles avec sdb 55-225 € ; petit déj 6 €.* Très belle façade ancienne pour cet hôtel posé sur une place ravissante, qui se métamorphose en un théâtre enchanteur le soir. Les chambres les moins chères, bien que confortables, peuvent manquer de charme (quelques-unes sont même carrément borgnes...). Les plus chères – certaines avec de grands balcons – profitent de la jolie placette (et donc de l'animation qui va avec... prévoir les boules Quies). L'ensemble est fonctionnel, propre et bien équipé (TV satellite, clim...). Au rez-de-chaussée, petit bar très sympa. Accueil disponible.

## De chic à plus chic (min 100 €)

**El Call Hotel** *(zoom détachable F5, **78**) : c/ Arc de Sant Ramon del Call, 4, 08002. ☎ 93-302-11-23. • hello@hotelelcall.com • hotelelcall.com • Ⓜ Jaume-I. Doubles 100-170 €. Pas de petit déj.* On remarque à peine l'entrée, tant l'édifice se fond parmi les vénérables façades du *call.* Plutôt étroit, et tout en hauteur (ascenseur !), à l'image du quartier, donc. On peut reprocher à la grosse trentaine de chambres leurs tailles inégales et leurs fenêtres parfois presque symboliques (les individuelles sont d'ailleurs aveugles)... mais difficile de pousser les murs des bâtiments voisins. Elles offrent un bon confort (clim), y compris les salles de bains, et leur classicisme se relève de clins d'œil rétro. Dommage qu'on n'y trouve, à défaut de petit déj, pas même une bouilloire... Service tout à fait attentif et efficace, un vrai plus pour le coup.

**Hotel Barcelona Catedral** *(zoom détachable F4, **109**) : c/ dels Capellans, 4, 08002. ☎ 93-304-22-55. • hotel@barcelonacatedral.com • barcelonacatedral.com • Ⓜ Jaume-I. Doubles 129-360 €. Petit déj 17 €.* Un hôtel moderne à une enjambée de la charmante petite plaça Nova, en plein quartier Gòtic. Extrêmement confortable et reposant, malgré l'animation environnante, il offre des chambres de très bon confort, à la déco récente : matelas épais, belles salles de bains avec douche à l'italienne, TV satellite, clim... Les moins chères sont d'un très bon rapport qualité-prix. Piscine sur le toit, bien agréable en plein été. Restaurant.

## *Dans la Ribera et El Born* (zoom détachable)

## Bon marché (max 70 €)

**Pensión Francia** *(zoom détachable G5, **90**) : c/ de Rera Palau, 4, 08003. ☎ 93-319-03-76. • info@milisa.com • milisa.com • Ⓜ Barceloneta. Doubles sans ou avec sdb privée 50-70 €.* Au cœur du quartier mais pas loin de la plage (ce qui se paie un peu...). Dans un immeuble classique, une petite pension à l'ancienne, très simple mais sympa, même si l'entretien pourrait être un peu meilleur. Chambres avec douches et sanitaires communs. Petite salle à manger ouvrant sur un balcon. Ensemble basique, mais vraiment pas cher. Accueil très gentil.

## De chic à très chic (de 95 à plus de 160 €)

**Yurbban Trafalgar Hotel** *(zoom détachable G4, **63**) : c/ de Trafalgar, 30, 08010. ☎ 93-268-07-27. • trafalgar@yurbban.com • yurbban.com • Ⓜ Urquinaona. Doubles 140-160 €, plus chères avec terrasse. Excellent petit déj-buffet de spécialités catalanes 15 €.* Situation très centrale (juste derrière le palau de la Música), pour ce récent boutique-hôtel design qui joue à fond le style urbain-branché, sans trop forcer sur les prix. On a bien aimé le *lobby-lounge-bar* (tout en bleu fané et mobilier vintage de bois blond) ouvrant sur un patio verdoyant. Mais le must, c'est le *rooftop* du 8e étage avec piscinette, solarium, pergola et vue à 360° ! Les chambres, pas toujours immenses (plus petites avec terrasse) mais bien pensées, ont du parquet jusque dans les salles de bains, une literie tip top et un frigo. Une par étage donne sur la cour intérieure (les nos 104, 204, 304...), moins sympa. Enfin, plein de petits plus : vermouth et douceurs à discrétion, prêt de vélos, machine à laver à dispo... Et l'hôtel a ouvert une annexe juste à côté avec un spa et encore un superbe *rooftop*, le *Yurbban Passage Hotel & Spa (au n° 26 ; ☎ 93-882-89-77 ; • passage@yurbban.com •).*

**Ciutat de Barcelona** *(zoom détachable G5, **64**) : c/ Princesa, 33-35, 08003. ☎ 93-879-62-20. • granollers@ciutathotels.com • ciutathotels.com • Ⓜ Jaume-I ou Arc-de-Triomf.*

*Doubles 90-150 €, petit déj env 12 €.* Cette bonne adresse cumule les avantages. Située en lisière du quartier historique, à 2 pas du musée Picasso, elle propose des chambres sobrement décorées, avec un soupçon de design. L'ensemble est confortable et très agréable à vivre. D'autant que, sur le toit de l'immeuble, on trouve une belle terrasse parquetée de bois, avec une piscine de poche. L'idéal pour se délasser les gambettes après une journée de crapahutage. Bouteilles d'eau fraîche à discrétion. Accueil adorable et toujours prêt à rendre service.

***Chic & Basic Born Hotel*** *(zoom détachable G5, **95**) : c/ Princesa, 50, 08003. ☎ 93-295-46-52. • born@chicandbasic.com • chicandbasic.com • Ⓜ Jaume-I ou Arc-de-Triomf. Doubles 110-200 €.* Sur la porte, l'amusante inscription « *Si, si, es un hotel* » interpelle le promeneur. Il faut dire que l'entrée est discrète. Mais, à l'intérieur, jeux de lumière et architecture design sautent aux yeux dès l'accueil. Dans les chambres à la déco épurée, des spots diffusent des lumières colorées, à intensité réglable. Un peu *too much,* mais c'est un vrai sas de décompression au retour de boîte de nuit. Salle de gym et salon-bar au mobilier haut en couleur (café à dispo). Préférez les chambres avec balcon.

***Musik Boutique Hotel*** *(zoom détachable, G4, **54**) : c/ Sant Pere Més Baix, 62, 08003. ☎ 93-222-55-44. • info@musikboutiquehotel.com • musikboutiquehotel.com • Doubles 95-150 €.* Dans ce coin encore authentique, un hôtel bien confortable et à taille humaine, dont les chambres déclinent des tons violet, taupe et gris. Préférez une chambre aux étages supérieurs pour éviter le bruit de la rue (et aussi de la porte d'entrée !). Les *standard* sont moins lumineuses (leurs fenêtres donnent sur le patio intérieur), et la salle de petit déj en sous-sol est un peu étouffante (sous de belles voûtes de pierre !), mais l'accueil est attentionné. Et, bien sûr, équipement audio dans toutes les chambres, pour la *musik.*

## *Dans la Barceloneta (centre détachable E-H6-7)*

### De chic à très chic (min 120 €)

***Hotel 54 Barceloneta*** *(centre détachable F7, **127**) : passeig Joan de Borbó, 54, 08003. ☎ 93-225-00-54. • recepcion@hotel54barceloneta.es • hotel54barceloneta.es • Ⓜ Barceloneta. Doubles 140-200 €, petit déj 12 €.* Cet hôtel a 2 atouts majeurs : une situation extra (face au port de plaisance, à 2 pas de la plage et à 10 mn à pied de la vieille ville) et une terrasse sur le toit, aménagée avec fausse pelouse et douche extérieure, pour lézarder entre 2 balades. Pour le reste, on apprécie sa taille conviviale, l'accueil efficace et la qualité des chambres contemporaines rénovées (petites mais de bon confort). En revanche, l'insonorisation pèche un peu... Mignon petit café, où est servi le petit déj, au rez-de-chaussée. Excellent accueil.

## *Dans El Raval (zoom et centre détachables D-F4-6)*

### Prix moyens (60-150 €)

***Chic & Basic Lemon Hotel*** *(centre détachable E3-4, **68**) : c/ Pelai, 6, 08001. ☎ 93-342-66-66. • lemon@chicandbasic.com • chicandbasic lemonhotel.com • Ⓜ Universitat. ♿ Doubles 120-150 € (env 55 € en basse saison). Enfants et animaux non acceptés.* À quelques pas de l'animation, une adresse dans le genre moderne et fonctionnelle, décorée dans un esprit jungle (et jaune citron, d'où le nom – bah oui, à Barcelone, il y a du citron dans la jungle), dès les agréables zones communes qui donnent sur une terrasse. Bon confort général, baignoire dans toutes les salles de bains. Les chambres sur rue profitent un peu du bruit du trafic, celles sur l'arrière sont plus tranquilles mais plus sombres : on ne peut pas tout avoir ! Accueil particulièrement disponible.

**Hostal Benidorm** *(zoom détachable E5,* ***100****) : rambla dels Caput-xins, 37, 08002. ☎ 93-302-20-54. • info@hostalbenidorm.com • hostalbenidorm.com • Ⓜ Liceu ou Drassanes. Sur la Rambla, à l'angle de c/ Nou de la Rambla. Doubles 60-115 € ; familiales (3-4 pers). Pas de petit déj. Consignes à bagages.* S'il occupe un petit immeuble sans charme particulier, cet hôtel offre un rapport qualité-prix imbattable, surtout en ce qui concerne ses chambres familiales. La déco est sobre, et les salles de bains sont très correctes. Les chambres les plus calmes donnent sur l'arrière du palau Güell et les cheminées bariolées de Gaudí. Bonne humeur garantie dès le réveil ! Plus bruyantes côté rue.

**Hotel Peninsular** *(zoom détachable E5,* ***102****) : c/ Sant Pau, 34, 08001. ☎ 93-302-31-38. • reservas@hotelpeninsular.net • hotelpeninsular.net • Ⓜ Liceu. Doubles 75-95 €, petit déj inclus ; familiales.* Une adresse originale puisqu'il s'agit d'un ancien couvent, d'où le caractère exigu et monacal des chambres, toutes pourvues d'une salle de bains et de la clim. Cela dit, l'entretien pourrait être meilleur. Mais l'ensemble est pittoresque, avec ses 3 étages de galeries qui encerclent un patio couvert, où flottent des plantes suspendues à des câbles. Revers de la médaille, c'est une véritable caisse de résonance où le moindre bruit fait écho. Cela dit, le silence est demandé à partir de 21h, et cette vieille habitude carmélite ne sera pas pour déplaire aux résidents en quête de tranquillité.

**Hostal La Terrassa** *(zoom détachable E5,* ***103****) : c/ Junta de Comerç, 11, 08001. ☎ 93-302-51-74. • reservations@laterrassa-barcelona.com • laterrassa-barcelona.com • Ⓜ Liceu. Doubles 80-95 €, petit déj inclus.* Il y a bien une terrasse, collective, mais qui ne mérite pas à elle seule le déplacement ! En revanche, pas mal de chambres disposent d'un balcon (les autres ouvrent directement sur le mur du voisin...). Elles ont été rénovées (clim), leurs salles de bains aussi, mais restent très basiques (à des prix, toutefois, raisonnables), et vraiment riquiqui pour certaines. Et on est à 2 pas de la Rambla, dans une rue encore calme (notion très relative à Barcelone !)... Accueil très sympa.

## De chic à très chic (de 95 à plus de 160 €)

**Jazz Hotel** *(centre détachable E3-4,* ***106****) : c/ Pelai, 3, 08001. ☎ 93-552-96-96. • jazz@nnhotels.com • hoteljazz.com • Ⓜ Universitat. Doubles 110-260 €. Parking.* Ce bâtiment contemporain à la ligne stricte cache des chambres très confortables et à la propreté vraiment irréprochable. Elles sont vastes, avec une discrète déco contemporaine et une ambiance feutrée très reposante. Bon petit déj. Cerise sur le gâteau, une terrasse panoramique sur la ville avec une petite piscine pour se rafraîchir. Accueil aux petits soins. Une excellente adresse.

**Hotel Andante** *(centre détachable E5,* ***128****) : avda Drassanes, 23-25, 08001. ☎ 93-441-25-45. • info@andantehotel.com • andantehotel.com • ♿ Doubles 70-300 €, petit déj 14 €. Parking payant sous l'hôtel (20 €/nuit).* Au cœur du Raval, à 2 pas de la Rambla, cet hôtel moderne installé dans un bâtiment d'architecture contemporaine possède, hormis sa situation, plusieurs atouts. Des chambres à l'élégance sobre et actuelle, lumineuses, avec vue et terrasse pour certaines. De belles salles de bains avec douche à l'italienne ou baignoire. Tout le confort souhaité, à des prix accessibles. Une démarche écolo à saluer. Et, en prime, un magnifique couloir de nage sur le toit, avec vue sur toute la ville ! Excellent accueil.

**Hotel Curious** *(zoom détachable E4,* ***101****) : c/ del Carme, 25, 08001. ☎ 93-301-44-84. • hotel@hotelcurious.com • hotelcurious.com • Doubles 90-150 €, petit déj inclus.* À 2 pas de la Rambla et du centre historique, cet hôtel à taille humaine est tout ce qu'il y a de plus accueillant. Déco contemporaine sur le thème des 4 éléments (l'eau, l'air, le feu, la terre). Les chambres économiques sont petites mais toutes sont à la fois sobres, personnalisées et confortables, avec un petit balcon (sauf les individuelles). Photos panoramiques de Barcelone en guise de tête de lit. Petite déception néanmoins concernant le petit déj. Toutefois, la prestation hôtelière reste bonne, et l'accueil vraiment personnalisé, parfois même en français.

**Eco Hostal Grau** *(centre détachable E4,* ***143****) : c/ de les Ramelleres, 27, 08001. ☎ 93-301-81-35. • bookgreen@hostalgrau.com • hostalgrau.com • Ⓜ Universitat ou Plaça-de-Catalunya. ♿ Doubles 80-170 €, petit déj express (gâteau maison et thé ou café) compris.* Juste au-dessus du *Centric* (voir la rubrique « El Raval. Où manger des tapas ? »), dans la même famille depuis le milieu du XIXe s. L'hôtel, lui, est ouvert depuis 1941, mais, pas de panique, il a radicalement été rénové depuis et n'a conservé de son passé que quelques jolis meubles anciens, un dédale de charmants couloirs et de recoins, et 25 chambres à la déco minimaliste plaisante. Et le tout est résolument écolo, de la peinture bio des murs au jardin vertical pour filtrer les eaux usées. Ni TV ni téléphone évidemment, et il y a même une chambre à l'abri des ondes ! Propose aussi des appartements. Accueil des plus chaleureux et ambiance familiale.

**Hotel Ciutat Vella** *(centre détachable E4,* ***104****) : c/ Tallers, 66, 08001. ☎ 93-481-37-99. • info@hotelciutatvella.com • hotelciutatvella.com • Ⓜ Plaça-Catalunya ou Universitat. Doubles avec sdb 80-120 €, petit déj 9 €.* Derrière une entrée plus que discrète se cache cet hôtel confortable à la déco contemporaine qui décline le blanc, le rouge et le noir. Bien équipées, la plupart des chambres donnent sur la rue (un peu bruyante, cela dit) ; certaines, côté cour, disposent d'une belle terrasse privative. Sur le toit, mignon et mini-*rooftop* avec un épais gazon synthétique et un jacuzzi pour buller au soleil.

## Très, très chic et top tendance (plus de 230 €)

**Casa Camper** *(zoom détachable E4,* ***107****) : c/ Elisabets, 11, 08001. ☎ 93-342-62-80. • barcelona@casacamper.com • casacamper.com • Ⓜ Universitat. Double min 250 €, également des suites ; petit déj inclus.* C'est dans ce coin branché du Raval que les héritiers de la famille fondatrice de *Camper,* célèbre marque originaire de Majorque, ont ouvert cet hôtel moderne. Les 25 chambres de la *Casa Camper* sont réparties sur 6 étages. Pour 6 d'entre elles, le petit salon avec balcon est situé côté rue (blanc), tandis que la chambre se trouve au calme, côté cour (rouge). Déco sobre, mais plein de détails tendance écolo. Ni petit déj ni repas servis de manière traditionnelle, mais un espace snack ouvert 24h/24, gratuit et très bien fourni (salades, soupes, sandwichs, fruits frais, boissons fraîches...), à côté de la réception. Grande terrasse panoramique au 6e étage pour déguster votre butin. Accueil souriant.

### *Dans Sant Antoni (centre détachable C-D4)*

**Hostal Cèntric** *(centre détachable E4,* ***116****) : c/ Casanova, 13, 08011. ☎ 93-426-75-73. • info@hostalcentric.com • hostalcentric.com • Ⓜ Universitat. Doubles 55-130 €. Triples et quadruples 80-175 €. Petit déj à la Fàbrica Moritz tte proche. Réduc de 12 % si résa directe sur leur site avec le code « ROUTARD21 ».* Très bien placé sans être bruyant, hôtel à taille humaine aux jolis tons beige et taupe jusque dans les chambres ! Toutes avec petit balcon, elles ne sont certes pas immenses mais modernes et bien équipées, presque cosy, et d'un bon rapport qualité-prix. Finalement, nos préférées sont celles du rez-de-chaussée, un peu plus spacieuses et prolongées d'une miniterrasse privative. Accueil gentil comme tout, et boissons chaudes en libre accès toute la journée.

### *Dans Poble Sec, côté mer (centre détachable D-E6)*

## De prix moyens à chic (60-130 €)

**Hostal Oliveta** *(centre détachable D5,* ***48****) : c/ Poeta Cabanyes, 18,*

BARCELONE

*08004. 661-84-31-29. • hostaloliveta@hotmail.es • hostaloliveta.com • Doubles 60-70 €, triples aussi.* Oui, l'entrée se fait bien, en journée, par le restaurant du même nom ! À l'étage, une poignée de chambres, très simples et pas bien grandes, mais au rapport qualité-prix de plus en plus rare à Barcelone. Toutes avec salle de bains (parfois de l'autre côté du couloir, mais privative), matelas correct, certes sans véritable insonorisation, ni déco ni frigo mais à ce tarif... Accueil tout à fait gentil, qui plus est. Un bon plan !



***Hostal BCN Port*** *(centre détachable E6,* ***129****) : avda Paral-lel, 15, 08004. ☎ 93-324-95-00. • hostal@hostalbcnport.com • hostalbcnport.com • Ⓜ Drassanes. ♿ Au 1er étage. À proximité du Musée maritime. Doubles sans ou avec sdb 60-130 €.* Un *hostal* dans un immeuble moderne et central, dont l'avantage réside dans ses installations très correctes pour le prix. Les chambres ne sont pas très vastes, mais la déco aux couleurs soutenues et l'ameublement les rendent fonctionnelles. Attention, certaines sont aveugles et l'insonorisation n'est pas la qualité première de l'adresse. Accueil dynamique et sympa.

## *Dans l'Eixample*

*(centre détachable C-H1-4)*

La ville « neuve » a également ses attraits (maisons de Gaudí et de ses confrères, bars et restos à la mode...), et des avantages sur la vieille ville : peu de délinquance et bien plus de calme, sauf autour du passeig de Gràcia. Cela dit, les prix sont généralement plus élevés.

### De prix moyens à presque chic (60-110 €)

***Hostal Oliva*** *(centre détachable F3,* ***111****) : passeig de Gràcia, 32, 08007. ☎ 93-488-01-62. • info@hostaloliva.com • hostaloliva.com • Ⓜ Catalunya ou Passeig-de-Gràcia. Au 4e étage. Angle c/ de la Diputació. Résa impérative pdt les vac, en versant des arrhes 15 j. à l'avance. Doubles 85-110 €. Parking 20 €.* Cette pension adorable, nichée dans un immeuble ancien fort bourgeois (très belle cage d'escalier et 2 ascenseurs, dont un julesvernesque), n'a pas pris une ride. Au contraire ! Avec le temps, les gentils propriétaires améliorent leurs grandes chambres : des salles de bains impeccablement tenues, clim, TV et même double vitrage ici ou là. Le mobilier ancien mais sobre, dont de belles pièces modernistes, s'intègre discrètement aux chambres claires, récemment rénovées. Celles donnant sur l'arrière, sans vraiment de vue, sont moins bruyantes.

***Hostal Eixample*** *(centre détachable G4,* ***113****) : c/ d'Ausiàs Marc, 19, 08010. ☎ 93-302-19-89. • info@hostaleixample.com • hostaleixample.com • Ⓜ Urquinaona. Au 1er étage. Doubles 70-85 € avec sdb privée, petit déj inclus. Parking payant à proximité.* Certes, ce n'est pas le grand luxe, mais cette pension sans chichis présente bien des avantages : bien située, de faible capacité (donc conviviale, avec ses 8 chambres à peine), dotée de chambres simples et fonctionnelles, avec balcon pour beaucoup, et toutes rénovées (salles de bains récentes, clim, double vitrage), en conservant par endroits le joli carrelage ancien. Si possible, éviter la n° 8, la plus petite et la plus sombre. Le tout est très bien tenu, et la salle de petit déj est lumineuse. Bon rapport qualité-prix, donc.

***Hostal Girona*** *(centre détachable G4,* ***115****) : c/ Girona, 24, 08010. ☎ 93-265-02-59. • info@hostalgirona.com • hostalgirona.com • Ⓜ Tetuan. Au 1er étage. Double min 83 € en hte saison (supérieure jusqu'à 200 € certains w-e...), avec ou sans sdb et petit déj.* Dans un immeuble 1900, cet immense appartement ancien se distingue par son aménagement très classe, à l'image des tapis, boiseries et autres jolis meubles des parties communes. Les chambres sont nettement plus sobres, néanmoins accueillantes et de bon confort (clim). Quelques bémols : pas de double vitrage, l'insonorisation moyenne et certaines chambres sont un peu petites (les simples ne valent pas le coup). Belle salle commune, dans un esprit cellier contemporain au goût du jour, où est servi le petit déj. Accueil polyglotte gentil comme tout.

## De chic à plus chic (95-160 €)

**Hotel Praktik Bakery** *(centre détachable G2,* ***132****)* **:** *c/ Provença, 279, 08037. ☎ 93-488-00-61. • reservas@hotelpraktikbakery.com • hotelpraktikbakery.com • Ⓜ Diagonal ou Verdager. Boulangerie tlj 8h-21h (14h30 dim). Doubles 94-200 €, petit déj 11 €.* Dans un immeuble traditionnel de l'Eixample, à 2 pas de la Pedrera, voici un hôtel-boulangerie, un concept créé par l'enseigne *Praktik* qui décline plusieurs autres hôtels design à thème dans le quartier (dont le *Praktik Rambla,* lire plus loin). Ici, on a donc intégré une vraie boulangerie à la française (*Baluard*) au milieu du lobby : *miam* les effluves de pain chaud et les délicieux petits déj ! Les chambres, toutes de blanc vêtues (marque de fabrique de la chaîne *Praktik*), sont d'un design industrialo-minimaliste très tendance avec pour seule concession la douche tropicale en mosaïque bleue. Si vous êtes plus branché œnologie que viennoiserie, direction le **Praktik Vinoteca** *(centre détachable F3,* ***121*** *; c/ Balmes, 51, 08007 ; ☎ 93-454-50-28 ; • reservas@hotelpraktikvinoteca.com • hotelpraktikvinoteca.com • Ⓜ Passeig-de-Gràcia),* à quelques *cuadras* de là. Même gamme de prix, même style de chambres, mais déco des parties communes axée sur le vin (dominante de bois brut), verre offert à l'arrivée et dégustations avec un sommelier certains soirs, dans une belle salle qui dévoile une micro-terrasse. Enfin, toujours du même groupe et pas très loin non plus, le ***Praktik Garden*** affiche des prix sensiblement identiques, voire un peu en dessous *(centre détachable G3,* ***131*** *; c/ Disputació, 325, 08009 ; ☎ 93-467-52-79 ; • reservas@hotelpraktikgarden.com • hotelpraktikgarden.com • Ⓜ Girona ; doubles 100-120 € ; pas de petit déj, mais café et thé à disposition tte la matinée).* Ici, le décorateur a voulu recréer une ambiance de jardin tout en conservant les éléments originaux du bâtiment historique de l'Eixample. Chambres pas bien grandes mais tout confort ; les plus chères s'élargissent d'une terrasse donnant sur le jardin de l'hôtel, un îlot de verdure intelligemment aménagé. Et maintenant, faites votre choix !

***Room Mate Emma*** *(centre détachable E2,* ***59****)* **:** *c/ del Rosselló, 205, 08008. ☎ 93-238-56-06. • emma@room-matehotels.com • room-matehotels.com • Ⓜ Diagonal. Doubles standard 120-180 €, petit déj-buffet inclus ou pas ; ajouter 20 € pour les deluxe.* Le concept de cette chaîne espagnole (qui a essaimé un peu partout dans le monde) : des hôtels où l'on est reçu comme chez des amis (Emma, pour l'occasion). Bien sûr, cette Emma n'est pas toujours là, mais l'accueil est impeccable, et les chambres, franchement design dès les *standard* (pas immenses toutefois, et sombres dans les étages inférieurs), sont d'un excellent rapport qualité-prix. Et si vous voulez sortir le grand jeu, 3 chambres au sommet de l'édifice, les *Atics,* avec terrasse privée (beaucoup plus chères, c'est sûr, mais classe !).

***Hotel Granvía*** *(centre détachable F3,* ***118****)* **:** *Gran Vía de les Corts Catalanes, 642, 08007. ☎ 93-318-19-00. • hgranvia@nnhotels.com • hotelgranvia.com • Ⓜ Passeig-de-Gràcia. Doubles standard 120-196 €, deluxe (vue sur la terrasse) plus chères ; familiales.* Très central. Dans un élégant édifice du XIXe s, aux escaliers et colonnes tous de blanc vêtus : le résultat est à la fois chic, frais et lumineux. Confortables salons à fauteuils Chesterfield, et surtout une gigantesque terrasse. Chambres élégantes. Nombreuses attentions à l'égard des clients. Parfait pour se la jouer gentleman, si vous avez le portefeuille qui va avec.

– Ne négligez pas les locations de studios et d'appartements ***Eric Vökel*** dans l'Eixample. Voir plus haut dans la rubrique « Locations d'appartements ».

## De plus chic à très chic (de 130 € à plus de 160 €)

***Hotel Praktik Rambla*** *(centre détachable F3,* ***133****)* **:** *rambla de Catalunya, 27, 08007. ☎ 93-343-66-90.*

*• reservas@hotelpraktikrambla.com • hotelpraktikrambla.com • Ⓜ Passeig-de-Gràcia. Doubles 100-210 €, petit déj inclus en général.* Installé dans l'un des prestigieux hôtels particuliers de la rambla de Catalunya, la *Casa Ciment Arola,* construite au début du XXe s par Francisco de Paula del Villar y Carmona et rénovée par un designer à la mode. L'occasion de dormir dans un palais moderniste, sous de hauts plafonds où serpentent de riches moulures ! Dans ce fleuron de la chaîne *Praktik,* les chambres affichent un style assez épuré, de jolies salles de bains dotées de douches spacieuses et un très bon confort. Les plus petites donnent sur le patio, cour intérieure Art nouveau typique de l'Eixample barcelonais, par de grandes baies vitrées. Salon de lecture très agréable, avec son *bow-window,* par lequel on accède à la très grande terrasse, où fauteuils, canapés et chaises longues vous tendent les bras (et où café et thé restent à disposition toute la journée). Excellent rapport qualité-prix dans sa catégorie.

☗ ***H10 Urquinaona Plaza*** *(centre détachable F4,* ***119****) : pl. Urquinaona, 2, 08010. ☎ 93-238-20-40. • h10.urquinaona.plaza@h10hotels.com • h10hotels.com • Ⓜ Urquinaona. Doubles standard 120-200 €, petit déj-buffet 15 €.* Situation privilégiée, aux confins de l'Eixample, du Barri Gòtic et de la Ribera, pour cet hôtel chic et récent de la chaîne *H10,* à choisir également pour son excellent niveau de confort, les belles hauteurs sous plafond de l'édifice d'origine et son style contemporain élégant. 75 chambres à la blancheur immaculée, égayée de touches vert pomme et d'iris colorisés. Certaines donnent sur l'originale cour intérieure chapeautée d'une verrière, et les plus chères, plus spacieuses aussi, disposent d'une terrasse avec vue sur un bout de jardin. Même l'isolation est haut de gamme. Détail insolite : le lavabo dans la chambre, séparé de la salle de bains (on s'y fait). Au rez-de-chaussée, belle terrasse entourée de murs végétaux pour boire un verre le soir. Mais le vrai plus, c'est le *rooftop* avec transats, lits de repos, *plunge pool* pour se rafraîchir les petons et coin lounge !

☗ ***The 5 Rooms*** *(centre détachable F4,* ***120****) : c/ Pau Claris, 72, 08010. ☎ 93-342-78-80. • info@the5rooms.com • the5rooms.com • Ⓜ Plaça-de-Catalunya. Au 1er étage. Résa impérative. Doubles 100-182 €, avec petit déj-buffet.* Ce *B & B* élégant possédait 5 chambres à l'origine. Il y en a désormais une douzaine sur 2 étages, avec de très belles parties communes. Par conséquent, la maison se définit plus comme un boutique-hôtel de 1er ordre : excellent accueil, confort irréprochable et du charme à revendre. Volumes amples, chambres hautes de plafond, excellente literie et plein de détails de bon goût, jusque dans l'élégante salle de lecture-petit déjeuner-salon – avec boissons chaudes en libre accès. Une bonne adresse pour les couples d'amoureux. Ne pas hésiter à demander conseil sur les itinéraires en ville, l'équipe est une vraie mine d'infos !

## *Dans le Poblenou*
*(plan Poblenou)*

## De prix moyens à chic (60-130 €)

☗ ***Hostal Poblenou*** *(plan Poblenou, A2,* ***70****) : c/ del Taulat, 30, 08005. ☎ 93-221-26-01. • info@hostalpoblenou.com • hostalpoblenou.com • Ⓜ Llacuna. Au 1er étage. Doubles 85-100 €.* Dans un charmant petit immeuble des années 1930. Assez proche d'un *B & B* en fait, avec son accueil sincère et très présent et ses 10 chambres seulement, mignonnettes et confortables (clim, TV), chacune baptisée du nom d'un artiste catalan. Pratique, la familiale avec une salle de bains séparée, mais privée. Petit déj dans une salle coquette où café et thé restent à disposition toute la journée, ou sur l'agréable petite terrasse fleurie. Joliment situé, qui plus est, à 2 pas de la vivante rambla del Poblenou et à 5 mn de la plage de Bogatell. D'ailleurs, en été, on vous prête parasol et serviettes de plage !

### *À Gràcia*
*(centre détachable E-H1-2 et plan d'ensemble)*

#### Prix moyens (60-95 €)

**Blanc Guesthouse, chez Beatriz Planet** (centre détachable E1, **130**) : *c/ Tuset, 27, 08006. ☎ 93-676-18-56. • info@blancguesthouse.com • blancguesthouse.com • Ⓜ Diagonal ou Gràcia. Au 1er étage. Doubles sans sdb 77-90 €, avec sdb 88-110 €, petit déj inclus. Parking 15 €. Sur présentation de ce guide, réduc de 10 % sur les doubles si résa par e-mail en direct.* Une *guesthouse* bien installée dans un quartier paisible, à 2 pas de Gràcia. Dans un ancien appartement, une dizaine de chambres confortables à la déco contemporaine épurée, relevée de quelques touches de couleur, et à la propreté totale. Entre autres atouts, une grande terrasse aménagée avec tables, chaises et canapés à l'ombre de parasols, pour le petit déj ou pour se poser entre 2 visites.

### *Du côté de Sants*
*(centre détachable B2-3)*

#### De chic à plus chic (95-160 €)

**The Urban Suites** (centre détachable B3, **125**) : *c/ Sant Nicolau, 3, 08014. ☎ 93-201-51-64. • info@theurbansuites.com • theurbansuites.com • Ⓜ Tarragona ou Espanya. Doubles 90-160 € ; triples 100-180 € (20 €/pers supplémentaire). Parking offert sur présentation de ce guide.* Ces appartements de standing pour 2 à 6 personnes ont tout pour plaire : une situation intéressante (proche du métro), une déco contemporaine de bon goût (du minimalisme réussi), un confort irréprochable (clim, chaîne hifi, cuisine équipée) et un solarium sur le toit pour lézarder (les familiales du rez-de-chaussée ont leur terrasse privée). Une bonne alternative à l'hôtel. Accueil toutefois un rien blasé.

BARCELONE

## Où camper dans les environs ?

Voici quelques campings, mais rien d'extraordinaire, tous ont des défauts : bruit, accueil expéditif, sanitaires moyennement entretenus... Le *Masnou* reste un moindre mal, mais mieux vaut camper à Sitges (voir « Le littoral barcelonais »).

### *Au nord de Barcelone*

**Camping Masnou :** *ctra nacional II, km 633 (c/ Camil Fabra, 33), 08320* **El Masnou.** *☎ 93-555-15-03. • info@campingmasnoubarcelona.com • campingmasnoubarcelona.com • À 11 km de Barcelone, face à la plage. En voiture, autoroute AP 7, sortie 13 à Granollers, ou autoroute C-32, sortie 86 à Alella. De Barcelone, train Rodalies R1 depuis la pl. de Catalunya, direction Mataró, jusqu'à El Masnou (env 25 mn de trajet, gare à 300 m) ; en bus, C10 depuis la pl. de Catalunya, 30 mn de trajet. Ouv tte l'année. Env 25 € pour 2 pers avec tente et voiture ; quelques doubles sans ou avec sdb 61-72 € ; familiale 93 €. Café offert sur présentation de ce guide.* Bien placé, verdoyant, avec un ombrage moyen. Blocs sanitaires juste corrects : les jours d'affluence, ils sont loin d'avoir le grand prix de la propreté. Les espaces de camping sont un peu en retrait de la nationale. Bar, resto, supérette *(ouv juin-sept)*. Jeux pour enfants, billard et piscine. Très bon accueil en français.

**Camping El Vedado :** *ctra Masnou-Granollers, km 7,2, 08188* **Vallromanes.** *☎ 93-572-90-26. • info@campingelvedado.com • campingelvedado.com • ♿ À 18 km de Barcelone. En voiture, belle route à travers les vignes : de Barcelone, prendre l'AP 7 (sortie 13) ou la C-32 vers le nord (sortie 86), puis 6 km jusqu'au camping (un peu avt Vallromanes). En bus (en haute saison, 2 bus/j.*

*mat et soir), prendre le* Barcelona Bus *(départ ronda Sant Pere, 19, à 100 m de la pl. de Catalunya ; 2,50 € env, 40 mn de trajet) direction Vallromanes ; attention, seuls les billets* T-casual *sont valables, pas les passes 2-5 j. Le bus arrive dans le camping. En train : Masnou (7 km). Ouv mars-début nov. Selon saison, 17-27 € pour 2 pers avec tente et voiture ; bungalows 4-6 pers 80-150 €.* À 7 km de la côte, un camping populaire rudimentaire mais à taille humaine (170 emplacements). Il est situé en pleine nature, au milieu des bois et donc très ombragé. Piscine, terrains de sport et resto. Aspects négatifs : l'été, les sanitaires souffrent clairement de la suroccupation de l'espace, l'accès à l'électricité est très cher et les bungalows et chalets sont exigus et manquent vraiment d'entretien. Accueil francophone sympa.



### *Au sud de Barcelone*

Zone très urbanisée, ne vous attendez donc pas à un calme bucolique et champêtre !

– Il y a aussi 2 campings ombragés et bien équipés à ***Sitges,*** à 10 km au sud de Castelldefels (voir plus loin « Le littoral barcelonais »).

⛺ ***Camping 3 Estrellas :*** *autovía de Castelldefels, km 13,2 (ou km 186,2 de la C-31), 08850* **Gavà.** ☎ *93-633-06-37.* • *info@camping3estrellas.com* • *camping3estrellas.com* • *À env 12 km du centre-ville. En bord de plage, le long de l'autovía de Castelldefels, en direction de Barcelone. De Barcelone et de la pl. d'Espanya (centre détachable B3), C-31 direction Castelldefels/aeropuerto et prendre la sortie 13 ; ensuite, faire demi-tour en passant sur le pont. Sinon, bus L95 ou L94 : ttes les 30 mn en saison 6h30-22h30 ; 20-30 mn de trajet (vérifier tt de même les horaires sur place). Ouv 15 mars-15 oct. Parcelle standard 26-30 € pour 2 pers avec tente et voiture ; loc 40-174 €.* Au milieu d'une pinède, en bord de plage. L'ensemble est bien entretenu (sanitaires impeccables). C'est un immense camping bien équipé : épicerie, snack-bar, resto, grande piscine, jeux pour enfants... avec la mer juste à côté. Un seul bémol, mais de taille, l'aéroport et ses nuisances sonores : il est tout proche. Au bout de 2 jours vous pourrez, les yeux fermés, faire la différence entre un bi- et un quadriréacteur... Des vacances apprenantes, chouette, non ?

# BARCELONE QUARTIER PAR QUARTIER

## LE BARRI GÒTIC

• Zoom détachable • Plan de l'itinéraire gothique *p. 117*

**Le cœur historique de la ville fut dessiné par les Romains, qui ont fondé les 1res colonies sur le mont Taber (en l'an 12 av. J.-C.). Un quartier à parcourir à pied, à la découverte de la cathédrale, des précieux monuments médiévaux, mais aussi des vestiges romains, moins apparents (si l'on excepte les remparts) puisque souvent complètement intégrés dans les pierres ocre des palais et des demeures seigneuriales. Mais la nuit n'est pas en reste : dans cette *Ciutat Vella,* le plus beau pavé se transforme le soir venu en cour des Miracles, où le badaud émerveillé partage son bout de trottoir avec le fêtard éméché qui finira sa nuit, échoué sur un pas-de-porte.**

## Où manger des tapas ?

### Assis ou debout

**Bar del Pi** *(zoom détachable F5, **96**) : pl. Sant Josep Oriol, 1. ☎ 93-302-21-23. • info@bardelpi.com • Ⓜ Liceu. Face à la cathédrale del Pi. Mar-sam 9h (10h sam)-23h, dim 10h-22h. Tapas et bocadillos 5-17 €.* Ce minuscule bar historique (dans la même famille depuis 1927) avec mezzanine est le rendez-vous des artistes du quartier. Bonnes tapas comme la tortilla ou les *croquetas.* Terrasse où les peintres (généralement le samedi après-midi) déballent leur chevalet pour vendre leurs œuvres. Un classique.

**La Pineda** *(zoom détachable F5, **140**) : c/ del Pi, 16. ☎ 93-302-43-93. • xarcuterialapineda@gmail.com • Ⓜ Liceu. Lun-sam 9h-15h, 18h-22h ; dim et fêtes 11h-15h. Tapas env 5 € ; assiette de charcuterie ou de fromages min 12 €.* Petite charcuterie-épicerie dans son jus. À l'intérieur, au milieu des charcutailles, entourées de vitrines remplies de bonnes bouteilles, quelques tables accueillent les habitués, venus jouer aux dominos tout en savourant un vermouth maison. C'est l'un des rares endroits où l'on peut déguster la *butifarra d'ou,* un « saucisson d'œuf » typiquement catalan. Remarquez la machine à couper le jambon mécanique et la vénérable caisse enregistreuse qui fait les additions depuis 1930. Une adresse authentique. Mais attention, les prix de la charcuterie sont au kilo, donc n'hésitez pas à fixer un budget, sinon l'addition peut vite monter !

**Bodega La Palma** *(zoom détachable F5, **190**) : c/ la Palma de Sant Just, 7. ☎ 93-315-06-56. • bodega@bodegalapalma.com • Ⓜ Jaume-I. Lun-sam 12h-16h30, 18h30-minuit ; fermé dim. Menu midi en sem 13 €. Tapas 6-18 € ; raciones jusqu'à 20 €.* Une bodega toute simple au détour d'une ruelle sinueuse, surtout fréquentée par les gens du quartier. Ambiance et accueil authentiques. Comme l'addition grimpe vite, on s'y arrête plutôt le midi ou pour débuter la soirée.

**Bodega Vasconia** *(zoom détachable F5, **97**) : c/ d'en Gignás, 13. 📱 677-36-03-75. • reservas@bodegavasconia.com • Ⓜ Jaume-I. Tlj sauf lun 12h-minuit. Tapas 4-10 €.* L'endroit parfait pour une initiation à l'art des tapas. Ce bar de 1905 a été modernisé juste ce qu'il faut, conservant carreaux aux murs, poutres et comptoir en marbre. La carte, bilingue anglaise, propose les grands classiques, servis dans des proportions plus proches du plat que de la tapa ! Un bon rapport qualité-quantité-prix.

### Au comptoir

**Irati** *(zoom détachable F5, **145**) : c/ Cardenal Casañas, 17. ☎ 93-302-30-84. • reservas@sagardi.com • Ⓜ Liceu. ♿ À 2 pas de la Rambla, direction pl. del Pi. Tlj : resto 13h-16h (17h w-e), 20h-23h ; bar 11h-0h30. Pintxo à prix unique 2,20 € ; plats un peu chérots 20-40 €.* Une taverne basque fréquentée en soirée par une clientèle hétéroclite. Toutes ces rondelles de pain recouvertes de boudin grillé, anchois, fromage, thon à la tomate... sont savoureuses. Bonne ambiance. Resto au fond, plus cher.

**Sensi Tapas** *(zoom détachable F5-6, **148**) : c/ Ample, 26. ☎ 93-295-65-88. • tapas@sensi.es • Tlj 18h30-minuit. Tapas 4-15 €.* Bonne ambiance le soir dans ce petit resto de tapas, qui propose également de la paella et d'excellents raviolis frais. Pour les tapas, le chef navigue entre le classique et le créatif, via des incursions orientales. On peut se laisser guider par ses suggestions, si l'on est indécis ! 3 autres adresses *(tlj, 18h30-minuit)* à 2 pas, **Sensi Mezzanine,** dans le même esprit *(☎ 93-541-44-59 ; • mezzanine@sensi.es •, c/ Ample, 24),* **Sensi Bistro** *(☎ 93-179-95-45 ; • bistro@sensi.es •, c/ Regomir, 4),* très bien aussi, et **Sensi Gourmet** *(☎ 93-295-57-52 ; • gourmet@sensi.es •, c/ de Milans, 4),* qui ne tient pas toujours toutes les promesses de son enseigne... Attention, tous sont vite complets, réserver ou venir tôt.

## Où manger au resto ?

### Très bon marché (moins de 10 €)

***Conesa Entrepans*** *(zoom détachable F5,* ***219****) : c/ de la Llibreteria, 1. ☎ 93-310-13-94. ♿ Lun-sam 9h-21h15. Sandwichs 3-6 €, formules 7-8 €.* Ce local ouvert depuis 1951, mais largement modernisé depuis, se situe juste derrière un feu de circulation ! Son décor est celui d'une cafétéria lorgnant sur le fast-food mais il propose, selon beaucoup de Barcelonais, certains des meilleurs sandwichs (*entrepans* en catalan) de la ville. Quelques plats plus locaux du genre tortilla ou croquettes de poisson, et même du sans gluten. À emporter ou sur place.

Voir aussi, plus loin, pour ses excellents sandwichs, le ***Cafè de l'Academia.***

### Bon marché (10-16 €)

***Cervantes*** *(zoom détachable F5,* ***205****) : c/ Cervantes, 7. ☎ 93-317-33-84. • kokscris@gmail.com • Lun-ven 7h30-17h30. Congés : août. Menu déj 13,50 € (boisson comprise).* Cette *licoreria* de 1939 est aujourd'hui une bonne cantine de quartier. Une grande salle à l'ancienne avec son lot d'habitués, tenue par 3 sœurs qui concoctent avec amour un agréable *menu del día*, simple mais authentique. Spécialités de *truitas* (tortillas), mais le menu du midi est d'un excellent rapport qualité-prix. Mention spéciale à la soupe de fèves et au flan maison.

***La Cassola*** *(zoom détachable F5,* ***225****) : c/ de Sant Sever, 3. ☎ 93-318-15-80. • rosadelgotico@hotmail.com • Lun-ven 13h-16h ; fermé le w-e. Congés : Semaine sainte et en août. Menu midi en sem env 12 €, plats 12-15 €.* Le vrai resto familial avec une salle rustique comme on n'en fait plus et une clientèle d'habitués. Cuisine locale honnête (et maison, jusqu'aux desserts !) dès le généreux menu du jour. Et on y parle un peu le français.

### Prix moyens (16-25 €)

***Vinateria del Call*** *(zoom détachable F5,* ***194****) : c/ Salomó ben Adret, 9. ☎ 93-302-60-92. • lavinateria@lavinateriadelcall.com • Ⓜ Liceu ou Jaume-I. ♿ Tt près de la pl. Sant Jaume. Lun-ven 19h30-minuit. Fermé 24-25 et 31 déc ainsi que 23 juin. Tapas 6-10 €, repas 20 €.* La Catalogne traditionnelle et joviale se retrouve dans ce resto que l'on pourrait qualifier de « tou-rustique ». Dès l'entrée, on est immédiatement saisi par une vapeur très tannique, et après quelques verres, on en ressort d'une humeur très tonique. Grand choix de vins et bonne cuisine locale, charcuterie, fromages et autres plats. Ici, on ne sert pas de tapas mais des *raciones,* froides pour la plupart. L'addition dépendra de votre appétit et de votre gourmandise (bons desserts maison !). Service affable.

***Cafè de l'Academia*** *(zoom détachable F5,* ***196****) : c/ Lledó, 1. ☎ 93-319-82-53. • cafedelaacademia@hotmail.com • Ⓜ Jaume-I ou Liceu. Près de la mairie, sur la jolie pl. de l'église Saint-Just. ♿ Lun-ven sauf j. fériés 9h-minuit ; fermé w-e ; repas servis 13h-15h30, 20h-23h30. Congés : 3 sem en août. Résa nécessaire le soir. Menus déj env 16 € à table, env 12 € au bar ; repas complet 30-35 €.* Un cadre rustique avec miniterrasse très agréable en été. À 10h, les gourmands qui travaillent à la mairie et à la Generalitat voisines apprécient les excellents sandwichs ou les omelettes aux épinards. Le midi, menus simples mais goûteux. Bien aussi le soir pour un repas plus intime à la lueur des bougies, autour de plats plus élaborés et plus chers aussi.

***Mirilla*** *(zoom détachable F5,* ***206****) : c/ del Regomir, 16. ☎ 93-176-57-47. • barmirilla@gmail.com • Ⓜ Jaume-I. Tlj sauf lun 11h-21h. Fermé Noël et janv. Raciones et assiette de charcuterie ou de fromages 8-15 €, carte 25-35 €. Mirilla* veut dire « judas », comme celui qui perce (symboliquement, elle est vitrée !) la porte de cet adorable resto de poche, à l'ambiance tamisée. Salle en longueur devant le bar, plus quelques tables en mezzanine. Tenu par 2 femmes, l'une galicienne, au piano, l'autre française, en salle. Cuisine de bon aloi (salades particulièrement copieuses) et vins judicieusement choisis. Bien pour un dîner en tête à tête.

|●| ***Venus Delicatessen*** *(zoom détachable F5,* ***201****) : c/ d'Avinyó, 25. ☎ 93-676-03-15. • mercevenus@gmail.com • Ⓜ Jaume-I ou Drassanes. Tlj 8h30-1h. Menu midi sem env 10,50 €. Tapas 2-5 €, plats 10-15 €. Digestif offert sur présentation de ce guide.* Une petite halte pendant la visite de la vieille ville, dans ce café à tendance végétarienne. Tapas, *poke bowls,* salades, chili con carne, etc. On y expose le travail de jeunes artistes. Voir la rubrique « Où prendre le petit déjeuner ? » plus bas.

|●| ***Agut*** *(zoom détachable F5,* ***198****) : c/ d'En Gignàs, 16. ☎ 93-315-17-09. • restaurantagut@hotmail.com • Ⓜ Jaume-I ou Barceloneta. Une ruelle entre c/ Avinyó et vía Laietana. Tlj sauf dim soir-lun 13h15-16h, 20h-23h. Congés : 1 sem fin janv et 3 sem en août. Menus midi 12 € au bar et env 15 € au resto ; repas 30-45 €.* Depuis 1924, un resto fréquenté tant par les touristes que par les Barcelonais qui s'attablent souvent en famille. Vieille maison, très soignée à la fois dans le service et dans la déco : grande salle voûtée décorée de tableaux. Authentique cuisine barcelonaise en portion ou demi-portion, souffrant malheureusement d'irrégularité. Il faut avouer malgré tout que les fruits de mer et le poisson sont à un prix étonnant pour l'endroit.

## De chic à très chic (de 25 à plus de 40 €)

Dans cette catégorie, des restos presque abordables le midi et nettement plus onéreux le soir.

|●| 🍸 ***La Plassohla*** *(zoom détachable F4,* ***203****) : vía Laietana, 49 (entrée côté c/ Comtal). ☎ 93-321-01-89. • info@laplassohla.com • Ⓜ Urquinaona. Tlj 12h-minuit. Apéro vermut en terrasse 18 €. Menu déj sem env 19,50 € ; plats 12-25 €. Couvert 2 €.* Au rez-de-chaussée de l'*Hotel Ohla,* un grand espace moderne entouré de baies vitrées accueille un vrai « gastrobar ». Dès l'arrivée, les cuisines ouvertes laissent imaginer la qualité et la créativité des mets et autres tapas... Et le menu du midi à prix raisonnable est une formidable occasion de découvrir la cuisine d'un étoilé ! *Gaudir del seu menjar* (bon appétit, en français dans le texte) !

|●| ***El Salón*** *(zoom détachable F5,* ***202****) : c/ Hostal d'en Sol, 6. ☎ 93-315-21-59. • restaurantelsalon@gmail.com • Tlj sauf dim 17h-2h. Résa conseillée le soir le w-e. Quelques tapas env 5 € ; menus 25-35 €. Digestif maison offert sur présentation de ce guide.* Atmosphère chaleureuse et charmante pour ce resto servant une excellente cuisine méditerranéenne : à l'intérieur, on se croirait presque dans la salle à manger de copains ! Belle terrasse sur l'adorable petite place dels Traginers, à 2 pas, pour les soirs d'été. Bref, vous l'aurez compris, on aime bien !

|●| ⛱ ***A Restaurant – Hotel Neri*** *(zoom détachable F5,* ***144****) : c/ Sant Sever, 5. ☎ 93-317-74-42. • info@hotelneri.com • Ⓜ Jaume-I. Jeu-dim 20h-minuit. Plats 15-25 €, carte 35-40 €.* Dans un recoin de la plaça Sant Felip Neri, voici sans doute la terrasse la plus intimiste, la plus romantique de Barcelone... avec sa fontaine qui glougloute. Idéal pour un repas en amoureux. Un resto chic, où l'on peut se régaler d'une bonne cuisine dans une atmosphère design et tamisée, mais préférer indiscutablement la terrasse, quand c'est possible. Service un peu guindé, voire pincé. Mais c'est le restaurant de l'*Hotel Neri, Relais & Château* !

|●| ***Los Caracoles*** *(zoom détachable F5,* ***200****) : c/ dels Escudellers, 14. ☎ 93-301-20-41. • loscaracoles@loscaracoles.es • Ⓜ Drassanes ou Liceu. ♿ Parking gratuit 2h au n° 22 sur la Rambla. Une rue perpendiculaire à la Rambla. Tlj 13h-minuit. Résa conseillée. Menus 22 (midi)-50 €, carte 30-70 €. Un verre de cava offert sur présentation de ce guide.* Un des

restos historiques de la ville, dans la même famille depuis 1835. Belle cuisine ouverte : jetez un œil aux grandes rôtissoires où dorent langoureusement chevreaux et cochons de lait (la spécialité maison). Splendide décoration rustico-catalane avec tonnelets peints, jambons au milieu des feuillages, photos des artistes ayant hanté les lieux. Superbe tireuse à bière en laiton sur le bar, en forme d'escargot. Très touristique, avec les inconvénients que cela implique... Désagréable habitude de prendre les touristes... pour des touristes et, par exemple, de les parquer dans les salles du haut et de réserver les plus belles aux habitués et aux Catalans. La cuisine et l'accueil sont à l'avenant, irréguliers, c'est le moins que l'on puisse dire ! Évitez la paella.

## Où prendre le petit déjeuner ? Où manger une pâtisserie ? Où déguster une glace ?

***Granja Dulcinea*** *(zoom détachable F5,* ***310****) : c/ de Petritxol, 2. ☎ 93-302-68-24. • granjadulcinea@gmail.com • Ⓜ Liceu. Tlj 9h-17h. Congés : août.* Dans une jolie rue du Barri Gòtic, une adresse réputée pour son chocolat chaud. C'est l'un des plus anciens salons de thé de la ville (1930). Difficile de faire plus traditionnel. Beaucoup le considèrent comme le meilleur...

***La Xurrería*** *(zoom détachable F5,* ***311****) : c/ Banys Nous, 8. ☎ 93-318-76-91. Tlj 8h-14h, 16h-20h.* Une minuscule échoppe de quartier qui fait de la friture, et rien que de la friture, depuis 1968 ! Les *churros* sont un régal. Le chocolat, en revanche, est un peu trop industriel à notre goût. Accueil très gentil.

***Caelum*** *(zoom détachable F5,* ***312****) : c/ de la Palla, 8. ☎ 93-302-69-93. • conxitamont@yahoo.es • Ⓜ Liceu. Tlj sauf dim 11h-20h30. Fermé pont du 15 août.* Une jolie boutique qui s'avère être aussi un adorable salon de thé. On y vend gâteaux, biscuits et autres douceurs concoctés exclusivement dans une quarantaine de monastères espagnols. Ambiance recueillie devant ces délices que l'on savoure... religieusement. Qui a dit que la gourmandise était un péché ? Les amateurs de vieilles pierres iront faire un tour au sous-sol pour admirer les vestiges des vieux bains juifs de la ville (XIIe s) : comme quoi l'empreinte religieuse, ça dure...

***Mannà Gelats*** *(zoom détachable F5,* ***324****) : c/ Banys Nous, 22. ☎ 93-342-73-12. • itriago@mannagelats.com • Congés : de mi-janv à mi-fév. Tlj 12h-22h. Café offert sur présentation de ce guide.* Un très bon glacier artisanal, aux produits sans conservateurs ni colorants élaborés sur place. Uniquement des fruits de saison (tropicaux l'hiver), qui viennent pour la plupart du tout proche marché de la Boquería. Quant au chocolat, il évoque le goût des chocolats chauds pris au coin du feu l'hiver, mais version glacée. Crémeux (presque trop parfois !) et parfumé à souhait !

***Venus Delicatessen*** *(zoom détachable F5,* ***201****) : c/ d'Avinyó, 25. 660-20-63-16 ou ☎ 936-76-03-15. Ⓜ Jaume-I ou Drassanes. Tlj 8h30-2h. Petits déj continentaux 3-6 €.* Voir ci-dessus « Où manger au resto ? ».

## Où boire un verre ?

Drôle de centre historique ! La Rambla (en particulier à hauteur de la carrer dels Escudellers) devient, à la sortie des bars, le lieu de tous les possibles, « coupe-gorge » pour certains, dépaysement ibérique pour d'autres. Du côté de la plaça Reial, haute en couleur (« Pral » pour les intimes), on trouve aussi bien une vie diurne que nocturne. Le jour, les terrasses des restaurants font le plein de touristes et de Barcelonais venus prendre le soleil. La nuit, jusqu'à 2h30 (voire 3h le week-end), la place draine nombre de noctambules. L'animation est intense. La police est d'ailleurs très présente. Mais, attention, il y a aussi bon nombre de pickpockets à l'affût de l'insouciant, et, dès que les bars ferment, le quartier se vide et devient moins accueillant et un peu moins sûr.

## Plutôt dans la journée

Un peu partout en ville, des devantures plus ou moins discrètes, plus ou moins vitaminées, où l'on peut acheter des jus de fruits ou de légumes fraîchement pressés.

**Bon Mercat** (zoom détachable F5, **351**) : *c/ Baixada de la Llibretería, 1-3. ☎ 93-315-29-08. Ⓜ Jaume-I. Lun-sam 8h-20h. Fermé pdt les fêtes.* Près de la cathédrale et du musée d'Histoire de Barcelone, ce torréfacteur a ouvert une petite boutique doublée d'un espace de dégustation. À toute heure, l'arôme puissant vous guidera. Sélection de bons cafés de Java, Sumatra, Kenya, Jamaïque, que l'on déguste avec un croissant sur les tabourets hauts du comptoir ou à l'une des 3 tables.

**Caj Chai** (zoom détachable F5, **365**) : *c/ Salomó Ben Adret, 12. ☎ 93-301-95-92. • info@cajchai.com • Ⓜ Jaume-I. Mer-ven et dim 15h-20h, sam 11h-13h30, 15h-20h ; fermé lun-mar. Cérémonie du thé sur résa. Sur présentation de ce guide, réduc de 10 % à la boutique.* Pour changer du *chocolate con churros*, voici une belle adresse spécialisée dans le thé ! La carte est aussi ambitieuse que pléthorique, avec des dizaines de variétés présentées en fonction des styles et des provenances. La petite salle cosy, au mobilier hétéroclite et agrémentée de calligraphies, se prête bien à ce genre de dégustation zen. Fait aussi boutique.

**Bar Jardí** (zoom détachable F4, **352**) : *c/ Portaferrissa, 17. ☎ 93-342-99-35. Ⓜ Liceu. Lun-sam 11h-21h ; fermé dim. Salades et bocadillos 3-8 €.* Le repère : le chameau de papier mâché, presque grandeur nature, qui rumine à l'entrée. Après, il suffit de traverser une boutique de fringues rock'n'roll et de grimper quelques marches pour découvrir cette courette intérieure avec arbres touffus et gravier au sol : une oasis de paix et de tranquillité inespérée dans ce quartier parfois épuisant. Une vraie surprise, d'autant que les prix restent très honnêtes !

**Café Babel** (zoom détachable F5, **354**) : *c/ Correu Vell, 14. ☎ 93-315-23-09. • cafebabelbcn@gmail.com • Ⓜ Jaume-I. Tlj (sauf mar déc-mars) 13h-2h. Congés : janv. Tapas 4-8 €, plats 10 €.* Joli café grand comme un mouchoir de poche, appréciable surtout pour sa magnifique terrasse au calme, au pied de l'ancienne muraille romaine et sous les arbres. Tapas et en-cas pour les petits creux. Sympa le soir, quand les remparts s'illuminent.

**L'Alcobita et La Alcoba Azul** (zoom détachable F5, **365**) : *c/ Salomó Ben Adret, 10 et 14. ☎ 93-302-81-41. • info@laalcobaazul.com • Fermé 24 déc. Tlj 12h-1h30 (2h30 ven-sam). Repas 15-20 €.* 2 petites tavernes jumelles, presque côte à côte, à l'esprit rustique. Idéal pour se serrer entre potes autour des petites tables en bois, en sirotant un vermouth, une liqueur ou un cocktail, ou en profitant de la terrasse sur la charmante place. On peut y grignoter des tartines mais rien de génial, mieux vaut se contenter de fromage et de charcuterie.

## Tôt ou tard

**Bar Oviso** (zoom détachable F5, **356**) : *c/ d'Arai, 5. ☎ 93-304-37-26. Ⓜ Jaume-I. Tlj 9h-2h30.* À la fois vintage et branché, ce bar à peine à l'écart du flux touristique draine une clientèle jeune attirée par l'atmosphère relax, la déco (fresques maison, pubs hors d'âge et innombrables tags dans les w-c), et la terrasse géniale sur une place qui a conservé un brin d'authenticité. On y mange également (et plutôt bien) : petite carte de tapas, de burgers et de sandwichs. Excellent accueil.

**Els Quatre Gats** (zoom détachable F4, **358**) : *c/ Montsió, 3 bis. ☎ 93-302-41-40. • 4gats@4gats.com • Ⓜ Catalunya. Ruelle donnant dans l'avda del Portal de l'Ángel. Tlj 10h-1h.* Ce vénérable établissement, fondé en 1897, fut le quartier général des modernistes, où le tout jeune Picasso illustra les menus à l'extrême fin du XIXe s et où il exposa pour la 1re fois en 1900. C'est donc l'un des bars emblématiques de Barcelone. La décoration n'a guère changé depuis : beaux carrelages, boiseries et vitraux multicolores. Et jetez donc un œil à la façade ! Ceux qui aiment l'atmosphère des lieux chargés d'histoire y feront une petite halte devant un café, les autres passeront pour la photo. Éminemment touristique, on s'en doute.

**Cafè de l'Òpera** *(zoom détachable E-F5,* ***361****) : la Rambla, 74. ☎ 93-317-75-85. • info@cafeoperabcn.com • Ⓜ Liceu. Tlj 8h-1h.* Bien que les tapas ne soient pas exceptionnelles, on aime beaucoup ce bistrot pour y boire un verre. Fondé à la fin du XVIIIe s, il a été redécoré dans le style moderniste dans les années 1930. Toujours bondé, en particulier l'été. La terrasse (un peu plus chère) au milieu de la Rambla, face au théâtre, est idéale pour en observer le mouvement incessant. Service aimable.

**El Bosc de les Fades** *(zoom détachable E6,* ***362****) : passatge de la Banca, 7. ☎ 93-317-26-49. • info@museocerabcn.com • Ⓜ Drassanes. Tlj 10h-1h. Réduc de 20 % sur présentation de ce guide.* Le musée de la Cire *(museu de la Cera)* abrite ce café à la déco fantasmagorique. C'est une véritable institution ! Depuis son ouverture, à l'orée des *seventies,* les lutins n'ont pas pris une ride, et l'atmosphère y est toujours magique. Cela peut être une bonne idée d'y passer avec des enfants dans l'après-midi. Ils adoreront venir rendre visite aux fées qui, dit-on, habitent la chambre au lustre tournant, ou celles qui se mirent dans la vasque de la fontaine. Le soir, l'ambiance est plutôt jeune, et on y sert des cocktails et des tapas.

Ne pas manquer non plus l'historique ***Bar del Pi*** *(zoom détachable F5,* ***96****)*, détaillé dans la rubrique « Où manger des tapas ? ».

## Plutôt le soir

**Polaroid** *(zoom détachable F5,* ***366****) : c/ Codols, 29. ☎ 93-186-66-69. • polaroidbar@gmail.com • Ⓜ Drassanes. Tlj (sauf lun-mer en période de Covid) 19h30-1h. Back to the eighties* dans ce bar fraternel avec de vieilles affiches de ciné genre *ghostbuster* sur les murs, des pages de B.D. pour décorer les tables hautes, des vitrines bourrées de jouets vintage et des écrans pour les clips. Jeune, bruyant et très festif. Et il y a bien sûr une collection de Polaroids !

***El Rabipelao*** *(zoom détachable F6,* ***367****) : c/ de la Mercè, 26. 📱 677-80-71-76. • milkorace@yahoo.com • Ⓜ Jaume-I ou Drassanes. Tlj 19h30-2h30 (3h ven-sam).* Microbar latino fier d'avoir survécu depuis 160 ans aux soubresauts de l'histoire espagnole. Aujourd'hui, on y vient plutôt pour ses mojitos et autres cocktails à prix très attractifs pendant les *happy hours (avt minuit, ou 23h ven-sam)* et pour son animation digne des meilleures soirées Erasmus. Un morceau de bravoure de la capitale catalane...

**Margarita Blue** *(zoom détachable F6,* ***364****) : c/ Josep Anselm Clavé, 6. ☎ 93-412-54-89. • margaritabluebcn@gmail.com • Ⓜ Drassanes. Tlj 18h-1h30 (3h ven-sam). Carte env 20 €.* Chupito *maison offert sur présentation de ce guide.* Vaste bar à l'ambiance latino, qui sert aussi une cuisine tex-mex copieuse et correcte. Déco chaleureuse et théâtrale, comptoir qui n'en finit plus, plein de miroirs et de couleurs. Hors période de Covid, des spectacles sur la petite scène au fond du bar, des lectures de poésie au défilé de drag-queens en passant par des shows de magie, pendant qu'un DJ maintient l'ambiance aux platines.

**Bar Mariatchi** *(zoom détachable F5,* ***368****) : c/ Codols, 14. • mariatchibcn@gmail.com • Ⓜ Drassanes. Tlj 12h-2h30 (3h ven-sam).* Très coloré et chaleureux, voici le tout petit bar de Manu Chao et associés, rempli de musiciens et d'artistes de tout poil. L'empreinte du chanteur est très nette ! Ambiance assurée grâce à cette clientèle festive et très cosmopolite, qui parle musique, art et altermondialisme en buvant des verres... Un incontournable pour les amateurs de véritable ambiance de *música del barrio.*

**Ocaña** *(zoom détachable F5,* ***373****) : pl. Reial, 13-15. ☎ 93-676-48-14. • info@ocana.cat • Ⓜ Liceu ou*

*Jaume-I. Tlj 12h-minuit (1h ven-sam). Tapas 3-16 €.* L'adresse tout-en-un, à la fois café, resto, bar et boîte, le tout dans un décor sophistiqué et branché assez détonant, au mobilier années 1960-1970, intégré dans un style antiquo-designo-industriel. Au rez-de-chaussée, débordant largement en terrasse sur la fameuse plaça Reial, un resto de tapas, *Café,* au décor flamboyant mais pas inoubliable côté cuisine puis au sous-sol, un bar feutré à l'esprit speakeasy *(Apotheke),* sorte de vieux laboratoire arabisant, mâtiné de touches indus' où l'on sirote à la lueur des bougies des cocktails originaux (mais chérots) élaborés par des mixologistes. Dernière escale à l'étage du dessous, avec un club dans la cave voûtée.

🍸 ***Glaciar*** *(zoom détachable E5,* ***370****)* **:** *pl. Reial, 3. ☎ 93-302-11-63. • glaciarbcn@gmail.com • Ⓜ Liceu. Tlj 9h-2h30.* Un des bars les plus authentiques de la place, et un des moins chers, en plus. Sympathique déco intérieure : bois, poutres au plafond, photos de musiciens aux murs. Ambiance musicale de bon goût (jazz, reggae, funk...). Large choix de bières. Locaux, étudiants et touristes s'y retrouvent avant d'aller en boîte. Agréable terrasse en partie abritée sous les arcades.

BARCELONE

## Où écouter de la musique live ?

Les ruelles du Barri Gòtic autour de la cathédrale ont une acoustique époustouflante, et il n'est pas rare qu'aux beaux jours des musiciens confirmés viennent y faire un set *(jusqu'à env 23h).* Violoncelliste, guitare classique, *bandonéon...* C'est un peu la loterie, certes, mais parfois d'excellente qualité.

🍸 ♩ ***Harlem Jazz Club*** *(zoom détachable F5,* ***425****)* **:** *c/ Comtessa de Sobradiel, 8. ☎ 93-310-07-55. • zingariaproduccions@yahoo.es • harlemjazzclub.es • Ⓜ Liceu ou Jaume-I. ♿ Fermé 3 sem en sept. Mar-dim 20h-4h (fermé lun, sauf exception : consulter le site). En général, 1er set vers 22h ou 23h, 2e set vers 0h30-1h. Entrée : 8-12 € (conso incluse).* Dans ce tout petit café-concert, l'ambiance est informelle et décontractée, ni sélecte ni élitiste comme c'est parfois le cas dans les clubs de jazz. Programmation de grande qualité à dominante jazz, évidemment, blues, mais aussi musiques du monde (latino-américaine, Balkans, tango, rock acoustique, reggae, etc.).

– Se reporter aussi plus haut à la rubrique « Où boire un verre ? ».

🍸 ♩ 🕺 ***Jamboree*** *(zoom détachable E5,* ***371****)* **:** *pl. Reial, 17. ☎ 93-319-17-89. • info-jamboree@masimas.com • masimas.com • Ⓜ Liceu. Fermé en période de Covid. Concerts à 20h et 22h ; entrée : 10-20 € (sans conso) selon j. et artistes. Entrée boîte : 5-10 €.* Un lieu dont la réputation n'est plus à faire. Les meilleurs jazzmen se produisent en début de soirée sous les 3 petites caves voûtées accolées du *Jamboree,* le *Tarantos* à l'étage programmant des spectacles de flamenco *(à 20h30, 21h30 et 22h30).* Plus tard dans la nuit *(de minuit à 5h),* les 2 clubs se métamorphosent en discothèques. Au choix : plutôt funk, disco et R'n'B au *Jamboree,* pop-rock et *eighties* au *Tarantos.* Excellente programmation, surtout au *Jamboree,* et bonne ambiance cosmopolite.

🍸 ♩ 🕺 ***Sidecar Factory Club*** *(zoom détachable F5,* ***372****)* **:** *pl. Reial, 7. ☎ 93-317-76-66. • info@sidecar.es • sidecarfactoryclub.com • Lun-sam 19h-5h (6h ven-sam) ; fermé dim. Concerts (sauf août) ven-sam à partir de 22h30-23h. Entrée concert : 10-22 € selon programmation (réduc si résa sur Internet). Entrée boîte : 5-10 €, avec conso.* La petite cave en sous-sol, avec scène de poche et bar, accueille des concerts plutôt éclectiques mais avec une nette dominante indie rock. Une fois que les musiciens ont plié bagage, place à un DJ (électro, pop, funk & soul, etc.), et l'endroit se transforme en boîte de nuit. Pour souffler, on peut retourner boire un verre au bar du rez-de-chaussée, plus peinard (sauf s'il y a un DJ !) avec son écran pour les clips et sa terrasse. Néanmoins, l'entrée est souvent chère et le service pas terrible.

## La tournée des boîtes

On vous prévient, les boîtes de la Rambla, c'est un peu l'usine, et les videurs sont de vrais contremaîtres.

***Marula Café*** *(zoom détachable F5, **430**) : c/ dels Escudellers, 49. ☎ 93-318-76-90. • events@marulacafe.com • Ⓜ Drassanes. Tlj 23h-5h. Entrée gratuite jusqu'à 2h, puis 10 € avec 1 conso.* Soul, funk, R'n'B, mais aussi *latin music*, tout ce qui groove bien a sa place dans cette excellente boîte un brin rétro à l'atmosphère très cool. L'espace n'est pas grand, avec une petite piste coincée entre 2 bars, mais on se sent aussitôt à l'aise et prêt pour une nuit de danse ! Bons concerts à l'occasion.

***El Cangrejo*** *(zoom détachable E5, **431**) : c/ de Montserrat, 9. ☎ 93-301-29-78. Ⓜ Drassanes. Ven-sam 23h-3h. Entrée gratuite, mais conso obligatoire.* Voici un endroit de fête canaille pour les fanas d'Almodóvar ! Le kitsch est à son comble avec une déco pas possible et des tubes des années 1980, qui laissent la place (vers 23h30) à des spectacles de travestis chantant en play-back ou faisant un show humoristique. C'est toujours très bon enfant, mais mieux vaut maîtriser l'espagnol.

Également le ***Jamboree*** *(zoom détachable E5, **371**)* et, encore mieux, le ***Sidecar Factory Club*** *(zoom détachable F5, **372**)*, qui se métamorphosent en boîtes de nuit à la fin des concerts. Voir plus haut « Où écouter de la musique live ? ».

## Achats

L'avigunda del Portal de l'Ángel et la carrer Portaferrissa sont les plus commerciales. Bain de foule assuré le samedi. Pour le routard chineur, une ribambelle de petites boutiques ou de vastes cavernes aux trésors se côtoient dans la minuscule carrer de la Palla *(zoom détachable F4)*, qui donne sur la place de la Cathédrale. Bourrées d'antiquités pour les unes, plutôt version brocante pour les autres.

***Casa Colomina*** *(zoom détachable F4, **461**) : c/ Cucurulla, 2. ☎ 93-317-46-81. • casacolominaml@yahoo.es • Ⓜ Liceu. Tlj 10h (13h dim)-20h. Compter env 26 €/kg.* Minuscule (un simple comptoir) boutique ouverte depuis 1908, spécialisée dans la fabrication de *turrón*, probablement le meilleur de la ville. De la famille du nougat, à base de sucre et d'amandes, celui dit *de Jijona (Xixona)* a le grain fin ; celui d'Alicante contient de plus gros morceaux d'amandes. Goûtez aussi le *mazapán* (pâte d'amandes aux parfums divers). Meilleur choix en hiver (le *turrón* s'offre à Noël, comme les chocolats en France). Autre adresse à Gràcia *(c/ Gran de Gràcia, 57)*.

***Formatgeria La Seu*** *(zoom détachable F5, **146**) : c/ Dagueria, 16. • formatgerialaseu@gmail.com • Ⓜ Jaume-I. Mar-sam 10h-14h, 17h-20h ; fermé dim-lun et j. fériés. Dégustation sans résa (3 €, en boutique) ou sur résa dans l'arrière-boutique (11, 15 et 32 €), avec verre(s) de vin.* Ici, madame la fromagère propose à certaines heures, sur de petites palettes, des lichettes de fromage accompagnées de vin ou de vermouth. Également des glaces au fromage ; bon et original !

***Herboristería del Rei*** *(zoom détachable F5, **465**) : c/ Vidre, 1. ☎ 93-318-05-12. • trinitat@herboristeriadelrei.com • Ⓜ Liceu. Était provisoirement fermée pour travaux en 2020. En venant de la Rambla par la c/ Ferrán, c'est la 2e ruelle à droite, qui rejoint la pl. Reial. Mar-sam 15h (11h ven-sam)-20h30, fermé dim-lun.* Un vénérable magasin fondé en 1823, au décor intérieur remarquable : vieilles vitrines remplies de bocaux et de pots anciens, boiseries patinées par le temps, meubles à tiroirs bourrés d'herbes médicinales, de tisanes et d'épices, et buste de Linné (1er grand classificateur universel des plantes) perché au-dessus d'une fontaine où barbotaient jadis des sangsues ! Autrefois fournisseurs de la cour royale, les propriétaires mettent l'accent sur la qualité et la provenance des 220 variétés de plantes séchées qu'ils vendent avec passion et jovialité.

***La Manual Alpargatera*** *(zoom détachable F5,* ***483****) : c/ Avinyó, 7. ☎ 93-301-01-72. Ⓜ Liceu ou Jaume-I. Presque à l'angle de la c/ de Ferrán. Lun-sam 10h-14h, plus mer 17h-20h ; fermé dim. Également une boutique c/ de Montcada, 13 : mar-dim 11h-21h.* Une boutique et fabrique artisanale d'espadrilles pour petits et grands. Les indémodables souliers en corde sont confectionnés sous les yeux des clients, puis rangés sur les étagères qui courent du sol au plafond. Vendeurs à l'ancienne, avec les petits tabourets d'essayage. Qualité et solidité garanties. Si vous souhaitez investir dans une vraie paire d'espadrilles, c'est ici qu'il faut venir.

***Ganiveteria Roca*** *(zoom détachable F5,* ***473****) : pl. del Pi, 3. ☎ 93-302-12-41. • info@ganiveteriaroca.cat • Lun-ven 10h-13h30, 16h30-20h ; sam 10h-14h, 17h-20h.* Depuis 1911, une magnifique coutellerie, dont la vitrine attire systématiquement tous les badauds. Plus de 9 000 références de couteaux, lames, ciseaux, rasoirs... Les amateurs apprécieront. La boutique attire tellement de monde qu'il y a des tickets, comme chez le boucher !

***Bodega Vidrios y Cristales*** *(zoom détachable F6,* ***479****) : Passeig d'Isabel II, 6. ☎ 93-250-45-01. • vidriosycristales@sagardi.com • Ouv tlj 12h30-minuit (1h ven-sam).* Tout au bout du Barri Gòtic, sur le chemin de la Barceloneta, au frais sous les arcades du passeig Isabel II. Dans de charmantes boîtes rétro, conserves de poissons et produits de la mer. Également une intéressante sélection de vins espagnols, cidres et vermouths. Possibilité de consommer sur place, dans un décor de taverne à l'ancienne assez réussi. Bonnes tapas *(env 4 €).*

***Llibreria Selvaggio*** *(zoom détachable F5,* ***468****) : c/ Freneria, 12. ☎ 93-315-15-56. • selvaggiolibros@movistar.es • Ⓜ Jaume-I. Tlj sauf dim 10h-19h30 (fermé jeu 13h30-17h).* Une minuscule boutique qui embaume le vieux papier et le cigare, où l'on peut dénicher des cartes postales anciennes de Barcelone, des plans, des revues, des livres parcheminés... Certains ouvrages sont en français.

***Desigual :*** marque de fringues au style assez marqué et très coloré, pour les 2 sexes. On en croise à peu près partout dans la ville, entre autres : *c/ Portal-de-L'Angel, 15 ; pl. Catalunya, 9 et au Corte Inglés de la pl. Catalunya, 14 ; c/ Argenteria, 65, dans El Born ; sur la Rambla, 136-140 (tt près de la pl. de Catalunya) ; également un* ***outlet*** *(stock des collections anciennes, moins cher) c/ Diputació, 323 (centre détachable G3), etc ; consulter • desigual.com •*

Voir aussi plus haut ***Caelum*** *(zoom détachable F5,* ***312*** *; c/ de la Palla, 8)* dans la rubrique « Où prendre le petit déjeuner ? Où manger une pâtisserie ? ». Tout plein de douceurs, essentiellement sucrées, en provenance de divers monastères et ordres religieux du pays.

***Cerería Subirá*** *(zoom détachable F5,* ***351****) : c/ Baixada de la Llibretería, 7. ☎ 93-315-26-06. • info@cereriasubira.cat • Ⓜ Jaume-I. Tlj sauf dim 10h-20h.* La plus ancienne boutique de la ville fait commerce de bougies depuis 1761 : cierges (la maison fournit toutes – ou presque – les églises de la ville) et bougies aux formes et couleurs les plus variées. Joli décor d'époque avec boiseries et escalier à double révolution flanqué de statues-lampadaires.

***La Veintinueve*** *(zoom détachable F5,* ***469****) : c/ Banys Nous, 14. ☎ 93-763-91-88. • info@laveintinueve.com • Ⓜ Jaume-I ou Liceu. Lun-sam 11h-21h, dim et j. fériés 12h-20h30.* Une boutique que les amatrices de mode rétro vont a-do-rer ! Chaussures bien cambrées et colorées comme il faut (et fabriquées en Espagne, dans la région de Valencia), robettes cintrées aux larges jupes à faire virevolter... En piste, les filles !

## Les marchés

***Marché aux timbres et pièces de monnaie*** (zoom détachable E-F5) **:** *pl. Reial. Tte l'année, dim 10h-14h.*

***Foire aux antiquités*** (zoom détachable F5) **:** *pl. Nova. En face de la cathédrale. Ts les jeu.*

## À voir

Le Barri Gòtic, ce rectangle, bordé au sud-ouest par la célèbre Rambla, présente une remarquable homogénéité architecturale (tout au moins en apparence, comme nous le verrons plus loin). Cela n'avait pourtant rien d'évident ! À la fin du XIXe s, le quartier médiéval s'est dégradé à la suite de la migration des familles aisées pour les nouveaux quartiers de l'Eixample. Sa rénovation est donc très récente, du moins au regard de l'histoire de la cité. Surtout qu'1 an de siège avait déjà détruit les ⅔ de la ville en 1714 pendant la guerre contre l'Espagne. Par la suite (1908-1936), c'est le percement du métro sur la vía Laietana qui continue de saccager le vieux centre. Sans oublier les 2 ans de bombardements qui s'ensuivent pendant la guerre civile ! Le Barri Gòtic reste malgré tout l'un des quartiers médiévaux les mieux préservés du pays. Et s'il est, certes, très touristique, au détour des ruelles et venelles, on surprend toujours des instants magiques, des tranches de vie d'une Espagne encore authentique : un Franciscain tout de noir vêtu, un concierge tassé dans sa guérite, au fond d'un sombre hall d'immeuble, des enfants en uniforme jouant au ballon autour de la fontaine de la plaça de Sant Felip Neri, un antiquaire dans sa boutique caressant affectueusement une Vierge polychrome du XIVe s... Il faudra savoir vous perdre pour capturer vos propres instantanés, fabriquer vos propres souvenirs...

★★★ ***Catedral*** *(zoom détachable F5) : pl. de la Seu. ☎ 93-342-82-62. • catedralbcn.org • Horaires du culte : lun-sam 8h30-12h30, 18h-19h30 (17h-20h vac scol et j. fériés) ; dim 8h30-13h45, 17h-20h. Horaires des visites (billet unique à 9 €, audioguide inclus ; gratuit - de 12 ans) : lun-ven 10h30-14h, 16h-19h ; sam 10h30-17h30 – dernière entrée 30 mn plus tôt. Le billet payant donne accès au chœur, au cloître, au trésor et aux toits. Visite guidée de 1h à 12 €/pers. Pas de visite touristique à Noël, 1er janv et Pâques. Épaules nues interdites, pas de short ni casquette, et portables éteints !*

Bâtie au XIIIe s à l'emplacement d'une église romano-wisigothique, c'est en fait la 3e église (et la 2e cathédrale) construite sur ce site. Des travaux d'excavation ont dévoilé l'existence d'une basilique paléochrétienne. L'invasion arabe ne laissa rien de la construction d'origine, mais la cathédrale connut une nouvelle vie au XIe s, avant d'être élevée au rang de cathédrale-basilique à la fin du XIIIe s. La construction dura plus de 150 ans. Les 2 tours octogonales datent du XIVe s. La façade n'était pas encore réalisée ! C'est pourquoi un riche industriel barcelonais du XIXe s proposa de terminer cette façade d'après les plans et selon le style gothique. La dernière touche fut mise en 1913, avec l'installation de la lanterne et de la flèche. L'intérieur de la cathédrale est un ***exemple parfait du gothique catalan,*** composé de 3 nefs voûtées, sombres et élégantes, une abside et un faux transept. C'est sur les bras des transepts que s'appuient les tours octogonales. Admirez les énormes piliers, les arcs saillants, les arcs-boutants d'une évidente simplicité. Tout, dans cette grandiose réalisation, est d'une pureté conceptuelle rarement égalée.

À l'intérieur, on découvre 17 chapelles secondaires et des joyaux architecturaux tels que les stalles du chœur, la chaire, les fonts baptismaux, la lanterne centrale, véritable puits de lumière, et le Christ de Lépante.

– ***Le chœur :*** placé au centre de l'édifice, c'est l'un des chefs-d'œuvre du lieu. Il fut réalisé à la fin du XIVe s sur demande de l'évêque Ramon d'Escales. La clôture d'accès, en marbre blanc, représente sainte Eulalie défendant la foi chrétienne, ainsi que saint Sévère (début du XVIe s). Mais ce sont surtout les 61 stalles en bois finement ciselé, véritables dentelles gothiques, qui font toute la beauté du chœur. Notez les riches blasons qui les ornent : ce sont ceux des chevaliers de la Toison d'or, réunis ici par l'empereur Charles Quint en présence des rois de France, du Portugal, de Hongrie... C'est le travail du père Sanglada, qui sculpta également la chaire.

– ***La crypte :*** située sous l'autel, elle n'est visible que de derrière la grille. C'est ici que sainte Eulalie, patronne de la ville, repose en paix depuis 1939. Cette crypte, dessinée par Jaime Fabré au début du XIVe s, constitue un réel chef-d'œuvre d'équilibre architectural. Remarquez tout d'abord l'entrée en forme d'arc. En découvrant la voûte presque plate qui coiffe le tombeau de la sainte, on reste ébahi. On a le sentiment que le poids de l'ensemble a comme écrasé la voûte, pourtant soutenue par 12 arcs gracieux. Sur l'énorme clé de voûte centrale sont représentées la Vierge et sainte Eulalie comme en apesanteur. Une merveille. Sous la clé de voûte repose le sarcophage en albâtre de la sainte, qui date également du début du XIVe s.

– ***Les chapelles latérales :*** sur la gauche, à l'entrée de la cathédrale, superbes fonts baptismaux avec une énorme coupe aux arêtes hélicoïdales en marbre de Carrare (XVe s). Ceux-ci voisinent avec 2 chapelles particulièrement dorées, celles de saint Sévère et de saint Marc. Sur la droite, une chapelle (réservée à la prière) renferme le célèbre ***Christ de Lépante.*** La tradition orale du XVIe s indique que ce crucifix figurait à la proue du navire-amiral de la flotte chrétienne qui combattit la flotte musulmane dans le golfe de Lépante au XVIe s. Un peu plus loin, en revenant vers la crypte, les tombeaux du comte de Barcelone et de son épouse, fondateurs de la cathédrale romane en 1058.

– ***Le cloître et le musée :*** à droite du transept, on parvient au cloître par la *puerta de Sant Sever,* de style roman-lombard. Ce cloître dégage un impressionnant sentiment de sérénité, peut-être grâce à l'abondante lumière qui contraste avec l'obscurité de la cathédrale et grâce à son adorable courette plantée de palmiers. Il fut achevé au milieu du XVe s. 2 portes superbes, qu'il vaut d'ailleurs mieux admirer de l'extérieur, sont à signaler : celle de la Pietà (tout de suite à gauche en venant de la cathédrale) et celle de Santa Eulàlia (qui donne sur la carrer del Bisbe), du plus pur style gothique flamboyant. Au centre, ***la cour-jardin plantée de palmiers est peuplée de 13 oies.*** Pourquoi 13 ? En mémoire, dit-on, de santa Eulàlia, qui avait 13 ans lors de son martyre. C'est ici que, chaque année lors de la Fête-Dieu (ou *Corpus Christi,* 60 jours après Pâques), se déroule une manifestation originale, celle dite de « l'œuf qui danse » *(l'Ou com Balla)* : on place au sommet de la fontaine Sant Jordi une coquille d'œuf, entière mais vide, qui reste en équilibre au sommet du jet d'eau...

***Au bout du cloître, une autre chapelle intéressante :*** celle de *Santa Llúcia*, avec le gisant de l'évêque Arnau de Gurb. C'est la seule partie romane de la cathédrale, du XIIIe s, encore conservée (même si elle fut rapportée au XIXe s).

Le *trésor* de la *salle capitulaire* se trouve à côté *(sur demande ; entrée comprise dans le prix d'entrée de la cathédrale).* On peut y admirer une belle série de tableaux, notamment la *Pietà* de Bartolomé Bermejo, datant de la fin du XVe s, ainsi qu'une belle Vierge à l'Enfant. Et puis aussi les beaux retables de saint Bernardin et de l'ange gardien de Jaume Huguet (XVe s).

Pour finir, prenez le temps de monter sur les ***toits*** *(accès en ascenseur par la chapelle* Les Animes del Purgatori, *à gauche de la crypte).* Même si le point de vue n'est pas très élevé, on découvre un aspect unique du clocher et de la flèche au-dessus de la lanterne centrale. Sans oublier le panorama sur la ville avec, entre autres, la Sagrada Família en toile de fond.

## *Itinéraire gothique (ou presque !)*

Le Barri Gòtic se distingue par sa grande homogénéité. Pourtant, au risque d'en décevoir certains, cette homogénéité est relativement factice... Ce Gòtic est à bien des égards un décor d'opérette ! Ce qui n'enlève rien à son charme, au contraire. Le but était à l'époque de rendre la ville idéale, tout en sauvant un maximum d'authentiques bâtiments... Nous vous proposons donc un petit itinéraire dans ce Barri Gòtic qui vous aidera à démêler le faux du vrai... Partons donc de la ***cathédrale,*** authentique joyau gothique... à l'exception de sa façade principale, de la flèche et de la lanterne, érigées au début du XXe s.

Face à la cathédrale, la ***place du parvis*** (officiellement appelée ***plaça Nova***), à l'origine bien plus petite. En 1956, on décida de reconstruire une partie de l'aqueduc romain et de rendre visibles 3 des 78 tours que comptait autrefois la ville. Les bombes avaient éventré Barcelone pendant la guerre civile, et on profita du chantier pour faire des fouilles et des aménagements. Il ne faut jamais oublier que le quartier médiéval est une inextricable imbrication romaine et gothique (si les remparts furent renforcés au IVe s, ils ont gardé le même tracé) et que le quartier fut fortement rénové par les évêques au XVIIIe s. Heureusement, il reste une infinité d'éléments gothiques, certains bien cachés. Jetez donc un œil à la ***porta romana*** (porte romaine) à droite de la cathédrale et de la rampe d'accès de la carrer del Bisbe ; c'est la mieux conservée des 4 portes (il n'en reste plus que 2). On y voit encore le passage (aujourd'hui grillagé) réservé aux piétons. Cette entrée de la ville était placée sous la protection de saint Roch, censé éloigner la peste.

À l'entrée de la *carrer del Bisbe,* vous avez le ***palau episcopal*** (palais épiscopal), qui conserve de la construction primitive romane une spacieuse cour intérieure à arcades, et la ***casa de l'Ardiaca*** (maison de l'Archidiacre). C'est une intéressante construction, plusieurs fois remaniée, qui mélange allègrement les styles gothique et Renaissance (XIe-XVIe s). Très jolie cour intérieure avec une fontaine et un palmier. À l'étage, le bâtiment abrite les archives de la Ville qui proposent régulièrement des expos temporaires *(GRATUIT).* Juste en face, la petite ***capella Santa Llúcia*** (XIIe-XIIIe s), désormais rattachée à la cathédrale. On peut admirer le petit porche roman à 4 voussures décorées de motifs végétaux ; l'intérieur a été détruit pendant les guerres civiles.



Empruntez la carrer del Bisbe et, sur la gauche, dans une niche, repérez ce discret agneau pascal orné du symbole de l'évêque qui annonce les ***cases dels Canonges*** (maisons des Chanoines), un bel édifice Renaissance relié au *palau de la Generalitat* par un pont gothique datant de... 1928. *Plaça Garriga i Bachs*, jetez un œil aux impacts de balles sur les murs : ils datent de la guerre civile espagnole. Tournez dans la ***carrer de Montjuïc del Bisbe,*** jusqu'à la ravissante ***plaça Sant Felip Neri.*** Un vrai décor de cinéma ! Plusieurs réalisateurs y ont d'ailleurs planté leurs caméras : Tom Tykwer pour *Le Parfum* (2006), Woody Allen pour *Vicky Cristina Barcelona* (2008)... Petite fontaine devant la belle église baroque du XVIIIe s (dédiée évidemment à Sant Felip Neri). Les impacts sur la façade sont également de tristes souvenirs, ceux des bombardements des avions de Mussolini en 1938 (42 personnes, dont 20 enfants de l'école située sur la place alors qu'ils jouaient, furent tués)... Le palais jouxtant l'église provient de la vía Laietana et a été reconstruit ici pierre par pierre après la guerre civile. Dans un coin, à côté du resto, l'une des maisons médiévales, rapportée elle aussi, est dédiée à saint Marc, patron des cordonniers, comme en témoigne la chaussure sculptée sur la façade. On est ici aux portes de la *judería,* le ***Call Mayor, c'est-à-dire le quartier juif médiéval*** qui constitue une enclave (voir les détails un peu plus loin).

Retour dans la ***carrer del Bisbe,*** qui cristallise tout le charme et l'authenticité du quartier. Après les *cases dels Canonges*, notez la façade gothique du ***palau de la Generalitat,*** ses belles gargouilles et ses têtes sculptées (dont une représente la Mort). On débouche sur la ***plaça Sant Jaume*** avec, juste en face, l'***ajuntament*** (hôtel de ville). La grande façade date du XIXe s, mais le bâtiment est bien antérieur, comme en témoigne la façade originale en gothique flamboyant (1399) qui se trouve sur la gauche, dans la ***carrer de la Ciutat.*** Empruntez sur votre gauche l'étroite ***carrer de Hèrcules,*** pour atteindre la ***plaça Sant Just,*** flanquée de l'église gothique ***Sants Màrtirs Just i Pastor.*** Sa façade est restée inachevée du fait de la peste noire (mi-XIVe s) et d'un cruel manque d'argent. Si vous pouvez la visiter, ses chapelles baroques sont en revanche parfaitement préservées. Ces 3 derniers monuments sont détaillés un peu plus loin dans la rubrique « Autour de la cathédrale ».

Rejoignez la carrer de la Ciutat ; tournez à gauche puis à droite dans la ***carrer dels Templers*** (rue des Templiers, lesquels possédaient cette partie de la ville), puis à gauche ***carrer d'Ataülf.*** Là, au no 4, il reste un portail roman, seul vestige d'une église qui brûla par 2 fois. Un peu plus loin sur la droite, à hauteur du no 16, on croise la ***carrer del Timó,*** une minuscule ruelle en impasse gardée par une grille.

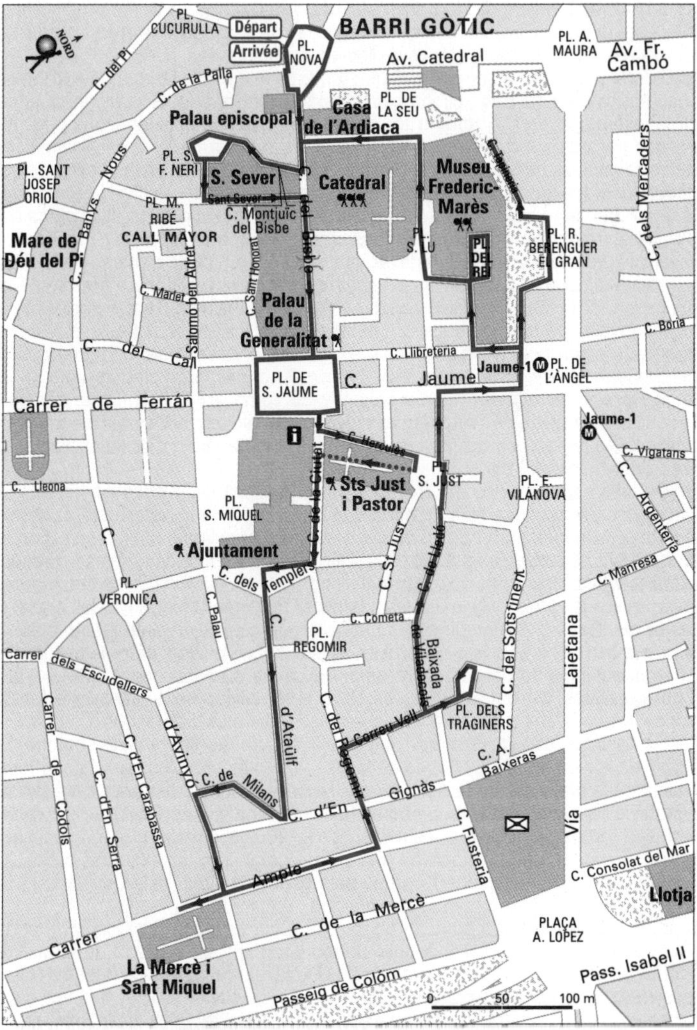


## ITINÉRAIRE GOTHIQUE

C'était, dit-on, un passage secret qui menait au siège de l'ordre du Temple. Tournez encore à droite ***carrer de Milans*** avec cette place ronde à la curieuse configuration. Ici, on fait une petite incursion dans le XVIII<sup>e</sup> s : au fond d'une boutique, on aperçoit un balcon qui permettait au propriétaire de surveiller son magasin de chez lui... Typiquement barcelonais ! Vous verrez beaucoup d'installations de ce genre dans la vieille ville. On tombe ensuite sur la célèbre ***carrer d'Avinyó,*** que l'on descend à main gauche ; au n<sup>o</sup> 52, juste à gauche, un petit porche cache un patio avec un escalier typique des immeubles médiévaux de l'époque (bien que remanié au XVIII<sup>e</sup> s, il a gardé sa structure d'origine).

Au débouché d'Avinyó sur la ***carrer Ample,*** vous tombez à droite au n° 12 sur une petite façade en gothique tardif. Il s'agit de l'***església de la Mercè,*** une église déplacée (sans son cloître) depuis la place de la mairie !
Faire demi-tour dans la carrer Ample (en tournant le dos à la Mercè) pour attraper à gauche la carrer del Regomir, puis à droite la carrer Correu Vell : vous débouchez sur la jolie ***plaça dels Traginers*** (où l'on débarquait autrefois les marchandises arrivées par bateau) surplombée par une ancienne tour de la muraille romaine. Sur votre gauche, remontez par la ***baixada de Viladecols,*** qui devient ***carrer dels Lledó,*** l'une des rues médiévales les mieux préservées (avec la carrer Montcada, dans la Ribera). Au bout, la carrer Jaume I, et, jouxtant la vía Laietana, la ***plaça de l'Ángel,*** autrefois porte romaine. Si vous prenez à droite la carrer del Sots-Tinent-Navarro, parallèle à la vía Laietana, vous longez les remparts romains de la ville. Idem si vous partez à gauche, en suivant la ***carrer de la Tapinería,*** l'ancienne rue des Cordonniers (*tapins* : chaussures). La muraille romaine est encore adossée à l'église royale... le tout imbriqué de restes de palais médiévaux (vous êtes juste derrière la plaça del Rei). Les demeures plus récentes ont été dégagées pour mieux mettre en valeur les murailles. Ce qui est chose faite lorsqu'on atteint la ***plaça Berenguer el Gran*** (statue équestre du comte-roi Ramón Berenguer III). Revenir vers la plaça de l'Ángel pour suivre sur quelques mètres la ***carrer de la Llibretería*** (l'antique ***cardo maximus,*** donc la voie romaine principale), puis très vite à droite la carrer Veguer.

BARCELONE

Arrivée, enfin, sur la ***plaça del Rei,*** une des plus élégantes places intérieures de Barcelone. Un bel ensemble architectural dominé par le mirador del Rei Martí, véritable gratte-ciel du XVIe s, à 5 étages et à arcades, qui offre un très beau panorama. Quant au ***palau Reial Major,*** le palais du roi qui abrite désormais le ***museu Frederic-Marès*** (se visite, voir plus loin), il fut amélioré au XVIe s avec notamment une tour de guet. Mais c'est là que les urbanistes modernes firent leurs plus grandes prouesses. Cette place médiévale, plus vraie que nature, n'est en réalité qu'une reconstitution ! Il ne subsiste que quelques éléments d'origine, comme une partie du *palau del Virrei* (le vice-roi, représentant du roi en son absence), l'église royale et quelques arcs. Les autres demeures, tel le musée d'Histoire de Barcelone, furent rapportées en 1930 pour fermer la place et la rendre plus pittoresque. C'est d'ailleurs à l'occasion de ces travaux que l'on découvrit la ville romaine souterraine (visible dans ledit musée d'Histoire de la Ville ; se visite, voir plus loin). On y trouve également la *chapelle Santa Agueda,* par laquelle il faut passer pour accéder au mirador, la *maison Padellás,* superbe demeure de style gothique catalan, qui abrite le Musée historique, ainsi que les anciennes *arxiu de la Corona d'Aragó* (archives de la Couronne d'Aragon), noble demeure avec fontaine glougloutante et patio. On peut en principe le traverser en journée pour gagner la carrer dels Comtes puis la plaça Sant Lu ; admirez au passage le plafond qui surplombe l'escalier.
Pour revenir vers la cathédrale, la carrer dels Comtes longe le *museu Frederic-Marès* : sa porte d'entrée est encore un ajout, datant cette fois-ci de la guerre civile. Pratiquement en face, à gauche du portail, sur la façade de la cathédrale, vous remarquerez une porte en hauteur qui donne dans le vide : il s'agit d'un ancien passage qui menait au Palais royal. Tout autour, de belles sculptures, quelques gargouilles et des anges musiciens. Quand vous aurez fini de les admirer, vous vous retrouverez à votre point de départ !

## *Les musées de la plaça del Rei*
*(zoom détachable F5)*

🏛🏛 ***Museu d'Història de Barcelona (MUHBA*** *; musée d'Histoire de la Ville et galerie des fouilles ; zoom détachable F5,* ***501) :*** *pl. del Rei, c/ del Veguer, 2. ☎ 93-256-21-00. ● museuhistoria.bcn.cat ● Ⓜ Jaume-I. ♿ Mar-dim 10h-14h, 15h-19h (20h dim). Fermé lun et 1er janv, 1er mai, 24 juin et 25 déc. Entrée : 7 € (audioguide compris ; valable également pour ts les petits sites archéologiques* *indiqués au dos du ticket) ; réduc (entre autres, sur présentation du ticket du park Güell) ; gratuit - de 16 ans, et pour ts le 1er dim du mois et à partir de 15h ts les dim. Inclus dans l'Arqueoticket.* Après une présentation de l'évolution du peuplement du site actuel de Barcelone depuis la préhistoire (avec un nouvel audiovisuel à venir...), prenez l'escalier (ou l'ascenseur) qui descend vers la partie la plus captivante de la visite : les fondations de l'ancienne ville romaine et médiévale. Après un bref coup d'œil à la *torre de la muralla* du IVe s, véritable puits de lumière, vous verrez que l'aménagement de ce lieu a ingénieusement conservé l'esprit du site grâce à des allées qui permettent de déambuler au-dessus des ruines. De quoi prendre la mesure de l'ampleur de la ville d'alors à travers les vestiges du *cardo minor* et des maisons (*domus*) : atrium, péristyle, *cubicula,* murs et dédale des ruelles, autant de vieilles pierres largement puisées à Montjuïc et qui furent réutilisées jusqu'au bas Moyen Âge. Ne manquez pas les jarres (*dolia*), les colonnes de l'ancienne basilique, le chapiteau corinthien ni l'ancien baptistère datant de la fondation de la cathédrale. Plus saisissants encore, les vestiges des boutiques où l'activité semble s'être arrêtée la veille : laveries, teintureries, piscicultures, salaisons, cellier, etc., dont on voit toujours parfaitement les bassins ou l'emplacement des jarres et amphores. Remarquez les thermes romains et l'ensemble de sculptures récupérées de l'ancienne muraille de Barcelone. Quand on vous disait que dans ce quartier tout s'imbrique : les murs romains sont progressivement devenus ceux du palais épiscopal puis du palais des comtes carolingiens au IXe s. À l'étage, une expo thématique consacrée à la Barcelone médiévale.

On remonte ensuite pour visiter les salles du palais comtal et royal avec ses vitrines remplies de poteries, puis la chapelle, où l'on peut admirer le remarquable retable de l'Épiphanie (1464), et enfin les salles gothiques catalanes dont le vaste *salò del Tinell.* Cette impressionnante salle de cérémonie et de banquet du XIVe s, avec ses immenses arcs en plein cintre, présente de belles fresques romanes du XIIIe s illustrant la conquête de Majorque. Également un film en image de synthèse reconstituant les volumes et l'architecture du palais à toutes les époques. Enfin, notez que le musée devrait accueillir prochainement les vestiges d'un bateau du XVe s, retrouvé dans le port, et un espace consacré à la ville du XIXe et du XXe s.

Juste à côté du musée, la librairie *La Central* intéressera les amateurs d'art et d'architecture. Mêmes horaires que le musée. Nombreuses succursales en ville *(● lacentral.com ●).*

**Museu Frederic-Marès** *(zoom détachable F5,* **507***)* **:** *pl. Sant Lu, 5-6. ☎ 93-256-35-00. ● museumares.bcn.cat ● Ⓜ Jaume-I. (partiel). Mar-sam 10h-19h, dim et fêtes 11h-20h. Fermé lun et 1er janv, 1er mai, 24 juin et 25 déc. Entrée : 4,20 € (inclus expos temporaires ; valide pour une 2e visite dans les 6 mois) ; réduc ; gratuit - de 16 ans, et pour ts le 1er dim du mois et ts les dim après 15h. Audioguide : 1 €.* L'ancien *palau Reial Major,* résidence barcelonaise des monarques de la couronne de Catalogne et d'Aragon du Xe au XVe s, abrite l'étonnante et très riche collection de Frederic Marès. Sculpteur de métier, cet artiste a commencé très tôt à réunir toutes sortes d'objets et œuvres d'art provenant de ses voyages. Il en fit don en 1946 à la Ville, qui, reconnaissante, choisit ce superbe bâtiment pour les abriter, et autorisa Marès à y habiter jusqu'à sa mort en 1991. Le musée comprend 2 parties : le musée d'Art religieux et le Musée sentimental.

– ***Le musée d'Art religieux :*** *situé pour moitié au rdc et au 1er étage, dans le patio.* En guise d'introduction, une petite collection antique permet de découvrir des sculptures ibériques, grecques, puniques, romaines et d'Afrique du Nord, ainsi que quelques objets classiques (fibules, lampes à huile). Cependant, les plus belles pièces sont exposées dans les salles suivantes, entièrement consacrées à l'art médiéval. Magnifique collection de Vierges polychromes et de Christs en croix très allongés dans le style catalan, tous datés du XIIe au XVe s. Quelques statues très expressives, notamment plusieurs « couples » représentant *Saint Jean et la Vierge* (salle 7). Après un détour par une salle dédiée à de superbes émaux de

Limoges, place à une vaste collection de Vierges à l'Enfant et de saints. Au niveau d'un immense Christ en majesté d'origine italienne, descente dans la crypte où sont exposées des sculptures sur pierre du IVe au XVIe s : sarcophages, gisants (dont celui de Juan Vargas, entouré de 4 chiens), colonnes, chapiteaux et 2 beaux portails des XIIe-XIIIe s. Rejoignez maintenant le 1er étage, qui abrite des sculptures et des peintures datant du XVe au XIXe s, essentiellement la Vierge et la Sainte Famille. Salle 14, une belle représentation du Christ par la star catalane Jaume Huguet (XVe s). Après une profusion de toiles Renaissance un peu clinquantes, la salle 22 présente de beaux reliefs en albâtre illustrant des scènes bibliques. La visite s'achève par une riche section baroque (salles 25 à 27) pour illustrer les XVIIe-XVIIIe s, avec notamment une *Conversion de Saint-Paul* un peu folle faisant face à 2 sculptures d'adolescents totalement incrédules.

– Aux 2e et 3e étages, on accède au ***Museu sentimental.*** Ce musée original regroupe une impressionnante série d'objets usuels utilisés du XVIIe au XIXe s à travers le monde. Plus de 70 000 pièces ! ***Vraiment intéressant, ne le manquez pas.*** Ce rassemblement d'objets merveilleux de tous pays et en telle quantité est rare. En vrac, comme dans un inventaire à la Prévert, des éventails, des moules à hosties, des jougs ouvragés, d'incroyables pipes sculptées, des centaines de tabatières, des épées, mousquets et autres armes létales, une vaste collection de heurtoirs, des horloges, des cannes, des bénitiers... Et au 3e étage, vous devriez retrouver (après restauration) l'étonnante collection de jouets anciens. Les amateurs d'antiquités seront aux anges ! Quant à l'ancien bureau-bibliothèque de Marès, il renferme ses propres œuvres, somme toute assez académiques car souvent le fruit de commandes publiques. Mais ce musée mérite assurément le détour.

## ***Autour de la cathédrale*** *(zoom détachable F4-5)*

Si vous visitez la cathédrale un samedi vers 18h, un dimanche ou un jour férié vers 11h15, vous assisterez aux ***sardanes,*** qui sont jouées et dansées sur le parvis. Un orchestre vient spécialement, et les habitants laissent tomber leurs paniers de courses et « abandonnent » leur bébé dans le landau pour participer à cette joyeuse fête populaire.

Face à la cathédrale, on découvre plusieurs bâtiments civils intéressants. C'est sur cette place Neuve (la ***plaça Nova***) que se tenait, au XIIIe s, le grand marché aux esclaves...

***Museu Diocesà – Gaudí Exhibition Center*** *(Musée diocésain – Atelier Gaudí ; zoom détachable F5,* ***502****)* **:** *pl. de la Seu, 7. ☎ 93-315-22-13. Ⓜ Jaume-I. ♿ Devant la cathédrale. Tlj 10h-20h (19h mars et oct, 18h nov-fév).* ***Fermé en cas de Covid.*** *Entrée : 15 € (cher !), audioguide inclus ; réduc ; gratuit - de 8 ans.* Le bâtiment mérite un coup d'œil. Il s'agit de la *casa de Pía Almoina,* une ancienne résidence de chanoines du XIe s, détruite 4 siècles plus tard, puis reconstruite. Elle fut bâtie sur les fondations d'une tour octogonale romaine, vestige de remparts du Ier s, dont on voit encore les soubassements. Très belle grille à l'entrée de la boutique, grâce aux lignes voluptueuses du sculpteur contemporain catalan Josep Plandiura.

Le musée diocésain de la ville s'est donné comme ambition d'aider à comprendre l'œuvre de Gaudí, en utilisant une partie de la collection d'art religieux pour évoquer l'influence du catholicisme sur le parcours de l'architecte. Pari pour le moins risqué et pas franchement gagné... Pas complètement inintéressant (le commentaire de l'audioguide est assez complet), mais vu le prix d'entrée et les nombreux autres sites plus intéressants consacrés à Gaudí...

***Palau de la Generalitat*** *(zoom détachable F5)* **:** *☎ 93-402-46-00. • presidencia.gencat.cat • Visite seulement le jour de la Sant Jordi (23 avr), les 11 et 24 sept, et sur résa sur le site internet les 2e et 4e w-e du mois (sauf en août et hors période de Covid). GRATUIT.* Siège de l'assemblée provinciale de la région de Catalogne et de son gouvernement. La Catalogne dispose d'une large autonomie : elle a un président, des conseillers, sa propre police, son budget et sa langue. Le palais présente 2 façades très différentes. Côté carrer Bisbe, de style gothique avec de nombreuses gargouilles ; côté plaça Sant Jaume, de style classique gréco-romain d'une grande sobriété. Le balcon est hautement symbolique aujourd'hui comme hier : la République y a été proclamée en 1873, les joueurs du Barça viennent y saluer la foule à chaque victoire. À l'intérieur, quand c'est possible, admirez le superbe escalier gothique, entièrement sculpté, et sa galerie supérieure ornée d'élégantes et fines arcades. Remarquez également la façade de la *capella Sant Jordi* (chapelle Saint-Georges), d'un très pur gothique flamboyant. Plus haut, on trouve le curieux *patio dels Tarongers* (cour des Orangers), l'un des coins les plus tranquilles de Barcelone. Bel exemple de transition du gothique à la Renaissance. On accède ensuite au *salón del Consistori Major,* aux beaux murs décorés. Plafonds à caissons peints.

Au ***10, carrer del Paradis*** (ruelle donnant sur la plaça Sant Jaume), on trouve le *Centre excursionniste de Catalogne*. Entrez pour dénicher les 4 grosses colonnes romaines, stupéfiants vestiges de ***l'ancien temple d'Auguste*** *(lun 10h-14h, mar-sam 10h-19h, dim 10h-20h ; GRATUIT).* Enfin apparaît la ***plaça Sant Jaume,*** ancien forum romain, encadrée par le palais de la Generalitat et l'hôtel de ville.

***Ajuntament*** *(hôtel de ville ; zoom détachable F5)* **:** *pl. Sant Jaume. ☎ 93-402-70-00. ● barcelona.cat ● Ouv seulement dim 10h-14h ; visite libre ou guidée gratuite en anglais à 10h, en espagnol à 10h30 et 12h, et en catalan à 11h, 11h30 et 12h30. Et journées portes ouvertes les 11 fév, 23 avr et le jour du Corpus Christi (3 juin 2021 et 16 juin 2022) 10h-20h, sans visites guidées. GRATUIT.* Sa vraie façade n'est pas celle plantée sur la place, d'un style néoclassique du XIXe s assez lourd, mais celle donnant sur la carrer de la Ciutat, à gauche : du splendide gothique catalan. À l'intérieur, le *salon des Cent,* grande salle voûtée qui abrita en 1373 le 1er gouvernement de la ville. Superbe plafond à caissons. Noble simplicité de la décoration. *Salón de las Crónicas,* décoré de fresques évoquant les expéditions lointaines menées par les Catalans.

***Basílica dels Sants Màrtirs Just i Pastor*** *(zoom détachable F5)* **:** *c/ Hèrcules. ● basilicasantjust.cat ● Non loin de l'hôtel de ville. Hors Covid, lun-sam 11h-14h (13h en hiver), 17h-21h (20h mar) ; dim 10h-13h (mais messe à 11h30). GRATUIT. Également des visites guidées sur résa (☎ 93-301-74-33 ou ● visitsantjust@gmail.com ●), théoriquement lun-sam à 11h, 12h30 et 16h30, pour 10 €.* Ce serait l'église la plus ancienne de la ville. Elle fut longtemps la paroisse des rois. De récents travaux de restauration ont mis au jour les vestiges d'une ancienne basilique du VIe s et de fonts baptismaux construits à partir de restes de monuments romains. Notez la curieuse façade : la tour de gauche, prévue sur les plans, ne fut jamais édifiée.

**CROIX DE BOIS, CROIX DE FER !**

*Derrière l'autel de la basílica de Sants Màrtirs Just i Pastor, la chapelle Saint-Félix renferme un beau retable du XVIe s. Si une personne avait fait verbalement son testament devant 2 témoins, lesdits témoins n'avaient qu'à prêter serment devant l'autel de cette chapelle pour que ce testament oral soit authentifié et légal ! Une coutume ancestrale unique, qui resta en vigueur jusqu'à la fin du XXe s. Vous connaissez la suite : si tu mens, tu vas en enfer !*

## ***Le Call Mayor*** *(zoom détachable F5)*

À quelques pas de la cathédrale, en suivant les carrer de Sant Sever et de Salomó ben Adret, les ruelles se font plus étroites encore, les bâtisses plus vénérables... vous voilà au cœur de la *judería* (quartier juif) de la Barcelone médiévale, le ***Call***

***Mayor*** (*call* signifie littéralement « petite rue »). L'art médiéval catalan diffère beaucoup de celui du reste de l'Espagne, car il fut peu influencé par l'art islamique (la Catalogne ne compte que 80 ans de présence arabe). Inversement, le rôle de la communauté juive fut beaucoup plus important sur le plan culturel, intellectuel et philosophique, mais aussi économique et financier. Toujours est-il que l'on peut parler de ghetto, car on a trouvé trace de portes en fer qui fermaient le quartier chaque soir. Et les juifs, après avoir connu bien des persécutions (à leur paroxysme en 1391), furent définitivement expulsés en 1492. Chicaneries perpétrées dans le dessein inavoué d'opérations immobilières très juteuses, comme la construction au XIVe s du palais de la Generalitat de Catalunya qui nécessita la destruction de plusieurs immeubles du Call Mayor. Parallèlement (et paradoxalement, oserait-on dire), le sud de la carrer de Ferrán, vers la plaça Reial, vit l'émergence d'un nouveau quartier, le *Call Menor,* qui se développa afin d'accueillir les juifs chassés de France. C'est ainsi que l'on trouve face au no 29 de la carrer de Ferrán une synagogue du XIVe s, surnommée d'ailleurs la Synagogue des Français et englobée depuis dans l'église Sant Jaume.

BARCELONE

Pour en savoir plus, le ***MUHBA El Call*** *(zoom détachable F5,* ***503****)* **:** *placeta de Manuel Ribé, 3. ☎ 93-256-21-22. • ajuntament.barcelona.cat/museuhistoria • Mer 11h-14h, w-e et j. fériés 11h-19h. Fermé lun, mar, jeu et ven, ainsi que 1er janv, 1er mai, 24 juin et 25 déc. Entrée : 2 € ; gratuit - de 16 ans, le 1er dim du mois, avec la* Barcelona Card *et pour ts les dim après 15h.* Installé dans une maison du XIVe s. Panneaux explicatifs sur l'histoire du quartier juif et l'emplacement du Call Mayor à l'intérieur de l'enceinte, puis son extension vers la carrer dels Banys Nous (toujours ainsi nommée en référence aux « bains neufs » des ablutions rituelles), avant la création au XIIIe s, hors les murs, du *Call Menor.* Le centre présente une collection d'objets du XIIIe s trouvés lors de fouilles archéologiques locales. Sinon, carrer de Sant Honorat, boutique sur l'histoire et l'art juif, *Call Barcelona.*

Pour compléter la découverte de ce micro-quartier, voir aussi la minuscule ***synagoga*** *(zoom détachable F5,* ***504****)* : *c/ Marlet, 5. ☎ 93-317-07-90. • sinagogamayor.com • Lun-ven 10h30-18h30 (10h30-14h30, 15h45-18h30 en hiver), dim 10h30-15h. Fermé sam et j. fériés. Donation demandée.* Redécouverte au XXe s – une boutique a longtemps occupé l'endroit –, elle fut probablement en activité jusqu'à l'expulsion des juifs de Catalogne au XVe s (un document atteste de sa rénovation par le roi au XIVe s). Les fouilles archéologiques ont même révélé des vestiges de muraille romaine du IIIe s. Un tout petit lieu, touchant de simplicité.

## **Vers la Rambla** *(zoom détachable F4-5)*

Entre le Barri Gòtic et la Rambla, on s'égare avec plaisir dans un entrelacs de ruelles médiévales. Quelques rues emblématiques permettent de comprendre l'histoire du quartier comme la ***carrer dels Banys Nous*** *(zoom détachable F5)* et son prolongement, la *carrer de la Palla,* dont le tracé épouse celui de l'ancien rempart (on en voit encore un p'tit bout, d'ailleurs) ou la ***carrer de la Boquería*** *(zoom détachable F5),* dont le nom rappelle son ancienne activité bouchère. Au no 5, ***carrer de Petritxol*** *(zoom détachable F4-5)* est installée la *Sala Parès,* l'une des plus anciennes galeries d'art de la ville (1877) et la 1re où exposa Picasso en 1901.

***Plaça del Pi*** *(zoom détachable F5)* **:** l'une des places les plus agréables de Barcelone. Son église gothique, la ***Mare de Déu,*** fut brûlée pendant la guerre entre l'Espagne et la France. Une plaque commémore le drame. L'intérieur est assez décevant. On y donne en revanche de bons concerts d'orgue et de musique classique.

– La ***carrer dels Escudellers*** *(zoom détachable F5)* s'anime surtout le soir venu (hors temps de Covid, bien sûr). Point de rencontre de noctambules solitaires, de groupes de jeunes en goguette, de quelques marginaux et... de patrouilles de police. Peut-être prendrez-vous le temps de vous y balader à la recherche de nouvelles couleurs ou de sons inédits. Le meilleur moment est, selon nous, entre 20h et 22h, lorsque les honnêtes commerçants baissent leur rideau de fer pour laisser la rue aux clients des bars.

**BIG BROTHER !**

*Il existe dans cette partie de la vieille ville, bordant la carrer dels Escudellers, une plaça George Orwell, en hommage à son livre sur la guerre civile,* Hommage à la Catalogne. *Mais l'auteur de* 1984 *(roman sur un régime totalitaire) serait pour le moins décontenancé de voir que la place qui porte son nom détient le record de caméras de vidéosurveillance en ville ! Ironique...*

**Plaça Reial** *(zoom détachable F5)* **:** un épicentre animé du quartier. Située au milieu d'un labyrinthe de rues grouillantes et étroites, cette grande place accueille le soleil toute la journée (parfois aussi les pickpockets le soir). De sévères palais exhibent leurs belles arcades classiques, un peu à la manière de la place des Vosges, à Paris. Au centre, quelques palmiers ajoutent une note exotique à l'ensemble. Les réverbères furent dessinés par Gaudí (l'une de ses 1res œuvres).
Tout autour, les dizaines de chaises en fer des terrasses des bars-restos scintillent au soleil et invitent à s'asseoir. Le dimanche matin, grosse animation grâce au marché aux timbres et aux monnaies qui s'abrite sous les arcades.

***Fundació Setba*** *(zoom détachable F5,* ***508****)* **:** *pl. Reial, 10. ☎ 93-481-36-96. • fundaciosetba.org • Ⓜ Liceu ou Drassanes. Lun-ven 10h-18h. Fermé w-e, certains j. fériés (dont 25-26 déc) et août. Entrée : 2 € (sonner à l'interphone et se présenter).* Dans un appartement, 3 salles, un de ces espaces culturels et polyvalents dont Barcelone a le secret ! Expositions temporaires d'artistes contemporains catalans, espagnols et internationaux, en général thématiques, et souvent montées en collaboration avec des projets sociaux. C'est aussi une des rares possibilités de pouvoir admirer la plaça Reial depuis un 1er étage. L'appartement ne compte pas moins de 7 balcons. Plus encore, il a gardé sa décoration et son agencement d'origine. Une pépite qui ravira les amateurs d'architecture. Les fans de Lluis Llach pourront aussi venir s'y recueillir : le célèbre chanteur catalan y vécut de longues années.



# LA RIBERA ET EL BORN

• Zoom détachable

**C'est tout le quartier situé au nord-est de la vía Laietana. Grosso modo, il est délimité au nord-ouest par la carrer de Trafalgar et au nord-est par le passeig Picasso (qui longe le parc de la Ciutadella). Né de l'expansion maritime et commerciale de la ville au XIVe s, c'est un vieux quartier populaire, séparé du Barri Gòtic par la percée « haussmannienne » de la vía Laietana. Même lacis de ruelles médiévales, mêmes maisons hyper patinées, mêmes passages mille fois usés et voûtés, avec des détours, des coudes, des rebonds. La Ribera, c'est la Barcelone des petits métiers et des artisans, dont vous croiserez encore les échoppes, et également celle des jeunes créateurs de vêtements, sacs dingues et autres accessoires de mode, des boutiques alternatives et des ateliers d'artistes plongés dans les affres de la création. Le soir, dans le halo des réverbères, le quartier prend des teintes étranges, un aspect expressionniste. Population souriante et sympathique aussi, étalant parfois ses coups de gueule, ses scènes de ménage dans la rue. La vie, quoi !**

**On trouve de tout à la Ribera : des petits restos et des établissements au goût du jour, des boîtes d'avant-garde, des galeries d'art, de superbes musées... Mais ne vous cantonnez pas, comme la plupart des promeneurs, au sud de la carrer Princesa, autour de la basilique Santa María del Mar et du musée Picasso, dans ce qu'on appelle aujourd'hui *El Born.* Ce coin-là, certes très séduisant et incontournable, attire désormais les foules. Le soir, le secteur est envahi par les jeunes Barcelonais qui prennent d'assaut les terrasses des bars. N'hésitez pas à franchir la carrer Princesa vers le nord. Si la longue carrer del Carders est désormais très commerçante (et fréquentée !), il faut se glisser dans les venelles adjacentes : l'ambiance y est colorée et a moins sacrifié au tourisme ou à une quelconque mode. Tout y est nature, l'atmosphère et les gens. Ceux-là aiment d'ailleurs bien se retrouver en fin de semaine aux terrasses sans prétention de la plaça Sant Agustí Vell ou des placettes voisines. C'est aussi dans ce quartier que les Catalans ont résisté le plus longtemps à Philippe V. La résistance continue, car les habitants protestent contre la multiplication des bars nocturnes et des nuisances qui vont avec.**

## Où manger des tapas ?

### Assis ou debout

**I●I 🍷 *El Xampanyet*** *(zoom détachable G5,* ***150****) : c/ Montcada, 22. ☎ 93-319-70-03. Ⓜ Jaume-I. Tlj sauf dim soir-lun et le soir des j. fériés 12h-15h30, 19h-23h. Congés : en août.* Dans la rue du musée Picasso, une échoppe tenue en famille depuis 1929. Au-dessus des quelques tables, azulejos et barriques tapissent les murs, gourdes en peau pendent du plafond. Spécialité d'anchois, mais aussi jambon de canard, ventrèche de thon... À déguster au comptoir pour limiter l'addition, qui grimpe d'autant plus vite que les prix ne sont pas affichés ! Sympa mais architouristique.

**I●I 🍷 *Casa Lolea*** *(zoom détachable G4,* ***153****) : c/ Sant Pere Més Alt, 49. ☎ 93-624-10-16. • holabcn@casalolea.com • Tlj 9h-1h. Petit déj servi jusqu'à midi, puis tapas non-stop. Tapas et raciones 3-12 €, plats du jour 8-10 €.* La *vermuteria* de papa revue et corrigée dans le style atelier, mais toujours avec les tables en bois et les jambons suspendus. Dans l'assiette, très soignée, la cuisine s'amuse à parfaire des classiques ou à y introduire une pointe d'exotisme. Et, côté boisson, toute une palette de sangrias artisanales élaborées in situ, que l'on peut aussi emporter dans de jolies bouteilles. Préférer la salle du fond, plus agréable. Une adresse gentiment dans l'air du temps.

**I●I 🍷 ⛱ *La Vinya del Senyor*** *(zoom détachable G5,* ***151****) : pl. Santa María, 5. ☎ 93-310-33-79. Ⓜ Jaume-I. Tlj 12h-minuit. Tapas et raciones 3-19 €.* Petit bar à vins bourré de charme, où touristes et Barcelonais lèvent joyeusement le coude en picorant de bons morceaux de charcuterie et de fromage. Minuscule bar au rez-de-chaussée et salle de poche à l'étage, bondés le soir. Plutôt cher dans l'ensemble, intéressant surtout pour la terrasse très agréable aux beaux jours, sur cette place charmante, stratégiquement située face à la superbe basilique Santa María del Mar.

**I●I 🍷 *Tapeo*** *(zoom détachable G5,* ***149****) : c/ Montcada, 29. ☎ 93-310-16-07. • anemdetapes@gmail.com • Ⓜ Jaume-I. Tlj 12h-minuit. Tapas et raciones 2-20 €.* Une salle en couloir, sobrement contemporaine et ouverte, côté bar, sur la cuisine. Excellentes tapas dans le genre « tradition revisitée » et spécialité de *costilla de cerdo iberico*. Le chef, Daniel Rueda, est passé par quelques grandes tables de la ville.

**I●I 🍷 *Bar Andorra*** *(zoom détachable G4,* ***163****) : c/ Sant Pere Més Alt, 74 bis. ☎ 93-177-35-09. • barandorra74bis@gmail.com • Tlj sauf dim 8h30 (11h30 sam)-minuit (ou plus...). Congés : août.* Un drôle de bar de quartier resté dans son jus de prime abord, avec son zinc, sa vieille pendule et ses banquettes en sky (notre coin préféré), sauf que la salle arrière déploie un décor de pierres apparentes nettement plus cosy ! Ambiance décontractée, bonne musique, et des tapas goûteuses, assez originales pour certaines, mais toujours autour de produits traditionnels. Un endroit décalé, impeccable pour entamer la soirée.

**Tantarantana** (zoom détachable G5, **166**) **:** *c/ de Tantarantana, 24. ☎ 93-268-24-10. • tantarantana@gruposantelmo.com • Ⓜ Jaume-I. Tlj 13h-minuit. Tapas, salades et petits plats 5-15 €.* Belle terrasse sur la place pour prendre un verre, voire pour grignoter quelques délicieuses tapas : baba ganoush à la sardine, croquettes, calamars, *jamon de bellota...* Quartier plein d'étudiants qui aiment s'y retrouver dans une ambiance joyeuse.

**Catalina Café** (zoom détachable G5, **227**) **:** *c/ d'En Giralt el Pellicer, 8. ☎ 93-310-39-93. Ⓜ Jaume-I. Lun-ven 8h-minuit, sam 9h-1h, dim 10h-20h. Tapas 3-9 €.* Face au mercat Santa Caterina, avec son bout de terrasse au soleil, c'est le petit café parfait pour observer l'animation du quartier, siroter le café du matin ou l'apéro de fin de journée tout en picorant quelques honnêtes tapas.

## Au comptoir

**Sagardi** (zoom détachable G5, **152**) **:** *c/ Argentería, 62. ☎ 93-319-99-93. • reservas@sagardi.com • Ⓜ Jaume-I. Tlj 10h-minuit (1h ven-sam) ; 12h30-minuit pour la cuisine. Pintxos 2,10-2,50 € ; plats 17-30 €.* C'est l'un des bars basques du secteur (qui fait partie d'une chaîne locale), avec son long comptoir où, midi et soir, les plateaux de *pintxos* se succèdent. Accompagnez-les donc d'un verre de cidre rafraîchissant, ou d'un jus de fruits. Sa terrasse agréable le distingue des autres adresses du coin. Au fond, une partie resto (nettement plus chère) où l'on sert d'excellentes viandes grillées, longuement maturées (que l'on aperçoit d'ailleurs en vitrine). Une valeur sûre.

**Euskal Etxea** (zoom détachable G5, **154**) **:** *placeta Montcada, 1-3. ☎ 93-310-21-85. • reservas@sagardi.com • Ⓜ Jaume-I. Tlj 10h-0h30 (1h ven-sam). Pintxo env 2,20 € ; resto très cher.* Un bar à tapas basque à la belle déco et au grand comptoir recouvert de *pintxos,* pas toujours accessible aux heures de pointe, mais les serveurs se baladent le plateau à la main. Tout est bon et frais, il suffit de se servir, le décompte se fait à la fin, en fonction du nombre de piques !

**Golfo de Bizkaia** (zoom détachable G5, **155**) **:** *c/ Vidriera, 12. ☎ 93-268-48-88. • reservas@sagardi.com • Ⓜ Barceloneta. À l'angle avec la c/ de l'Esparteria. Tlj midi-minuit. Pintxo 2,50-3 €, plats 8-16 €.* Une petite taverne basque aux volets bleus et au cadre moderne. Le soir, les *pintxos* remportent un grand succès, il est même parfois difficile de se faire une place au comptoir. Sert aussi des *raciones.* Bonne ambiance.

**Can Paixano – La Xampanyeria** (zoom détachable G6, **184**) **:** *c/ Reina Cristina, 7. ☎ 93-310-08-39. Ⓜ Barceloneta. En temps normal, tlj sauf dim et j. fériés 9h-22h30. En période de Covid, tlj sauf dim-mar, 10h-13h (à emporter). Pintxos 3-7 €.* Au beau milieu d'une rue discrète, pas d'indication, c'est sous le grand porche que ça se passe. Un bar très pittoresque, ouvert depuis 1969, où touristes et habitués s'empiffrent de *pintxos* et de *bocadillos* au comptoir, accompagnés d'un genre de *cava* rosé. Avec les jambons et saucisses pendus au plafond, bonnes odeurs de charcutaille garanties ! D'ailleurs, au fond du bar, une miniépicerie vend d'excellents produits du terroir. Super ambiance.

# Où manger au resto ?

## Très bon marché (moins de 10 €)

**Bacoa Kiosko** (zoom détachable G5, **204**) **:** *avda Marquès de l'Argentera, 1 bis. ☎ 93-310-73-13. • rrpp@bacoaburger.com • Ⓜ Barceloneta ou Jaume-I. Tlj 13h-21h (22h dim). Fermé 25-26 déc. Compter 7-10 €.* Barcelone a, elle aussi, cédé à la mode des burgers gourmets... Ici, on prend une fiche et, en faisant la queue, on coche ce qu'on veut, la serveuse encaisse et vous donne un numéro. On s'installe sur une des tables hautes, à la table commune ou au comptoir. Un peu d'attente, car les burgers sont préparés à la demande, avec d'excellents produits frais. Même le classique est déjà très copieux ! Une adresse (l'enseigne en compte 4 autres en ville, dont une avec une terrasse en bord de plage à la Barceloneta) qui séduira nos jeunes lecteurs ainsi que leurs bas de laine.

**Pim Pam Burger** *(zoom détachable G5,* ***207****) : c/ del Sabataret, 4. ☎ 93-315-20-93. Ⓜ Jaume-I. Tlj midi-minuit (1h ven-sam). Burgers 7-8 €.* Excellents burgers nouvelle tendance, garnis d'excellents produits frais. Quelques tabourets et tables hautes au long du comptoir. Idéal pour les bourses légères... À l'angle de la rue, ***Pim Pam Plats*** *(c/ Rec, 18 ; mêmes horaires)* propose également, autour de quelques tables, des burgers, quelques salades et plats cuisinés de tous les horizons, à prix serrés.

## Bon marché (10-16 €)

***Espai Mescladís*** *(zoom détachable G5,* ***226****) : c/ dels Carders, 35. ☎ 93-319-87-32. • info@mescladis.org • Ⓜ Jaume-I. Entrée du côté de la placette, à l'arrière. Tlj 12h30-21h. Petits déj 5-7 €. Menus déj 12-16 € ; carte max 15 €.* Adresse ouverte par une association qui forme migrants et autres exclus aux métiers de l'hôtellerie. Pas de salle, juste une terrasse semi-couverte très cool entre de bien vieilles arcades de pierre décorées de bric et de broc(ante). Produits aussi locaux que bio pour une bonne petite cuisine d'ici ou d'ailleurs (Maghreb, Afrique...), volontiers végétarienne. Le service prend son temps, ça en laisse pour détailler la jolie déco ou profiter des expos.

***Bar Joan*** *(zoom détachable G5,* ***227****) : mercat Santa Caterina, c/ d'En Giralt el Pellicer, 2. ☎ 93-310-61-50. Ⓜ Jaume-I. Tlj sauf dim 7h30-15h30. Menu déj en sem 13,50 €, plats 8-17 €.* Au fond de la halle, une salle banale et un simple comptoir pour se poser avec les habitués du quartier et les commerçants du marché. Menu du jour impeccable : bonne cuisine locale avec des produits (souvent du poisson au programme) d'une évidente fraîcheur (les étals sont à côté !). Service efficace.

***Story*** *(zoom détachable G5,* ***211****) : c/ Pou de la Cadena, 8. ☎ 93-011-49-65. • story.cafe.bar@hotmail.com • Ⓜ Jaume-I. Tlj 13h-minuit (1h jeu, 2h30 ven-sam). Tapas 3,50-5 €, plats 8-12 €.* Bien caché dans une ruelle donnant sur la carrer de la Princesa, un petit café simplement sympathique : des bouquins sur les rayonnages, des œuvres d'art (à vendre) aux murs, quelques fauteuils et canapés pour se relaxer et, à la courte carte, une cuisine méditerranéenne au sens large, pas mal tournée du tout. Accueil décontracté mais service efficace.

## Prix moyens (16-25 €)

***Petra*** *(zoom détachable G5,* ***217****) : c/ dels Sombrerers, 13. ☎ 93-319-99-99. • info@restaurantpetra.com • Ⓜ Jaume-I. Tlj sauf dim soir 13h15-16h, 20h15-23h. Menu 13 € (déj en sem) ; plats 8-12 €, repas 20-25 €. Digestif offert sur présentation de ce guide.* À côté de l'église Santa María del Mar, une bonne petite adresse pour un repas en amoureux. Ce resto est d'emblée charmant. Ses murs couverts de céramique du siècle dernier accrochent le regard, tout autant que les lustres faits avec de vieux couverts. La bonne surprise est surtout dans l'assiette avec une cuisine inventive et savoureuse autour de thèmes méditerranéens et catalans. Portions toutefois un peu justes pour les gros appétits. Service aimable.

***Cuines Santa Caterina*** *(zoom détachable G5,* ***212****) : mercat Santa Caterina, avda Francesc Cambó, 16. ☎ 93-268-99-18. • cuinessantacaterina@grupotragaluz.com • Ⓜ Jaume-I. Dim-lun 11h-17h30, mar-sam 11h-23h30. Carte 15-25 €.* Dans l'une des ailes du marché, ce vaste resto néorustique propose une carte à la manière d'un tableau à double entrée. En haut, les matières premières (légumes, riz, viandes, œufs) ; à gauche, le mode de cuisson (à la méditerranéenne, à l'orientale...). Puis quelques plats du jour. Tout est de bonne facture et frais. On partage de grandes tablées qui permettent d'engager facilement la conversation. Les plus pressés s'accouderont au comptoir en U pour partager quelques tapas préparées sous leurs yeux. Les autres pourront aux beaux jours choisir la terrasse.

**El Foro** *(zoom détachable G5,* ***209****) : c/ Princesa, 53. ☎ 93-310-10-20. • elfororestaurante@gmail.com • Ⓜ Jaume-I. Tlj sauf lun 12h30-23h (0h30 ven-sam). Menu déj env 14 €, sinon 16-20 € ; carte 25-35 €. Sur présentation de ce guide, digestif offert.* Resto d'inspiration argentine, dans une grande salle aérée avec sa cuisine ouverte. Terrasse très agréable. Bonnes viandes argentines. Excellent accueil. Très intéressant surtout pour ses menus complets à midi.

**Mundial Bar** *(zoom détachable G5,* ***214****) : pl. Sant Agustí Vell, 1. ☎ 93-319-90-56. Ⓜ Jaume-I. Tlj sauf lun et mar midi, 13h-15h30, 19h30-23h30 (minuit ven-sam). Carte 20-25 €.* C'est un troquet vieillot, dont la déco n'a pas connu de grands bouleversements depuis son inauguration en 1925. Pittoresque, donc. Le grand-père du patron a fondé un club de boxe local, d'où la grande fresque avec des boxeurs catalans et espagnols. Pas de gaffe, le boxeur à côté du lion n'est pas Marcel Cerdan. Mais on vient surtout pour ses bons poissons et fruits de mer proposés en plats ou en tapas (le reste vaut moins le coup, et c'est cher pour ce que c'est), à picorer dans une joyeuse atmosphère dans la petite salle du fond, ou à l'une des tables bistrot alignées face au comptoir. Fréquenté par les locaux, peu de touristes.

**Pla de la Garsa** *(zoom détachable G5,* ***215****) : c/ Assaonadors, 13. ☎ 93-315-24-13. • reserves@pladelagarsa.com • Ⓜ Jaume-I. Entre les c/ Montcada et Comerç. Mer-jeu 20h-minuit, ven-dim 13h-16h, 20h-minuit. Fermé lun-mar. Congés : 10 j. en juin. Plats 10-19 €.* Il se raconte qu'une bodega avait été créée ici dans les années 1920 par les anarchistes catalans. C'est aujourd'hui un adorable bar-*formatgería* qui sert vins et fromages soigneusement choisis dans une petite salle aux tables de marbre et chaises bistrot, avec mezzanine qu'on gagne via un bel escalier en colimaçon en fer forgé. Outre les fromages, nombreuses spécialités catalanes et charcuterie en tout genre, parfois un peu chichement servies.

**Flax & Kale Passatge** *(zoom détachable G4,* ***192****) : c/ de Sant père Més Alt, 31. ☎ 93-524-00-52. Ⓜ Urquinaona. Tlj 12h-16h, 19h-23h. Plats 10-20 €. Brunch le w-e.* Dans le joli passage de la Manufacture, 2 vastes salles rénovées au cachet rétro avec murs de briques, colonnettes et tuyauterie apparente. Ici, on pratique une cuisine « flexitarienne », bio et vegan, en droite ligne de chez Teresa Carles qui a fondé le meilleur resto végétarien de la ville. À la carte, des salades, des plats fusion Asie-Méditerrannée, des ramen et des *poke bowls,* un burger de saumon ou encore des pizzas sans gluten, le tout à arroser d'un jus detox. On peut également recharger son thermos de kombucha. Ce n'est pas spécialement bon marché mais c'est vraiment bon et sain.

**La Paradeta Born** *(zoom détachable G5,* ***216****) : c/ Comercial, 7. ☎ 93-268-19-39. Ⓜ Barceloneta. Derrière El Born Centre Cultural. Mar-dim 13h-16h, 20h-23h (minuit ven-sam) ; fermé lun. Compter 13-40 €/kg selon produit (les prix affichés incluent la cuisson).* Le concept est simple : en fonction de l'arrivage, on choisit à l'étal la quantité de couteaux, langoustines, gambas et autres calamars que l'on souhaite déguster. Puis on se prononce sur l'accompagnement et le mode de cuisson : *a la plancha, vapor* ou *frito.* On s'attable dans la vaste salle colorée, façon cantine, et on vous appelle dès que c'est prêt. Et on se régale ! Comme l'air est frais à l'intérieur (*mariscos* obligent), prévoyez une petite laine. Des succursales à Sants, Raval et à la Sagrada Família, entre autres.

**Cal Pep** *(zoom détachable G5,* ***218****) : pl. de les Olles, 8. ☎ 93-310-79-61. • calpep@calpep.com • Ⓜ Barceloneta. Tlj sauf dim, lun midi et j. fériés 13h-15h45, 19h30-23h30. Congés : août. Résa obligatoire. Plats 9-25 €.* Ce bistrot de quartier au cadre basique est devenu une petite institution. En temps normal, il y a 2 rangées face à l'unique comptoir, l'une attablée et, derrière, ceux qui attendent et matent les assiettes des heureux clients déjà servis pour passer le temps. Également une jolie terrasse sur la placette. On se régale de fruits de mer et poissons frais préparés sous nos yeux. Le plaisir est autant visuel que gustatif ! Attention à la salière dans l'addition : les prix sont affichés, mais pas forcément très clairement et ça grimpe vite ! Dispose aussi d'une salle dans le fond, c'est moins sympa et bien plus cher.



## De chic à très chic (de 25 à plus de 40 €)

|●| ***Bar Brutal – Can Cisa*** (*zoom détachable G5,* ***250***) **:** *c/ Princesa, 14. ☎ 93-295-47-97. • cancisa@cancisa.cat • Ouv dès 17h ts les soirs sauf dim, et aussi sam midi (planches froides). Tapas et plats 10-20 €, repas 25-30 €.* Un lieu double face mais avec un même credo : la qualité. Vins naturels avec un beau choix au verre, planches de charcuterie (dont une superbe *cecina*) à se partager, ou petits plats à mi-chemin entre la *tapa* et la *ración,* certes un peu plus onéreux qu'ailleurs, mais avec quelques trouvailles surprenantes (et aussi des classiques pour les timides). Ambiance : semi-indus' bien contemporain dans la 1re salle, autour de la longue table d'hôtes ou accoudé au bar, ou plus intimiste – limite boudoir –, à l'arrière. Une adresse classe mais pas guindée.

|●| ***7 Portes*** (*zoom détachable G6,* ***221***) **:** *passeig d'Isabel II, 14. ☎ 93-319-30-33. • reserves@7portes.com • Ⓜ Barceloneta. ♿ Entrée sous les arcades. Service continu tlj midi-1h. Plats 15-26 €.* Ouvert en 1836, c'est l'un des grands classiques de Barcelone. Avec tout ce que cela implique : souvent des queues pas possibles, une cuisine inégale et une addition un peu salée quand même. Quant au cadre, il est dans un esprit très brasserie 1900, avec ses tableaux, ses poutres vernies et ses plaques de cuivre indiquant les places des célébrités qui honorèrent les lieux de leur présence : Miró, Dalí, Picasso, la Callas, Juan Carlos...

|●| ***Parellada*** (*zoom détachable F-G5,* ***197***) **:** *c/ Argentería, 37. ☎ 93-310-50-94. • reserves@parelladafonda.com • Ⓜ Jaume-I. Tlj 13h-15h45, 20h30-23h30. Fermé en sem en période de Covid. Menu midi en sem 18 €, carte 25-30 €.* L'hôtel où les compagnies maritimes logeaient autrefois leurs voyageurs renferme un resto séduisant, au cadre soigné à la fois élégant et moderne (tons gris perle, beaux volumes, longues banquettes de bois évoquant les bateaux et peintures, et chef de rang fort courtois). Mais pas de confusion : la cuisine reste catalane traditionnelle (dès le menu au déjeuner, qui propose presque toujours un riz accommodé), et la clientèle détendue. Bon accueil.

## Où prendre le petit déjeuner ?
## Où manger une pâtisserie ? Où déguster une glace ?

☕ |●| ***Bubò Born*** (*zoom détachable G5,* ***313***) **:** *c/ Caputxès, 6-10. ☎ 93-268-72-24 ou 93-310-57-73. • info@bubo.es • Ⓜ Jaume-I. Tlj 10h-22h (minuit ven-sam).* Bien entendu, de très bons chocolats chauds, mais surtout des pâtisseries hyper photogéniques et à se damner, avis aux gourmands ! Le tout à consommer sur place, sur l'agréable terrasse plaça Maria del Mar, ou à emporter.

☕ |●| ***Café du museu de la Xocolata*** (*zoom détachable G5,* ***350***) **:** *c/ Comerç, 36. ☎ 93-268-78-78. • reserves@museuxoxolata.cat • Lun-sam 10h-19h, dim et j. fériés 10h-15h. Fermé 6 janv et 25-26 déc.* On n'est pas obligé de visiter le musée pour déguster un excellent chocolat chaud, ainsi que diverses pâtisseries et grignoteries déclinées de la fée cacao...

|●| ***Demasie*** (*zoom détachable G5,* ***470***) **:** *c/ Princesa, 28. ☎ 93-269-11-80.*

• *info@demasie.es* • *Autre adresse dans le quartier : pl. Santa Maria del Mar, 7. Lun-jeu 8h-21h, ven-dim 8h-21h30 (23h sam).* Une excellente pâtisserie d'aujourd'hui qui propose cookies, beignets et autres délicieuses bombes sucrées au *dulce de leche,* au nutella ou aux fruits rouges.

***Shanti Gelato*** *(zoom détachable G5,* ***315****) : c/ Canvis Vells, 2. ☎ 93-268-07-29.* • *shantigelato@gmail.com* • Ⓜ *Barceloneta. Tlj : 12h-1h l'été ; 14h-23h l'hiver.* Le nom fait penser à un dieu hindou... qui serait tombé amoureux d'une glacière italienne ? Une chose est sûre, les Italiens et la glace, c'est une histoire d'amour ! Et elles sont bonnes.

***Gocce di Latte*** *(zoom détachable G5,* ***317****) : pl. de Palau, 4.* Ⓜ *Barceloneta. Tlj 12h-23h (minuit ven-sam). Compter 3 €.* Glaces artisanales aux parfums originaux et délicats : datte-cardamome, curcuma-mandarine, matcha... 2 tables pour se poser le temps de déguster, ou sur le petit banc dehors.

BARCELONE

## Où boire un verre ? Où écouter de la musique live ?

Ce petit quartier qui fait bloc autour de l'église Santa María del Mar *(zoom détachable G5)* est devenu l'un des principaux spots pour sortir le soir. Entre le passeig del Born, délicieusement ombragé, et les ruelles alentour, ce sont plusieurs dizaines de bars qui se partagent les faveurs des noctambules.

***Sky Bar*** *(zoom détachable F5,* ***379****) : au sommet du Grand Hotel Central, vía Laietana, 30. ☎ 93-295-79-00.* • *info@grandhotelcentral.com* • Ⓜ *Jaume-I. Ouv avr-oct 20h-1h (ven-dim 12h-20h en période de Covid). Accès 16 € (gratuit pour les hôtes), boisson incluse.* Au sommet d'un hôtel chic, *rooftop* avec vue à plus de 180° sur Barcelone et piscine à débordement. Ladite piscine – qui semble plus là pour le décor que pour la baignade – paraît s'épancher comme une cascade dans les rues de la ville... Pour sortir le grand jeu, dîner sur réservation.

***L'Antic Teatre*** *(zoom détachable G4,* ***380****) : c/ Verdaguer i Callís, 12. ☎ 93-315-23-54.* • *anticteatre@anticteatre.com* • Ⓜ *Urquinaona. À 20 m du palau de la Música. Tlj 10h (17h ven-dim)-23h (minuit ven-sam). Congés : août.* De la rue, on ne devine pas cette oasis. Passé la petite porte, on découvre une grande terrasse surplombant une cour intérieure en terre battue, avec un bel arbre qui procure une ombre salutaire aux heures les plus chaudes. C'est également un espace culturel dynamique (théâtre, marionnettes, concerts). Clientèle jeune de tous horizons, tendance cool.

***Les terrasses du passeig del Born*** *(zoom détachable G5,* ***381****) :* Ⓜ *Jaume-I ou Barceloneta. Tlj jusqu'à minuit ou 1h.* Sur la belle place, plusieurs cafés se disputent vos faveurs et leurs terrasses. On a une préférence pour celle de la ***Casa Delfín***, mais il y a aussi celle du ***Café del Born*** et celle du ***Pitin Bar.*** En revanche, on se contentera d'y boire un verre.

***Miramelindo*** *(zoom détachable G5,* ***383****) : passeig del Born, 15. ☎ 93-310-37-27.* • *delacruzjoseramon@gmail.com* • *hello@barmiramelindobcn.com* • *Tlj sauf dim-lun 20h-2h30 (3h ven-sam).* Grande salle chaleureuse assez classe avec parquet, mezzanine, éclairage tamisé, chaises moelleuses et comptoir convivial, où l'on sert toutes les variétés de cocktails classiques. Musique de fond jazzy, salsa ou soul, et beaucoup, beaucoup de monde, principalement entre 25 et 40 ans.

***Dr. Stravinsky*** *(zoom détachable G5,* ***357****) : c/ dels Mirallers, 5. ☎ 93 157-12-33.* • *info@drstravinsky.cat* • *Ts les soirs 18h-2h30. Cocktails env 9 €.* Est-ce un bar – lumière rougeoyante – ou une antique officine de pharmacien-magicien – alambic et alignement rigoureux d'étranges flacons derrière le comptoir ? Et quels sont donc ces breuvages aux subtiles essences servis dans un galet, un tube à essai ou... ah, un verre !? Vous l'aurez compris, voici le bar à cocktails le plus étonnant de la ville, monté par 2 mixologistes passionnés qui ont bichonné aussi bien la déco que la carte. De véritables cocktails d'auteur, mariant avec bonheur gin, vodka ou whisky choisis avec des herbes, des fleurs, des champignons ou tout autre comestible ou liquide qui les inspire. Une véritable expérience, dans la bonne humeur et sur du bon son.

**Pastrami Bar – Paradiso** *(zoom détachable G5, **360**) : c/ de Rera Palau, 4. ☎ 93-360-72-22. • info@paradiso.cat • Ts les soirs 19h-1h. Cocktails min 10 €.* La grande vague des speakeasy (ces bars clandestins américains du temps de la prohibition) a atteint El Born, et, derrière la façade, ce faux comptoir à pastrami ouvre sa vraie porte de faux frigo sur un vrai bar caché, à l'ambiance tamisée sélecte mais décontractée, très prisé des trentenaires barcelonais. Excellents cockails (dont de jolies créations) et un long bar ondulant où le bois, intime et chaleureux, est à l'honneur.

**El Copetín** *(zoom détachable G5, **383**) : passeig del Born, 19. • elcopetinbs@yahoo.es • Tlj 18h-2h30 (3h ven-sam).* Lumière tamisée, tables et chaises de bistrot, musique latino-américaine (principalement cubaine). Dans ce petit bar à cocktails chaleureux et tout en longueur, tout le monde se connaît, et l'ambiance est résolument décontractée. Goûtez un des 2 cocktails vedettes de la maison : le mojito et le *pisco*. Il y a plein de bonnes choses dedans, et ça facilite le contact !

**Palau Dalmases** *(zoom détachable G5, **355**) : c/ Montcada, 20. ☎ 93-310-06-73. • espaibarroc@gmail.com • palaudalmases.com • Ⓜ Jaume-I. ♿ Tlj 18h-2h (3h w-e). Show de flamenco tlj à 18h, 19h30 et 21h30 ; opéra jeu à 23h ; jazz mer à 23h. Entrée : 30 € avec 1 conso ; 15 € pour les - de 12 ans.* Une curiosité ! Comme au théâtre, les lourdes et imposantes portes s'entrouvrent pour laisser place à un décor unique : un authentique palais du XVIIe s, où l'on organise chaque jour dans une salle pleine de cachet des spectacles intimistes de flamenco, ainsi que des opéras et des concerts de jazz. Quant à la cour intérieure, somptueuse, elle est idéale pour un verre romantique après les shows. Très touristique, mais hors normes.

Le **Tantarantana** *(zoom détachable G5, **166**)* offre une terrasse sur une jolie place très agréable pour boire un verre. Voir la rubrique « Où manger des tapas ? ».

## La tournée des boîtes

### La scène électronique

**Moog** *(zoom détachable E5, **451**) : c/ Arc del Teatre, 3. ☎ 93-319-17-89. • masimas.com • Ⓜ Drassanes. Situé dans une ruelle perpendiculaire à la Rambla, en bas à droite. Tlj minuit-5h. Entrée : env 10 €.* Petite boîte très sympa, appréciée des clubbers pour son excellente programmation d'électro dans la salle principale (DJs résidents et pointures internationales de temps à autre). L'autre, à l'étage est plus branchée pop et disco.

## Où voir un spectacle (opéras, concerts classiques...) ?

**Palau Dalmases** *(zoom détachable G5, **355**) :* *voir ci-dessus la rubrique « Où boire un verre ?... ».*

## Achats

La *Ribera* et sa prolongation *El Born* sont des quartiers un peu moins touristiques et par conséquent pleins de charme. Il faut s'y promener au hasard pour découvrir ateliers de créateurs, galeries d'art et brocanteurs installés dans le secret d'une ruelle.

**La Botifarrería de Santa María** *(zoom détachable G5, **460**) : c/ Santa*

*María, 4. ☎ 93-319-91-23. • info@labotifarreria.com • Ⓜ Jaume-I ou Barceloneta. Lun-sam 9h30-14h30, 17h30-21h (20h30 dim). Congés : en août.* Une charcuterie artisanale à l'enseigne de la saucisse. On y trouve tous les classiques les plus alléchants de la cochonnaille catalane ou espagnole, et une impressionnante diversité de saucisses et boudins (blancs ou noirs) : aux oignons nouveaux, aux champignons, au fromage, épinards-pignons... à pocher, à griller, etc. Mis sous vide pour remporter à la maison. Excellente adresse.

***La Vila Viniteca*** *(zoom détachable F5,* ***462****) : c/ Agullers, 7-9. ☎ 90-232-77-77. • barcelona@vilaviniteca.es • Ⓜ Jaume-I ou Barceloneta. Tlj sauf dim (sauf j. fériés) 8h30-20h30.* Voici une double adresse pour amateurs de vins et d'alcools. Au nº 7, le magasin de prestige, le plus récent, où s'entassent crus nationaux et internationaux de très haute volée. Les plus grands sommeliers espagnols s'y rendent quand ils sont de passage à Barcelone. La cave regorge de trésors vinicoles. Au nº 9, c'est l'épicerie familiale (fondée en 1932) entièrement rénovée au goût du jour, c'est superbe, on a envie de tout acheter (excellentes charcuteries et nombreuses conserves). N'oubliez pas de jeter un œil à la cave à fromages, une merveille. Tous les produits ici sont de 1er choix !

***El Magnífico*** *(zoom détachable G5,* ***463****) : c/ Argentería, 64. ☎ 93-319-39-75. • shop@cafeselmagnifico.com • Ⓜ Jaume-I. À 2 pas de la pl. Santa María del Mar. Lun-sam 10h-14h, 17h-20h. Fermé dim.* Petite maison qui a fait du café sa spécialité depuis 1919. Comme on peut acheter des *espressos* à emporter, imaginez les doux effluves qui s'échappent de cette jolie boutique très chic. Possède juste en face une autre officine, entièrement dévolue au thé : ***Sans i Sans*** *(c/ Argentería, 59 ; mêmes horaires).*

***Gispert*** *(zoom détachable G5,* ***464****) : c/ Sombrerers, 23. ☎ 93-319-75-35. • info@casagispert.com • Ⓜ Jaume-I. Rue qui longe la pl. Santa María del Mar. Lun-sam 10h-14h30, 16h30-20h30.* Avec ses rayonnages patinés et son comptoir hors d'âge, cette boutique fidèle au poste depuis 1851 vaut le coup d'œil. D'autant qu'on y vend de bonnes choses : du café torréfié sur place et de l'épicerie fine, principalement des produits locaux, de label bio pour certains (huile d'olive, confitures, fruits secs, herbes...).

***La Campana*** *(zoom détachable G5,* ***470****) : c/ de la Princesa, 36. ☎ 93-319-72-96. • administracion@lacampanadesde1890.com • Ⓜ Jaume-I. Tlj 10h-21h. Fermé fév.* Pas donné, mais excellent *turrón* (sous toutes ses formes) depuis 1890 (et la vitrine n'a pas changé depuis !). Les glaces sont très bien aussi, crémeuses à souhait.

***Wawas*** *(zoom détachable G5,* ***471****) : c/ dels Carders, 14. ☎ 93-319-79-92. • wawasbcn@gmail.com • Ⓜ Jaume-I. Tlj sauf dim 11h-14h, 17h-21h.* L'histoire a commencé avec quelques cartes postales faussement vintage (qu'on pourra acheter également ailleurs en ville) et s'est poursuivie avec cette petite boutique de « souvenirs » décalés : tee-shirts, bouquins sur le street-art à Barcelone, bibelots de designers locaux ou gadgets rigolos comme cette bougie parfum... tortilla !

## À voir

***Palau de la Música catalana*** *(palais de la Musique catalane ; zoom détachable F-G4) : c/ palau de la Música, 4-6. ☎ 902-475-485 ou 93-295-72-00. • palaumusica.cat • Ⓜ Urquinaona. Depuis le haut de la vía Laietana, 2e à gauche en descendant vers la mer.* ***Résa conseillée.*** *Durée : 50 mn. Achat des places via leur site internet, par tél (lun-ven 9h-13h, pas de résas pour le j. même) ou sur place à la billetterie : ven-dim 10h-15h30. Visite autoguidée (audioguide en français téléchargeable sur son portable ; apporter ses écouteurs) : 10 €. Visite guidée (en catalan, espagnol, anglais ou français) : 14 €. Réduc ; gratuit - de 10 ans. Attention, ce tarif est applicable en période de Covid mais pourrait repasser*

BARCELONE

*à 20 € comme avant. Photos autorisées mais sans flash. Pour les concerts et spectacles, rens et résas par tél ou sur le site internet. Tarifs : 15-60 €.*

***Pour éviter les files d'attente*** en haute saison (dès les 1ers week-ends fériés, pendant les vacances scolaires et l'été), ***réservez en ligne sur le site officiel !*** Supplément de 1 € par billet.



Déclaré Patrimoine de l'humanité par l'Unesco en 1997, ce chef-d'œuvre fut construit entre 1905 et 1908 par Lluís Domènech i Montaner à la demande de l'Orfeó Català, un chœur catalan associatif, et ce, en partie grâce à une souscription populaire. D'ailleurs, on choisit d'implanter l'édifice dans le quartier des choristes, alors ouvriers du textile, pour qu'ils ne soient pas en retard aux répétitions ! Ce « palais » est un ***résumé fou des délires architecturaux du début du XXe s.*** En façade, repérez les bustes de Wagner, Beethoven, Bach et Palestrina (un compositeur italien de la Renaissance). Puis admirez la sculpture débordante et fort symbolique à l'angle : le peuple avançant vers le progrès, sous la conduite de Sant Jordi (saint Georges), un saint que l'on retrouve partout. Briques, colonnes à chapiteaux sculptés de motifs végétaux, céramiques polychromes, entrelacs de fer forgé et verres colorés... soit les signes annonciateurs d'une douce folie. D'ailleurs, lorsque la mode du modernisme s'estompa peu à peu au profit du plus sérieux noucentisme, il ne manqua pas de détracteurs pour la dénoncer. Certains s'efforcèrent même d'obtenir sa destruction. Il n'en a heureusement rien été, et le palais a même été prolongé en 2000 dans un style plus contemporain.
Mais tout cela n'est rien à côté du clou de la visite, soit la ***formidable salle de concert*** (surtout si vous pouvez assister à une répétition !). On emprunte d'abord un bel escalier, bordé par une rambarde de colonnettes habillées de verre jaune, et puis c'est le choc. Dans la salle de 2000 places, soit autant que de roses en verre ou en céramique évoquant la rose de saint Georges (patron de la Catalogne, bis repetita), c'est ***une explosion d'extravagance*** ! Au plafond, une superbe verrière en forme de coupole inversée représentant soleil et gouttes d'eau (notez les visages stylisés des demoiselles dans les tons bleu-vert). De chaque côté de la scène, 2 piliers : celui de gauche représente Anselm Clavé, grand compositeur catalan (et fondateur de plus de 100 chœurs !), avec, au-dessus, une allégorie de son œuvre *Les Flors de Maig*. À droite, on reconnaît l'ami Ludwig et *La Chevauchée des Walkyries* de Wagner. Autour de la scène, 18 sculptures de muses tenant chacune l'instrument de musique de leur pays (harpe, castagnettes, gembri d'Afrique du Nord...). Notez encore les piliers recouverts de céramiques qui se prolongent en queues de paon déployées et les chevaux ailés aux balcons. Bref, si ça ne vous donne pas envie d'assister à un concert...
Cependant, si cette époustouflante composition architecturale correspondait bien aux goûts de l'époque, le malheureux architecte avait doté la salle de concert d'une bien mauvaise acoustique. Aujourd'hui, après de nombreux aménagements discrets et efficaces, les mélomanes peuvent apprécier pleinement les prouesses musicales tout en profitant du décor. D'ailleurs, la vocation du *palau* est de ***présenter tous les types de musique,*** du symphonique au jazz en passant par la pop, le flamenco, la variété et même les musiques de films. Les plus grands noms s'y sont produits, de Strauss à Stravinsky, de Duke Ellington à Miles Davis, en passant par Nina Simone...
Agréable café ***(Cafetería Palau Música)*** dans le hall pour prolonger le plaisir du lieu et profiter de la terrasse.

***Mercat de Santa Caterina*** *(zoom détachable G5)* **:** *c/ Francesc Cambó.* • *mercatsantacaterina.com* • *Non loin de la cathédrale et du* palau de la Música. *Lun, mer et sam 7h30-15h30 ; mar, jeu et ven 7h30-20h30. Fermé dim.* Initialement inauguré en 1848, après de longues années de service et une non moins longue période de rénovation, il a enfin rouvert en 2005. Santa Caterina était le ***1er marché couvert*** de Barcelone consacré à la vente en gros, notamment de viande. Enric Miralles, l'architecte chargé de la rénovation, s'est attaché à récupérer les poutres anciennes et les volumes donnés par les voûtes, ainsi qu'une partie des façades d'origine. Pour donner du relief à l'extérieur un peu plat, Miralles imagina un dôme polychrome, sorte de toit ondulé reproduisant les carrelages hexagonaux (de type tomettes) propres à la décoration catalane. Mais sa mort, survenue en 2000, mit le projet entre parenthèses. Sa femme, l'architecte italienne Benedetta Tagliabue, décida alors de reprendre tous ses travaux en cours et le finalisa en 2005. Il abrite aujourd'hui un marché d'alimentation plutôt agréable, un supermarché *(pratique car très central ; lun-sam 9h-21h),* 2 restos et différentes boutiques.

**Museu europeu d'Art modern (MEAM** *; zoom détachable G5,* ***505)*** **:** *Barra de Ferro, 5. ☎ 93-319-56-93. • meam.es • Tlj sauf lun 11h-19h. Fermé 1er janv et 25-26 déc. Entrée : 9 € ; réduc ; gratuit - de 10 ans. Concerts : ven à 18h (14 € ; jazz-blues) et sam à 18h (14 € ; classique ou vocal), entrée pour le musée incluse.* Installé dans un palais du XVIIIe s, ce musée-fondation présente un panorama très intéressant de la peinture et de la sculpture figurative espagnole et internationale. Cette collection privée a la particularité de présenter des artistes vivants, tous nés entre 1960 et 1995, et issus du mouvement du nouveau réalisme, voire de l'hyperréalisme. Lors de notre dernière visite, on y a noté une forte prédilection pour les nus ! Mais chaque année, la collection s'agrandit grâce au concours international que le MEAM organise. À noter que, outre les cycles de concerts jazz et classique très réguliers, d'autres spectacles y sont régulièrement montés et montrés : théâtre, opéra, magie ou philo ; tout le détail de la programmation sur leur site internet.

**Museu Etnològic i de Cultures del Món** *(musée d'Ethnologie et des Cultures du monde ; zoom détachable G5)* **:** *c/ Montcada, 12. ☎ 93-256-23-00. • barcelona.cat/museu-etnologic-culturesmon/ • Ⓜ Jaume-I. ♿ Mar-sam 10h-19h, dim et j. fériés 10h-20h. Fermé lun, 1er janv, 1er mai, 24 juin et 25 déc. Entrée : 5 € ; expo temporaire : jusqu'à 6 € ; billet combiné 8,50 € ; réduc ; gratuit - de 16 ans, pour ts le 1er dim du mois et à partir de 15h ts les dim.* Né en 2017 de la fusion de 2 musées (qui ont également fusionné leurs noms), ce musée bénéficie d'un emplacement de choix, face au musée Picasso, dans une rue historique bordée de demeures seigneuriales. Il est bien sûr dédié aux cultures du monde, plus exactement aux arts premiers (Afrique, Asie, Océanie, Amériques). Deux élégants palais médiévaux (*Nadal* et *Marquès de Llió*) servent d'écrin à ses riches collections grâce à une présentation épurée. Ne pas manquer : la spectaculaire section des masques africains dans une pièce voûtée, la salle Nouvelle-Guinée avec ses totems et ses impressionnants linteaux de bois sculptés, les *bisj* (poteaux de cérémonies) des Asmat ou encore, dans la partie d'art hindou, ce plafond peint datant des XIVe-XVe s. Le 2e étage se consacre aux arts d'Amérique, de Chine et du Japon. Un musée qui passionnera les amoureux des arts premiers. En revanche, on ne vous conseille pas spécialement la visite de l'annexe de Montjuïc, décevante.

**Museu Picasso** *(zoom détachable G5)* **:** *c/ Montcada, 15-23. ☎ 93-256-30-00. • museupicasso.bcn.cat • Ⓜ Jaume-I. ♿ Mar-dlm 10h-19h. Fermeture à 14h les 24 et 31 déc, à 17h le 5 janv. Fermé lun, 1er janv, 1er mai, 24 juin et 25 déc. Entrée musée + expo temporaire : 12 € ; réduc ; gratuit - de 18 ans et pour ts le 1er dim du mois, ainsi que jeu 16h-19h, et certains j. fériés (dont 24 sept). Attention, hors période de Covid, le tarif peut repasser à 14 € comme avant. Inclus dans Articket. Visites guidées en français le dim à 11h15 : 6 €.*

> ***Pour éviter les files d'attente*** très importantes en haute saison (dès les 1ers week-ends fériés et pendant les vacances scolaires), ***réservez sur le site internet officiel*** : c'est le même tarif. Encore plus valable pour les jours et horaires de gratuité, car le nombre de places est limité.

Installé dans un superbe ensemble de 5 palais médiévaux mitoyens communiquant entre eux (une réussite !), ce musée présente une collection fabuleuse retraçant une bonne partie de la carrière de Picasso, qui offrit pour l'occasion un millier d'œuvres, 3 ans avant sa mort en 1973. Un incontournable pour comprendre l'évolution de son travail.

« L'art est un mensonge qui nous permet de nous approcher de la vérité », disait Picasso. Ce qui est vrai, c'est qu'il est né à Málaga (Andalousie) le 25 octobre 1881 et que, tout petit déjà, il connut un destin extraordinaire : à sa naissance, on le crut mort-né. La sage-femme commençait même à se rhabiller, quand son oncle souffla dans le nez du bébé une bouffée de son infâme cigare, ce qui le fit tousser et pleurer ! Le père de Picasso, professeur de dessin à l'académie et peintre lui-même, lui apprit évidemment à dessiner. Une anecdote : durant le séjour de la famille à La Corogne (en Galice), peu avant Barcelone, constatant que l'adolescent peignait déjà mieux que lui, il lui offrit son chevalet, ses couleurs, ses pinceaux et sa palette... et ne toucha plus jamais à la peinture. À 14 ans, Picasso, génie précoce, entrait à l'école des beaux-arts. 2 ans plus tard, il peignait son 1er chef-d'œuvre, *Science et Charité...*



La visite commence par une exposition de ses œuvres de jeunesse avec pas mal de minuscules paysages sur bois. S'il n'est pas en tournée internationale, jetez un œil à la *Corrida,* un dessin exécuté à l'âge de 9 ans, mais aussi aux croquis, esquisses, sanguines, lavis, carnets de voyage. Où l'on s'aperçoit que Picasso savait rudement bien dessiner (comme quoi il faut maîtriser les règles pour pouvoir mieux les transgresser !). À la fin du XIXe s, il passe ostensiblement des paysages aux portraits. Plus loin, une étonnante *Première communion* (il n'a que 15 ans lorsqu'il la peint), d'un classicisme à la limite du style pompier, qui surprend après les tableaux consacrés au large et aux horizons.

Évidemment, on s'attardera devant le célèbre *Science et Charité (salle 3),* une œuvre qui marque l'apogée de son réalisme social et la fin de sa jeunesse picturale. En 1899, Picasso revient à Barcelone et prend part au mouvement avant-gardiste catalan en exposant pour la 1re fois l'année suivante au café *Quatre Gats*, toujours ouvert aujourd'hui (voir « Où boire un verre ? »). On constate alors que dans sa peinture les paysages passent derrière les fenêtres et que les visages s'effacent peu à peu... Voir notamment les superbes portraits de femmes comme *La Chata*, peinte au charbon, *La Nana,* composée à partir de touches de couleurs vives, ou encore *L'Attente (Margot).* Dans les salles suivantes, à partir de la salle 8, plusieurs chefs-d'œuvre de la période bleue, fortement influencée par Max Jacob et la lecture des grands poètes français (Rimbaud, Verlaine, Baudelaire), suivie de la période rose avec, notamment, le splendide *Portrait de Sebastià Junyent i Sans* et celui de *la Senyora Canals.* En 1916, Cocteau l'emmène voir les ballets russes et le pousse à un retour vers le classicisme. Cela donnera notamment *L'Arlequin*, un portrait du danseur et chorégraphe Léonide Massine (et aussi la rencontre de Picasso avec sa 1re épouse, Olga Kokhlova, danseuse).

## DES DEMOISELLES BIEN LÉGÈRES

*Contrairement à ce que tout le monde imagine, le célèbre tableau des* Demoiselles d'Avignon *(que l'on peut voir au MoMA à New York) n'a rien à voir avec la ville française. La toile cubiste qui révolutionna la peinture est en fait un vibrant hommage aux filles de joie de Barcelone qui travaillaient à l'époque dans la carrer d'Avinyó (Avignon en catalan), vieille rue du Barri Gòtic toute proche de l'un des ateliers du jeune Picasso...*

Mais ne manquez surtout pas les salles 12, 13 et 14, avec les extraordinaires variations et études sur *Les Ménines* de Velázquez (58 tableaux en noir et blanc ou en couleurs). Prévoyez d'y passer du temps pour tout détailler ! Après un coup d'œil aux céramiques réalisées à Vallauris (avec faunes, poissons, taureaux, hiboux et soleils), reposez-vous devant la série des *Pigeons* (*Los Pichones* ; salle 15), qui constitua une pause dans son travail sur *Les Ménines*. Enfin, saluez le *Portrait de Jacqueline* (salle 16) et le célèbre *Portrait de Jaume Sabartés,* l'ami de toujours de Picasso (et initiateur du musée), déguisé en grand d'Espagne. D'ailleurs, pensez à lever les yeux pour admirer les plafonds des salons, les délicates arcades des cours intérieures et les soubassements de la boutique. Car, tout de même, vous vous baladez dans certains des plus beaux palais de la ville.

➢ ***Carrer de Montcada :*** cette rue historique aligne de somptueuses demeures seigneuriales, vestiges bien conservés datant du XIII$^{e}$ au XVIII$^{e}$ s, époques où elle était l'une des rues les plus huppées de la ville, en particulier celles qui abritent le musée Picasso et le musée ethnologique. Si on a la chance de trouver la porte ouverte, au n° 20, le *palau Dalmases* présente un splendide escalier d'honneur sculpté de style baroque et héberge un café au décor naturaliste (ouvert le soir : voir plus haut « Où boire un verre ? »). Juste à côté, jetez un œil à la *Galerie Montcada (mar-sam 11h-20h, dim 11h-16h)* qui vend des originaux de Picasso, Tapiès, Miró ou encore Dalì. Peut-être aurez-vous également la chance de pouvoir voir le n° 25, avec sa façade gothique, qui abrite la maison des *Comtes de Santa Coloma* (ou *maison Cervelló)* avec une magnifique cour à galerie ogivale du XV$^{e}$ s.
À pied, vous ferez de délicieuses découvertes architecturales comme les ***passages voûtés*** en face de la basilique *Santa María del Mar*, l'immeuble de la petite ***plaça de les Olles*** avec son *bow-window* ou encore le séduisant ***passeig del Born,*** avec ses agréables terrasses en journée (qui se « branchisent » la nuit) et ses bars de nuit. Sur ce *passeig* se déroulaient les tournois de chevaliers au Moyen Âge. Au n° 17, une demeure typique du XIV$^{e}$ s.

***Basílica Santa María del Mar*** (zoom détachable G5) **:** *pl. Santa María. Au bout de la c/ de Montcada. ● santamariadelmarbarcelona.org ● Tlj 13h (14h dim)-17h. Église ouv 9h (10h dim)-20h30. Accès libre pdt les offices religieux, bien sûr, mais en silence (lun-sam 9h-12h, 17h-20h30 ; dim et j. fériés 10h-14h, 17h-20h30). Visite tlj 12h-17h. Entrée : 5 € pour l'église, les tribunes et la crypte ; 10 € (15 € pour 2 pers) avec en plus les tours et la terrasse.* Un des plus beaux exemples du style gothique catalan (XIV$^{e}$ s), qui vit passer Ignace de Loyola lorsqu'il étudiait à Barcelone. C'est d'ailleurs le seul, à Barcelone, à afficher une unité de style si remarquable. Une prouesse technique rendue possible par la courte durée du chantier, à peine 55 ans, financé par les commerçants du quartier et les marins. Elle est bâtie sur une ancienne église paroissiale du X$^{e}$ s. La sobriété de l'architecture étonne. Lignes simplifiées, les surfaces planes de la façade donnent de la grandeur à l'édifice, de la sérénité. Façade ouest, porche magnifique qu'encadrent de gracieuses tours octogonales. Admirable rosace de style gothique flamboyant du XV$^{e}$ s, reconstruite après le tremblement de terre qui, au siècle précédent, inclina l'une des tours de 16 cm...
À l'intérieur, même unité de style, même sentiment d'absolu. Seules quelques colonnes très espacées sont là pour soutenir l'immense voûte. Depuis les tribunes, joli point de vue sur les pilastres et les voûtes. Notez les beaux vitraux du *Jugement dernier* et ceux du *Couronnement de la Vierge* dans la rosace. Des terrasses, vue spectaculaire sur le quartier. Une de nos églises préférées.

### LE *FÚTBALL*, C'EST SACRÉ !

*En entrant à droite dans la basilique, les fans de foot trouveront un mini-blason du FC Barcelona caché au bas d'un vitrail. Une façon de remercier le président du club, qui subventionna la restauration d'un autre vitrail dans les années 1960.*

***El Born – Centre de Cultura i Memòria*** (zoom détachable G5) **:** *pl. Comercial, 12. ☎ 93-256-68-51 ou 50 (pour les résa). ● elbornculturaimemoria.barcelona.cat ● Mar-dim 10h-20h (nov-fév, mar-sam 19h, dim 20h). Fermé lun, 1$^{er}$ janv,*

BARCELONE

*1er mai, 24 juin et 25-26 déc. Entrée : gratuit pour les vestiges exposés (audioguide payant en français) ; expo permanente 4 € ; réduc ; gratuit - de 8 ans. Visites guidées thématiques (4 €/pers, voir site internet pour la programmation ; en catalan, espagnol ou anglais).* Inspiré du Mémorial de Caen, le récent Born Centre de Cultura i Memòria a pris place dans cette superbe halle toute de fer, de brique rouge et de verre (et de bois pour les pare-soleil), élevée en 1876 sur l'emplacement du marché central de la ville qui existait depuis l'époque médiévale. Une nouvelle vie après plusieurs décennies de fermeture. Il faut dire que la rénovation a mis au jour de sacrés vestiges archéologiques, qui ont d'une part retardé les travaux, d'autre part amené les autorités (et les gens du quartier, très impliqués dans sa sauvegarde) à repenser complètement le projet.

Le résultat ? Un centre culturel ouvert sur la ville, conçu comme une rue semi-couverte, qui a conservé sa belle structure XIXe s au-dessus des vestiges de la Barcelone du XVIIe s. Une ville prospère qui souffrit de 11 mois de siège en 1714, au tournant du XVIIe et du XVIIIe s, contre Philippe V d'Espagne, secondé par la France, qui remporte la ville et met ainsi fin à la guerre de Succession d'Espagne. Les vestiges dégagés par les fouilles mettent au grand jour les fondations et quelques pans de murs de plus de 55 maisons, dont une taverne, un *hostal,* et de nombreuses boutiques d'artisans, incluant les rues, le tout parfaitement visible. La qualité de préservation de ces vestiges est due au fait que, après la guerre, tout le quartier a été détruit à coups de canon, puis enseveli sous le sable par les vainqueurs. Le rez-de-chaussée accueille des salles d'exposition modernes. L'expo permanente, « *Barcelona 1700. De les pedres a les personnes* » (« Barcelone en 1700. Des pierres aux hommes »), évoque le quotidien des Barcelonais d'alors à travers plus de 1 800 objets issus des fouilles, et complète le parcours en galerie organisé au-dessus des vestiges. Les autres espaces sont dédiés aux expositions temporaires, et de grandes salles ont été prévues pour accueillir conférences, concerts, petits spectacles...

***Museu de la Xocolata*** *(musée du Chocolat ; zoom détachable G5)* **:** *c/ Comerç, 36. ☎ 93-268-78-78. ● museuxocolata.cat ● Lun-sam 10h-19h (jusqu'à 20h de mi-juin à mi-sept), dim et j. fériés 10h-15h. Fermé 1er et 6 janv, et 25-26 déc. Entrée : 6 € (le billet est une plaque de chocolat) ; réduc ; gratuit - de 7 ans.* Un petit musée qui dépend d'une école de pâtisserie. Pour tout savoir ou presque sur le chocolat... On y apprend, par exemple, que les Mayas utilisaient les fèves comme monnaie d'échange. Et que si les moines cisterciens ont une vieille tradition de chocolatiers, c'est que les 1res fèves (accompagnées de la recette de fabrication) furent envoyées par bateau vers le Vieux Continent et adressées par le frère Jerónimo de Aguilar, compagnon du conquistador Hernán Cortés, au monastère cistercien de Piedra, en Aragón. Nombreux panneaux explicatifs (la plupart en français) et bornes interactives, ainsi que quelques diaporamas. Mais ce qui ravira les plus jeunes, ce sont les nombreuses maquettes en chocolat, résultat de concours nationaux et internationaux : la Sagrada Família, Don Quijote, la pietà de Michel-Ange, mais aussi des scènes d'*Astérix,* de *Lucky Luke* ou de *Tintin* !

Également une ***boutique-cafétéria*** *(mêmes horaires que le musée)* où se repaître de... chocolat, bien sûr !

***Parc de la Ciutadella*** *(centre détachable G-H5-6)* **:** *au nord-est de la Ribera. Ⓜ Arc-de-Triomf, Barceloneta ou Ciutadella. Tlj de 10h-22h30.* Un des plus grands parcs de la ville, dessiné et pensé comme un « poumon vert » par Josep Fontserè à partir de 1870. Et un lieu symbolique, parce qu'il a remplacé la citadelle édifiée par Philippe V pour surveiller les Barcelonais, coupables de s'être rangés aux côtés de ses ennemis, espace rendu aux Barcelonais après la révolution de Septembre 1868. Parmi les édifices construits à l'occasion de l'Exposition universelle en 1888, 3 ont été conservés : un arc de triomphe, une belle cascade monumentale conçue entre autres par Gaudí (alors jeune étudiant) et le *castell dels Tres Dragons* (château des Trois Dragons), œuvre moderniste toute de briques imaginée par Domènech I Montaner, autre architecte moderniste. Le parc

BARCELONE

est orné de belles allées plantées de palmiers, de bosquets soigneusement taillés, d'espaces verts et de parterres fleuris, le tout agencé d'une manière très conformiste. Au hasard de ces allées, on tombe aussi sur un jardin d'enfants avec une ludothèque, un zoo et un petit lac pour faire du canotage. C'est l'endroit rêvé pour une sieste ou un pique-nique.

***Le zoo*** *(centre détachable H6)* **:** *☎ 902-457-545. • zoobarcelona.cat • Ⓜ Ciutadella. Tlj : de mi-mai à mi-sept, 10h-20h ; d'avr à mi-mai et de mi-sept à fin oct, 10h-19h ; nov-mars, 10h-17h30. Fermeture des caisses 1h avt (30 mn nov-mars). Tlj, spectacles de dauphins (inclus dans l'entrée) à 11h30, 13h30 et 16h30 ; durée : 20 mn. Entrée : 21,40 € ; 12,95 € 3-12 ans ; 10,50 € plus de 65 ans ; réduc ; gratuit - de 3 ans.* Cher mais immense. Il faut plusieurs heures pour faire le tour de cet espace vert très ombragé, émaillé de plans d'eau, de vraies-fausses montagnes et de volières. Quant aux animaux, beaucoup d'espèces originaires d'Amérique latine (condor, ñandú, guanaco, capibará, jaguar...), une vaste section des singes (celle des gorilles fait toujours l'unanimité !), des éléphants, des girafes, des tigres, et même, beaucoup plus rares, des dragons de Komodo (sorte de varans, rares en Europe) et un petit panda rouge. Bonne signalétique en catalan, en castillan et en anglais, et partout des cafés et autres snacks.



# LA BARCELONETA

• Centre détachable E-H6-7

**Au sud du parc de la Ciutadella, un quartier construit au XVIIIe s par le génie militaire, ce qui explique le plan rigoureux des rues et l'uniformité des immeubles. Longtemps habitée exclusivement par les marins et les pêcheurs, la Barceloneta est aujourd'hui considérée comme un secteur privilégié, un morceau de choix pour ceux qui recherchent la proximité à la fois des transports et de la plage. La population s'est par conséquent panachée, embourgeoisée... sans perdre complètement son caractère populaire. Même si les prix du mètre carré atteignent désormais des sommets et en font l'un des quartiers les plus chers de la ville, on trouve toujours de bons vieux petits bistrots et des magasins d'articles de pêche, le long d'étroites ruelles très méditerranéennes où le linge pend aux fenêtres.**

### SOUS LES PAVÉS, LA PLAGE !

*Tout l'est du quartier de la Barceloneta, après avoir été réaménagé en Village olympique, a été converti en résidences... les pieds dans l'eau. À l'entrée, c'est le port de plaisance : une preuve supplémentaire de la réussite totale des rénovations olympiques. Ensuite, une longue promenade maritime le long des plages (baignades). On se croirait sur la Riviera !*

## Où manger des tapas ?

### Assis ou debout

***La Cova Fumada*** *(centre détachable G6-7,* ***181****)* **:** *c/ Baluard, 56. ☎ 93-221-40-61. Ⓜ Barceloneta. Lun-sam 9h-15h20 (13h20 sam), plus jeu-ven 18h-20h20. Fermé dim et j. fériés et 1 mois fin juil-fin août. Bombas 2-3 € ; repas 15-20 €.* Ce bar sans enseigne (c'est inutile, il est connu comme le loup blanc) est une relique dans son genre : passé les portes de guingois, on distingue un comptoir sans âge, la cuisine où grillent sardines, calamars et autres poulpes ultra-frais, et une poignée de tables bancales. L'atmosphère est aussi chaleureuse que bruyante, les serveurs écrivent l'addition directement sur le zinc, et les habitués se régalent de délicieuses tapas, le verre à la main. Plus authentique, y a pas !

**Jai-Ca** *(centre détachable G6,* ***195****) : c/ Ginebra, 13. ☎ 93-268-32-65. • comunicacio@barjaica.com • Ⓜ Barceloneta. Tlj 9h-23h30. Tapas et plats 4-14 €.* Une adresse familiale à l'ancienne, bien typique de la Barceloneta, avec sa petite terrasse stratégiquement posée à un angle de rue. On y sert (depuis 1955 !) des tapas traditionnelles simples mais fort bien cuisinées : petites gambas frites, fruits de mer *a la plancha* d'un excellent rapport qualité-prix... Mais la vraie spécialité, c'est *la anchoa con raspa,* un anchois mariné et son arête qu'on vous apporte dans un 2ᵉ temps, toute grillée. Annexe plus récente au 9 de la rue : même cuisine, mêmes tarifs !

**Bar Angel** *(zoom détachable G6,* ***178****) : c/ Ocata, 2 bis. ☎ 93-269-04-93. Tlj sauf dim et lun midi, 13h30-16h, 20h30-minuit. Congés : 3 sem en août et fêtes de fin d'année. Tapas 5-12 €.* À 2 pas de l'*Estació de Francia,* bien caché derrière sa porte coulissante, tout en profondeur le long de son long zinc, un bar à tapas (plutôt à *raciones,* d'ailleurs, vu leur taille) comme on les aime, qui travaille de manière traditionnelle des produits locaux de saison soigneusement choisis. N'hésitez pas à vous laisser guider par la grande gentillesse du service. Impeccable pour découvrir le terroir régional.

**Cal Chusco** *(centre détachable G7,* ***142****) : c/ Almirall Aixada, 5. 637-01-00-10. • calchusco@gmail.com • Ⓜ Barceloneta. Tlj sauf jeu 8h30-22h30. Congés : nov. Menu déj en sem 12,50 € ; tapas 5-7,50 € ; paellas 15 € (min 2 pers). Digestif offert sur présentation de ce guide.* À 2 pas du port, une petite taverne très populaire. Le patron affirme que la cuisine de sa femme est la meilleure du monde... sans conteste du pâté de maisons ! Quoi qu'il en soit, on y mange de bonnes tapas très classiques dans une ambiance conviviale. Paella sur commande. Une adresse haute en couleur.

**La Violeta** *(centre détachable G6-7,* ***181****) : c/ Baluard, 58 (angle c/ de Sant Carles). ☎ 93-221-95-81. • hola@barlavioleta.com • Ⓜ Barceloneta. Ouv lun et ven 18h-22h45, sam 13h-22h45 et dim 13h-17h45. Tapas 6-11 € (supplément en terrasse).* Un héraut du vin naturel, des produits bios et de proximité : c'est écrit en gros sur les portes ! Moins cher que le *Somorrostro* (voir plus loin « Où manger au resto ? »), lui aussi sous la houlette du chef Jordi Limón, cet établissement offre un choix de tapas et de petits plats comme le *ceviche*. On se laisse volontiers tenté en investissant la terrasse de la très populaire place du marché de la Barceloneta.

## Où manger au resto ?

Entre la ville et la plage, on aime bien ce quartier un peu à part pour son atmosphère encore populaire. On y goûte les *bombas,* spécialité strictement locale, boulettes plutôt épicées de pomme de terre et de viande hachée.

### De bon marché à prix moyens (10-25 €)

**Can Maño** *(centre détachable G6,* ***271****) : c/ Baluard, 12. 696-16-53-03. Ⓜ Barceloneta. Mar-sam 13h-16h. Congés : août. Repas 8-12 €.* La *fonda* de quartier dans son jus ; 2 salles minuscules baignées de néon, où s'entassent le comptoir, des tables en Formica et la cuisine dans l'arrière-boutique. Patrons avenants et affairés, servant une cuisine sans chichis faite de *platos combinados,* poissons et autres calmars du jour que l'on vous détaillera oralement, salades et légumes frais ou grillés, en version tapas pour certains.

**La Bombeta** *(centre détachable G6,* ***232****) : c/ de la Maquinista,*

*3. ☎ 93-319-94-45. Tlj sauf mer 12h-minuit. Tapas 4-15 €.* Ce vieux bistrot n'a rien perdu de son cachet. Le comptoir n'est pratiquement plus accessible à cause des tables qui le bordent. On y mange une cuisine simple, honnêtement préparée (dont, on s'en douterait vu l'enseigne, des *bombas*). Autre adresse dans le quartier *(passeig Juan de Borbó, 19).*

## De chic à très chic (de 25 à plus de 40 €)

**Somorrostro** *(centre détachable G6-7,* ***99****) : c/ de Sant Carles, 11. ☎ 93-225-00-10. • hola@restaurantesomorrostro.com • Ⓜ Barceloneta. Tlj 13h-23h. Tapas 8-10 €, repas 35-45 €.* On boit plutôt à la ***Violeta*** (voir plus haut « Où manger des tapas ? »), mais on dîne plutôt ici. Jordi Limón, le même chef, y propose des associations plus audacieuses, une cuisine toute en légèreté, essentiellement à base de produits de la mer (sans blague...), et des vins bio, dans une salle claire et sobre avec cuisine ouverte. Attention, l'addition s'envole vite.

**Xup-Xup** *(centre détachable G7,* ***238****) : passeig Marítim de la Barceloneta, s/n. ☎ 93-224-03-53. • info@xupxuprestaurant.com • Accès par la promenade, sous les arcades, à même la plage. Ⓜ Ciutadella ou Barceloneta. Mar-jeu 12h30-16h30, ven-sam jusqu'à 23h et dim 18h. Fermé lun. Menu midi mar-ven 22 € (+ 10 % en terrasse) ; tapas et plats 11-25 €.* Un resto de plage les pieds dans le sable. On paie bien sûr la vue sur la mer plutôt que la déco, somme toute assez désuète. La cuisine, très classique, tient cependant la route. Service aimable, couverture pour les soirs venteux.

BARCELONE

## Où prendre le petit déjeuner ?
## Où manger une pâtisserie ?

**Baluard** *(centre détachable G6,* ***326****) : c/ Baluard, 38-40. ☎ 93-221-12-08. • info@baluardbarceloneta.com • Ⓜ Barceloneta. Tlj sauf dim et j. fériés 7h30-20h30.* Avec ce fournil bien visible derrière les baies vitrées, on n'a aucun doute sur la provenance du pain : préparé sur place avec principalement des produits bio. Aux céréales, aux olives... il n'y a que l'embarras du choix si l'on projette un pique-nique à la plage (d'autant que le marché est juste à côté). Pour le 4-heures, optez sans hésiter pour les bons pains au chocolat ou pour les madeleines aux fruits ! Autre adresse dans l'Eixample (à l'*Hôtel Praktik Bakery,* voir « Où dormir ? ») avec un petit coin cosy où se poser.

## Où boire un verre ?

### Tôt ou tard

**Ké ?** *(centre détachable G6-7,* ***397****) : c/ del Baluard, 54. ☎ 93-224-15-88. Ⓜ Barceloneta. Tlj 10h-2h.* Le genre de bar simplement sympa (et un peu alternatif) qui remplit son office à n'importe quelle heure. En journée, on profite sur la terrasse de l'animation de la place du marché, en soirée, on fraternise dans les 2 petites salles colorées et chaleureuses, décorées avec un peu de tout et des tableaux noirs que les hispanophones prendront la peine de lire... Sur la même place du marché où les gamins jouent au foot en fin de journée, on peut aussi opter pour un verre en terrasse à ***El Mercat*** ou au ***Marisma.***

**Absenta** *(centre détachable G7,* ***403****) : c/ de Sant Carles, 36. ☎ 93-221-36-38. • antic.absenta@gmail.com • Ⓜ Barceloneta. Tlj sauf mar 18h (15h le w-e)-2h (3h ven-sam).* Photogénique à souhait, ce minuscule bar à l'ancienne, meublé de bric et de broc, se distingue par son amour de la fée verte ! Des vitrines présentent tout le matériel nécessaire à la préparation de l'absinthe, les rayonnages sont garnis de bouteilles, et les amateurs peuvent même acheter la production maison ! Cela dit, la plupart des visiteurs préfèrent des cocktails très classiques, qu'ils savourent autour du bar central, assis sur un tonneau, accoudés au vieux poêle ou sur la belle terrasse.

**La Fresca** *(centre détachable G6, **369**) : c/ de la Maquinista, 8. ☎ 93-312-36-02. Ⓜ Barceloneta. Mer-jeu 9h-20h, ven 9h-23h, w-e 12h-23h ; fermé lun-mar.* Ce petit bar permet de prendre le pouls du quartier et en particulier de la carrer de la Maquinista, animée et fréquentée par une gentille faune désargentée. Pour les amateurs d'authenticité locale, on peut également boire un verre un peu plus loin à ***La Platjeta***, un vieux rade qui a ses habitués. En revanche, on n'y mange pas ou alors juste quelques tapas. Pour l'ambiance.

**Le Bar du W** *(hors plan centre détachable par E7, **378**) : pl. de la Rosa dels Vents, 1. ☎ 93-295-28-00. Tlj 13h-2h30 (3h w-e).* C'est le bar lounge de l'hôtel *W,* réalisé par Ricardo Bofill à l'extrémité de la pointe de la Barceloneta. Un immense bar hyper design et tendance, dont les larges baies vitrées ouvrent sur une vaste terrasse et la piscine. En surplomb de la plage, la vue est exceptionnelle ! Dès que la nuit tombe, le lieu prend des allures d'immense boîte de nuit à ciel ouvert, où il est difficile de se frayer un chemin tellement il y a de monde... Nombreux shows et soirées thématiques.

## La tournée des boîtes

### *Sur le Port olympique*
*(plan détachable centre H6)*

*➢ Pour s'y rendre, Ⓜ Ciutadella-Vila-Olímpica.*

Pas tout à fait à la Barceloneta mais dans le prolongement de ses plages, en allant vers le nord. Le paradis des clubbers m'as-tu-vu ! On aime ou pas, mais on peut y aller rien que pour le spectacle : une bonne vingtaine de bars d'envergure s'alignent comme à la parade sur le *mol del Mestral.* Chacun de ces bars (tous les jours jusqu'à 5h en temps normal) est une boîte de nuit à lui seul, et il y en a pour tous les goûts : rock, rap, techno, salsa... Avec une telle concentration d'endroits, de couleurs, de bruits différents et une ambiance saturée, c'est un des lieux où la drague est reine. Et les prix élevés ! Chacun de ces bars possède une terrasse où l'on peut prendre un verre plus tranquillement, face à la plage ou au port, tout en continuant d'observer le flot continu des fêtards de tout poil, qui ne s'arrête qu'au petit jour. Là encore, pas de parano, mais la zone étant très touristique, il vaut mieux faire attention la nuit autour de la plaça dels Voluntaris : quelques vols et agressions ont été signalés.

***Club Cat Walk*** *(centre détachable H6, **448**) : c/ Ramón Trias Fargas, 2-4. ☎ 93-224-07-40. • info@clubcatwalk.net • clubcatwalk.net • Entrée au niveau de la baleine. Mer-dim 23h-6h. Entrée : 15-20 €.* Grande boîte sur 2 niveaux, où les *beats* entraînent une foule hétéroclite en quête de paraître. Clientèle jeune et internationale, tenue soignée mais très courte de rigueur ; bref, l'archétype de la boîte commerciale, avec des tarifs élevés et un service plus que passable, mais bon, ça marche ! Super terrasse pour reprendre son souffle... à condition de pouvoir y accéder.

Juste à côté *(centre détachable H6-7, **449**)*, un peu plus sélect et à la programmation plus recherchée, le **CDLC** *(passeig Marítim, 32 ; • info@cdlcbarcelona.com • cdlcbarcelona.com •). Tlj 20h-3h (6h pour Opium Mar).* Vaste club à l'intérieur soigné, une grande piste et une terrasse face à plage qui draine une foule de clubbers. Cher, mais une valeur sûre. On peut encore préférer l'atmosphère asiatique branchée du ***Shôko*** *(passeig Marítim, 36 ; • shoko@shoko.biz • shoko.biz •),* dont la programmation très commerciale rend fébriles les aficionados, à moins de tenter l'expérience marrante du ***Ice Barcelona*** *(passeig Marítim,*

*38 ; • icebarcelona.com •).* Pour ce dernier, même concept que ses homologues, comme celui de Londres par exemple : on enfile une doudoune et des gants, et on entre dans une glacière à - 5 °C le temps d'avaler une vodka et de se dire qu'on va vite retourner danser au chaud ! À faire une fois.

## Achats

### Les marchés

***Mercat de la Barceloneta*** *(centre détachable G6) : pl. Poeta-Bosca, 1. Ⓜ Barceloneta. Lun-sam 7h30-14h.* Typique de la ville avec son architecture métallique XIXe s revisitée au début du XXIe s, et tout aussi typique du quartier avec ses produits de la mer.



## À voir

Après avoir parcouru le passeig Joan de Borbó, se diriger vers le ***moll dels Pescadors*** (marché de poisson en gros). La carrer de l'Almirall Aixada mène ensuite à la ***plage de la Barceloneta*** *(centre détachable H7),* où s'étirent de nombreux restos de fruits de mer, avec des terrasses presque sur le sable. Signe du renouveau du quartier, la pointe de la plage de *San Sebastià* est occupée par l'énorme hôtel de luxe *W* aux intérieurs dessinés par Starck, et dont la silhouette étincelante se dresse comme un aileron (ou une voile ?) sur l'horizon. Juste en face, immanquable également, le siège de *Desigual* signé Ricardo Boffil.

- Au retour, possibilité de regagner le portal de la Pau ou le moll de la Fusta en *golondrina* (bateau-mouche).
- ***Aeri del Port*** *(téléphérique à destination de Montjuïc) : départ de la tour de San Sebastià (centre détachable F7), sur le port. Voir plus loin « Comment aller à Montjuïc ? ».*

***Museu d'Història de Catalunya*** *(musée d'Histoire de la Catalogne ; centre détachable G6) : pl. de Pau Vila, 3. ☎ 93-225-47-00. • mhcat.cat • Ⓜ Barceloneta. ♿ Mar-sam 10h-19h (20h mer) ; dim et j. fériés 10h-14h30. Fermé lun (sauf j. fériés), 1er et 6 janv, 1er et 18 mai, 1er juin et 25-26 déc. Entrée : 6 € ; expo temporaire 4 € ; billet expos permanente + temporaire 8 € ; réduc ; gratuit - de 16 ans, et pour ts le 1er dim du mois 10h-14h30, ainsi que 12 fév, 23 avr, 16 et 17 mai, 23 juil, 11 sept mat et 24 sept. À l'entrée, livret explicatif en français, et audioguide téléchargeable.* Ce musée très didactique occupe depuis 1996 l'ancien entrepôt en briques du *palau de Mar* construit en 1901, bel exemple d'architecture portuaire. L'objectif du musée : rien moins que de raconter ***toute l'histoire de la Catalogne,*** de la préhistoire à l'après-Franco, en passant par la romanisation, la période médiévale riche en rebondissements, l'apparition d'une nouvelle bourgeoisie liée à l'industrialisation et la construction de l'Eixample. La visite aborde tous les aspects de l'histoire, géologique, technologique, sociale, économique, politique... Elle illustre de manière précise le particularisme catalan (culturel, politique...) et explique clairement les relations tumultueuses avec le pouvoir espagnol selon les époques. C'est un pari plutôt réussi, grâce à une ***muséographie thématique et ludique :*** documents audiovisuels et multimédias, reconstitutions grandeur nature (habitat de l'âge du bronze, chapelle, abri contre les bombardements...), maquettes, etc. Hors période de Covid, chaque salle réserve une surprise : on peut moudre du grain comme le faisaient les Celtibères, manœuvrer une noria d'irrigation, monter à cheval comme les chevaliers, manipuler un mousquet ou revêtir une armure complète. C'est en résumé une bonne introduction à la découverte de la région, donc une visite à faire en famille en début de séjour.

- Également une ***médiathèque,*** un auditorium, des expos temporaires de bonne facture, et une cafétéria-restaurant, le ***1881 per Sagardi*** *(☎ 93-221-00-50 ; tlj*

*10h-minuit),* tout en haut sur la terrasse, avec une superbe vue sur le port et la ville. On peut profiter de la terrasse, au coucher du soleil, pour un simple cocktail, mais gare au vent dans les voiles !

***Casa de la Barceloneta 1761*** *(centre détachable G6-7)* **:** *c/ de Sant Carles, 6. ☎ 93-688-49-56. Mar et jeu : 10h-13h, 16h-21h ; mer et ven 16h-21h ; sam 10h-14h. Fermé dim-lun et j. fériés. GRATUIT.* Une des rares petites maisons de la Barceloneta à ne pas avoir pris des étages au fil des siècles. Rénovée, elle est devenue un centre d'animation municipal, ouvert à tous. Au rez-de-chaussée, des panneaux reprennent l'histoire de l'urbanisme du quartier. Rien en français, mais les schémas sont plutôt clairs. À l'étage, expo temporaire sur des sujets choisis par les locaux pour les locaux. Pas inintéressant pour les autres pour autant.

La ***plage de la Barceloneta*** *(centre détachable H7)* est la plus proche du centre, donc ne pensez pas être tout seul à y étaler votre serviette. Plus qu'animée en été (avec vendeurs ambulants, masseurs, etc.) et ambiance plutôt jeune. Et si la baignade est surveillée, vos affaires ne le sont pas... Entre la plaça del Mar et l'immanquable hôtel *W* s'étend la ***plage de Sant Sebastiá,*** la plus grande de la ville mais pas la moins fréquentée, là encore. Attention aux méduses en été (mais leur présence est, en principe, annoncée par haut-parleur).



# LE PORT VELL

• Centre détachable E-F6

**Ce « vieux port » n'en a plus que le nom tant il est, à l'image de Barcelone, en constante transformation. Après l'aménagement du moll d'Espanya, avec la construction du vaste centre commercial *Maremagnum,* de l'aquarium, du complexe *ciné Imax* (programmation de films en 3D...) et la création d'un *World Trade Center,* à la fois centre d'affaires et gare maritime pour les Baléares, c'est aujourd'hui le port de plaisance qui fait peau neuve. Ces nouveaux aménagements laissent une large place à la flânerie : zones piétonnes ombragées de palmiers, promenades aménagées agrémentées de sculptures (dont la *Cap de Barcelona* – « Visage de Barcelone » – de Roy Lichtenstein, commandée pour les J.O. de 1992) et larges passerelles vers le moll d'Espanya.**

## Où manger au resto ?

Face au port, le *palau de Mar,* ancien entrepôt des douanes, rénové avec goût, abrite entre ses arcades quelques restos chicos.

### Très chic (plus de 40 €)

***La Gavina*** *(centre détachable G6,* ***265****)* **:** *pl. Pau Vila, 1. ☎ 93-221-05-95. • reservas@lagavina.es • Ⓜ Barceloneta. ♿ Au pied du* palau del Mar, *sous les arcades. Tlj 12h-23h30. Menu du jour en sem env 25 € (sans boisson), puis 38-90 € ; plats 10-40 €. Verre de cava offert sur présentation de ce guide.* Un classique. La présentation et le service justifient les prix, d'autant que la vaste terrasse face au port, à l'écart de la circulation, est très agréable. Entrées fraîches, poissons et fruits de mer de la Méditerranée bien préparés et bonnes paellas, dont la recette originale de la « casserole ».

***Merendero de la Mari*** *(centre détachable G6,* ***266****)* **:** *pl. Pau Vila, 1.*

*☎ 93-221-31-41. • restaurant@merenderodelamari.com • Ⓜ Barceloneta. ♿ Tlj sauf dim ap-m et lun, 12h30-16h, 19h30-23h. Plats 23-59 €, repas 40-60 €.* Le *Merendero* possède une immense et belle terrasse, et une jolie salle intérieure design et feutrée. Cuisine classique et honnête : paellas, *fideuà, arròs negre*... Service pro.

## À voir

**Las Golondrinas** *(bateau touristique ; centre détachable E6)* **:** *sur le port, au portal de la Pau, au niveau de la colonne de Christophe Colomb. ☎ 93-442-31-06. • lasgolondrinas.com • Ⓜ Drassanes. Service réduit pour Covid, sinon tlj 10h-17h l'hiver et jusqu'à 20h l'été. Fermé déc-fin janv. Au moins 2 circuits au choix : le port en 40 mn (10-15 départs/j. l'été ; 7,70 €, réduc) ; le port et le littoral en 1h (6-7 départs/j. l'été, un peu moins hors saison ; 9,50 €). Le tour sur le port est inclus dans la* Barcelona Card *et réduc pour le tour du littoral.* Cette compagnie de vedettes organise des sorties dans le port de Barcelone.

**Mirador de Colom** *(tour de Christophe Colomb ; centre détachable E6)* **:** *sur la pl. Portal de la Pau. Tlj 8h30-20h30 (19h30 oct-fév ; 20h pour l'ascenseur). Fermé 1er janv et 25 déc. Billet : 6 € ; réduc ; gratuit - de 4 ans.* Le mirador de Colom, dont les 205 tonnes furent dressées en 1888 (puis restaurées au début des années 1980), offre un panorama exceptionnel sur le port, les collines, la Rambla et la topographie générale de la ville. Un ascenseur à 5 places grimpe 51 m jusqu'à une étroite terrasse vitrée au sommet de cette colonne de bronze et acier, coiffée d'une sculpture de Christophe Colomb, trônant à 62 m de hauteur. Le célèbre navigateur indique de façon vigoureuse la route des Indes de sa main droite, et tient une carte de navigation de sa main gauche. Après son 1er voyage au cours duquel il découvrit un nouveau continent (l'Amérique), « l'amiral de la mer Océane » revint en Espagne en 1493 et se déplaça jusqu'à Barcelone pour faire son rapport aux souverains – Isabelle de Castille et Ferdinand d'Aragon – qui avaient financé son voyage. Les routards sujets au vertige se contenteront de faire le tour de la colonne. Les bas-reliefs racontent différentes scènes de la vie du navigateur. Les statues, quant à elles, représentent les personnages catalans qui ont un rapport direct – ou indirect – avec la découverte et la colonisation de l'Amérique. Enfin, les médaillons en bronze, pendus par des chaînes, sont les effigies de profil des principaux hauts personnages de la découverte. On aperçoit donc, entre autres, le roi Ferdinand II, Isabelle de Castille, le frère Antonio de Marchena du couvent de La Rabida (en Andalousie)...

### LA *CARAVELLE*, UN BATEAU MAL FICHU

*Cette coquille de noix était lourde, trapue et bien peu maniable. Son tonnage faible ne lui permettait d'emporter que peu de marchandises. Petite (à peine 20 m de long), elle ne transportait qu'une vingtaine de marins. Haute sur l'eau, elle était instable et sensible aux tempêtes. Et, pourtant, elle permit les plus grandes découvertes !*

**Museu marítim (MMB** – *Musée maritime ; centre et zoom détachables E6)* **:** *avda Drassanes. ☎ 93-342-99-20. • mmb.cat • Ⓜ Drassanes. ♿ Au pied du mirador de Colom. Tlj 10h-19h (dernière entrée à 18h). Fermé 1er et 6 janv, et 25-26 déc. Entrée : 10 € (goélette Santa Eulàlia inclus ; voir ci-après) ; réduc étudiants de - de 25 ans, plus de 65 ans, etc. ; gratuit - de 17 ans, et pour ts le dim à partir de 15h (sauf j. fériés), ainsi que 18 mai et 24 sept.* Musée installé dans les anciens chantiers navals de Barcelone, qui ont réussi à traverser le temps

depuis le XIIIe s sans dommages (les seuls en Europe). À la fin du XIXe s, les autorités de l'époque voulurent détruire ces merveilles d'architecture. Heureusement, une forte mobilisation les sauva, et le musée fut inauguré en 1941.
Cadre évidemment unique (et superbement rénové) pour ce musée aux si riches collections qu'elles ne sont plus présentées (pour l'instant) qu'à travers des expositions temporaires (vraiment remarquables !). En permanence, quand même, quelques bateaux comme ces *pirogues des Philippines et de Guinée équatoriale* ou un joli catamaran catalan tout en bois de 1920. Bien présente également (il serait difficile de déplacer cette galère longue de 60 m), l'impressionnante réplique de la *Real,* vaisseau amiral de la bataille de Lépante en 1751. On pourra, enfin, suivre la lente restauration d'une petite frégate modèle Barcelona, de la 2de moitié du XIXe s, un vrai travail d'orfèvre.

À la sortie, ***boutique*** et un bon ***bar-resto,*** le ***Norai Raval,*** avec une très agréable terrasse sous les orangers *(tlj 10h-20h)* agrémentée de quelques répliques de bateaux également.

BARCELONE

***La goélette Santa Eulàlia*** *(centre détachable F6)* **:** *moll de la Fusta ; à 2 pas du Museu marítim, au pied du mirador de Colom. Mar-dim 10h-13h30, 14h30-20h (17h30 nov-mars). Fermé lun, 1er et 6 janv, et 25-26 déc. Billet inclus dans l'entrée du Museu marítim, ou entrée seule : 3 €. À noter : il arrive que le bateau parte en navigation en juil. Possibilité d'embarquer sam à 10h sur résa (☎ 93-342-99-29 ; • reserves@mmb.cat • ; jusqu'à 3-4 mois de liste d'attente – et suspendu pour Covid).* Construite en 1918 à Torrevieja, la *Santa Eulàlia* mérite une visite. Après avoir été une goélette de soutien aux travaux sous-marins, ce fier 3-mâts a été superbement restauré par le Musée maritime, pour le plaisir des plus petits et des plus grands.

***Aquàrium*** *(centre détachable F6)* **:** *moll d'Espanya. ☎ 93-221-74-74. • aquariumbcn.com • Ⓜ Drassanes ou Barceloneta. Jeu-ven 11h-18h, sam 10h-20h, dim et j. fériés 10h-19h. Hors saison en période Covid, ouv seulement le w-e. Entrée : 21 € ; 8 € 3-4 ans ; 16 € 5-10 ans. Profitez d'une réduc de 3 €/pers sur présentation de ce guide à la caisse d'entrée de l'Aquàrium.* Ce vaste aquarium, surtout connu pour sa section méditerranéenne (la plus complète du monde), propose la panoplie classique d'espèces provenant des quatre coins du globe : Bassin méditerranéen, donc, mais aussi Australie, Caraïbes, mers tropicales... Mais les murènes, rascasses et autres poissons-clowns ont beau frétiller de la nageoire, ce sont les requins qui attirent les foules. Regroupés dans un immense bassin de 36 m de diamètre, ils se baladent à leur aise au-dessus de 2 tunnels vitrés où se recroquevillent les visiteurs. Impressionnant. L'autre attraction majeure, c'est *Planeta Aqua,* où l'on évoque la variété des milieux (mers chaudes, mers froides, l'obscurité des grandes profondeurs) en s'appuyant sur une muséographie ludique : un cachalot qui abrite dans ses entrailles des aquariums bourrés de méduses, un vaste bassin où s'ébattent des raies, un espace dédié aux manchots... Enfin, *Explora* est une section interactive très sympa destinée aux enfants. Également un auditorium.

## EL RAVAL

• Zoom détachable et centre détachable D-F4-6

**Séparé du Barri Gòtic par la mythique Rambla, c'était autrefois le quartier chaud, aux prostituées felliniennes, le secteur des petites gouapes, le rendez-vous des marins en goguette en quête d'un peu de plaisir terrestre.**

Immortalisé par les romans de Jean Genet, Francis Carco ou de Pierre Mac Orlan, et longtemps appelé le barri Xino (quartier chinois, sans que les historiens tombent vraiment d'accord sur l'origine de ce nom...).
Aujourd'hui, le Raval nourrit toujours les fantasmes des voyageurs atterrissant sur la planète Barcelone. Malgré de sérieux problèmes de drogue toujours très actuels, une partie du quartier se transforme tout doucement. Dans le sillage du très beau musée d'Art contemporain (MACBA), bars et cafés-concerts fleurissent, des magasins de disques vaguement alternatifs, des friperies et des boutiques de créateurs ouvrent leurs portes, des cabinets d'architecture remplacent les vieilles boutiques. Bref, tout un nouveau secteur très tendance se dessine aujourd'hui au nord du Raval. Mais il suffit de quelques centaines de mètres pour retrouver un Raval qui semble parler toutes les langues de ces pays qu'on quitte en espérant trouver mieux ailleurs, avec des bazars aux néons assassins, des ruelles à la pénombre moite et des logements crasseux, souvent squattés, où les descentes de police sont parfois musclées... Le Raval aujourd'hui, c'est donc la rencontre en un même espace urbain de ces 2 mondes : celui de la grande précarité et celui du progrès galopant.
Au sud, autour de la *carrer de Sant Pau,* il reste donc des bouts de rues qui rappellent la fiévreuse époque, et dans lesquelles se balader la nuit (soyez particulièrement vigilant !) peut encore procurer son pesant d'émotions urbaines. Mais dans sa partie nord, le quartier est entré dans un processus de réhabilitation, grand chantier étalé sur plusieurs années. Ce vaste programme (indispensable vu l'état, ici ou là, du parc immobilier) bouleverse peu à peu le caractère et la physionomie du Raval.
Un à un, les pâtés de maisons sont gagnés par la modernité, les immeubles les plus insalubres sont détruits pour être reconstruits. Ainsi a été ouverte et aménagée la *rambla del Raval,* qui aligne désormais ses terrasses de cafés sous l'ombre de jeunes palmiers. Un marché animé s'y tient le samedi. Et le *Chat* pachydermique du peintre et sculpteur Botero y a trouvé refuge. Après avoir fréquenté le parc de la Ciutadella, non loin de ses congénères du zoo, les abords du stade olympique, puis les Drassanes, le voici installé dans un quartier où tout le monde l'aime... même les chiens des zonards comme des mamies du coin qui viennent mesquinement se délester d'un pipi sur ses pattes ! Les enfants l'adorent et le prennent volontiers pour terrain de jeux. C'est un incontournable pour qui veut une photo souvenir en compagnie de la star incontestée de la rambla del Raval. Et, à 2 pas, se dresse la tour toute ronde du très chic *Barceló Hotel,* autre immanquable symbole de l'évolution du quartier. La population du Raval, en majorité des immigrés pakistanais, indiens, maghrébins, pourra-t-elle continuer à y vivre quand les prix de l'immobilier auront flambé ?

BARCELONE

## Où manger des tapas ?

### Assis ou debout

🍽 🍷 ***Centric*** *(centre détachable E4,* ***143****) : c/ de les Ramelleres, 27. ☎ 93-160-05-26. • myriam@centricbar.com • Ⓜ Catalunya ou Universitat. Lun-ven 8h-1h, w-e 9h-2h (petit déj servi jusqu'à 13h). Tapas 1-5 € ; plats 7,50-20 €.* À 2 pas de la Rambla, voici le bar des copains, typique et fraternel, fréquenté par les locaux de tous âges. Configuration très conviviale avec le petit comptoir qui donne sur l'extérieur et cette longue banquette bien confortable pour observer l'animation. On sert ici des tapas classiques ou végétariens et des spécialités catalanes fort bien cuisinées (mitonnées, même) et pas si fréquentes sur les tables des restos, comme ces *judias de Santa Pau* (petits haricots blancs locaux). Même la simple tortilla est excellente.

🍽 🍷 ***Bar Cañete*** *(zoom détachable E5,* ***157****) : c/ de la Unió, 17.*

*☎ 93-270-34-58. • reservas@barcanete.com • Ⓜ Liceu. Lun-sam 13h-minuit ; fermé dim. Tapas 2,50-18 €, raciones 7-25 €.* Un bar à tapas chic, avec un staff en veste blanche et coiffé d'une toque. Beaucoup de créativité dans la conception des tapas, tous préparés avec de bons produits sélectionnés avec soin. On s'accoude à l'étroit et long comptoir qui favorise les rencontres ; car si le lieu est classe, la clientèle n'est pas bégueule. Beaucoup de fruits de mer et de poissons, mais aussi de surprenantes aubergines au miel finement ciselées, des œufs frits au foie gras... La carte, en français, est si longue qu'on a bien du mal à se décider ! Pour finir, beau plateau de fromages affinés à la perfection. Une bonne adresse, qui a cependant un prix !



**Kasparo** *(zoom détachable F4, **160**) : pl. Vicenç Martorell, 4. ☎ 93-302-20-72. Ⓜ Catalunya. Mar-sam 9h-1h (22h30 hiver). Tapas et raciones 3-14 €.* Sur une placette avec son square très vivant et populaire (et un parc de jeux pour enfants), cette petite adresse nichée sous des arcades modernes propose des tapas très fraîches affichées sur l'ardoise. Calme et ombre font que les Barcelonais s'y installent dès le café du matin. Service gentil.

**Bar Lobo** *(zoom détachable F4, **161**) : c/ Pintor Fortuny, 3. ☎ 93-481-53-46. • barlobo@grupotragaluz.com • Tlj 13h-16h, 20h-23h30 (à midi seulement en période de Covid). Tapas et raciones 6-19 € ; petits déj plutôt salés (jusqu'à 13h en sem et 14h le w-e) env 10 €.* Grand loft à la déco étudiée et à l'atmosphère très bobo avec sa cuisine ouverte et sa table d'hôtes. Certes, les tapas, pas très généreuses, sont plutôt banales pour un prix plus élevé qu'ailleurs, mais c'est surtout les horaires de service élastiques et la terrasse (où les places s'arrachent !) sur une placette piétonne, qui ont retenu notre attention.

## Où manger au resto ?

***Évitez les restos de la Rambla,*** car la qualité est rarement au rendez-vous, et les prix y sont bien plus élevés qu'ailleurs.

### Bon marché (10-16 €)

**Woki Organic Market** *(centre détachable F4, **228**) : ronda Universitat, 20. ☎ 93-302-52-06. • comunicacion@tribuwoki.com • Ⓜ Universitat. Tlj 8h (11h dim)-minuit. Menu 13 €, plats 9-18 €.* Petit marché couvert, dans le style fermier urbain très en vogue, vendant uniquement des produits bio. À l'intérieur, 5-6 comptoirs proposent un éventail varié pour casser la graine. Des tapas aux sandwichs en passant par le wok, les burgers ou pizzas, salades, jus de fruits frais, pâtes... le choix est vaste ! Les prix sont plutôt démocratiques et l'ambiance sympathique, tendance écolo. Toute petite terrasse sur la rue l'été.

**Romesco** *(zoom détachable E5, **229**) : c/ San Pau, 28. ☎ 93-318-93-81. À l'angle de c/ de l'Arc-de-Sant-Agusti et c/ de Sant Pau (face au n° 11). Tlj sauf dim 13h-23h30 (coupure 16h30-20h sam). Congés : août. Plats du jour 6-12 €, repas max 15 €.* Un resto presque caché, qui ne semble connu que de ses seuls habitués qui animent bruyamment sa petite salle. Généreux plats familiaux, gentiment facturés. Spécialités à base d'agneau et de haricots, entre autres. Le décor est banal mais l'adresse authentique.

**Can Lluis** *(centre détachable D4, **230**) : c/ Cera, 49. ☎ 93-441-11-87. Ⓜ Liceu ou Paral-lel. Tlj sauf dim 13h-20h30. Congés : août. Menus déj en sem env 12,50 €, puis 30-45 €.* Ce petit resto, aujourd'hui si rétro, était l'endroit préféré de l'écrivain Vásquez Montalbán, et sa réputation a depuis longtemps dépassé les frontières du Raval. Sur les coups de 14h, une clientèle fidèle de bons vivants remplit en un clin d'œil les 2 petites salles intimes et agréables, décorées de vieilles réclames et de caricatures du patron. Le menu du midi propose des plats catalans classiques, souvent bien préparés mais parfois un peu inégaux. Le *vino de la casa,* à prix d'ami, permet de garder une addition raisonnable mais ne vous fera pas monter dans les tours ; le soir, en revanche, c'est plus cher mais plus copieux... et il y a même un menu « Montalbán » !

## De prix moyens à chic (16-40 €)

|●| ***Arume*** *(centre détachable E4,* ***114****) : c/ d'En Botella, 11. ☎ 93-315-48-72. • info@arumerestaurant.com • Ⓜ Sant-Antoni. Lun, mer-ven midi et soir, plus sam-dim soir. Plats 16-18 €. Résa conseillée.* Dans une ruelle obscure, un restaurant bien connu des Barcelonais, à raison. Le chef galicien propose une cuisine très actuelle, à la fois inventive et ancrée dans son terroir, qu'on déguste dans une enfilade de sobres petites salles. Service convivial.

|●| 🍸 ***Bar Muy Buenas*** *(centre détachable E4,* ***112****) : c/ del Carme, 63. ☎ 93-807-28-57. • info@muybuenas.cat • Ⓜ Liceu. Lun-ven 13h-15h30, 20h-23h (minuit ven) ; w-e 13h-minuit (23h30 dim). Formule midi 13,50 € ; sinon plats env 12 €, repas 25 €.* Un de ces lieux à effet « waouh » : on est accueilli par un superbe et authentique décor moderniste en bois. Une authenticité qui s'étend, dans cette ancienne poissonnerie du XIXe s devenue bar en 1924, à l'assiette : les produits locaux et de proximité garnissent des recettes d'inspiration catalane traditionnelle. Jusque dans les cocktails, uniquement à base de produits catalans ! Un lieu 100 % couleur locale à la sauce contemporaine. Service un peu longuet en revanche...

|●| ***Cera 23*** *(centre détachable E4,* ***233****) : c/ de la Cera, 23. ☎ 93-442-08-08. • info@cera23.com • Ⓜ Sant-Antoni ou Liceu. Ouv ts les soirs (sauf lun-mar) et le midi seulement ven-dim. Menus 20-50 € ; carte env 30 €. Apéritif maison ou digestif maison offert sur présentation de ce guide.* À l'avant, le bar avec quelques sièges et tables, surplombés par un écran géant diffusant des vidéos ; à l'arrière, salle plus intime avec cuisine ouverte. La cuisine mélange habilement la Méditerranée et la Galice, et c'est délicieux, comme ce riz noir avec fruits de mer, parmesan et sauce safran ! Bons vins du pays et service très attentionné.

|●| ***Sésamo*** *(centre détachable D4,* ***231****) : c/ Sant Antoni Abat, 52. ☎ 93-441-64-11. • sesamobcn@gmail.com • Tlj sauf lun 19h30-minuit. Tapas 3-7 € ; plats 11-12 € ; menu tapas 25 €, boissons comprises.* Cette discrète adresse à l'orée de Sant Antoni est considérée par beaucoup comme un des meilleurs végétariens de la ville. Petite salle simplement plaisante pour une cuisine beaucoup plus élaborée, méditerranéenne au sens (très !) large signée d'un chef argentin nourri de multiples influences, qui aime notamment s'amuser avec les épices. Un resto végétarien pour un dîner en amoureux ? L'endroit y ressemble !

|●| ***Teresa Carles*** *(centre détachable E-F4,* ***241****) : c/ de Jovellanos, 2. ☎ 93-317-18-29. • info@teresacarles.com • Lun-ven 12h-16h, 19h-23h. Tapas 8-11 € ; plats du jour (lun-ven) 10,50-13,50 € ; menú degustación 30 €.* C'est LE resto végétarien de Barcelone, installé dans un grand espace où les 2 salles ont été restaurées façon loft : gros paniers remplis de légumes et fruits frais. À la carte, lasagnes, houmous, risotto à l'encre et pignons... Une cuisine franchement délicieuse, très prisée des locaux. Succès oblige, la maison assure également les cuisines de la chaîne « flexitarienne » *Flax & Kale* (voir plus haut « La Ribera et El Born. Où manger au resto ? »).

|●| ***Bar Central*** *(zoom détachable E5,* ***235****) : marché de la Boquería, stand 494 (tt au fond de l'allée centrale). ☎ 93-301-10-98. Ⓜ Liceu. Tlj sauf dim 8h-20h. Congés : 15 j. en janv et 15 j. en juil. Tapas et plats 5-16 €. Paella env 15 € et parillada 29-33 €.* C'est le comptoir chic du marché de la Boquería. Les maraîchers y viennent dès 11h pour liquider un petit blanc accompagné de coquillages, de gambas ou autres fruits de mer trônant sur le zinc... Un poil cher, certes, mais on est bien assis et la qualité est au rendez-vous. Et puis, manger une paella ou une *parrillada* à la Boquería (et avec les doigts !) fait partie des grands bonheurs qu'offre Barcelone.

|●| ***Bar Pinotxo*** *(zoom détachable E5,* ***235****) : marché de la Boquería, stand*

*466-470, 1re allée à droite de l'allée principale en venant de la Rambla. ☎ 93-317-17-31. • info@pinotxobar.com • Ⓜ Liceu. ♿ Lun-sam 6h30-16h ; fermé dim. Congés : août. Raciones 7-12 €, repas 20-25 €.* Un vieux de la vieille mais toujours un incontournable de la Boquería. Souvent bondé et architouristique en saison, alors essayez d'avoir une place sur les quelques grands tabourets au coude à coude autour du comptoir. Excellente cuisine catalane entre terre et mer ; mais, même ici, les coquillages ne sont pas donnés !

**L'Antic Forn** *(zoom détachable E4,* ***224****)* **:** *c/ del Pintor Fortuny, 28 (angle c/ Doctor Dou). ☎ 93-412-02-86. • lanticforn@hotmail.com • Tlj, sauf dim soir et lun, 9h (13h sam)-16h30, 19h30-23h30. Congés : 3 sem en août. Plats et pizzas 10-18 € ; carte 20-25 € ; menu midi et soir 15 € (entrée + plat ou plat + dessert).* Restaurant de quartier légèrement en retrait de l'animation touristique, dans une ruelle calme. Comme son nom l'indique, un vieux four à bois où cuisent pizzas et viandes à la braise. Cuisine sans grande prétention mais maison (quelques ratés dans le menu toutefois), servie dans une grande salle à l'ancienne, au cachet certain. Service rapide et attentionné.

## Où prendre le petit déjeuner ?
## Où manger une pâtisserie ?
## Où déguster une glace ?

**Granja M. Viader** *(zoom détachable E-F4,* ***318****)* **:** *c/ d'En Xuclà, 4-6. ☎ 93-318-34-86. • granjaviader@yahoo.es • Ⓜ Catalunya ou Liceu. Mar-sam 9h30-13h, 17h-20h30. Fermé dim-lun, j. fériés et pdt Semaine sainte.* Tout près de la Rambla, une authentique *granja catalana* (crémerie-salon de thé) ouverte depuis 1870. La plus vieille laiterie de Barcelone. Les murs sont tapissés de photos de la famille et de vieilles affiches publicitaires célébrant le 125e anniversaire ! Vers 17h, étudiants gourmands, artistes, vieilles dames et vieux messieurs du quartier se retrouvent entre ses murs pleins de cachet : chocolat crémeux, assiettes de fromage frais nappé de miel *(mel i mató)*, madeleines, crèmes catalanes... Tout est fait maison avec des produits de la ferme. Régalez-vous de *leche mallorquina* (du lait de la ferme avec du citron et de la cannelle), excellent et très rafraîchissant. En partant, vous pouvez faire quelques emplettes : chantilly, yaourts, fromages, charcuterie artisanale.

**Christian Escribà** *(zoom détachable E5,* ***319****)* **:** *Rambla de les Flors, 83. ☎ 93-301-60-27. • rambla@escriba.es • Ⓜ Liceu. Tlj sauf lun 9h-15h. Autre adresse : Gran Vía, 546. ☎ 93-454-75-35, tlj sauf lun, 9h-15h, 17h-21h.* À côté de la Boquería, la meilleure pâtisserie du coin, pas donnée mais excellente. Elle est logée dans la superbe *Casa Figueras*, remodelée début XXe s sur un édifice des années 1820, avec une façade de mosaïques, sculptures, fer forgé, cristallerie moderniste... Au fond, un mini-salon de thé pour savourer de bonnes tartes, des brioches et des croissants moelleux, des petits-fours, accompagnés d'un délicieux chocolat. En saison, ne ratez sous aucun prétexte les *bunyols de Quaresma* (beignets de Carême). Quelques tables en terrasse dans le passage aux beaux jours.

**Rocambolesc** *(zoom détachable E5,* ***314****)* **:** *espai Liceu, la Rambla, 51-59. ☎ 93-743-11-25. Ⓜ Liceu. Mer 16h-23h, jeu-dim 12h-23h. Fermé lun-mar.* Ce glacier est l'émanation d'*El Celler de la Roca* (un resto de Gérone que certains considèrent comme un des plus grands du monde !), au rez-de-chaussée du théâtre Liceu. Toute petite échoppe au décor post-industriel, avec une offre limitée à quelques parfums saisonniers à agrémenter de toppings, et des bâtonnets dont l'un en forme de doigt de Christophe Colomb (!) en hommage à Barcelone.

Pensez également au ***marché de la Boquería*** *(zoom détachable E4-5).* Rien de mieux pour commencer la journée qu'une barquette de fruits frais... Pour un en-cas plus consistant, plusieurs comptoirs proposent tortillas et autres tartines garnies délicieuses dès potron-minet.

## Où boire un verre ? Où écouter de la musique live ?

***Attention :*** à partir du moment où vous quittez la Rambla vers le Raval, surtout si vous êtes une fille, n'y allez pas seul(e) après 22h ou 23h. Ce n'est pas le Bronx non plus (quoiqu'il s'améliore, lui aussi), mais restez vigilant. En revanche, la partie au nord de la carrer Hospital est moins craignos.

### Tôt ou tard

***El Jardí*** *(zoom détachable E4-5,* ***388****) : c/ Hospital, 56. Ⓜ Liceu. ☎ 93-681-92-34. • info@eljardibarcelona.com • Tlj 17h-minuit (10h-minuit en hte saison). Digestif offert sur présentation de ce guide à condition d'y manger.* Le cloître et le jardin de l'ancien hôpital de Santa Creu accueillent en leur sein une belle terrasse protégée du soleil et des intempéries (et chauffée l'hiver). On ne peut rêver cadre plus enchanteur pour boire un verre que cette courette à arcades, où s'épanouissent quelques belles plantes. Le soir, aux bougies, sous les vieilles voûtes, c'est carrément magique !

***Bar de la librería La Central*** *(zoom détachable E4,* ***382****) : c/ Elisabets, 6. ☎ 900-80-21-09. Ⓜ Liceu. Tlj sauf dim 10h30-21h.* Un lieu particulièrement charmant : la librairie la Central s'ouvre sur 2 jardins, un extérieur (accessible par la rue) et un intérieur, où l'on peut boire un verre et grignoter (bon marché). Des oasis de calme, de sérénité, idéales pour se reposer, bouquiner, échanger...

***La Confiteria*** *(centre détachable D5,* ***391****) : c/ Sant Pau, 128. ☎ 93-140-54-35. • info.laconfiteria@gmail.com • info@confiteria.cat • Ⓜ Paral-lel. Tlj 19h (18h ven-sam, 17h dim)-3h (3h30 ven-sam).* Ce bar photogénique a conservé la déco moderniste héritée de l'ancienne pâtisserie-confiserie. Quelques tables et un comptoir de bois occupent la boutique d'origine (1912), coiffée d'une fresque passée de mode. Seuls les gâteaux ont disparu, remplacés par les bouteilles alignées comme à la parade. Cocktails classiques comme plus créatifs. Au fond, une 2e salle plus grande, où l'on sert tapas, tartares, et quelques plats catalans. Une belle adresse fréquentée par le public comme par les comédiens des théâtres voisins, en fin de spectacle.

***33/45 Bar & Gallery*** *(centre détachable E4,* ***392****) : c/ de Joaquín Costa, 4. ☎ 93-187-41-38. • 3345.bar@gmail.com • Ⓜ Universitat ou Liceu. Tlj 11h-1h30 (3h ven-sam, minuit dim).* Un bar *trendy,* où se retrouve le gratin *arty*-bohème de Barcelone, qui vient siroter ici un cocktail raccord à sa tenue... La déco va fouiller dans le vintage des années 1970-1980, pour se faire un no-look très travaillé. Régulières expo-ventes d'artistes de qualité et DJ derrière les platines pour maintenir la pression. Une bonne adresse, juste ce qu'il faut de branché.

### Plutôt le soir

***London Bar*** *(zoom détachable E5,* ***393****) : c/ Nou de la Rambla, 34. ☎ 93-808-21-87. Ⓜ Drassanes. Tlj 17h-2h30 (ven 3h). Entrée gratuite, mais conso obligatoire.* C'est l'un des incontournables du circuit moderniste, qu'Hemingway et Picasso avaient l'habitude d'écumer en voisins. Jean Genet venait lui aussi y boire son café-cognac. Et ce beau monde ne serait sans doute pas dépaysé s'il lui prenait l'envie de revenir y faire un tour. Il faut dire que le cadre Art nouveau d'origine a été judicieusement préservé. La salle du fond possède une petite scène, où musiciens de jazz et de blues donnent le meilleur d'eux-mêmes après minuit. Atmosphère jeune et chaleureuse.

***Casa Almirall*** *(centre détachable E4,* ***394****) : c/ de Joaquín Costa, 33. ☎ 93-318-99-17. • casalmirall2@yahoo.es • Ⓜ Universitat. Mer-sam 17h-2h (3h ven-sam). Fermé dim-mar.*

BARCELONE

Fondé en 1860, l'un des plus vieux estaminets de Barcelone a conservé intacte sa superbe déco Art nouveau. On imagine volontiers artistes et intellectuels y refaisant le monde au début du XXe s à la lueur de bougies faiblardes. Si les chandelles ont disparu, la lumière reste tamisée. Les artistes y viennent encore, tout comme une clientèle jeune et décontractée qui en a fait un de ses repaires dans le quartier.

***Nevermind*** *(centre détachable E4,* ***400****)* **:** *c/ Tallers, 68. 663-71-00-95. • nevermindbarcelona@gmail.com • Ⓜ Universitat. Tlj 16h-2h30.* Un bar alternatif génial, avec une longue salle hyper caverneuse entièrement recouverte de graffitis... et une rampe de skate au fond ! Les moins casse-cou préféreront le baby-foot, mais tout le monde se retrouve au comptoir à siroter des verres pas chers, sur un fond sonore entre punk, rock et métal. Jeune, cool et festif.

***Bar Marsella*** *(centre détachable E5,* ***353****)* **:** *c/ de Sant Pau, 65. ☎ 93-442-72-63. Ⓜ Liceu ou Drassanes. Tlj sauf mer 18h-1h (jusqu'à minuit mar).* Un bar un peu décadent, au décor figé depuis 1820 : dans les vitrines, les bouteilles ont, en près de 2 siècles, accumulé quelques couches de poussière, les miroirs ne reflètent plus grand-chose et la peinture du plafond n'en finit plus de s'écailler. Il se raconte qu'Hemingway ou Genet aimaient venir y troubler une absinthe. Une jeune clientèle fait aujourd'hui de même dans un joyeux brouhaha. Attention, l'absinthe peut surprendre (dès le 1er verre !) et cette portion du quartier est parfois un peu limite au cœur de la nuit !

***La Cobra*** *(centre détachable E4,* ***363****)* **:** *c/ de Joaquín Costa, 47. • lacobrabar@gmail.com • Ⓜ Universitat ou Sant-Antoni. Angle c/ del Tigre. Tlj 19h-2h30 (3h ven-sam).* Envie de siroter une bière entre 2 radiographies de squelette, entouré d'objets évoquant magicien et grimoire ? Même si la déco est plutôt bricolée que fignolée, bonne ambiance dans ce rade très fréquenté jusqu'à très tard !

***Madame Jasmine*** *(centre détachable E5,* ***395****)* **:** *rambla del Raval, 22. Ⓜ Paral-lel. En face de la statue du Chat de Botero. Tlj 17h30-1h.* La petite devanture ne paie pas de mine, mais l'intérieur est un petit musée du kitsch avec son alcôve imprimée panthère, ses meubles hétéroclites, son comptoir recouvert de vieilles photos érotiques et ses bibelots improbables. Performances (pour public averti comme on dit !) et shows déjantés de drag-queen le dimanche soir. Clientèle jeune, musique aussi décalée que la déco, et quelques tables en terrasse sur le terre-plein central. Un étonnant endroit qui a emprunté son nom à une des plus célèbres prostituées d'antan du quartier... Dommage que le service soit parfois désagréable.

***Ultramarinos*** *(centre détachable D5,* ***396****)* **:** *c/ Sant Pau, 126. 653-58-24-24. • reservas@ultramarinosbarcelona.com • Ⓜ Paral-lel. Tlj sauf dim 20h-2h30 (3h ven-sam).* « Enfin » un bar du Raval qui ne joue pas sur les codes ethniques ni sur le vintage. Passé le long zinc, juste une petite salle et une mezzanine à la déco très sobre. Mais la chaleur et le soleil sont dans les excellents cocktails, qui ne manquent pas d'originalité ! Bonne ambiance et beaucoup de monde le week-end. Resto sur place, également.

***Bar Pastis*** *(zoom détachable E5,* ***399****)* **:** *c/ Santa Mònica, 4. 634-93-84-22. Ⓜ Drassanes. Mer-dim 19h-3h.* Depuis 1947, un bar emblématique du quartier où l'on peut goûter à une atmosphère franchouillarde et un peu décadente. La petite salle est noircie par le temps, tableaux et objets se confondent avec les murs dans cet ancien caboulot à marins, où passent Brel et Édith Piaf en boucle... Fort touristique, d'où l'addition qui s'en ressent. Nombreux concerts de musique française, catalane, etc.

## Où voir un spectacle (opéras, concerts classiques...) ?

***Gran Teatre del Liceu*** *(zoom détachable E5)* **:** *sur la Rambla. ☎ 93-485-99-00. • liceubarcelona.cat • Ⓜ Liceu.* Pour les passionnés d'opéra. Il se visite aussi à heures fixes, sous la conduite d'un guide *(rens : ☎ 93-485-99-14).*

## Achats

Le *Raval,* est, autour du MACBA, devenu le quartier *hype* de la ville : entre friperies et épiceries bio, *skate-shops* et boutiques de disques pour les collectionneurs de vinyles. Au sud, il reste toujours aussi populaire avec bazars asiatiques et autres magasins de téléphonie mobile.

***Woki Organic Market*** *(centre détachable F4,* ***228****) :* *ronda Universitat, 20.* ☎ *93-302-52-06.* • *tribuwoki.com* • Ⓜ *Universitat. Tlj 8h (11h dim)-minuit.* Voir plus haut dans la rubrique « Où manger au resto ? ». Marché alimentaire de produits bio, qui fait aussi resto. En plus de l'alimentation, on y trouve également des produits cosmétiques, 100 % bio, bien entendu. D'autres adresses en ville, à Gràcia, vers la Sagrada Família, à Poblenou et Sarrià.

***Wah-Wah Discos*** *(centre détachable E4,* ***487****) :* *c/ de la Riera Baixa, 14.* ☎ *93-442-37-03.* • *info@wahwahsupersonic.com* • Ⓜ *Liceu. Lun-sam 11h-14h, 17h-20h30 ; fermé dim et j. fériés.* Un petit paradis pour amateurs de vinyles avec un choix véritablement impressionnant dans tous les genres, du jazz au disco en passant par tous les sous-genres du rock.

Pour les ***disques d'occasion,*** cette même carrer de la Riera Baixa, ou alors prenez la carrer Tallers *(1re à droite en descendant la Rambla)* et la carrer Sitges *(1re à gauche une fois sur la c/ Tallers).* Une sorte de petit musée du vinyle à ciel ouvert.

***Casa Beethoven*** *(zoom détachable E-F4-5,* ***488****) :* *la Rambla, 97.* ☎ *93-301-48-26.* • *ludwigvb@casabeethoven.com* • Ⓜ *Liceu. Lun-sam 9h-20h (sauf 14h-17h mer et sam). Fermé dim.* Adossé au *palau de la Virreina,* un discret magasin de partitions très ancien. Dans les grands cartons grenat, des chansons traditionnelles et des berceuses catalanes, des sardanes, de la musique classique. Avis aux farfouilleurs...

### Les marchés

***La Boquería*** *(ou* ***mercat de Sant Josep*** *; zoom détachable E4-5) :* *La Rambla, 91. Lun-sam 8h-20h. Se reporter ci-après à la rubrique « À voir ».* Un des plus beaux marchés de la ville, même si c'est aussi le plus connu. Fraîcheur garantie, mais les prix ont tendance à s'envoler. Poissons à l'œil brillant et crustacés vivants, fruits parfumés et colorés (vendus aussi en jus et en salade), olives et fromages en veux-tu en voilà, charcuteries variées à base de porc ibérique (ce qui explique en partie les prix) ; on vous recommande plus particulièrement tout ce qui est *jamón, llomo* et *chorizo ibéricos,* dont le fameux *pata negra* andalou. Ne pas hésiter à s'enfoncer dans le marché ; à l'entrée, les prix sont souvent plus chers. Pratique, ça voyage bien, et vous pouvez tout faire emballer sous vide.

BARCELONE

## À voir

***La Rambla :*** l'avenue la plus connue de Barcelone. Elle marque une limite historique, car la ville médiévale s'arrêtait là. Incroyablement animée de jour comme de nuit. En arabe, *rambla* signifie « torrent », ce qui nous rappelle qu'un cours d'eau coulait à cet endroit. En temps normal, c'est un flot incessant de touristes qui dévalent quasiment 24h/24 la Rambla. Quant à certains Barcelonais un peu las de l'agitation, ils n'hésitent pas à la contourner. Quoi qu'il en soit, la Rambla est LA colonne vertébrale du centre historique, elle permet de rayonner facilement entre les différents quartiers. Pour prendre de la hauteur et admirer le fleuve des passants sur la Rambla, nous vous conseillons la visite du mirador de Colom (voir plus haut « Le Port Vell. À voir. »). Pour les Barcelonais, de manière traditionnelle, la Rambla se descend par le milieu de l'allée centrale, d'un train de sénateur. Une fois sur le port, il est d'usage de faire demi-tour et de remonter.

Tout à la fois agora, marché, lieu de rencontre, gigantesque théâtre où les gens viennent se voir, la Rambla cristallise toutes les contradictions de la ville : bonheur de vivre et tensions, visages rieurs ou inquiétants, farniente aux terrasses de cafés et difficultés de circulation. Oiseaux et fleurs en rajoutent dans le bruit et la couleur.

### MIRÓ-BOLANT

*Sur le sol de la Rambla, au niveau de la station de métro Liceu, se cache une mosaïque originale de Joan Miró installée en 1976. L'idée que son œuvre puisse être piétinée ne le dérangeait pas. Des enfants y font des chasses-poursuites, s'imaginant peut-être sauter de planète en planète sur une carte du cosmos. Cette activité enfantine n'aurait probablement pas déplu à l'artiste.*

Et, pour vous expliquer pourquoi vous entendrez souvent dire les Ramblas, c'est parce que, historiquement, l'avenue a été divisée en 5 tronçons aux noms hérités des institutions qui la bordaient : couvent, université... Le 1er, juste en dessous de la plaça de Catalunya a, par exemple, pris le nom de la *font de Canaletes,* une fontaine magique ! Qui boit de son eau reviendra à Barcelone. Essayez ! Nous, nous revenons souvent, il faut croire que ça marche !

***Attention !*** Ne jamais oublier qu'il s'agit du terrain de jeux préféré des pickpockets, et les badauds sont nombreux à se faire délester de leur appareil photo ou de leur portefeuille tandis qu'ils admirent, subjugués, les statues humaines ou les portraitistes, attractions emblématiques de la Rambla.

***La Boquería*** *(ou* ***mercat de Sant Josep*** *; zoom détachable E5)* **:** *entrée au nº 91 de la Rambla. • boqueria.info • Lun-sam 8h-20h ; fermé dim. Fermé 1er mai. Plan du marché à droite avt le porche en venant de la Rambla.* Ce marché couvert est une vénérable institution et un véritable spectacle pour les yeux. Les étals rivalisent de beauté, et, bien que le marché soit devenu une attraction touristique majeure, ça reste un vrai marché, et il serait dommage de ne pas y passer, ne serait-ce que pour déguster une salade de fruits ou un *bocadillo* (plus on s'enfonce dans les allées en s'éloignant de la Rambla, plus les prix baissent !). Sa ***structure de fer et de verre très Art nouveau*** vaut, elle aussi, le coup d'œil. Les commerçants ont une gouaille toute catalane, et les poissonnières et les bouchères arborent de magnifiques tabliers bordés de dentelle. Vous y prendrez sans doute vos plus belles photos, sans oublier le porche avec sa couronne surmontée d'une chauve-souris, qui fait une des plus belles cartes postales du quartier.

Plusieurs ***comptoirs pour se restaurer*** dès le matin (voir plus haut la rubrique « Où manger au resto ? ») : fruits en jus ou en salade, fruits de mer, tapas et sandwichs divers ; ou tout simplement en achetant, d'une part de la charcuterie, d'autre part du pain, pour se concocter un *bocadillo.*

***Palau de la Virreina – Centre de la Imatge*** *(zoom détachable E-F4)* **:** *la Rambla, 99. ☎ 93-316-10-00. • lavirreina.bcn.cat • Ⓜ Liceu ou Catalunya. Tlj sauf lun 11h-20h. Fermé 1er janv, 1er mai et 25-26 déc. GRATUIT.* Pour la petite histoire, le *palau de la Virreina* fut construit en 1777 comme résidence secondaire pour Manuel d'Amat, vice-roi du Pérou. Cet homme richissime était en définitive la main du roi pour extraire le minerai au Pérou : on comprend mieux la magnificence du lieu.

C'est aujourd'hui un des hauts lieux de la photographie internationale en Catalogne. Plusieurs expositions temporaires gratuites y sont organisées chaque année, autour de thématiques aussi diverses que le photojournalisme (dans ce domaine, certaines expos proviennent de festivals comme « Visa pour l'image », de Perpignan). Mais aussi des thématiques plastiques, expressives et expérimentales. Une sélection très pointue de la photographie contemporaine.

Au nº 83 de la Rambla, l'***Antiga Casa Figueras*** (*zoom détachable E5*, ***319***). L'ancienne épicerie à la superbe façade de mosaïques et de sculptures est aujourd'hui une pâtisserie de renom (*Christian Escribà* – voir plus haut « Où prendre le petit déjeuner ? »).

***Palau Güell*** (*zoom détachable E5*) : *c/ Nou de la Rambla, 5. ☎ 93-472-57-71 ou 5. • palauguell.cat • Tlj sauf lun non fériés : avr-oct, 10h-14h, 16h-20h ; nov-mars, 10h-13h30, 14h30-18h (dernière entrée 1h avt fermeture). Fermé 1er et 6 janv, 3e sem de janv et 25-26 déc. Entrée : 12 € (11 € en ligne ou par CB), audioguide compris ou application téléchargeable ; réduc ; gratuit - de 10 ans et pour ts le 1er dim du mois dans la limite des entrées disponibles.*
Incontournable ! Güell était un riche industriel, spécialisé dans les tissus en velours et... le ciment. Ce palais, qui porte décidément bien son nom, est la 1re grande création gaudienne, et a rouvert en 2011 après de longues années de restauration. On y retrouve tous les fastes hallucinés et l'inspiration gothique et musulmane de l'architecte. Avant de commencer la visite, il est important de comprendre les raisons de l'implantation du *palau* Güell dans le quartier d'El Raval, alors que la bourgeoisie de l'époque préférait les larges avenues de l'Eixample autour du passeig de Gràcia. Pour Güell, c'est une volonté délibérée d'installer son business au cœur de la cité catalane, lieu de contact historique des échanges commerciaux. Tout en y habitant avec ses 10 enfants (!), il recevait ici ses clients et fournisseurs. Mais la raison majeure est familiale, car le père d'Eusebi Güell résidait dans le palais voisin. D'ailleurs, un corridor relie toujours les 2 résidences (visible dans le patio du 1er étage).
La façade, avec ses proportions imposantes, son caractère sombre et son ornementation en fer forgé, affirme d'emblée la puissance économique de son résident. Au-dessus des 2 portes cochères paraboliques, on est immédiatement frappé par la rangée de fenêtres qui évoquent celles d'un atelier d'artisan. Là encore, on ressent bien le caractère mixte, à la fois familial et commercial de la construction de Gaudí. Le hall d'entrée a une conception très pratique, il permettait aux voitures à cheval de pénétrer dans le palais et de déposer les convives et la famille (notez les 4 marches) au pied de l'escalier central. Ce dernier, en serpentine des Pyrénées, est surmonté d'un plafond à caissons en bois exotique avec des roses en fer forgé. Gaudí mit son génie bâtisseur au service de la famille Güell et de leurs habitudes sociales et culturelles. La musique et l'acoustique sont au cœur de leurs préoccupations quotidiennes : en effet, Eusebi Güell est un fin mélomane, et sa fille sera compositrice. Dans ***l'antichambre***, impressionnant tableau de Clapès représentant *Hercule cherchant les Hespérides*. Dans la ***salle de piano***, belle tribune noire à 10 fenêtres avec colonnettes en ébène surplombant un banc en cuir noir repoussé de Cordoue. Dans ***la superbe salle à manger*** boisée, cheminée en noyer sculpté, surmontée d'une jalousie pour observer les visiteurs. Plafonds à caissons partout, les plus beaux étant ceux, dorés à la feuille d'or, de ***la salle de réception***, où l'on trouve également des vitraux sur le thème de Shakespeare. Mais le ***salon principal*** est la ***pièce maîtresse du bâtiment*** avec sa coupole parabolique (pour l'acoustique) et son oratoire escamotable. Ses portes en palissandre, peintes et marquetées à l'intérieur, étaient ouvertes pour les offices familiaux. Notez la présence d'un ***orgue*** (qui fonctionne en automatique, toutes les 30 mn environ avec une programmation différente), dont les tuyaux s'échappent à la lisière de la coupole, permettant ainsi une propagation du son de haut en bas. Pour parfaire la perfection musicale, la partie haute du salon, sur la galerie en mezzanine, était réservée aux musiciens et aux chœurs. La musique pouvait alors venir de toutes parts baigner l'auditoire.
À partir du salon, on accède aux ***appartements familiaux.*** Dans la chambre de l'épouse, notez les arabesques en fer forgé sur les colonnettes. Dans les chambres des enfants, les vitraux de Macbeth et Hamlet, sans doute dans un souci éducatif. Le salon-fumoir est remarquable pour ses persiennes qui permettent de régler l'afflux de lumière tout en préservant des regards indiscrets du voisinage. ***Clou du***

***spectacle, le toit-terrasse !*** Sauf lorsqu'il pleut, bien sûr... Gaudí a laissé là libre cours à son inspiration. Chacune des 18 cheminées de 15 m chacune est un pied de nez à la rigueur du bâtiment, une euphorie de formes et de couleurs. La flèche centrale, surplombant le salon, est recouverte de matériaux de récupération en provenance des anciens fours à chaux de la famille Güell. Elle est surplombée par une chauve-souris, qui, selon la légende, avertissait le souverain Jaume Ier de toute attaque nocturne impromptue.

Avant de partir, ne manquez pas la visite des ***écuries*** au sous-sol, histoire d'admirer les piliers et les mini-voûtes en briques des fondations et de constater l'exiguïté du terrain sur lequel est bâti ce superbe palais.

Une visite à ne pas manquer : un magnifique spectacle architectural où s'exprime toute la force constructive de Gaudí.

## UNE TECHNIQUE EN BÉTON

*Gaudí a été le 1er architecte de son époque à utiliser le béton armé. C'est grâce à son fidèle client et ami, Eusebi Güell, industriel dans le textile et fondateur de la 1re usine de ciment de Catalogne, qu'il put d'ailleurs expérimenter très tôt ce matériau.*



De jour, traverser l'***ancien hospital de la Santa Creu*** *(zoom détachable E4-5)* **:** *entrée c/ del Carme, 47, ou par la c/ Hospital, 56.* Havre de paix très agréable où ne parviennent plus les rumeurs de la ville (agréable café *El Jardí* également, voir plus haut « Où boire un verre ?... »). C'est à l'hôpital de la Santa Creu que Gaudí fut transporté et décéda le 10 juin 1926, après avoir été renversé par un tramway. Aujourd'hui transformé en jardin, où trône une belle croix sculptée, l'on peut à loisir détailler l'architecture des vieux bâtiments du XVe au XVIIe s, aménagés pour accueillir la bibliothèque de Catalogne. Dans la petite salle, très jolies voûtes gothiques. Dans la grande, patio à galerie : superbes azulejos à l'entrée. C'est tout le quartier qui était autrefois couvert de couvents, et les religieuses y côtoyaient (déjà) les prostituées... Voir l'ancienne maison de la Misericordia, où l'on abandonnait les enfants ; au 17, carrer Ramelleres, on peut encore observer le trou dans le mur (avec un système de tourniquet) où étaient déposés (jusque dans les années 1930) les nouveau-nés.

***La Capella*** *(zoom détachable E5,* ***509****)* **:** *c/ Hospital, 56. ☎ 93-256-20-44. • lacapella.barcelona • Ouv seulement quand expo : mar-sam 12h--20h ; dim 11h-14h. Fermé lun et j. fériés. GRATUIT.* La chapelle de l'ancien hôpital de la Santa Creu, datant du XVe s, a été réhabilitée et accueille ce centre d'art contemporain étonnant et détonnant. Si vous ne craquez pas pour l'expo en cours, vous serez sans doute envoûté par la magie et l'étrange solennité des lieux.

***Museu d'Art contemporani de Barcelona (MACBA*** *– musée d'Art contemporain de Barcelone ; centre détachable E4)* **:** *pl. dels Àngels, 1. ☎ 93-412-08-10. • macba.cat • Ⓜ Catalunya ou Universitat. ♿ Fermé mar (sauf vac scol), ainsi que 1er janv et 25 déc. Lun et mer-ven 11h-19h30 (10h-20h fin juin-fin sept), sam 10h-20h, dim et j. fériés 10h-15h ; dernières admissions 30 mn avt fermeture. Entrée musée : 11 € (valide 1 mois) ; réduc d'1 € en ligne ; réduc étudiants et plus de 65 ans ; gratuit - de 14 ans. Inclus dans Articket.* En raison de sa blancheur éclatante, les intimes et les habitants du quartier l'appellent « the White House ». Sa composition est une œuvre architecturale en soi, que l'on doit à Richard Meier. D'avant-garde, l'ouvrage laisse entrer un maximum de lumière avec élégance, et permet au spectateur de circuler avec une grande commodité. L'association de lignes courbes et rectilignes donne beaucoup de légèreté à l'édifice. Néanmoins, le contraste entre le bâtiment et les ruelles qu'il faut emprunter pour y accéder, sans oublier les skaters du Raval qui jouent aux casse-cou juste devant, tout cela fait l'objet de toutes les critiques mais aussi de tous les éloges (dont le nôtre) ; et, dans tous les cas, le bâtiment mérite autant d'être vu que d'être visité pour ce qu'il abrite.

En général, exposition « permanente » au 1er étage et expos temporaires (souvent détonnantes) dans les autres niveaux. Mais les œuvres sont visibles par roulement en fonction de la thématique du moment (renseignez-vous avant d'y aller pour éviter toute déception). Sachez au moins que le fonds du musée contient une sélection de peintures, photos, sculptures et vidéos des 50 dernières années. Très international, même si beaucoup d'artistes représentés sont espagnols (pour la plupart des Catalans). Minimalisme, expressionnisme abstrait et figuratif contemporain, tout est mélangé.
À l'entrée du musée, un sommier métallique suspendu donne le ton. Il symbolise une invitation à la réflexion et à la contemplation ainsi qu'un plaidoyer contre la violence.
Belle salle de lecture au 1er étage et, en été, petite ***cafétéria*** sur la terrasse du 1er étage.

***Centre de Cultura contemporània de Barcelona (CCCB****; centre détachable E4)* **:** *c/ de Montalegre, 5. ☎ 93-306-41-00. • cccb.org • Ⓜ Catalunya ou Universitat. Juste derrière le musée d'Art contemporain. Mar-dim et j. fériés 11h-20h. Fermé lun, ainsi qu'après 15h les 24, 26 et 31 déc, 5 et 6 janv et tte la journée 25 déc et 1er janv. Entrée : 6 € pour 1 expo, 8 € pour 2 expos ; parfois tarifs spéciaux selon expo ; réduc ; gratuit - de 12 ans, et pour ts le dim 15h-20h. Inclus dans Articket.* Ce centre a ouvert ses portes en 1994 dans les murs d'un ancien hospice du XVIIIe s, plutôt agréable avec sa vaste cour et son mur de verre moderne. Il présente des expos sur le concept de la ville en général (l'histoire, la société, la culture, l'urbanisme, l'architecture, etc.), sur Barcelone, ainsi que des expos temporaires très variées et interdisciplinaires. Organise aussi des conférences, des concerts, etc. Là-haut *(accès possible le 1er dim du mois seulement)* vous attend une magnifique vue sur la mer et sur la vieille ville.
***Belle cafétéria,*** en prime, sur une terrasse ouverte et calme.

Au bout de la carrer Sant Pau, près de l'avenida del Paral-lel, l'***església Sant Pau del Camp*** *(centre détachable D-E5)* : *lun-ven 9h30-12h30, 15h30-18h30 ; sam 9h30-12h30 ; dim 11h-12h (sauf s'il y a des baptêmes), 16h-18h30 (sauf s'il y a des mariages). Entrée : 3 €.* Un peu anachronique au milieu de la rénovation. Son nom provient des champs qui séparaient la ville ancienne de la colline de Montjuïc. Elle date du XIIe s. Le presbytère et la salle du chapitre furent édifiés 1 siècle plus tard. Charmant cloître à l'intérieur, agrémenté d'arcades originales polylobées.

## SANT ANTONI

• Centre détachable C-E4-5

**Pour les marcheurs urbains, autour de la ronda de Sant Antoni s'étend un quartier assez animé possédant une vie et un caractère propres. Autour du marché, des rues semi-piétonnes, notamment la très animée carrer Parlament avec ses nombreux restos et bars quelque peu gentrifiés. Mais si les rues au tracé très géométrique de *Sant Antoni* l'apparente à l'Eixample (dont il dépend administrativement), son ambiance populaire rappelle plutôt le Raval (sans certains de ses côtés glauques). Et, résolument, c'est le quartier dans lequel s'ouvrent le plus de nouveaux petits (ou moins petits) restos, un véritable renouveau, dans le sillage de l'installation dans le quartier de plusieurs adresses des célèbres frères Adrià (voir ci-après la rubrique « Où manger des tapas ? »). À suivre... Faites aussi un tour au *mercat de Sant Antoni* tout juste rénové pour sa superbe architecture moderniste (voir ci-après la rubrique « Achats. Les marchés »).**

# Où manger des tapas ?

## Assis ou debout

**Bar Calders** *(centre détachable D4,* ***170****) : c/ Parlament, 25. ☎ 93-329-93-49. Ⓜ Sant-Antoni. Tlj 17h-2h. Tapas 3-9 €, plats 10-17 €.* Notre bar préféré dans cette carrer Parlament très animée. S'il n'y a pas de place en terrasse, on vous proposera d'attendre dans la petite salle bistrot où une tripotée de chats japonais vous fera « hello ». Une fois attablé dans l'impasse qui mène à une sympathique librairie, on déguste le *vermut* maison en se restaurant de très bonnes tapas comme le guacamole, le houmous, la salade russe, les croquettes ou encore des tranches de manchego. Bon accueil et excellente musique.

**Fàbrica Moritz** *(centre détachable E4,* ***141****) : ronda Sant Antoni, 39-41. ☎ 93-426-00-50. • info@moritz.cat • Ⓜ Universitat. Tlj 12h-minuit (1h w-e). Tapas 2-8 €, plats 7-30 €. Compter 20-25 €/repas avec 1 boisson.* Depuis sa fondation en 1856, *Moritz* fait mousser la bière pour les Barcelonais. Ici, dans l'ancienne usine réhabilitée par l'architecte Jean Nouvel, l'ambiance est plus SoHo que Barri Gòtic. La manufacture conserve son aspect brut de décoffrage d'antan, élégamment mis en lumière dans des tonalités ambrées, clair hommage à la bière. On y sert de bonnes tapas et une cuisine bien préparée (avec quelques influences alsaciennes, souvenirs des origines du fondateur de la marque !). Les serveurs sont vêtus des bleus de travail (ici noirs) que portait le personnel de la brasserie. Dans la cave voûtée, les cuves tournent à plein régime pour alimenter le comptoir et la salle en bière fraîche. À l'entrée, à droite, le petit **bar à vins** *(12h30-22h)*, même cuisine, mais, comme son nom l'indique, on n'y sert que du vin. À gauche, boulangerie et boutique-librairie avec tous les produits dérivés de la marque ! Seul bémol, l'intensité sonore...

**Tickets Bar** *(centre détachable C4,* ***165****) : avda Paral-lel, 164. ☎ 93-292-42-53. • info@ticketsbar.es • Pour les résas : • elbarri.com • Ⓜ Poble-Sec. Mar-ven 19h-22h30 ; sam 13h-15h30, 19h-22h30. Attention : résa seulement par Internet longtemps à l'avance (min 2 mois en temps normal !). Congés : en août. Repas 50-60 €.* Voici l'une des folies de Ferran Adrià, qu'il a ouverte avec son frère, Albert. Un bar à tapas de haute volée, où l'on sert les créations un peu folles du célèbre cuisinier d'avant-garde catalan. Le décor design est à la fois chic et cool, avec des chaises de jardin au comptoir et une cuisine ouverte à tous les regards (pour qui aimerait percer les secrets de fabrication !). Quasiment en face *(c/ de Tamarit, 91, ☎ 93-325-26-59 ; • info@bodega1900.com • mar-sam 13h-16h, 19h-22h30, fermé dim-lun ; congés : 23 déc-15 janv, 14-22 avr et 11-25 août ; tapas min 10 €, formule 40 €),* Albert Adrià a également ouvert la **Bodega 1900 :** minuscule terrasse, conserves sur des étagères derrière le comptoir à l'ancienne, vermouth maison et tapas de haute volée. Le gros problème, en particulier pour *Tickets Bar,* c'est d'obtenir une table : seul espoir, compter sur une annulation de dernière minute et se jeter dessus ! Bien peu auront cette chance, mais, cela dit, on ne pouvait omettre de vous en parler. Plus facile de tenter sa chance à la *Bodega 1900,* à condition de ne pas arriver à 15 et d'être prêt à se percher devant un guéridon.

**Lolita Taperia** *(centre détachable C4,* ***164****) : c/ Tamarit, 104. ☎ 93-424-52-31. • info@lolitataperia.com • Ⓜ Poble-Sec. Tlj sauf dim soir, lun tte la journée et mar soir, 13h-16h, 20h-minuit. Fermé 15 j. en août et en déc. Résa conseillée, sinon arriver tôt ! Tapas 2,50-13 €, repas 25-30 €.* Une vraie réussite dans le genre « gastrobar à tapas ». De la carte élaborée avec Albert (Adrià), Joan Martinez a gardé quelques classiques, mais pour le reste ce n'est que générosité, création et innovation. Les produits sont frais, l'ambiance est décontractée et joyeuse, la musique sonne bien... Seulement quelques tables à l'intérieur et un peu plus en terrasse, prises d'assaut, mais ce qu'on préfère, ce sont les places au comptoir ! Un beau lot de consolation (voire plus) si vous ne parvenez pas à vous imposer chez son voisin et ex-associé, plus haut !

## Où manger au resto ?

### De bon marché à chic (10-40 €)

**Rekons** *(centre détachable D4,* ***252****) : c/ del Comte d'Urgell, 32. ☎ 93-424-63-83. • comunica@empanadasrekons.com • Tlj sauf lun 12h-minuit.* Bocadillos *et* empanadas *2,30-10 € ;* kilombo *salade + 2 empanadas 11 € ; repas 8-15 €.* Aménagé dans l'ancienne *Granja Canigó* dont l'esprit boulange (et l'enseigne) a été conservé, un petit resto de cuisine « argentino-catalane », où l'on trouve les meilleures *empanadas* de la ville. À emporter ou à consommer sur place dans la petite salle du bas, du haut ou encore en terrasse (s'il y a de la place !). Également des *milanesas* et des *bocadillos* délicieux, petits déj et super jus de fruits frais. Un bon plan bien sympathique, avec en prime un très bon accueil.

***El Racó del Agüir*** *(centre détachable C4,* ***199****) : c/ Tamarit, 117. ☎ 93-426-68-39. Ⓜ Poble-Sec ou Sant-Antoni. Ouv lun-sam à midi et ven soir. Résa indispensable. Plat du jour 12,50 € et menu déj 17 €. Carte 30-35 €.* Dans cette petite salle rétro-contemporaine fort élégante, on déguste un plat du jour ou un menu du midi d'un rapport qualité-prix comme on en voit peu. Tout est frais, local et raffiné, depuis les croquettes qui craquent sous la dent au thon mi-cuit accompagné de guacamole ou de mangue en passant par le bar aux girolles en saison. Pour accompagner, une belle carte de vins et un fond jazzy bienvenu. Et le vendredi soir, c'est la fête de la créativité. Une superbe adresse de gourmets !

***Can Vilaró*** *(centre détachable D4,* ***234****) : c/ del Comte Borrell, 61. ☎ 93-325-05-78. Ⓜ Sant-Antoni. En face du marché. Tlj sauf dim 8h-16h. Plats 4-8 €, repas 15-20 €.* Une poignée de tables en Formica le long du zinc, quelques assiettes décorées au mur : si la salle a été ripolinée de frais comme le marché voisin, elle n'a guère changé depuis l'ouverture du lieu en 1967. Authentique, comme la clientèle, 100 % locale, l'accueil et la cuisine. On sert ici de vrais plats familiaux catalans comme bien peu de restos barcelonais en proposent encore : au hasard du marché ou de la saison, la carte aligne *escudella* (la potée locale), *cap-i-pota* (tête et pied de veau), tripes à la catalane, ou encore pieds de porc aux champignons. Quelques rares tables en terrasse.

## Où manger une pâtisserie ?
## Où déguster une glace ? Où boire une *orxata* ?

***Orxateria & Torroneria Sirvent*** *(centre détachable D4,* ***321****) : c/ Parlament, 56. ☎ 93-441-27-20. Ⓜ Sant-Antoni. Seulement avr-oct, tlj 10h-20h45 ; fermé le reste de l'année. Compter 1,50-2,70 €. Ne pas confondre avec le* Sirvent de la ronda de Sant Pau, *tte proche.* Cette petite boutique (installée ici depuis 1943) est un endroit incontournable pour goûter à l'*orxata,* cette fameuse boisson rafraîchissante fabriquée avec le suc des tubercules et des tiges d'une sorte de papyrus qui pousse dans les marais du Guadalquivir. Leurs glaces artisanales (au *turrón*) dans la boutique voisine *(mêmes horaires mais fermée mar)* méritent aussi le déplacement.

Voir aussi dans la rubrique « Où manger ? Resto », **Rekons** *(centre détachable D4,* ***252****) : c/ del Comte d'Urgell, 32 ; ☎ 93-424-63-83. Tlj sauf lun 12h-minuit.* De bonnes pâtisseries et d'excellents jus de fruits frais.

## Où boire un verre ?

### Tôt ou tard

**Bar Olimpia** *(centre détachable D5,* **401***) : c/ Aldana, 11. 606-20-08-00. • barolimpiabarcelona@gmail.com • Ⓜ Paral-lel. Tlj sauf dim-lun 15h-1h.* Petit bar de quartier où trône le nom du bar en mosaïques sur le comptoir, très sympa pour boire un verre en terrasse. On peut aussi y goûter quelques tapas ou de la cuisine méditerranéenne. Concerts à l'occasion.

**Jonny Aldana** *(centre détachable D5,* **401***) : c/ Aldana, 9. ☎ 93-174-20-83. • bar@jonnyaldana.com • Ⓜ Paral-lel. Tlj 18h-minuit (2h ven-sam). Congés : janv.* Atmosphère jeune et décontractée, dans ce petit bar chaleureux très apprécié pour son accueil souriant et sa cuisine. En plus des tapas, quelques plats, dont certains sans gluten. Terrasse de poche sympa également, sur la rue relativement calme.

### Plutôt le soir

**Xixbar** *(centre détachable C4,* **402***) : c/ Rocafort, 19. ☎ 93-423-43-14. • hello@xixbar.com • Ⓜ Poble-Sec. Tlj sauf dim-lun 18h-1h.* Un joli petit bar à cocktails façon bonbonnière tenu par une équipe jeune et sympathique. L'atmosphère décontractée donne envie de prolonger la soirée si on est dans le quartier. Cocktails un peu plus chers que la moyenne (le gin est la spécialité du lieu), mais bien faits et parfois très originaux.

## Achats

### Les marchés

**Mercat de Sant Antoni** *(centre détachable D4) : à l'intersection de ronda Sant Pau et Tamarit. Tlj sauf dim 8h-20h30.* ***Foire aux livres*** *dim 8h-15h dedans et autour.* Sous sa belle halle moderniste rouge lie de vin récemment rénovée, c'est le plus grand des marchés de la ville (5 000 m²). À l'intérieur, presque trop retapé à notre goût, règne néanmoins une hygiène incontestable. Parmi les nombreux traiteurs, signalons par exemple ***Masclans Orígens*** (stand nº 74). Aussi bon que beau, à des prix qui restent ceux d'un marché, toute une gamme de prêt-à-manger à déguster plutôt au calme et au frais...

# POBLE SEC

• Centre détachable C-E4-5

**On passe de Sant Antoni au quartier de Poble Sec par *la Paral-lel,* l'une des avenues les plus importantes de la ville. Longée sur la droite à partir du port par un morceau des dernières murailles de la ville du XIVᵉ s. C'était, de la fin du XIXᵉ s à celle des années 1960, un des pôles de la vie nocturne locale, quelque chose comme un « Montmartre » ou un « Pigalle barcelonais » avec moult cinémas, cabarets, théâtres et autres clubs de strip-tease. Mais l'avenue a aujourd'hui perdu tout son lustre : ne restent plus que le *Molino* (un moulin qui n'est plus rouge depuis Franco...), la salle de concerts de l'*Apolo* et les shows très... chauds du *Bagdad.***

**Avec ses rues méditerranéennes qui escaladent le pied de la colline de Montjuïc, le *Poble Sec* a longtemps été oublié des touristes comme des Barcelonais. Mais si ce « village sec » (la 1re fontaine n'y a été installée qu'à la fin du XIXe s) reste bien populaire (pas mal de Latino-Américains vivent dans cet ancien quartier ouvrier) et tranquille en journée, il s'anime sérieusement le soir venu. Notamment le long de la piétonne carrer de Blai qui doit battre le record de bars à *pintxos* très bon marché (mais pas forcément de grande qualité) de la ville !**
**Un quartier populaire qui mérite vraiment le détour, et une halte gastronomique en chemin vers les musées de Montjuïc (ou en en revenant)...**

## Où manger des tapas ?

### Assis ou debout

🍽 🍷 ***Gran Bodega Saltó*** *(centre détachable D5,* ***176****) : c/ Blesa, 36. ☎ 93-441-37-09. • info@bodegasalto.net • Ⓜ Paral-lel ou Poble-Sec. Congés : 15 j. début août. Lun-ven 18h-1h (3h ven), sam 12h-3h, dim 12h-minuit. Tapas et bocaditos 2-6 €. Plats 7-16 €.* Cette très ancienne bodega du vieux quartier de Poble Sec est devenue un des lieux de rendez-vous du quartier. C'est assis en terrasse, quand le temps s'y prête, ou debout à l'intérieur, que l'on partage un verre et des tapas avec la clientèle d'habitués, dans la joie et la bonne humeur.

🍽 🍷 ***Koska Taverna*** *(centre détachable D5,* ***147****) : c/ de Blai, 8. ☎ 93-127-03-13. • info@koskataverna.com • Ⓜ Poble-Sec ou Paral-lel. Mar-ven 19h-22h, w-e midi et soir ; fermé lun. Pintxo env 2 €, raciones 5-8 €.* La salle ne paie pas de mine, et on lui préfère bien sûr la terrasse (vite occupée), mais c'est surtout une *taverna* où les *pintxos* ne patientent pas toute la soirée en vitrine et affichent quelques originalités. Et on peut aussi se caler avec une vraie *ración* (demander la carte) : bonne viande en particulier. Carte des vins sélective et service pro.

🍽 🍷 ***Petit Montjuïc*** *(centre détachable C5,* ***173****) : c/ de Sant Isidre, 2. 📱 629-71-59-43. • hola@petitmontjuic.com • Ⓜ Poble-Sec. Mer-dim 12h-minuit. Formules apéro pour 2 pers 9-13 €. Plats 9-12 €.* Au pied des musées de Montjuïc, un petit bar très sympathique avec une terrasse (souvent venteuse) et une petite salle où on joue des coudes. Très agréable pour boire un *vermut* et avaler quelques tapas ou pour changer un peu du régime catalan en dégustant un tajine ou un couscous de très bonne facture avant de terminer par un baklava bien sucré. Également des salades. Bon accueil.

### Au comptoir

🍽 🍷 ***Quimet & Quimet*** *(centre détachable D5,* ***180****) : c/ Poeta Cabanyes, 25. ☎ 93-442-31-42. Ⓜ Paral-lel. Tlj sauf dim 12h-16h, 18h-22h30. Congés : en août. Tapas 3-10 €.* Tous les amateurs connaissent ce minuscule bar à tapas, dans la même famille depuis 4 générations. Alors, bien sûr, c'est très touristique, et il ne faut pas espérer s'asseoir (tout le monde reste debout), et les tapas sont un peu inégaux. Mais on passe un bon moment entre ces murs boisés décorés d'une ribambelle de bouteilles de vin. Belle sélection de bières internationales. Un lieu indémodable.

🍽 🍷 ***La Tasqueta de Blai*** *(centre détachable D5,* ***169****) : c/ de Blai, 17. ☎ 93-173-05-61. • hola@grupotasqueta.com • info@grupotasqueta.com • Tlj 12h-2h. Pintxos 1-1,80 €. Supplément de 10 % en terrasse.* Dans cette rue piétonne qui traverse le Poble Sec et regorge de bars à *pintxos* bon marché mais de qualité moyenne, un incontournable pour ses *pintxos* préparés et servis en continu (et ça débite...), sur de grosses tranches de pain. Un peu de la grosse cavalerie quand même, mais ça cale ! À engloutir perché sur les chaises hautes le long du bar, ou sur les quelques rares tables en terrasse. Sinon, son petit frère presque en face, *La Esquinita.*

## Où manger au resto ?

### Bon marché (10-16 €)

**La Porca** *(centre détachable D5-6,* ***117****) : c/ de Mata, 16. ☎ 93-179-51-75. • info@laporca.com • Ⓜ Paral-lel. Mar-ven 19h-23h30 ; w-e 13h-17h, 19h-23h30. Fermé lun. Bocadillos, burgers et plats 5-12 €.* Enfin un bon plan ! Ici, on propose avant tout des *bocadillos* et des burgers. Mais des *bocadillos* aux garnitures copieuses et succulentes, à base de produits locaux amoureusement cuisinés. On peut même demander le *bocadillo* sans le pain et avec plus de salade ! L'objectif : proposer une véritable alternative aux *fast-foods*. Et ça marche : les jeunes, les familles remplissent la salle aux allures d'agréable cafétéria. Petits budgets, voici votre cantine.

### De prix moyens à chic (16-40 €)

***Taverna Can Margarit*** *(centre détachable C4-5,* ***245****) : c/ de la Concòrdia, 21. ☎ 93-441-67-23. • tavernacanmargarit@hotmail.com • Ⓜ Poble-Sec. Tlj sauf dim et j. fériés 20h30-23h30. Congés : vac scol et août. Repas env 25 €.* Cette ancienne bodega, dont l'arrière-salle s'est convertie en taverne, attire une clientèle de quartier. Les serveurs virevoltent entre tonneaux, tables rustiques et ustensiles agricoles. Le ton est donné : des plats traditionnels bien exécutés, du vin maison et un service avec du caractère ! Carte simple, donc, sur laquelle il faudra lorgner, entre autres, du côté du lapin *(conil)* sur lit d'oignons et d'ail, la vraie spécialité du lieu. Belle ambiance.

***Xemei*** *(centre détachable C5,* ***246****) : passeig de l'Exposició, 85. ☎ 93-553-51-40. • info@xemei.es • Ⓜ Poble-Sec. Tlj 13h30-15h30 (sauf en août), 20h30-23h30. Congés : 24-26 déc. Plats 16-25 €, repas 35-40 €.* Un resto italien réputé, vénitien plus exactement. Les 2 frères proprios (l'un en cuisine, l'autre en salle) ont composé le joli décor intérieur dans des tons chauds agrémentés de belles peintures. Élégante terrasse sur cette rue tranquille. Tout est à base de produits frais. Excellents *antipasti* de la mer (peu copieux toutefois), spaghettis aux palourdes et à l'encre de seiche, délicieux tiramisù. Service souriant mais vite débordé. Faites-vous bien confirmer les prix, qui grimpent vite.

***Carmesi*** *(centre détachable D5,* ***251****) : c/ Blai, 28. 659-04-83-94. • nipereme@yahoo.com • Angle c/ Tapioles. Ouv seulement le soir, plus à midi le w-e. Congés : 1er janv, 24-26 et 31 déc, et dernière sem d'août. Tapas 5-12 € ; repas env 25 €. Digestif offert sur présentation de ce guide.* Bonne et originale, une cuisine du monde élaborée à base de produits frais, souvent bio. Charmante petite salle, façon bistrot moderne, sur fond de mur rouge. On peut aussi profiter de la terrasse sur la rue piétonne. Personnel très souriant, ambiance calme et reposante. Une des rares bonnes tables de la rue.

## La tournée des boîtes

### La scène électronique

***Nitsa Club*** *(centre détachable D5,* ***452****) : c/ Nou de la Rambla, 113. • nitsaclub@nitsa.com • nitsa.com • Ⓜ Paral-lel. Ouv ven-sam (et parfois dim) 1h-6h. Entrée : 15-20 €.* Les vendredi et samedi, la célèbre salle *Apolo* accueille les soirées mythiques du *Nitsa Club*. C'est LE rendez-vous électro de la ville, le plus classique (plus de 20 ans d'existence...), le plus connu, et sans aucun doute le meilleur. Les plus grands DJs s'y produisent. Un vrai must !

# MONTJUÏC

• Centre détachable A-D4-6 et plan d'ensemble *p. 82-83*

**Une communauté juive aurait habité à la fin du XIVe s au pied de ce qui devint « la montagne des Juifs ». Plus tard, cette colline servit de citadelle chargée de surveiller (sinon de punir, jusqu'à l'époque franquiste) les turbulents Catalans... avant que l'Exposition universelle de 1929 ne lui donnât son aspect actuel. De nombreux édifices furent alors construits, ou transformés, pour accueillir de merveilleux musées. On y trouve notamment le musée national d'Art de Catalogne, un village espagnol reconstitué (le *Poble Espanyol*), la fondation Miró, ainsi qu'un splendide jardin botanique (*entrée payante ;* pratiquement toutes les essences d'Espagne y sont plantées). Suffisamment d'activités pour meubler une journée entière, voire 2 ! Et puis la vue sur la ville est vraiment prodigieuse.**
**Le site de Montjuïc était également le centre névralgique des Jeux olympiques de 1992 et en a conservé nombre d'installations : stade, piscines, le *palau Sant Jordi,* étonnant bâtiment contemporain qui évoque quelque dos de tortue, et la non moins étonnante *torre de Calatrava,* haute de 136 m, dont l'inclinaison correspond exactement à celle des rayons du soleil au solstice d'été... Lire également la rubrique « Où voir un spectacle ? », plus bas.**

BARCELONE

## Comment aller à Montjuïc ?

➢ ***À pied :*** 2 solutions. La plus facile et la plus rapide consiste à gagner la station de métro Espanya et à grimper les marches ou à utiliser les escalators qui mènent au MNAC. Compter 10 mn à peine. La plus sportive est de suivre les différents circuits fléchés depuis le Poble Sec (*Ⓜ Paral-lel ou Poble-Sec*) ; ils empruntent de beaux jardins paysagers et odorants. Ça grimpe sérieusement, mais, par beau temps, la balade est très agréable.

➢ ***Par la route :*** le long du port, suivre le passeig de Colom, puis la route qui grimpe à travers les jardins Costa i Llobera (plantés de cactus) jusqu'au mirador de l'Alcalde (point de vue époustouflant ; *centre détachable C6*). Vous noterez là-haut les pavements artistiques des allées de promenade.

➢ ***Le funiculaire :*** *départs ttes les 10 mn, tlj 7h30 (9h w-e et j. fériés)-22h ; accessible avec un ticket de métro normal ou la carte* T-Casual. Il part depuis l'intérieur de la station de métro Parallel et monte jusqu'à mi-hauteur de la colline *(station Parc-de-Montjuïc).* De là, on peut gagner rapidement la fondation Miró puis traverser les jardins jusqu'au MNAC. Sinon, un ***téléphérique*** (en sortant à droite du funiculaire) conduit jusqu'au château de Montjuïc : *tlj 11h-19h (18h en hiver) ; tarifs : 8,90 € l'aller ou 13,50 € l'A/R (trop cher !) ; réduc - de 12 ans, gratuit - de 4 ans.* • *telefericdemontjuic.cat* •

➢ ***Aeri del Port*** *(Teleférico del Puerto ; téléphérique à destination de Montjuïc au départ du port)* **:** départ de la tour de San Sebastià *(centre détachable F7),* avec arrêt à la tour de Jaume I. ☎ *93-430-47-16.* • *telefericodebarcelona.com* • *Juin-début sept, tlj 10h30-20h ; mars-mai et début sept-oct, tlj 10h30-19h ; nov-fév, tlj 11h-17h30. Billets (chers) : 11 € l'aller simple, 16,50 € l'A/R.* On peut aussi se contenter de grimper dans la tour de San Sebastià pour 5 €. Service suspendu si le vent est trop fort ou la météo trop mauvaise ! À éviter si vous avez le vertige (c'est une antiquité !), mais la vue est très belle.

➢ ***En bus :*** prendre le bus n° 150 qui passe par la pl. d'Espanya et traverse Montjuïc jusqu'au téléphérique, s'arrêtant au Poble Espanyol, au Parc olympique et à la fondation Miró (mais pas au MNAC, qu'il faudra gagner à pied en 5-10 mn)... Sinon, le bus nº 55 depuis la pl. Urquinaona et la pl. Catalunya. *Ttes les infos sur • tmb.cat •* La ***ligne rouge du bus touristique*** *(• barcelonacitytour.cat •)* est une autre bonne solution, vous déposant au pied de chacun des sites.

## La tournée des boîtes

L'atmosphère bon enfant de la journée laisse étonnamment place la nuit à l'un des hauts lieux de la fiesta barcelonaise. L'endroit abrite ainsi l'une des discothèques les plus branchées de la ville, qui profite du décor atypique du Poble Espanyol (rubrique « À voir » plus loin). Comme le billet d'entrée de la boîte permet de pénétrer dans le village, ça peut être une bonne idée de faire la visite de nuit, car le public est alors beaucoup plus percutant et l'ambiance assez magique. Au printemps, la plaza Mayor (du Poble) accueille les plutôt pointus *Brunch Electronik* avec DJs internationaux, *food trucks* et... jeux pour les enfants, et en juin et juillet, d'excellents concerts d'artistes internationaux *(payants).*

***La Terrrazza*** *(centre détachable A4, **445**) : ouv l'été seulement, jeu-sam 0h30-6h ; vérifier avt, parfois ouv seulement pour les soirées spéciales. • contact@laterrrazza.com • laterrrazza.com • Entrée : 15-20 € selon DJ.* *La Terrrazza,* c'est la référence des clubs de plein air de la ville, avec une terrasse géniale en surplomb du Poble. Mais il doit surtout sa solide réputation à sa programmation, qui séduit un public de noctambules invétérés et branchés (de 20 à 35 ans). House et techno de qualité, shows artistiques, ambiance *muy caliente*... les clubbers avertis se régaleront.

## Où voir un spectacle (opéras, concerts classiques...) ?

***La Font Màgica de Montjuïc*** *(centre détachable B3-4) : pl. Carles Buïgas, 1. Ⓜ Espanya. Le long de l'avda Reina María Cristina et des escaliers qui montent jusqu'au* Palau nacional. *Juin-sept, mer-dim 21h30-22h30 ; avr-mai et oct, jeu-sam 21h-22h ; nov-mars, jeu-sam 20h-21h 5 spectacles, d'une durée de 15 mn env, ttes les 30 mn. GRATUIT.* Conçu pour l'Exposition universelle de 1929, ce spectacle son et lumière est très réussi. Les jets d'eau jaillissent d'une multitude de fontaines, petites ou très grandes, au rythme des symphonies classiques, morceaux de rock, valses... le tout avec panorama sur Barcelone.

***Sala Montjuïc*** *(centre détachable B-C6) : hors Covid, début juil-début août, ciné en plein air dans la cour du château de Montjuïc à 20h30. ☎ 93-302-35-53. • salamontjuic.org • Entrée : env 6 €.* En général, l'ambiance commence à monter dès le début, avec des p'tits concerts ou des apéros, avant la séance cinoche de 22h ! Impec pour finir en beauté une journée de visites !

# À voir

***Castell de Montjuïc*** *(centre détachable B-C6) : ctra de Montjuïc, 66. ☎ 93-256-44-40. • ajuntament.barcelona.cat/castelldemontjuic • Au sommet de la butte (bus nº 150). Tlj : mars-oct 10h-20h, nov-fév 10h-18h ; dernière entrée 30 mn avt. Entrée : 5 € ; réduc ; gratuit pour - de 16 ans, pour ts le dim après 15h et le 1er dim du mois. Visites guidées (1h) en français, anglais, espagnol et catalan.* Surtout intéressant pour le panorama exceptionnel sur la ville. Longtemps

BARCELONE

propriété de l'État, le *castell* faisait partie, à l'instar de la *Ciutadella* au nord, du dispositif qui permettait de surveiller la turbulente Barcelone. La municipalité de la Ville l'a récupéré en 2009, un vrai symbole pour les Catalans, puisque c'est notamment ici qu'ont été emprisonnés (sinon exécutés...) nombre d'opposants au régime franquiste. Il accueille un musée qui rappelle ce passé et un centre d'interprétation du Montjuïc. Un autre projet vise à réhabiliter le Musée militaire qui occupait le bâtiment depuis 1963, fermé à la demande des Catalans, car c'était un musée militaire espagnol.

*Fundació Miró* (fondation Miró ; centre détachable C5) : *passeig Miramar. ☎ 93-443-94-70. • fmirobcn.org • Pour s'y rendre : bus nos 150, ou no 55 ou funiculaire (voir plus haut). ♿ En temps normal, mar-sam 10h-20h (21h jeu, 18h nov-mars) ; dim et j. fériés 10h-18h (15h nov-mars). En période de Covid, seulement ven-dim 11h-19h (18h nov-mars). Fermé lun sauf j. fériés, 1er janv et 25-26 déc. Entrée : 13 € (inclus dans l'Articket) ; expos temporaires seules 7 € ; salle Espai 13 3 € ; réduc ; gratuit - de 15 ans. Audioguide 5 €, seulement en catalan, espagnol et anglais (mais les explications du musée sont traduites en français).* Superbes bâtiments d'abord, dessinés en 1975 par l'architecte Josep Lluís Sert, ami de Miró et émule de Le Corbusier. D'une blancheur toute méditerranéenne et d'une modernité toujours aussi pertinente. Bel écrin pour une superbe ***collection, unique au monde, d'œuvres de Joan Miró,*** dont il a fait don lui-même. La présentation plus ou moins chronologique selon les contraintes sanitaires en cours permet de suivre l'évolution de l'artiste barcelonais. La visite commence par exemple avec le saisissant triptyque de 1974, l'*Espoir du condamné à mort,* peint après l'exécution d'un militant anarchiste par Franco (un an avant la mort du dictateur !). On retrouve ensuite les 1res toiles (1917-1918) largement inspirées par les impressionnistes auxquelles succèdent des œuvres sous influence cubiste. Puis sont accrochées les vastes toiles des années 1920 en relation avec les surréalistes à Paris. C'est le Miró que tout le monde (ou presque) connaît, avec ces formes géométriques toutes de simplicité et ces couleurs des plus franches. On y verra aussi le Miró des années 1940 (une des séries des *Constellations*) qui se met également sérieusement à la sculpture.

N'oubliez d'ailleurs pas de faire un petit tour sur la grande terrasse qui abrite quelques sculptures colorées et pleines d'humour, comme la *Caresse d'un oiseau* ou *Jeune fille s'évadant.* Ni sur la petite terrasse qui accueille la sculpture *Lluna, sol i una estrella*, offerte par le fils de Matisse, et offre un beau point de vue sur la ville. Mais on découvre également ici un Miró moins connu, celui des années 1930 quand il avoue un « mépris profond pour la peinture » ; celui des années 1960 aussi qui emprunte, en l'assumant, à Jackson Pollock sa technique du « dripping » (laisser couler la peinture)... Pour l'anecdote, ne manquez pas cette toile simplissime au titre déglingué : *L'aile de l'alouette encerclée du bleu d'or rejoint le cœur du coquelicot endormi sur la prairie de diamants* !

Par ailleurs, on découvrira avec plaisir l'immense *Tapisserie de la Fondation,* réalisée par Miró avec Josep Royo, et la *Fontaine de Mercure* que Calder fabriqua pour le pavillon de l'Exposition universelle de Paris en 1937 en hommage aux mineurs d'Almdén réprimés par Franco. Y sont également exposées par roulement des œuvres hommage à Miró (Tanguy, Léger, Ernst, Masson, Calder...). Une vidéo de 20 mn détaille la technique des œuvres brûlées de l'artiste.

Enfin, puisque Miró souhaitait que sa fondation soit un lieu vivant, la salle *Espai 13* (supplément) permet de découvrir de jeunes artistes, couvrant de nombreux aspects de l'art contemporain, comme la vidéo. Expositions temporaires de qualité.

Belle ***boutique*** et agréable ***cafétéria*** sur place.

– En sortant de l'édifice, on peut jeter un œil au petit ***jardin de sculptures*** (fermé en cas de pluie), exposant sculptures et mobiles originaux de jeunes créateurs. De l'autre côté, les ***jardins de Laribal*** offrent un très beau point de vue sur la ville.

BARCELONE

*** ⇐ ***Museu nacional d'Art de Catalunya** (**MNAC** – musée national d'Art de Catalogne ; centre détachable B4-5) : dans le Palais national. ☎ 93-622-03-76. • museunacional.cat • Ⓜ Espanya. ♿ Accès : voir plus haut. Mar-sam 10h-20h (18h oct-avr) ; dim et j. fériés 10h-15h. Fermé lun, 1er janv, 1er mai et 25 déc. Entrée (valable 2 j. pdt 1 mois) : 12 € (inclus dans Articket), 14 € avec audioguide ; expos temporaires 6 € ; audioguide 4 € ; réduc étudiants ; gratuit - de 16 ans et plus de 65 ans citoyens de l'UE, et pour ts le sam à partir de 15h, le 1er dim du mois, le 18 mai et le 11 sept. Accès terrasse : 2 €. Billet combiné MNAC + Poble Espanyol : 20 € (suspendu jusqu'à nouvel ordre).* Le MNAC est l'un des musées les plus prestigieux du monde, couvrant 1 000 ans d'art en Catalogne, du Xe au XXe s. C'est déjà, en tout cas, ***le plus beau musée d'art roman au monde,*** en particulier pour ses peintures religieuses murales, et l'un des tout premiers pour le gothique. De la terrasse située devant le musée, superbe perspective sur les bâtiments de l'Exposition universelle et sur les fontaines lumineuses (plus de 50 combinaisons de jets d'eau), jusqu'aux arènes et au-delà. Pour les horaires de ce spectacle gratuit et féerique, se reporter plus haut à la rubrique « Où voir un spectacle (opéras, concerts classiques...) ? *La Font Màgica de Montjuïc* ».

*Rez-de-chaussée*

➢ ***Section romane***

Exceptionnelle ! Elle comprend essentiellement de très nombreuses fresques romanes provenant d'une trentaine d'églises catalanes en ruine. Décollées avec précaution au début du XXe s, restaurées avec soin, elles ont été déposées au musée tandis que des copies prenaient leur place sur les murs des églises, la plupart situées dans un petit terroir des Pyrénées catalanes (vallées de la Noguera, de la Valira et du Segre, non loin des sources de la Garonne ; et val de Boí, dont les minuscules églises romanes sont inscrites par l'Unesco sur la liste du Patrimoine mondial).

On est tout d'abord frappé par la présentation claire et remarquable, dans un cadre à chaque fois approprié : reconstitutions grandeur nature d'absides, de voûtes et même de chapelles complètes pour mettre en valeur les fresques. Au fil des salles, on suit l'évolution iconographique des grandes représentations médiévales : l'Apocalypse, la *Madre de Deus,* le Christ Roi, l'Enfant Roi... Notez particulièrement, ***salle 4,*** les visages enfantins de l'absidiole de Marmellar, ***salle 5,*** la qualité des couleurs de l'absidiole et de l'autel d'***Esterri de Cardós*** et, ***salle 7,*** le ***Pantocrator*** (Christ en majesté) provenant de l'***église Saint-Clément-de-Taüll.*** Plusieurs salles sont également agrémentées de devants d'autels richement décorés. Superbes chapiteaux ouvragés, entre autres dans la ***salle 8. Salle 9,*** ne pas manquer l'Epiphanie avec ses saints bénissants, ni le Jugement dernier et la pesée des âmes, ou encore l'Enfer (mais le Christ a disparu !), tout cela en provenance de l'église ***Santa María de Taüll.*** Dans la ***salle 10*** : superbe *Christ Majestat Batlló de la Garrotxa* revêtu d'une tunique orientale et plusieurs statues de Vierges à l'enfant. ***Salle 11,*** intéressantes sculptures en bois des voleurs de la descente de croix. La visite de la section romane se termine ***salle 16*** par un autre chef-d'œuvre, ***Las Pinturas de la sala capitular de Sigena,*** qui constitue le plus beau des écrins pour une remarquable collection d'émaux de Limoges.

➢ ***Sections gothique, Renaissance et baroque***

Les salles se succèdent avec 2 logiques qui se confrontent et parfois s'opposent. Cette tentative de présentation chronologique, avec quelques salles plus thématiques qui mettent en avant un artiste, un style, peut déconcerter, mais finalement, peu importe. La beauté des œuvres exposées, la puissance des couleurs, la douceur des visages, l'ironie de certains détails, la cruauté de certaines scènes font que l'on se laisse entraîner, ébloui, surpris, envoûté... Et tant pis si certaines explications (uniquement en catalan, en castillan et en anglais, mais surtout très succinctes) nous laissent sur notre faim. Vous en prendrez de toute façon plein les yeux !

– ***Salle 17 :*** grandes peintures murales illustrant la conquête de Majorque (1285-1290) par l'armée d'Espagne du roi Jaume Ier.

– ***Salle 18 :*** séduisant groupe de statues de 1300 provenant de l'atelier de Saint-Bertrand-de-Comminges (sud de la Haute-Garonne).
– ***Salle 19 :*** collection d'Antonio Gallardo Ballart (belle urne reliquaire, fresque de la vie de saint Nicolas).
– ***Salle 20 et 20 bis :*** sculptures d'albâtre ou de plâtre, beau travail des drapés, gisants.
– ***Salle 21 :*** saisissante *Tête de Christ,* sculpture réalisée par *Jaume Cascalls* vers 1352, l'un des artistes les plus talentueux de Catalogne au XIVe s.
– ***Salles 23 et 24 :*** salles consacrées aux retables ; une succession de chefs-d'œuvre, comme celui de la *Mare de Déu* (de Jaume Serra) et de *Santa Bárbara* (de Sarrià).
– ***Salle 25 :*** fascinants martyres de Bernat Martorell (début XVe s), qui semble être passé maître dans l'art du supplice ! Remarquez comme les visages de certains méchants ont été rayés...
– ***Salle 26 :*** admirez les toiles et retables de ***Jaume Huguet*** (1412-1492), éclatants de couleur et de réalisme (avec effets de relief). Sans doute le plus grand peintre catalan du Moyen Âge ; pour preuve, la très étonnante *Consécration de saint Augustin.* Autre chef-d'œuvre dans cette même salle, le retable *Mare de Déu Dels Consellers,* de Lluís Dalmau, avec ses visages tous différents les uns des autres, ce qui prouve une évolution certaine. Voir aussi le *Saint-Pierre couronné,* de Roderic d'Osona.

BARCELONE

Il faut noter que, à partir de la salle 27, l'influence de la Renaissance italienne et du baroque se fait fortement sentir.
– ***Salle 28 :*** pour la grande tapisserie *Le Triomphe de la gloire sur la mort,* de Willem Dermoyen.
– ***Salles 30 à 34 :*** la ***collection Thyssen-Bornemisza,*** du nom d'industriels allemands qui ont fait don au musée d'une série d'œuvres (peintures et sculptures européennes), allant de la période gothique au rococo du XVIIIe s. La section des peintures italiennes du *Quattrocento* révèle l'influence de Giotto sur la peinture catalane. Parmi les maîtres exposés, ne pas rater Bernardo Daddi, ou le génial Fra Angelico avec son exceptionnelle *Mare de Déu de la Humilitat.* Tableaux d'artistes vénitiens du *Settecento,* Canaletto et Tiepolo, ainsi que des œuvres de l'école flamande : Rubens et Ruysdaël. Et puis, en vrac, El Greco, Goya, Velázquez, Zurbarán et on en passe...
– ***Salle 35 :*** natures mortes et portraits signés tout de même Cranach le Vieux, Fragonard, Le Tintoret et Véronèse, entre autres.
– ***Salle 36 :*** consacrée notamment aux fresques religieuses d'Annibal Carrache.
– ***Salle 37 :*** Cupidon et Psyché de Goya, statues de Damià Campany représentant *La mort de Cléopâtre* et *Lucrèce.*
– ***Salle 38,*** la ***collection Cambó*** *(Llegat Cambó).* Elle présente des œuvres de la peinture européenne du XIVe au XIXe s, provenant du legs de Francesc Cambó (1876-1947). Ce riche mécène argentin (d'origine catalane) consacra une partie de sa vie et de sa fortune à acquérir des œuvres de la Renaissance et du baroque. Cette splendide collection compte, entre autres, des tableaux signés Sebastiano del Piombo, El Greco, Cranach le Vieux, Metsys, Titien, Rubens ou encore Zurbarán,. Excusez du peu !

### *1er étage : art moderne*

L'autre grande affaire du musée, qui occupe l'intégralité de l'étage. Là encore, la collection est considérable (plus de 1 200 œuvres pour près de 260 artistes !). Elle tire son origine de l'Exposition universelle de 1888 à Barcelone. Plutôt que de se contenter d'une fastidieuse succession chronologique d'œuvres et d'artistes, on a opté pour une présentation thématique permettant d'inclure toutes les formes d'art des XIXe et XXe s, qu'il s'agisse de la peinture, de la sculpture ou du dessin, mais aussi de la gravure, de la photographie, du cinéma, de l'architecture et des arts décoratifs. Les différentes sections s'intéressent d'abord à l'apparition d'un nouveau genre d'artiste, plus bohème et dandy, mais ***le clou de la visite reste***

***évidemment la section dédiée au modernisme.*** La visite se poursuit avec le ***noucentisme,*** enchaîne avec ***l'art pendant la guerre civile,*** et s'achève avec ***l'avant-garde d'après-guerre.***

Y sont représentés les grands mouvements que sont le néoclassicisme ou le romantisme, sans oublier Fortuny, l'école de Rome ou encore le réalisme catalan. Pas mal d'explications traduites en français. La ***1re section*** permet d'aborder différents thèmes comme l'art du portrait et de l'autoportrait (voir ***salle 40*** l'autoportrait de ***Picasso*** de 1896, le buste d'Alexandre Falguière signé ***Rodin*** et le réjouissant buste de Picasso par ***Pablo Gargallo***), le nu (***salle 41,*** 2 petits Picasso et des compositions pleines d'audace de ***Marià Fortuny***), l'artiste à l'œuvre (salles ***43-44,*** *L'atelier de tapis* de ***Josep Miralles,*** *Carmen Bastiduà* de Fortuny)... ***Salle 45,*** le portrait bourgeois est à l'honneur (*Portrait de Colette* par ***Jacques-Émile Blanche,*** bourgeoises de ***Ramon Casas, Munch...***). ***Salles 46-47,*** la vie de bohème (*L'Opéra,* de ***Urgell,*** autoportrait de Ramon Casas). On retrouve encore Marià Fortuny ***salle 48*** avec son *Odalisque* très orientale et, après les élégantes exotiques de ***Masriera salle 49,*** sa monumentale *Bataille de Tetuan.* ***Salle 52,*** paysages impressionnistes signés ***Boudin*** et ***Joaquim Mir. Salle 53,*** les « Modernistes à Paris » avec ***Rusiñol,*** Casas et des affiches de ***Mucha. Salle 54,*** ils sont de retour à Barcelone (portraits de Casas, revue des Quatre Gats, plus un film de Méliès). Enfin, ***salles 55 à 61,*** joli panorama du ***mobilier moderniste*** (signé Junyent, Clapès, paravents-vitraux de Frederic Vidal, marqueteries de Gaspar Homar).

Dans la ***2e section,*** on passe rapidement sur le travail de ***Gaudí*** et de ***Josep Maria Jujol,*** son disciple. Dans la partie dédiée au misérabilisme, le charme provient essentiellement des mystérieuses gitanes d'***Isidre Nonell (salle 63).*** Dans les ***salles 68-69,*** beaux portraits de jeunes filles en fleur d'***Alexandre de Riquer.***

Puis vient le ***noucentisme (3e section).*** Ce courant est une réaction à l'art visionnaire et exalté de Gaudí, un retour vers le classicisme et le réalisme quand Gaudí aspirait à la légèreté et à la transcendance. Voilà un courant artistique local qui marqua les 2 premières décennies du XXe s. Il s'inspire de Cézanne et du classicisme méditerranéen, de Puvis de Chavannes aussi, tout en restant fidèle au réalisme de l'entre-deux-guerres. ***Salle 70,*** de remarquables tableaux de ***Joaquím Torres Garcia*** et de ***Joaquim Sunyer,*** comme *Tres nus al bosc.* ***Salle 71,*** le travail de ***Xavier Nogués*** pour les *Galeries Laietanes* ne manque pas d'humour, tandis que les sections sur l'avant-garde ***(salle 72)*** mettent en avant ***Mela Muter, Dalí*** (*Portrait de Joan Maria Torres* et, salle suivante, *Portrait de mon père*) et les adorables naïvetés d'***Olga Sacharoff. Salle 73,*** on aborde plus franchement le Réalisme avec ***Ramon Calsina, Marià Andreu*** et ***Josep de Togores.*** Enfin, le surréalisme est abordé ***salle 75.***

Quant aux salles sur ***l'art pendant la guerre civile (4e section),*** elles rassemblent des œuvres fortes qui mêlent propagande et faits historiques (photos d'***Agustí Centelles,*** le Robert Capa catalan, lithos originales de ***Ramón Puyol,*** encres et gouaches de ***José García Narezo***)...

Impossible de tout citer tant l'offre est vaste, mais les chefs-d'œuvre ne manquent pas. En fonction des accrochages et de ses goûts, on peut s'attarder encore devant les belles sculptures de ***Juli González,*** les œuvres de ***Josep Puig i Cadafalch,*** de ***Marc Aleu*** (*Les Vaincus*) ou de ***Picasso*** (*Portrait de Marie-Thérèse Walter*).

**Òleum :** *au 1er étage du musée. ☎ 93-289-06-79. Mar-dim 12h30-16h, et aussi ven-sam 19h30-23h30 ; fermé lun. Parfois fermé pour des événements privés. Résa conseillée. Menu midi env 28 € ; carte 25-40 €.* Très agréable resto aménagé dans l'une des grandes salles d'apparat du palais, avec vue panoramique sur la ville. Les marbres à l'antique côtoient les œuvres de Tàpies dans un jeu subtil de miroirs. Carte courte mais assiettes savoureuses et joliment dressées. Ne manquez pas, à l'entrée, le *Mural per a IBM*, signé Miró.

Pour ceux qui voudraient se contenter d'un verre, voire d'un mini-grignotage, il y a une ***buvette*** sur l'esplanade du musée, avec une jolie vue sur la ville.

**Poble Espanyol** *(village espagnol ; centre détachable A-B4)* **:** avda Francesc Ferrer i Guàrdia, 13. ☎ 93-508-63-00. • poble-espanyol.com • Ⓜ Espanya. *Lun 9h-20h ; mar-jeu et dim 9h-minuit ; ven 9h-3h ; sam 9h-4h ; horaires spéciaux autour de Noël (et lun-jeu en janv). Entrée (réduc en ligne et en période de Covid) : 14 € ; 7 € 4-12 ans ; réduc ; forfait familles (2 adultes + 2 enfants 4-12 ans) 36 € ; gratuit - de 4 ans. Entrée de nuit : 7 €. Audioguide : 3,50 €. Billet MNAC + Poble Espanyol : 20 € (suspendu jusqu'à nouvel ordre). Plan gratuit. Certains restos fermés lun. Boutiques ouv 10h-20h l'été (18h l'hiver ; 19h printemps et automne). En temps normal, activités enfants (jeux de piste...) en français. Fêtes, spectacles et ateliers divers le dim.* Cette réplique fidèle de différents monuments espagnols et des principales architectures régionales est un ***héritage de l'Exposition universelle de 1929.***
L'idée du célèbre et talentueux architecte Josep Puig i Cadafalch était de créer un modèle idéal de village, dans lequel seraient représentés des échantillons de l'architecture populaire espagnole. Le résultat fut un village fortifié de 49 000 m², à l'intérieur duquel se trouvent une mairie, un monastère, 117 bâtiments, rues et places.
On se croirait un peu chez Mickey, compte tenu des innombrables boutiques et des touristes qui y déambulent en journée, mais l'ensemble s'est bien patiné avec le temps et ne manque pas d'allure. Le visiteur est invité à louvoyer des *plazas mayores* castillanes aux ruelles des villages andalous, ou encore à musarder parmi les palais et autres églises... La porte d'entrée est une reproduction de celle des remparts d'Ávila. Les maisons, qui s'ordonnent autour d'une agréable place centrale, abritent une quarantaine d'artisans, de grande qualité, travaillant sous les yeux des visiteurs. Possibilité d'acheter leur production. Ne manquez pas notamment l'extraordinaire habileté des souffleurs de verre *(forn de vidre).*
On y trouve aussi le ***museu Fran Daurel*** (un petit musée d'Art contemporain avec des œuvres de Picasso, Miró, Tàpies ou encore de Dalí), et on peut y voir des manifestations culturelles. Et puis des ***restos*** proposant des soirées « folkloriques », avec menus « typiques » et flamenco, des discothèques, un théâtre... Hyper touristique, évidemment, surtout l'été. Le soir, en revanche, lorsque la majorité des visiteurs ont regagné le centre-ville, la balade ne manque pas de charme.

***Pavelló Mies Van Der Rohe*** *(centre détachable B4)* **:** *avda Francesc Ferrer i Guàrdia, 7. ☎ 93-215-10-11. • miesbcn.com • Tlj 10h-20h (18h nov-fév). Entrée : 7 € ; réduc ; gratuit - de 16 ans et pour ts le 1er dim du mois.* Un bâtiment rescapé de la grande Expo universelle de 1929. Rescapé ? Enfin presque... Comme la plupart de ses voisins, il fut démonté en 1930. C'est à l'instigation de la mairie que le pavillon fut reconstruit à l'identique, à son emplacement d'origine. Même s'il s'agit d'une copie, l'architecture épurée du pavillon allemand tranche par sa modernité avec les bâtiments environnants, datant pourtant tous de la même année. Il abrite une fondation chargée de promouvoir l'architecture contemporaine. À réserver aux inconditionnels, et ce d'autant plus que l'espace est vide, et l'entrée chère pour ce qu'il y a à voir à l'intérieur, le bâtiment peut tout aussi bien être vu de l'extérieur.

***Caixa Forum*** *(centre détachable B3-4)* **:** *avda de Francesc Ferrer i Guàrdia, 6-8 (mais entrée par c/ Mexic). ☎ 93-476-86-00. • caixaforum.es • Ⓜ Espanya. ♿ Tlj 10h-20h (23h mer en juil-août). Fermé 1er et 6 janv, et 25 déc. Entrée : 6 € ; gratuit - de 10 ans.* Entre la fondation *La Caixa* et Barcelone, il s'agit décidément d'une folle passion... Ce mécénat a permis la restauration de l'ancienne usine *Casa Ramona.* Ce ***superbe édifice moderniste*** en briques de l'architecte Cadafalch s'est converti en centre d'art contemporain : remarquables expositions temporaires, qu'il s'agisse de photos, de peintures ou de sculptures.
Au 1er étage, possibilité de jeter un œil aux 2-3 ruelles qui mènent à la cafétaria. Également une terrasse sur le toit. Ça fait donc plusieurs bonnes raisons de venir. Et il y a parfois des concerts.

À l'angle de la plaça d'Espanya et de la Gran Vía de les Corts Catalanes, les anciennes ***arènes*** de Barcelone *(centre détachable C3)*, habillées de briques et d'azulejos. Construites en 1916, elles voyaient agoniser plus de 200 taureaux annuellement. Désormais, ce sont les portefeuilles qui se font déplumer, puisqu'elles ont été réaménagées en un vaste complexe commercial ! Nombreuses boutiques, 12 salles de ciné, spa et salle de gym... L'architecte n'est autre que Richard Rogers, coauteur du Centre Pompidou, à Paris. Il a greffé une structure ultramoderne dans le corps de l'arène, et modifié l'extérieur juste ce qu'il faut pour donner à l'ensemble une allure décalée. Depuis le toit (qui accueille aussi de multiples restos), panorama à 360° sur Montjuïc et le reste de la ville ; emprunter les escalators *(gratuits)* ou l'ascenseur panoramique extérieur *(payant)*.

Au pied des arènes, le ***parc Joan Miró*** vaut surtout pour *La femme et l'oiseau*, l'immanquable (22 m de haut) statue signée... Miró, évidemment. Elle couronne une savante géométrie spatiale alternant vastes pelouses – de toute évidence l'endroit le plus prisé –, zones arborées de palmiers ou vierges – où les gamins viennent se défouler –, jeux pour enfants, et se clôture par une bibliothèque municipale.



## L'EIXAMPLE

• Centre détachable C-H1-4 • Plan de l'itinéraire moderniste *p. 181*

**Comme n'importe quelle ville d'origine médiévale, Barcelone était entourée de puissants remparts. En 1854, lorsqu'on décida de les abattre, les vastes zones de sécurité militaires qui s'étendaient au-delà perdirent du coup leur vocation. Du pain bénit pour les urbanistes ! C'est Ildefons Cerdà qui décrocha le gros lot en 1859 et conçut le quadrillage caractéristique de l'Eixample. La nouvelle ville devait compter 550 blocs, organisés le long de rues et d'avenues tirées au cordeau, et coupés en biais à chaque angle. Cela n'avait rien à voir avec une quelconque démarche esthétique : il s'agissait d'une part d'apporter lumière et perspective par contraste avec le vieux quartier sombre et humide, et d'autre part de dégager la vue aux véhicules à une époque où les feux rouges n'existaient pas. Visionnaire !**

**4 artères constituent l'épine dorsale de l'ensemble. D'abord, la Gran Vía de les Corts Catalanes : grande saignée parallèle à la mer, la plus longue voie de la ville. Ensuite, le passeig de Gràcia : le principal axe vertical. Lieu de promenade favori des bourgeois au début du XX^e^ s. Bordé d'immeubles cossus, banques, ambassades, sièges sociaux et boutiques de luxe. Notez ses intéressants bancs-réverbères de pierre et de fer, et ses pavés dessinés par Gaudí. Parallèle au passeig de Gràcia, la rambla de Catalunya et son terre-plein central où restos et bistrots étalent leurs terrasses à l'ombre des tilleuls. Enfin, rompant de façon provocatrice l'ordonnancement régulier de l'Eixample, la Diagonal, comme son nom l'indique, fend le quartier en alignant nombre de bâtiments modernistes, boutiques élégantes, couturiers, boîtes, cafés à la mode...**

– ***Petite combine pour se repérer dans l'Eixample :*** la numérotation des rues part de la mer pour les artères orientées nord-ouest (verticales sur notre plan) ; pour les autres, orientées nord-est (horizontales sur notre plan), elle se fait dans le sens de l'écriture. Logique !

## Où manger des tapas ?

### Assis ou debout

**La Pepita** *(centre détachable F-G2, **175**) : c/ Còrsega, 343. ☎ 93-238-48-93. • lapepitabcn@gmail.com • Ⓜ Diagonal. Tlj 13h-1h30. Tapas 2-18 € ; menu déj env 13 €, le soir compter 25-30 €. Digestif offert sur présentation de ce guide.* Bistrot simple et frais, aux murs entièrement tagués par les clients, avec une poignée de tables au fond. L'avenante patronne (qui parle le français) soigne sa clientèle, pendant que son chef de mari retravaille les tapas classiques et les sandwichs, ce qui l'a conduit à accoucher de la *pepita* : un genre de double tartine grillée à base de pain maison, farcie de différentes choses. Un peu léger mais très fin. Accompagné d'un bon petit vin comme on saura vous le choisir, ça passe tout seul.

**Bar Velódromo** *(centre détachable E1, **174**) : c/ de Muntaner, 213. ☎ 93-430-60-22. Ⓜ Hospital-Clínic ou Diagonal. Tlj 13h-0h30 (1h ven-sam). Tapas 3-13 €, plats 7-20 €.* Restauré avec soin, ce vaste bar d'avant-guerre joue à fond la carte rétro : on s'attable volontiers dans la grande salle, à 2 pas du billard, et selon l'heure on profite d'un sandwich, de tapas (les plats sont moins convaincants), ou bien on sirote un verre en bonne compagnie sur les quelques tables sur le trottoir. Typique et archiclassique, c'est la carte postale de la brasserie vintage, les Barcelonais adorent. On y va pour le cadre, mais pas pour l'accueil, quelque peu indifférent.

**Entrepanes Díaz** *(centre détachable F2, **177**) : c/ Pau Claris, 189. ☎ 93-415-75-82. • entrepanesdiazpress@gmail.com • Ⓜ Diagonal. Tlj sauf lun-mar 13h-16h, 19h-22h30. Entrepanes 7,50-9 €, bomba 3,50 €.* Les *entrepanes* (entre-pains : donc, oui, vous l'avez deviné, il s'agit de sandwichs) s'avèrent ici assez travaillés, mais tout de même un peu chérots. Disons que ça glisse bien avec un petit *vermut*, et que c'est le prix, aussi, de la déco ancienne (miroirs patinés, boiseries et serveurs adorables tout de noir vêtus, avec le tablier blanc siouplaît !). Petite terrasse, et les grosses faims enfourneront une *bomba* pour se caler.

**Gresca** *(centre détachable E2, **105**) : c/ de Provença, 230. ☎ 93-451-61-93. Ⓜ Diagonal. Tlj 13h30-15h30, 20h30-23h30. Tapas 4-16 €.* On est séduit dès l'entrée dans cette salle toute en longueur : l'éclairage gracieux, le décor discret – de sobres murs de pierre – mettent en valeur la vaste cuisine ouverte et ses délices. Car on vient ici pour goûter les créations, pardon, se laisser envoûter par les sortilèges de Rafael Peña (passé chez Ferran Adrià). Pourtant, pas d'autre potion magique que des produits ultrafrais, traités avec une attention extrême, à déguster sur l'élégant comptoir ou sur quelques tables. Riche carte de vins essentiellement... français et bio. Service parfait, efficace et cordial. Ça se sait, Barcelonais et touristes trépignent pour entrer : venez dès l'ouverture. Un coup de cœur. Resto gastronomique dans la 2e partie de la salle.

**Paco Meralgo** *(centre détachable E2, **167**) : c/ de Muntaner, 171. ☎ 93-430-90-27. • info@restaurantpacomeralgo.com • Ⓜ Hospital-Clínic. ♿ Tlj 13h-minuit. Tapas 5-15 € (juqu'à 25 € pour certaines spécialités) ; montaditos 4-7 €, plats du jour 9-18 €.* L'un des représentants de la nouvelle vague des tapas gastronomiques, fréquenté par des meutes de jeunes loups très *corporate.* Raffinées et créatives, mais elles ne plaisent pas toujours à tout le monde, tout dépend de votre conception des tapas ! Beaucoup de choix néanmoins.

**Ciutat Comtal** *(centre détachable F3, **172**) : rambla de Catalunya, 18. ☎ 93-318-19-97. Ⓜ Universitat ou Passeig-de-Gràcia. À l'angle de la Gran Vía de les Corts Catalanes. Lun-ven 8h-minuit, w-e 9h-2h. Tapas 3-11 €.* Un classique du quartier, même si on ne joue pas dans la haute gastronomie. Les tapas sont bonnes et copieuses, pas ruineuses, mais rien de raffiné. Quant au cadre, il s'agit d'un bar à peine modernisé, prolongé par une agréable terrasse ombragée au milieu

BARCELONE

de la Rambla. Une adresse pratique et peu onéreuse pour le quartier.

**La Bodegueta Provença** *(centre détachable F2, **159**) : c/ Provença, 233. ☎ 93-215-17-25. Ⓜ Diagonal. Tlj sauf dim 8h-minuit (1h ven-sam). Menu midi env 16 € ; tapas et plats 6-15 €.* Cadre rustico-industriel réussi entre carrelages noir et blanc et rayonnages de bois sombre qui empilent jusqu'au plafond des centaines de bouteilles. Joli choix de vins, donc, à accompagner de tapas et de plats corrects se partageant au comptoir, ou coquette salle arrière, toutes petites tables ou terrasse avec une clientèle plutôt bien comme il faut. Bon accueil.

## Où manger au resto ?

### De bon marché à prix moyens (10-25 €)

**Gelida** *(centre détachable D3, **236**) : c/ de la Diputació, 133. ☎ 93-453-79-97. • bonprofit@elgelida.cat • Ⓜ Urgell. Tlj sauf dim 7h-21h30 (16h sam). Tapas et plats 3-6 €.* Pour ceux qui aiment les adresses presque d'avant-guerre ou les routiers en pleine ville et qui ont de gros trous dans leur porte-monnaie... Le bar date de 1946 et ça se voit avec son zinc chromé, sa vieille photo de l'équipe de foot locale, ses tonneaux en hauteur et son mobilier ringard ! Mais l'ambiance est vraiment populaire, et l'ardoise égrène de modestes plats du jour à prix imbattables. Certes, on est à des années-lumière de la gastronomie mais nulle part ailleurs vous ne trouverez une plâtrée de sardines à 4 €, un *bistec* à 4,50 € ou une *entrecot* à 6 € !

**El Mercader del Eixample** *(centre détachable F2, **122**) : c/ de Mallorca, 239. ☎ 93-272-07-05. • info@elmercaderdeleixample.com • Ⓜ Diagonal. Tlj 13h-23h (23h30 jeu-sam). Tapas 5-12 €, carte 20-25 €. Café offert sur présentation de ce guide.* Une oasis dans la ville : dans le jardinet d'un édifice néoclassique, où les tables semblent avoir poussé comme des plantes parmi les autres... Fraîcheur, verdure : idéal pour apprécier une cuisine *slow food.* Tous les produits sont cultivés, élevés ou pêchés de façon écologique et à proximité. La tradition catalane est respectée mais revue toute en légèreté. Une carte riche en informations, des résultats à la hauteur et des prix aussi raisonnés que l'origine des produits. Service attentif. Agréable salle si le temps se gâte. N'y allez pas, courez-y.

**Lat° Café** *(centre détachable G2, **222**) : c/ del Bruc, 118. ☎ 93-004-65-01. • hola@latocafe.com • Ⓜ Girona ou Diagonal. Mer-dim 10h-16h, ven-sam 19h-minuit. Fermé lun-mar. Plats 6-15 €.* Cette petite adresse fait d'abord le bonheur des amateurs de brunch. Et celui-ci prend sa source dans les Andes. Œufs Bénédicte avec une gaufre au yucca, pain perdu au tamarin, *arepas* au guacamole et houmous de betterave, sans oublier le clin d'œil du lama dessiné à la surface du cappucino... Également des pancakes classiques, des bols, poke, woks et salades à base de produits frais, plus des plats sans gluten ni lactose. Le week-end, le lieu se transforme en bar à cocktails avec du *pisco sour* et un grand choix de délicieux ceviches. Murs de briques, comptoir et tables en bois, plus une petite terrasse agréable.

**Vivant** *(centre détachable G3, **124**) : c/ del Consell de Cent, 394. ☎ 93-315-80-09. • restaurant@vivant.cat • Ⓜ Girona. Tlj sauf dim et lun soir, 13h-16h, 20h-minuit. Formule midi plat + dessert 10,50 € ou entrée + plat env 13 € ; repas 20-25 €.* Un super rapport qualité-prix, voilà le trait dominant de cet établissement. Dans un cadre atemporel rafraîchissant, aux murs blancs comme chaulés, on profite d'une cuisine qui met au goût du jour les meilleurs produits catalans. C'est frais, savoureux, le service est efficace et les portions bien dosées. Et tout le quartier s'y donne rendez-vous, alors faites pareil !

**Etapes** *(centre détachable E3, **253**) : c/ d'Enric Granados, 10. ☎ 93-323-69-14. • etapes@etapes.cat • Ⓜ Passeig-de-Gràcia. Tlj sauf sam midi et dim. Fermé 25 déc et 1er janv. Menus midi 15,50 €, soir 35-70 € ; plats 9-32 €.* Petit resto au cadre contemporain élégant, où l'on déguste une cuisine du jour simple, goûteuse et joliment présentée (qu'il s'agisse de la *fideu,* des cannellonis rôtis ou du hamburger... sans pain !). Très soigné, donc, à l'image des beaux verres ou du pain posé sur de jolies ardoises. Mais pas donné si on se lâche sur les extras ! Petite terrasse sur la rue piétonne.

## Chic (25-40 €)

**Semproniana** *(centre détachable E2, **255**) : c/ Rosselló, 148. ☎ 93-453-18-20. • semproniana@semproniana.net • Ⓜ Hospital-Clínic. Entre les c/ Aribau et Muntaner. Tlj 13h15-15h45, et aussi ven-sam 20h30-23h. Menus 15 € à midi puis 25-35 € ; plats 10-19 €.* Quelques tables côté rue dans une petite pièce éclatante de couleurs et meublée récup', mais c'est surtout au fond du couloir que ça se passe, dans un vaste espace façon ancien atelier à la déco plus sobre, mais pleine de petits détails originaux et à l'éclairage intimiste. On y est bien assis, il y a de l'espace entre les tables... Bref, joli cadre pour découvrir une cuisine méditerranéenne de chef élaborée et goûteuse.

**Cachitos** *(centre détachable F3, **243**) : rambla de Catalunya, 33. ☎ 93-215-27-18. Ⓜ Passeig-de-Gràcia. Tlj 10h-3h. Tapas 2-15 € ; plats du jour 13-25 € ; paellas 10-28 € ; repas 25-35 €.* Genre de grande brasserie avec plusieurs bars et comptoir et de vastes salles, dont l'une en mezzanine avec bar central et jardin intérieur. Confortables banquettes et grandes tables, ou petit coin plus cosy avec canapés moelleux et fauteuils, sans compter la terrasse sur la Rambla. Bref, on a le choix ! Très bonne cuisine élaborée avec des produits frais et de saison. Les tapas et les plats sont très réussis. Service prévenant et élégant. Une adresse pratique.

**CruiX** *(centre détachable C3, **257**) : c/ d'Entença, 57. ☎ 93-458-40-17. • cruixbcn@gmail.com • Ⓜ Rocafort ou Espanya. Tlj sauf dim soir-mar et j. fériés, 13h-15h30, 20h-22h (23h ven-sam). Menu dégustation 28-34 € midi et soir ; carte tapas 5-15 €, carte env 30 €. Résa conseillée le soir. Digestif offert sur présentation de ce guide.* Spécialiste en paella, en riz (le chef, issu des brigades zélées de la haute gastronomie, est valencien) et en tapas raffinées et recherchées. Un univers créatif original.

## Très chic (plus de 40 €)

**L'Olivé** *(centre détachable E-F3, **256**) : c/ Balmes, 47. ☎ 93-452-19-90. • info@restaurantlolive.com • Ⓜ Universitat ou Passeig-de-Gràcia. ♿ Tlj 13h-16h, 20h-23h30. Résa conseillée (parking offert). Menus 55-94 €. Café offert sur présentation de ce guide.* Une adresse de qualité, renommée dans toute la ville depuis plus de 35 ans pour sa délicieuse cuisine dans la tradition catalane, entre terre et mer. Service prévenant, clientèle chic tirée à 4 épingles, déco moderne, sobre et élégante avec cuisine ouverte. Carte bien fournie : cannelloni de crabe, poulpe braisé, tataki de thon, épaule d'agneau au four, *escalivada,* crevettes et saucisses du pays. Terrasse.

**Cinc Sentits** *(centre détachable C3, **259**) : c/ Entença, 60. ☎ 93-323-94-90. • info@cincsentits.com • Ⓜ Universitat. À l'angle de c/ d'Aragó. Mar-sam dès 13h30 puis 20h30 ; fermé dim-lun. Congés : 10 j. en janv et août. Résa obligatoire (plusieurs j. avt pour le soir, car la salle n'est pas bien grande). Menus 99 € et 119 €.* Déco minimaliste, au goût du jour, pour une cuisine bien d'aujourd'hui également (dans la lignée d'un Ferran Adrià), d'une franche inventivité et à base de produits locaux d'exception. Une vraie découverte gastronomique ; très stylé, tout ça !

## Où prendre le petit déjeuner ?
## Où manger une pâtisserie ?
## Où déguster une glace ?

***Mauri*** *(centre détachable F2,* ***467****) : c/ Provença, 241. ☎ 93-215-10-20. • catering@pasteleriasmauri.com • Ⓜ Diagonal. Lun-sam 8h-20h, dim 9h-15h.* Immense pâtisserie-salon de thé-restaurant-traiteur fondée en 1929, où se précipitent à l'heure du déj ceux qui travaillent dans le quartier. Excellentes pâtisseries maison, *turrón*, chocolat... c'est le moment de faire vos provisions !

***La Pastisseria*** *(centre détachable E-F3,* ***320****) : c/ d'Aragó, 228. ☎ 93-451-84-01. • lapastisseria@lapastisseriabarcelona.com • Ⓜ Universitat. Tlj 9h-14h, 17h-20h (9h-14h le w-e).* La boutique très contemporaine d'un champion du monde de pâtisserie en 2011. Certes un peu cher, mais les tartes aux agrumes (citron ou orange) ou au caramel sont, pour ne citer qu'elles, à tomber. Quelques tables à l'intérieur.

***Cremería Toscana Muntaner*** *(centre détachable E2,* ***322****) : c/ Muntaner, 161. ☎ 93-539-38-25. • info@cremeriatoscana.com • Ⓜ Hospital-Clínic. À l'angle de la c/ Corsega, 208-201. Tlj 12h-minuit. Fermé 25 déc et 1er janv.* Si la succursale de cette excellente *gelatería* est plus connue (car située dans El Born), la maison mère a pour elle une adorable petite salle avec une mezzanine, à moins que vous ne préfériez, comme les habitués, poser une fesse sur les rondins dans la rue. Impeccable pour une pause autour d'une glace artisanale savoureuse.

***DelaCrem*** *(centre détachable E3,* ***323****) : c/ Enric Granados, 15. ☎ 93-004-10-93. • massimo@delacrem.cat • Tlj 9h-21h. Congés : 1 sem début janv. Compter 2,40-6,50 € selon gourmandise.* Quelques tables posées sur la petite place ombragée. Produits 100 % naturels et artisanaux, juste su-ccu-lents ! Également de très bons chocolats chauds.

Voir aussi dans la rubrique « Où manger au resto ? », le ***Lat° Café*** *(centre détachable G2,* ***222****).*

## Où boire un verre ?

### Tôt ou tard

***El Nacional*** *(centre détachable F3,* ***404****) : passeig de Gràcia, 24 bis. ☎ 93-518-50-53. • elnacionalbcn.com • Ⓜ Passeig-de-Gracià. Tlj 12h-1h (bars 2h dim-mer, 3h jeu-sam).* Légèrement en retrait du passeig de Gràcia (au bout d'un passage), ce monumental bâtiment des années 1930-1940 abrite un spectaculaire complexe gourmand divisé en plusieurs restos, bars à tapas, à vins, bières... Difficile d'imaginer que c'était un ancien garage ! Magnifique réhabilitation mêlant éléments d'origine et d'autres plus contemporains, sur fond de cascades de plantes vertes, dans le pur style Belle Époque. Les restos sont un peu chérots et le service aléatoire, on conseille plutôt de venir boire un verre, histoire de profiter du décor et de l'atmosphère, bourdonnante et joyeuse.

### Plutôt dans la journée

***Laie*** *(centre détachable F3-4,* ***405****) : c/ Pau Claris, 85. ☎ 93-318-17-39. • cafe@laie.es • Ⓜ Urquinaona ou Catalunya. Tlj sauf dim 10h-14h, 16h30-20h30. Formule et menu le midi en sem 14-16,50 €.* Un peu de calme dans ce monde de bruit, car il s'agit d'une *llibreria-cafè,* dont le rez-de-chaussée est réservé à la boutique et l'étage, très vaste, au salon de thé. Passé le bar, on découvre une belle salle moderne décorée de photos, prolongée par une véranda tout en boiseries dont les portes ouvrent sur une cour intérieure. Impeccable pour une pause en terrasse à toute heure (menus déjeuner bons et bien présentés).

### Gay-friendly

S'il n'y a pas de quartier exclusivement gay à Barcelone, en revanche, un noyau autour du croisement des carreres Consell de Cent et Casanova est communément appelé le ***« Gay-Xemple ».*** Des bars, des boîtes (voir cette rubrique plus loin) et des boutiques ultra-spécialisées, hétéro-*friendly* pour la plupart.

## La tournée des boîtes

Petit rappel : c'est dans l'Eixample que se trouvent aussi la majorité des boîtes gays et *gay-friendly.*

***Luz de Gas*** *(centre détachable E1,* ***435****) : c/ Muntaner, 244-246. ☎ 93-209-77-11. • luzdegas.com • Ⓜ Diagonal. En temps normal, mer-sam (et parfois mar) minuit-5h30 (en août : pas de musique live et ouv seulement jeu-sam). Entrée : 20 € avec 1 conso.* Un ex-cabaret reconverti en disco-salle de concert. La déco n'a pas bougé : lourdes tentures de velours grenat, plafond peint, balcons, énormes lustres étincelants. La clientèle, chic et très VIP, majoritairement dans les 35-45 ans, s'agglutine autour des divers comptoirs et de la scène. À l'étage, bar à cocktails et petite piste dédiée à la musique espagnole. Du mercredi au samedi (et parfois mardi), très bons concerts d'artistes de jazz, pop-rock, blues. Enfin, mieux vaut avoir le look beautiful people pour pouvoir entrer.

***La Fira*** *(centre détachable E2,* ***436****) : c/ de Provença, 171. Ⓜ Provença. Entre les c/ Aribau et Muntaner, au cœur de l'Eixample. Jeu-sam 23h45-5h30. Entrée : 5-10 € selon soirs avec conso.* Un club atypique ! Car, passé le couloir aux miroirs déformants, on découvre une déco délirante réalisée avec des automates et des manèges provenant de fêtes foraines et autres parcs d'attractions du début du XX^e^ s. Génial ! « La Foire » fait régulièrement le plein d'étudiants qui se déhanchent sur les tubes latinos ou anglo-saxons du moment.

***Otto Zutz Club*** *(plan d'ensemble,* ***437****) : c/ Lincoln, 15. ☎ 93-238-07-22. • ottozutz.com • Ⓜ Fontana ou Passeig-de-Gràcia. Jeu-sam 23h30-6h. Entrée : 10-18 € avec 1 boisson.* Un des bars-discothèques les plus fréquentés de la ville. Attention les yeux ! En fin de semaine, 4 salles sur 3 niveaux et autant de styles : en bas, c'est généralement hip-hop et R'n'B, au milieu, commercial, house et pop-rock à tendance *eighties,* et en haut funk et soul. Clientèle jeune dans les 2 premiers niveaux, où l'on passe d'une piste de danse à l'autre par l'escalier vitré, alors que le 3^e^ niveau est plus sélect avec son coin lounge (mieux vaut être sapé et avoir plus de 25 ans pour y être admis !). Dans tous les cas, les salles ne sont pas trop immenses, les bars accessibles, et l'atmosphère festive ! Les mardi et mercredi, on se contentera du petit bar-boîte qui permet tout de même de bien s'échauffer.

***Antilla Salsa Barcelona*** *(centre détachable D3,* ***439****) : c/ d'Aragó, 141. ☎ 93-451-45-64. • info@antillasalsa.com • antillasalsa.com • Ⓜ Urgell ou Hospital-Clínic. Mer-jeu 23h-4h, ven-sam 23h-6h, dim 19h-2h. Entrée : 10 € avec 1 conso.* Pour vibrer sur des rythmes de salsa avec des groupes tous les soirs (sauf en août : les platines prennent alors le relais), dans un cadre coloré et chaleureux, comme l'atmosphère. Tantôt assez démonstratif, tantôt plus décontracté. Du mercredi au vendredi, en début de soirée, place aux *master classes* avec des cours gratuits de tango, salsa et rumba.

***Arena*** *(centre détachable F3,* ***440****) : c/ Balmes, 34. ☎ 93-487-83-42. • grupoarena.com • À l'angle de c/ Diputació. Tlj 0h30-5h. Entrée : 6-12 €.* L'une des boîtes gay les plus connues de la ville, archifréquentée par un public jeune, où les éphèbes profitent des shows proposés chaque soir à l'*Arena Madre* avant d'investir les pistes au rythme de l'électro, de la house et de la dance. La salle *Classic* *(entrée au 233, c/ Diputació ; ouv seulement ven-sam)* accueille exclusivement les hommes. En bas des escaliers, une grande salle s'articule autour de plusieurs pistes de danse et de recoins tamisés où l'on peut se détendre sur des canapés. Pas mal d'espace également pour la récente salle *VIP* *(entrée au 94, c/ Diputació ; ouv seulement ven-sam)* et ses tubes d'hier (ou d'avant-hier !). Un conseil, n'y allez pas avant 1h, il n'y a personne.

***Aire*** *(centre détachable E3, **441**) : c/ de la Diputació, 233. ☎ 93-451-84-62. • grupoarena.com • Jeu-sam et veille de fêtes 23h-2h30. Entrée : 5-10 €.* L'équivalent de l'*Arena* (même groupe), version filles. Le public reste toutefois assez mixte (mais pour les garçons, c'est entrée sur invitation !). Là encore, ne pas venir avant 1h.

***Métro Disco*** *(centre détachable E3-4, **442**) : c/ de Sepúlveda, 185. ☎ 93-323-52-27. Ⓜ Universitat. Sur la pl. Goya. Ouv minuit-5h (6h ven-sam), mais pas la peine d'y aller avt 2h30. Entrée : 12 €, 1re boisson comprise.* Avec ses 2 salles pleines de *gogo boys,* cette boîte gay célèbre, plutôt *middle age,* est connue pour son ambiance parfois trash et électrique qui requiert un certain entraînement. Les filles sont tolérées et, les jours de fiesta, en général le jeudi, seuls les plus résistants survivent.

BARCELONE

## Achats

Le passeig de Gràcia et les rues perpendiculaires en allant vers la rambla de Catalunya alignent les boutiques des marques internationales du luxe. On l'appelle ici le *quadrat d'or* (le carré d'or)... Difficile également d'échapper dans le quartier à *Mango* et autres rejetons du poids lourd du textile espagnol *Inditex* : *Zara, Berschka, Stradivarius, Pull & Bear, Oysho...* qu'on retrouve également rambla de la Catalunya. Ni très original ni franchement moins cher qu'en France, mais bon, au moins c'est national... À noter quand même aussi quelques *outlets* de grandes marques espagnoles dans le coin : un *outlet* **Desigual** *(centre détachable G3, **131** ; c/ de la Diputació, 323, à côté de l'hôtel Praktik Garden ; lun-sam 9h-21h, fermé dim),* et plusieurs autres c/ de Girona entre Gran Vía et c/ de Casp *(dont un outlet **Mango** au nº 37 ; tlj sauf dim 10h-21h ; centre détachable G3-4).*

***Queviures Múrria*** *(centre détachable G3, **472**) : c/ Roger de Llúria, 85. ☎ 93-215-57-89. • queviures@jmurria.com • Ⓜ Passeig-de-Gràcia. Mar-sam 9h-14h, 17h-20h30. Fermé dim-lun. Congés : en août.* Pour les boiseries modernistes (et les publicités anciennes) des vitrines tout autant que pour les produits soigneusement choisis de cette épicerie, du riz du delta de l'Èbre aux jambons, du *cava* aux fromages (locaux mais pas seulement : nos lecteurs suisses y trouveront par exemple tout ce qu'il faut pour une fondue !).

***La Vinícola*** *(centre détachable G2, **481**) : c/ de Girona, 123. ☎ 93-532-33-31. • info@lavinicola.cat • Ⓜ Verdaguer ou Girona. ♿ Tlj sauf dim 10h-14h, 17h-21h.* Pas de surprise, avec un nom pareil il s'agit bien d'un caviste, qui écume essentiellement les crus catalans (dont les biens connus Priorat, mais aussi son voisin Montsant – moins cher et plein de surprise), des vermouths, et même quelques dives bouteilles de l'Hexagone. Avantage : le caviste maîtrise aussi bien le français que les bouquets de ses nectars.

***Bolibar*** *(centre détachable F3, **474**) : rambla de Catalunya, 43. ☎ 93-488-34-34. • bolibar@bolibar.com • bolibar.com • Ⓜ Passeig-de-Gràcia. Lun-ven 9h30-14h, 16h-20 ; sam 10h-14h. Fermé dim.* Une quincaillerie ? Ce n'est certes pas pour une urgence de clou ou de tire-fond qu'on vous l'indique, mais parce que cette boutique historique reproduit, dans les règles de l'art(isanat), 8 pièces de... quincaillerie dessinées par Gaudí pour ses *casas Calvet, Milà ou Batlló.* À vous poignées de portes et de tiroirs modernistes ! Y aura plus qu'à l'installer à la *casa*...

***Botiga Barça*** *(centre détachable F3,* ***491****)* **:** *passeig de Gràcia, 15. ☎ 90-218-99-00. Ⓜ Catalunya ou Passeig-de-Gràcia. Lun-sam 10h-22h.* La boutique officielle du Barça... avec tout ce qu'il faut pour ressembler à un vrai supporter !

## À voir

***Casa Batlló*** *(centre détachable F3)* **:** *passeig de Gràcia, 43. ☎ 93-216-03-06. • casabatllo.cat • Ⓜ Passeig-de-Gràcia. En temps normal, tlj 9h-21h (dernière entrée 20h). Entrée (chère) : 28,50 € (vidéoguide interactif compris ; 25 € si résa internet) ; avec accès à un salon moderniste entièrement meublé : 33 € (uniquement sur résa internet) ; réduc ; gratuit - de 7 ans. Pour s'offrir la casa Batlló en tête à tête, visite tlj à 8h30 (avt l'ouverture générale, donc) pour... 39 €. Également les « vermouths musicaux » le w-e et les « nuits magiques » le soir, soit des formules visite + concert à partir de 39 €.* ***En période de Covid,*** *ouv seulement jeu-dim avec tarifs réduits. Attention, louée de temps en temps pour des événements, donc parfois fermée (planning des fermetures sur leur site).*

***Pour éviter les files d'attente*** en haute saison (dès les 1[ers] week-ends fériés) et pendant les vacances scolaires, et ***bénéficier d'une réduction (- 4 €), réservez sur le site internet officiel ;*** 5 € de plus pour l'option *fastpass* qui permet d'entrer encore plus rapidement.

La *casa Batlló* est, pour certains, le plus beau, le plus abouti des projets de Gaudí. Construite entre 1904 et 1906 pour un industriel du textile (au 3e étage, les héritiers y ont toujours une résidence), c'est un véritable symbole de Barcelone. Ici, c'est un Gaudí plus onirique qui s'exprimerait, en principe, sans faire référence à ses croyances religieuses (ou plus discrètement, car on retrouve tout de même les initiales « IMJ » pour Jésus, « M » pour « Marie » et « J » pour Josef sur la tourelle-échauguette de la façade).

***Les interprétations au sujet de la façade extérieure de la casa Batlló ont toujours fait couler beaucoup d'encre.*** Certains n'y voient que des os (balcons figurant des crânes avec les orifices pour les yeux et le nez). D'autres donnent la priorité aux éléments naturels : les colonnes en bas de l'édifice rappellent des troncs d'arbres, les ondulations des mosaïques en verre et céramique le mouvement de l'océan. Ces vagues, aperçues comme dans un songe, évoqueraient aussi un étang de couleur bleu-vert habité par le dragon (d'où les arêtes et les nageoires) qui sera enfin tué par saint Georges (sant Jordi, le patron de la ville). D'ailleurs, le sommet de la maison se termine par une sorte de casque hérissé d'écailles qui rappelle la carcasse d'un monstre marin.

Cette maison étonnante captivait Salvador Dalí, qui y voyait des affinités secrètes avec son univers artistique.

La visite de l'intérieur commence par l'étage noble : l'ancien bureau de Batlló, agrémenté d'une cheminée géniale (encastrée dans une alcôve en forme de champignon), le grand salon éclairé par une longue baie vitrée moderne (avec son système de contrepoids pour faciliter l'ouverture), la salle à manger, au plafond orné d'étranges bulbes, par laquelle on accède au patio décoré de céramiques. Puis on pénètre dans une curieuse cage d'escalier, et on monte d'étage en étage, autour d'un puits de lumière tapissé de carrelages en céramique bleue. Bleue comme la mer ! L'ascenseur rétro fonctionne encore. Aucune ligne droite ne vient rompre l'ondulation infinie des lignes. Jeu de courbes et de voûtes « chaînette », arcades en forme de gouttes d'eau, spirales végétales, portes et fenêtres dessinées avec des contours d'algues sous-marines. Tout le génie de Gaudí a été de récupérer au maximum la lumière, même dans les parties basses. « Tout est fait pour toucher autant que pour voir. » On notera le superbe travail de menuiserie. Au dernier étage, accès au toit de l'immeuble, occupé par une terrasse où se dressent des cheminées aux formes torsadées et tarabiscotées, surplombant l'avenue. Une merveille, et également un prodige d'intelligence.

**Casa Amatller** *(centre détachable F3)* **:** *passeig de Gràcia, 41. ☎ 93-461-74-60. • amatller.org • Ⓜ Passeig-de-Gràcia. Tlj 10h-18h (départ de la dernière visite). Fermé 25 déc. Visite en petits groupes à heure fixe, ttes les 30 mn : résa sur Internet conseillée ; durée : 45 mn avec vidéoguide, 1h avec guide. Entrée (réduc sur leur site) : 19 € avec vidéoguide et chocolat chaud ou 24 € avec guide (consulter le site pour le choix de la langue et de l'horaire) ; réduc ; gratuit - de 7 ans.* ***En période de Covid,*** *ouv seulement jeu-dim à tarifs réduits,* ***sur résa uniquement.*** *Attention, talons aiguilles interdits. Si vous n'avez pas réservé, c'est vers 10h et 14h que la file d'attente est la plus courte.* Coincée entre l'illustre *casa Batlló* et la *casa Lleó i Morera,* la *casa Amatller* est encore une brillante déclinaison du modernisme catalan, réalisée en 2 petites années par Josep Puig i Cadafalch (1898-1900) pour le compte d'Antoni Amatller. Maître chocolatier, précurseur en matière de marketing et de publicité (la marque *Amatller* était célèbre dans le monde entier), il était aussi amateur d'art éclairé, photographe et grand voyageur. La particularité, ici, est que l'édifice existait déjà, l'architecte l'a remodelée de fond en comble. Commencez par observer la façade, avec ses fenêtres gothiques, son toit à redents de style flamand et cet étonnant bestiaire fantasmagorique. L'architecte s'est amusé à y représenter de nombreux détails symbolisant la vie et les goûts du propriétaire : ici, des rats prenant des photos (1er étage, autour de la fenêtre centrale), là, des cochons tenant des céramiques (clin d'œil à sa collection d'art). Contrairement à ses voisines, l'intérieur de la *casa Amatller* a eu la chance de conserver in situ son mobilier d'époque, dessiné de A à Z par l'architecte. Autre différence, ici, c'est le style néogothique qui domine, notamment dans les encadrements de portes, même si toujours mâtiné de touches modernistes. Dans la salle à manger, carrelage d'origine avec des fleurs d'amandiers à 5 pétales, emblème de la famille, et une superbe cheminée abondamment sculptée où figurent deux princesses, l'une sud-américaine symbolisant le cacao, l'autre européenne représentant la consommatrice. Entre elles, un bateau pour le transport... Mais globalement l'atmosphère est plus sombre, plus austère et masculine (Amatller y vivait seul avec sa fille) qu'à Batlló ou à la *casa* Lleó i Morera. La chambre de Teresa fait exception, baignée de lumière et tout en bois clair, avec les 4 âges de la femme sculptés sur un chapiteau : naissance, enfance, maturité et vieillesse. Réminiscence des travaux de décoration réalisés en 1934 dans la maison, le dressing-room attenant a été conservé dans son pur style Art déco. On notera également les jolis couloirs alliant carrelage, céramiques et vitraux, la salle des collections avec ses vitrines d'objets précieux et enfin le bureau-bibliothèque placé au centre de la maison. La visite, qui se limite au 1er étage, occupé à l'époque par Antoni Amatller (le reste était loué), passionnera les amateurs de modernisme et d'architecture en général.

Sur place, la ***cafétéria-boutique*** permet de s'offrir une jolie boîte de chocolats, de boire un vrai chocolat chaud et même de faire une agréable pause-déjeuner (sandwichs, salade-bar, gâteaux).

## POMME DE DISCORDE

*Au début du XXe s, quelques notables demandèrent à des architectes modernistes de transformer les façades classiques du passeig de Gràcia en palais extraordinaires. Gaudí, Domènech i Montaner et Puig i Cadafalch rivalisèrent d'ingéniosité et d'audace pour livrer 3 interprétations du modernisme sur un même pâté de maisons. L'îlot urbain est surnommé « La Manzana de la Discordia », clin d'œil à la mythologie grecque et jeu de mots sur la* manzana *en espagnol (« pomme » mais aussi « pâté de maisons »). Attention, seules la* casa Batlló *et la* casa Amatller *se visitent.*

BARCELONE

**Casa Lleó i Morera** (centre détachable F3) : *passeig de Gràcia, 35. ☎ 93-676-27-33. • casalleomorera.com • Ⓜ Passeig-de-Gràcia. Pas de visites (il faut se contenter de la façade et de la visite virtuelle sur le site internet).* Entre les délires marins de la *casa Batlló* et l'austérité néogothique d'Amatller, voici une variation florale de cet inépuisable modernisme catalan, signée Lluís Domènech i Montaner (1902-1905), l'architecte du *palau de la Musica et de l'hospital de Sant Pau.* Sur les balcons en façade, des sculptures symbolisent le XX$^{e}$ s : des femmes brandissant un gramophone, un téléphone ou encore un appareil photo... Certaines ornementations ont été détruites lors de la guerre civile et de l'aménagement de la boutique *Loewe,* mais Dalí en récupéra une partie pour le patio de son théâtre-musée à Figueres...

**Casa Milà – La Pedrera** (centre détachable F2) : *c/ Provença, 261 (angle avec le passeig de Gràcia). ☎ 902-202-138. • lapedrera.com • Ⓜ Diagonal, Provença ou Passeig-de-Gràcia. Tlj 9h-20h30 (18h30 nov-fév) ; dernière entrée 30 mn avt fermeture. Fermé 7-13 janv et 25 déc. Entrée (accès au toit et audioguide inclus) chère : 27 € (24 € si résa internet) ; réduc ; gratuit - de 7 ans. Visite guidée « La Pedrera cachée » à 28 €.* La maison de Gaudí la plus célèbre. D'ailleurs, dans *Profession reporter,* d'Antonioni, Jack Nicholson, le personnage principal de l'histoire, habite la Pedrera, que l'on voit bien dans le film. Construite entre 1906 et 1912 pour le richissime dandy Pere Milà, la Pedrera est désignée par beaucoup de critiques d'art comme une œuvre abstraite, une folie structurelle. Gaudí, qui avait pour l'occasion un budget illimité, a poussé au maximum la rupture du plan de façade et les possibilités plastiques des volumes. Il en résulte une sorte d'immense falaise, aux courbes extraordinaires (d'où son surnom de la Pedrera, la « carrière »). Une prouesse technique rendue possible par le fait que les blocs de pierre ne supportent pas le poids du bâtiment, mais sont maintenus par une résille en acier, formant ainsi une 2$^{de}$ peau. Notez aussi le formidable travail en fer forgé des balcons : on dirait des copeaux de chocolat ! La 1$^{re}$ cour, encadrée de colonnes-palmiers, fut conçue pour accueillir les calèches. Un ascenseur en bois atteignait autrefois le ***toit-terrasse...*** en 7 mn. Aujourd'hui, c'est un ascenseur moderne. Au 7$^{e}$ étage, on découvre les hautes cheminées ressemblant étrangement à des guerriers, voire des bouddhas pour ceux qui font la visite nocturne, et les tours d'aération aux formes audacieuses, revêtues de *trencadis* (fragments de céramique). Vue remarquable sur la ville et la Sagrada Família au loin.

La maison accueille dans ses combles une ***charpente composée de 270 voûtes paraboliques,*** une forêt d'arches en bois absolument superbe. On y a aménagé l'***Espai Gaudí,*** une exposition retraçant la vie de l'artiste et expliquant l'évolution de son œuvre, on ne peut plus didactique. Audiovisuel, plans et photos des différentes réalisations de l'architecte, maquettes des autres œuvres de Gaudí et explications techniques très précises. Également un diaporama qui, de 1852 à 1926 (dates de naissance et de mort de Gaudí), présente année par année des événements majeurs, souvent liés à l'architecture. L'étage au-dessous abrite un ***appartement*** plutôt sobre, aménagé avec des meubles et des objets de l'époque pour reconstituer le cadre de vie du début du XX$^{e}$ s. Notez le débarras bourré d'objets amusants... Également un diaporama (mais sans explications). Gare à la photo-souvenir « gratuite » en fin de visite : elle est en fait payante ! Tout le 1$^{er}$ étage

### LA NATURE COMME SOURCE D'INSPIRATION

*À l'Espai Gaudí, plusieurs vitrines illustrent les sources d'inspiration de l'architecte, et, parmi elles, la nature occupe une place non négligeable. On découvre alors les rapprochements entre l'intérieur d'un coquillage et les formes sensuelles des chaises conçues par Gaudí, ou encore des fruits du caroubier repensés en voluptueux bancs de bois.*

BARCELONE

du bâtiment est occupé par des ***expos temporaires*** remarquables *(accès par le 92, passeig de Gràcia ; env 4/an ; 3 €).* Belle ***boutique***, mais chère.
– ***Les Nuits de la Pedrera :*** 2 options possibles. ***Les visites nocturnes*** *(Gaudí's Pedrera : The Origins)* **:** *mars-oct et 26 déc-3 janv, tlj 21h-23h ; nov-fév, tlj 19h-21h ; départ ttes les 30 mn, visites en catalan, espagnol ou anglais. Prix : 34 € ; réduc ; gratuit - de 6 ans.* Après une brève introduction, on assiste surtout à un son et lumière sur le toit-terrasse de la Pedrera illuminée (verre de *cava* inclus en fin de visite), plus esthétique qu'instructif. *Attention, on ne visite ni l'appartement, ni l'Espai Gaudí (il faut refaire la visite en journée !).* ***Concerts jazz :*** *hors période de Covid, de mi-juin à mi-sept, ven-sam à partir de 20h30, sur la terrasse du toit de la casa Milà. Résa en avance conseillée au ☎ 902-202-138 ou sur Internet. Billet : 30 €. De mi-juin à mi-sept, possibilité de combiner concert + The Origins : 60 €.* Une autre manière toute particulière d'apprécier l'œuvre de Gaudí, en plein air et en nocturne, en écoutant un bon concert de jazz, un verre de *cava* à la main...

👁👁 ***Fundació Antoni Tàpies*** *(fondation Antoni-Tàpies ; centre détachable F3)* **:** *c/ Aragó, 255 (presque à l'angle du passeig de Gràcia). ☎ 93-487-03-15. • fundaciotapies.org • Ⓜ Passeig-de-Gràcia. ♿ En temps normal, tlj sauf lun 10h-19h (21h ven, 15h dim).* ***En période de Covid,*** *seulement ven-sam 10h-19h et dim 10h-15h. Fermé 1er et 6 janv, et 25 déc. Entrée : 8 € ; réduc ; gratuit - de 17 ans. Inclus dans l'Articket.* La muséographie bouge régulièrement et propose tout au long de l'année des expos temporaires de l'œuvre de Tàpies (1923-2012). Elles occupent 1, 2 ou 3 étages selon l'ampleur des pièces. C'est une manière vivante de faire tourner le fonds de la collection.
Né à Barcelone, admirateur de Picasso et de Van Gogh, Tàpies devient l'ami de Joan Miró, crée une revue d'art et obtient du gouvernement français une bourse qui lui permet de se lancer à fond dans sa peinture. En 4 décennies, il aura exposé dans le monde entier et reçu une bonne vingtaine de prix, dont celui de la paix, décerné par l'ONU. Encensé par les connaisseurs, admiré par ses pairs (et même fait « marquis de Tàpies » par Juan Carlos en 2010), il n'a pourtant pas encore trouvé l'adhésion du grand public, tant son œuvre, avant tout cérébrale, peut paraître déroutante. Avec cette fondation, le nationaliste catalan, chef de file incontesté de la peinture espagnole des 30 dernières années, peut se vanter d'avoir eu droit, avant sa mort, à son propre musée ! L'immeuble et le quartier choisis ont également une signification très nette : après le modernisme architectural, Barcelone continue à produire des peintres symbolisant à eux seuls la modernité d'une ville en perpétuelle effervescence artistique...
Installée dans un splendide immeuble moderniste construit au siècle dernier par l'architecte Domènech i Montaner et inaugurée en 1990, la fondation se distingue de prime abord par son étonnant toit, œuvre de Tàpies intitulée *Nuage et Chaise.* C'est un assemblage de câbles d'aluminium tordus, sur lequel repose une chaise, symbole clé de l'œuvre de Tàpies ! L'intérieur est à l'avenant : marbre et mezzanine fin de siècle, froideur et dépouillement austère, conçu comme pour mieux faire jaillir des toiles du grand peintre catalan toute la chaleur des couleurs, toute la richesse des matériaux de récupération. Maître de l'*arte pobre,* l'art pauvre, Tàpies réinvente la vie quotidienne avec des morceaux de bois, une toile épaisse, une poignée de sable, beaucoup de peinture... Dommage que la visite soit aussi courte. Une quinzaine d'œuvres sont exposées, ce qui est un peu décevant même s'il s'agit de la plus importante collection au monde ouverte au public.
La fondation ne se limite pas uniquement aux œuvres de Tàpies et présente le travail d'autres artistes contemporains (installations, performances expérimentales, photos, sculptures, peintures, etc.), à l'occasion d'expos temporaires, parfois simultanées. Elle renferme aussi une librairie d'art et une superbe bibliothèque *(seulement sur rdv par tél),* spécialisée dans les civilisations orientales, qui inspirèrent en grande partie la philosophie du maître des lieux.

👁 ***Museu del Modernisme Català*** *(centre détachable F3,* ***511****)* **:** *c/ Balmes, 48. ☎ 93-272-28-96. • mmbcn.cat • Ⓜ Passeig-de-Gràcia. ♿ Lun-ven 10h30-14h,*

*16h-19h ; sam 10h30-14h. Fermé dim et j. fériés, 1er et 6 janv, 1er mai, août, et 25-26 déc. Entrée : 12 € ; réduc ; gratuit - de 6 ans.* Vous vous demandiez où pouvait bien être le mobilier des sites emblématiques, comme la *casa Batlló ?* Entre autres, ici même, dans ce petit musée privé, où une poignée de collectionneurs-antiquaires ont mis en commun leurs acquisitions. Installée dans une ancienne usine textile, l'exposition tourne au gré des achats. Voici une bonne manière de découvrir les fleurons de l'art décoratif moderniste catalan. 42 artistes, 350 œuvres, toutes plus belles les unes que les autres, signées Antoni Gaudí, Gaspar Homar, Josep Llimona, Enric Clarasó, Lluis Garner Arrufi, Modest Urgell Inglada... Un espace est entièrement consacré aux mobiliers (des *casas Batlló* et *Calvet*) et objets divers réalisés par Gaudí. Les inconditionnels seront aux anges, les autres trouveront la visite un peu redondante s'ils ont déjà vu d'autres sites modernistes. L'entrée est surtout trop chère...



## *Itinéraire moderniste*

Barcelone sans le modernisme, c'est comme une coupe sans champagne ! Gaudí, Domènech i Montaner, Puig i Cadafalch et quelques autres architectes talentueux ont offert à la belle la plus somptueuse des parures, qui a métamorphosé la vieille capitale catalane en une cité moderne, élégante... et irrésistible ! Rappelons que le Modernisme est l'équivalent catalan des styles Art nouveau, Sécession, Liberty ou encore Jugendstil selon les pays concernés. L'engouement pour ce style architectural si original était tel qu'on recense aujourd'hui encore des centaines de sites éparpillés aux quatre coins de la ville. Impossible de tous les visiter, à moins d'être un stakhanoviste du genre. Pour une approche sérieuse, se procurer le kit ***La Ruta del modernisme*** (voir la rubrique « Budget. Musées et sites » dans « Barcelone utile »), qui détaille les plus importants. Sinon, on vous propose un ***itinéraire de 4h*** environ, qui a le mérite d'être faisable à pied et de passer en revue les sites principaux (pour plus de détails, se référer aux textes qui leur sont consacrés). Prévoyez évidemment plus de temps si vous envisagez de pénétrer dans l'un ou l'autre des monuments.

Vous le constaterez vite, notre itinéraire fait quelques embardées hors de l'Eixample (il débute même dans El Raval) : mais c'est pour mieux vous y ramener !

– Commençons par le maître. Gaudí n'avait que 34 ans lorsqu'on lui confia la réalisation du ***palau Güell*** (*zoom détachable E5* ; voir plus haut le chapitre « El Raval »), situé au 5, carrer Nou de la Rambla. Construit entre 1895 et 1899 en plein Raval, c'est un étonnant palais à la façade massive et austère, avec des portes en arc parabolique et un intérieur très surprenant... À ne pas manquer.

– Puis on remontera la Rambla pour rattraper la carrer Sant Pau jusqu'aux nos 9-11, où se situe l'***Hotel España,*** dont les salons ont été décorés par Lluís Domènech en 1902.

– Retour sur la Rambla pour admirer au nº 77 la ***casa Doctor Génové*** d'Enric Sagnier i Villavecchia (1911), et au nº 83 l'***Antiga Casa Figueras,*** d'Antoni Ris i Güell (1902 ; elle abrite la pâtisserie *Escribà,* voir plus haut « Où prendre le petit déjeuner ? Où manger une pâtisserie ? », une pause sympa en cours de balade ; *zoom détachable E5,* ***319***) : les 2 arborent une belle décoration moderniste composée de mosaïques colorées et de sculptures. Un peu plus haut, le ***mercat de la Boqueria*** *(zoom détachable E5)* se distingue par son fameux toit métallique installé en 1914 sur une structure antérieure. Tout proche, au 24, carrer del Carme, on découvre la charmante (mais désormais malheureusement fermée) boutique ***El Indio,*** dont les décorations extérieures caractéristiques datent de 1922.

– Traverser ensuite le Barri Gòtic pour rejoindre l'avinguda Portal de l'Ángel et la carrer Montsió *(zoom détachable F4),* et faire une pause bien méritée au célèbre ***Els Quatre Gats*** *(zoom détachable F4,* ***358****).* Dessiné par Puig i Cadafalch en 1895, ce bâtiment orné de fer forgé et de fenêtres aux vitraux polychromes accueillait les agapes du gratin culturel de la fin du XIXᵉ s et du début du XXᵉ s (à l'intérieur, la fameuse toile du tandem de Ramon Casas est une copie : l'originale est au MNAC).

– Traverser la vía Laietana pour se repaître de la façade géniale et grandiose du ***palau de la Música catalana*** *(zoom détachable F-G4),* réalisé entre 1905 et 1908 par Domènech i Montaner. C'est un festival de sculptures et de mosaïques polychromes délirantes. Remarquer les 2 grosses colonnes percées de petites fenêtres au rez-de-chaussée : il s'agit des caisses d'origine pour acheter son billet !

– D'ici, direction plein nord pour pénétrer dans le saint des saints, l'Eixample. Il rassemble la plus forte concentration d'édifices modernistes, dont la ***casa Calvet*** *(centre détachable G4 ; c/ Casp, 48),* le 1ᵉʳ immeuble conçu par Gaudí dans l'Eixample (1898), remarquable pour sa façade baroque et ses reliefs évoquant des champignons (clin d'œil au propriétaire, passionné de mycologie).

– Mais c'est à 2 pas, sur le passeig de Gràcia *(centre détachable F2-3-4),* que s'alignent comme à la parade les chefs-d'œuvre les plus emblématiques. Pour se mettre l'eau à la bouche, arrêt aux nᵒˢ 2-4 devant la ***casa Pons i Pascual*** (bâtiment d'inspiration gothique d'Enric Sagnier i Villavecchia, 1891) et au nº 6 devant la ***casa Rocamora*** *(visite possible sur • casessingulars.com •),* de 1917, signée Joaquin Bassegoda et reconnaissable à ses toitures vernissées.

BARCELONE

– Puis on parvient au trio magnifique, plus connu sous le nom de ***Manzana de la Discordia*** (Pomme de Discorde ; *centre détachable F3*), pour éclairer les différentes sensibilités architecturales, et même les oppositions théoriques à l'intérieur d'un courant jugé pourtant relativement homogène. Au nº 35 (à l'angle de c/ del Consell de Cent), la ***casa Lleó i Morera*** (1902-1906), de Lluís Domènech i Montaner. Juste au-dessus, au nº 41, la ***casa Amatller*** (1898-1900). Et, à côté, l'incontournable ***casa Batlló*** (1904-1907), dessinée par Gaudí. Voir plus loin les descriptifs de ces maisons (seules les 2 dernières se visitent).

– En remontant le passeig de Gràcia, petit crochet au 255, carrer Aragó pour découvrir la ***fundació Tàpies*** (*centre détachable F3* ; voir le texte plus loin), construite par Domènech i Montaner en 1886 afin d'abriter la maison d'édition familiale.

– Retour passeig de Gràcia, avec une halte au nº 66 pour apprécier les influences médiévales de la ***casa Vidua Marfà*** (Manuel Comas i Thos, 1905), avant de s'enthousiasmer devant la façade fascinante de la ***casa Milà*** (la ***Pedrera ;*** *centre détachable F2* – voir le texte plus loin), sans doute l'immeuble le plus connu de Gaudí (1906-1912). Cette falaise aux formes ondulées rappelle une forteresse, impression renforcée par les cheminées coiffées par des heaumes de chevaliers.

– On débouche alors sur le quartier de ***Diagonal,*** émaillé de plusieurs édifices dignes d'intérêt. La ***casa Sayrach,*** aux nᵒˢ 423-425 (à gauche ; *centre détachable E1*), est une sublime folie signée par... Sayrach en 1918. Jetez un coup d'œil à travers la porte vitrée : la fantaisie naturaliste est ici poussée à son paroxysme. C'est simple, on se croirait dans le ventre d'une baleine, murs et colonnes rappelant l'ossature de l'animal... Au nº 373, le ***palau Baró de Quadras*** (Josep Puig i Cadafalch, 1904). Ce réjouissant palais orné de gargouilles abrite aujourd'hui un institut privé, mais se visite *(centre détachable F2 ; résa conseillée sur • casessingulars.com • ; entrée : 10 €, réduc, gratuit - de 7 ans).* À l'intérieur, on découvre un hall, un escalier somptueux et

## UN STYLE ARCHITECTURAL TOUJOURS VIVANT

*L'un des aspects les plus étonnants du modernisme est que sa production, loin d'être enfermée dans les musées, est encore utilisée tous les jours. À côté des logements commandés par de riches industriels barcelonais, il y a presque un siècle déjà, on trouve de nombreux commerces qui ont conservé leur caractère et leur architecture moderniste, depuis la pharmacie jusqu'au boulanger... Et le plus insolite est que ces lieux pratiquent toujours, pour la plupart, l'activité pour laquelle ils ont été conçus !*

## ITINÉRAIRE MODERNISTE



une terrasse sur le toit pour observer plus à son aise la façade de la proche *casa Comalat.* Au nº 442, en face justement, la ***casa Comalat*** (*centre détachable F-G2* ; Salvador Valeri i Popurull, 1909) avec une façade arrière délirante, carrer de Còrsega, 316 (essayer d'entrer discrètement dans le hall, sur Diagonal, digne du palais de Dame Tartine). Au nº 420, occupant tout un pâté de maisons, les ***Punxes*** (ou ***casa Terradas,*** 1903-1905 ; *centre détachable G2*), dont les plans ont été projetés par Josep Puig i Cadafalch. Aspect massif de château fort baroque avec ses tourelles surmontées de cônes pointus. Une petite partie se visite désormais (☎ 93-018-52-42, • casadelespunxes.com • ; *fermé pour Covid, sinon tlj 10h-19h – dernière entrée 18h ; fermé 25 déc ; entrée : 13,50 € avec audioguide, 16 € avec une coupe de cava, 20 € avec visite guidée en catalan ou espagnol ; réduc).* En fait, un seul étage, avec une expo consacrée à saint Georges et le dragon, une salle qui détaille un peu les particularités esthétiques de l'édifice, et les toits, plutôt rigolos, dont les tourelles offrent des surprises sensorielles... Du coup, la visite nous semble un peu chère...

– Enfin, sur le chemin de la ***Sagrada Família,*** terminus de notre balade, jetez un œil sur le ***palau Macaya*** (1901 ; *centre détachable H2*), passeig Sant Joan, 108, également l'œuvre de Josep Puig i Cadafalch, très orientalisante. C'est aujourd'hui un centre culturel géré par *La Caixa*.



# LA SAGRADA FAMÍLIA

• Centre détachable G-H1-2 et plan d'ensemble *p. 82-83*

**C'était, jusqu'au XIXᵉ s, tout simplement le *poblet* (village) : des champs, quelques maisons basses. Puis l'industrie est venue, un petit quartier s'est construit, sur un plan très géométrique comme l'Eixample voisin. Et une église. Mais pas n'importe quelle église : la Sagrada Família, devenue aujourd'hui le monument le plus visité d'Espagne après l'Alhambra de Grenade. Église qui a logiquement donné son nom à ce quartier qui abrite aussi un autre chef-d'œuvre de l'architecture moderniste, l'hôpital de la Santa Creu i Sant Pau.**

## Où manger ?

### Tapas

|●| 🍸 ***El Celler del Vermut*** (*hors plan centre détachable par H2 et plan d'ensemble,* ***162***) **:** *c/ Lepanto, 239. 📱 677-69-43-09. Ⓜ Sagrada-Família. Tlj sauf lun 11h (12h le w-e)-minuit (17h dim). Tapas 2-7 €.* Ce petit bar familial qui ne paye pas de mine propose pourtant un accueil chaleureux et des tapas galiciens de bonne qualité. On a bien aimé le *pulpo a la brasa*, mais aussi le jambon, les calamars et les pimientos, entre autres.

### De bon marché à prix moyens (10-25 €)

|●| ☕ 🥪 ***Chicha Limoná*** (*centre détachable H3,* ***237***) **:** *passeig de Sant Joan, 80. ☎ 93-277-64-03. • info@chichalimona.com • Ⓜ Tetuán ou Girona. Tlj sauf dim soir et lun 9h30-1h (2h ven-sam, 17h dim). Sandwichs, quiches, pizzas 3-10 € ; tapas 2-15 € ; menu déj en sem 14 €, puis 27-32 € ; carte 30 €. Sur présentation de ce guide, apéro maison offert.* Une de ces adresses *hype* qui commencent à pousser au long de ce boulevard sans âme. 2 adresses en 1, en fait, voire 3, puisqu'il y a un petit coin épicerie ! Pour résumer, *Limoná* est une boulangerie avec quelques tables où prendre le petit déj et grignoter sandwichs, pizzas ou quiches. La porte d'à côté, c'est le bar-resto avec vermouth, vins nature et tapas le soir, cuisine méditerranéenne avec de l'idée et un menu qui fait le plein à midi. L'ensemble est dans l'air du temps avec mobilier dépareillé et touches design.

|●| ***Bicos Restaurante*** (*centre détachable H3,* ***134***) **:** *avda Diagonal, 287. ☎ 93-611-82-27. • info@*

*bicosrestaurante.com* • Ⓜ *Sagrada Família. Mar-sam 13h-16h, 19h30-23h ; dim 12h30-16h. Fermé lun et le soir des j. fériés. Carte 25-30 €. Café ou digestif offert sur présentation de ce guide.* Le plaisir commence dès la porte franchie : le cadre bistrot est adouci par le bleu canard des murs, les fleurs des champs qui ornent les tables, le nom même de *Bicos,* qui évoque en galicien (la langue du chef) des bisous à pleines joues. Ce mélange de simplicité et de raffinement éclate dans l'assiette, où produits et recettes traditionnels (poulpe, *leche frita* au dessert) se font contemporains et légers. Accueil chaleureux et service efficace.

|●| ***La Paradeta Sagrada*** *(centre détachable H2,* ***223****) : passatge de Simó, 18. ☎ 93-450-01-91.* Ⓜ *Sagrada-Família. Mar-dim 13h-16h, 20h-minuit. Fermé lun. Carte 20-25 €. Compter 13-40 €/kg selon produit (les prix affichés incluent la cuisson).* On a l'impression de rentrer dans une poissonnerie et d'ailleurs ça se passe presque de la même façon. On choisit son poisson et ses fruits de mer, pesés devant vous, puis la cuisson (*a la plancha, vapor* ou *frito)* et enfin on patiente dans la salle avant d'aller chercher son plat. Une bonne formule pour ceux qui aiment la mer. Succursales à El Born (voir plus haut), à Sants et au Raval.

|●| ***La Cúpula*** *(centre détachable H2,* ***258****) : c/ Sicilia, 255. ☎ 93-208-20-61 ou 50.* • *lacupula@hispanos7suiza.com* • Ⓜ *Sagrada-Família. Tlj sauf dim, et lun soir. Menus midi en sem 13,50 €, w-e 25 € ; plats 16-30 €.* Restaurant d'hôtel *(Hispano Siete Suiza)* plutôt sélect qui a la particularité d'exposer entre les tables des Hispano Suiza, ces belles voitures du siècle dernier. On y sert un très bon et copieux menu du jour. À la carte, les plats sont moins généreux, mais la cuisine est soignée et le service attentif. En partant, demandez poliment au maître d'hôtel s'il est possible de voir le reste de la collection de voitures, à l'abri non loin de là.

### Chic (plus de 25 €)

|●| ***Bardeni – El Meat Bar*** *(hors plan centre détachable par H3,* ***240****) : c/ Valencia, 454.* • *info@caldeni.com* • Ⓜ *Sagrada-Família. Mar-sam 13h-14h15, plus ven-sam 19h30-21h ; fermé dim-lun. Plats 10-25 €.* Le très moderne *Meat Bar* annonce la couleur : la bidoche est ici reine, avec l'Angus en 1er dauphin et des cuissons parfaites, mais aussi, plus original, le foie et la langue mariés en carpaccio... La carte, courte, s'aventure aussi du côté de la mer et de plats plus végétaux (délicieuses petites tomates « bonbon ») et s'enrichit de suggestions du jour. Vraie créativité et très grande attention à la sélection des produits de base. Service énergique (et après l'heure, c'est plus l'heure !) mais sympathique.



## Où boire un verre ?

🍸 ⛱ À droite de la belle Sagrada, ***l'avinguda de Gaudí*** fait office de petite rambla avec ses nombreux cafés et terrasses. Les premières (les arbres masquent la vue ensuite) sont idéales pour boire un verre en contemplant le monstre sacré...

🍸 ⛱ ***Rooftop de l'hôtel Ayre Rosellón*** *(centre détachable H2,* ***385****) : c/ del Rosselló, 390. ☎ 93-600-92-00.* Ⓜ *Sagrada-Família.* La terrasse située sur le toit de l'hôtel offre l'une des plus belles vues qui soient sur la Sagrada Família. Parfait pour siroter un cocktail en contemplant le chef-d'œuvre illuminé le soir.

## À voir

***Basílica de la Sagrada Família*** *(plan d'ensemble et centre détachable H2) : c/ Mallorca, 401. ☎ 93-513-20-60.* • *sagradafamilia.org* • Ⓜ *Sagrada-Família.* ♿ *En période de Covid, fermé, ou ouv seulement le w-e 9h-15h sur* *résa (en ligne) et tarif réduit. En temps normal, tlj : avr-sept 9h-20h, oct et mars 9h-19h, nov-fév 9h-18h. Ferme à 14h 1^er et 6 janv, et 25-26 déc.* ***Visites guidées*** *de 1h tlj : mai-oct, en anglais à 11h, 12h et 13h plus 15h le w-e et 17h en juil-août, en castillan à 10h30, 11h30, 12h30 et 16h ; nov-avr, en anglais à 11h, 13h et 15h, en castillan à 12h et 16h.* ***Visite en français,*** *mar et jeu à 17h en juil-août, sam à 13h sept-juin. Sinon, audioguide très bien fait.* ***Entrée :*** *17 € (chère !), 25 € avec audioguide (32 € avec la visite des tours) ; visite guidée 26 € ; réduc, notamment avec la* Barcelona Card *; gratuit - de 11 ans.* ***Visite des tours*** *(en ascenseur) seulement possible avec l'option audioguide, pas avec la visite guidée ; attention, tours interdites aux - de 6 ans, et jusqu'à 16 ans obligatoirement accompagnés d'un adulte. Billet combiné avec audioguide* Sagrada Família + Casa Museu Gaudí *: 27 €.*

BARCELONE

***Réservation obligatoire*** de vos entrées soit sur le site internet officiel, soit aux guichets de la Sagrada quelques jours plus tôt (mais en haute saison, ***il faut vous y prendre vraiment tôt***). Les billets en ligne fonctionnent par tranche horaire. Pas nécessaire de les imprimer : on peut les présenter sur son téléphone ou sa tablette. En revanche, il vaut quand même mieux arriver 30 mn avant l'heure indiquée...

Une partie de la Sagrada Família est inscrite sur la liste du Patrimoine mondial de l'Unesco : la façade de *La Nativité* et la crypte, toutes 2 achevées (ou presque) du vivant de Gaudí. Commençons la visite par une citation attribuée à Gaudí : « Pour qu'une œuvre d'architecture soit belle, il faut que tous les éléments possèdent une justesse de situation, de dimensions, de formes et de couleurs. »

– ***Financement :*** le financement de ce chantier titanesque, selon le vœu de Gaudí, provient entièrement de dons privés (individuels, associations religieuses ou entreprises), donations charitables, héritages. On peut imaginer aussi que l'Opus Dei et le Vatican ne restent pas indifférents et suivent de près l'avancement des travaux pour un « Temple » somme toute dédié à la gloire de l'Église et de Dieu. Une chose est sûre, aujourd'hui encore le financement reste le même : pas un euro ne provient du gouvernement de Catalogne, aucune subvention publique n'est accordée par l'État ou l'Union européenne. N'est-ce pas une garantie du sérieux du projet, qui respecte la laïcité et la séparation de l'Église et de l'État ?

### PERMIS D'Y CROIRE

*Incroyable, si l'on ose dire à propos d'un tel lieu : jusqu'à présent la Sagrada ne payait aucune taxe à la collectivité alors que 4,5 millions de visiteurs s'y pressent chaque année, sans parler des 20 millions de curieux annuels qui viennent l'admirer de l'extérieur... La mairie de Barcelone s'est aperçue que le monument ne possédait pas de permis de construire en bonne et due forme (personne n'a pu remettre la main dessus !). Moralité, la Sagrada va désormais payer son écot, ce qui permettra aussi de réaménager les accès. Elle possède désormais un vrai permis de construire qui la rendra plus présentable pour son « achèvement » prévu en 2026, soit le centenaire de la mort de Gaudí.*

– ***Querelles d'esthètes :*** elles n'empêchent pas de l'admirer en l'état, de rester pétrifié, délicieusement captivé par la créativité architecturale de la façade de *La Nativité* et par la profusion de formes géométriques. Sa richesse en symboles, évoquant les rêves les plus sublimes, annonce le surréalisme. On se demande parfois si Gaudí ne serait pas un revenant inspiré, tombé de la planète Moyen Âge, un génie nostalgique d'une autre époque égaré dans la modernité du XX^e s, un visionnaire introverti venu de l'âge des cathédrales pour poursuivre, dans un style très personnel, la grande œuvre exaltée de l'Europe chrétienne de saint Bernard. Les détails abondent, parfois insolites. Notez par exemple cette sculpture surprenante dans le cloître du Rosaire (à droite lorsqu'on franchit le portail de *La Nativité*), qui représente un diable... offrant une bombe à un anarchiste ! On aime ou pas. Picasso, par exemple, n'avait aucune affinité pour l'homme ni pour son œuvre : on dit même qu'il détestait le personnage.

L'édifice fut mis en chantier en 1882 sous la houlette d'un 1er architecte, Francesc de Paula Villar. Remercié par le commanditaire 18 mois plus tard, il fut remplacé par Gaudí, qui reprit le projet initial... mais pour mieux le bouleverser et le transcender. La 1re tranche ne fut achevée qu'en 1926. Gaudí décède cette année-là, mais les travaux continuent jusqu'aux débuts de la guerre civile (1936), au cours de laquelle la plupart des plans originaux de Gaudí brûlent lors d'un incendie. Pour ceux qu'étonnerait l'audace de l'architecture (compte tenu du conservatisme de la hiérarchie religieuse de l'époque), il faut y voir surtout une riposte de celle-ci à la déchristianisation importante que connaissait la société industrielle naissante, et la volonté de l'Église de récupérer l'influence perdue. Une anecdote : l'abondance des dons vers 1893 fut telle que les commanditaires de l'église exigèrent de Gaudí un caractère plus hardi et plus grandiose de l'architecture. Ce qui explique la démesure de la façade de *La Nativité,* la ***façade principale,*** devenue l'un des symboles de Barcelone.

## UNE TECHNOLOGIE RÉVOLUTIONNAIRE

*L'édifice de Gaudí est né d'un schéma gothique préexistant, transformé au travers d'une série d'inventions structurelles, de colonnes inclinées capables d'absorber les poids et les forces, sans avoir à recourir aux arcs-boutants, en utilisant des matériaux de construction différents en fonction de leur emplacement et des charges qu'elles doivent soutenir. Il a voulu que les colonnes se ramifient comme des arbres en arrivant à la voûte. Et si l'on demandait à Gaudí où il trouvait ses idées : « C'est lui », disait-il en pointant du doigt l'arbre situé devant son bureau !*

Le projet final, outre cette façade, comprenait l'édification de 2 autres, *La Passion et la Mort* et *La Gloire du Christ,* plus 4 tours par façade symbolisant les apôtres, un arc-boutant central comme un pont suspendu et, pour finir, une grande tour dominant l'ensemble représentant le Sauveur. À partir de 1915, les fonds manquant, Gaudí renonça à son salaire et se lança jusqu'à sa mort dans une véritable fuite en avant. Dès 1940, les travaux reprennent, et l'Église y voit à nouveau, en plein national-catholicisme franquiste triomphant, l'occasion de s'affirmer. Grâce aux maquettes sauvées du conflit, les architectes peuvent reconstituer les plans qui avaient brûlé.

Au début des années 1960, un mouvement contre la prolongation des travaux vit le jour (conduit par Le Corbusier et Miró, entre autres), arguant de l'absence de plans suffisants et des risques de dénaturer l'œuvre existante, voire de la trahir. Les travaux continuèrent cependant et, aujourd'hui, la ***façade de La Passion et la Mort*** (œuvre assez controversée de Josep María Subirachs), avec ses 4 clochers, est virtuellement terminée, fermant ainsi l'espace intérieur. La polémique n'est, cependant, pas finie : beaucoup estiment que cette nouvelle façade n'apparaît effectivement que comme une caricature de mauvais goût de l'ancienne et qu'elle lui a fait perdre son identité ! On attend votre avis. Notez au passage la présence sur cette façade d'un carré magique à 16 chiffres, dont les sommes horizontales, verticales et diagonales sont toujours de 33... l'âge du Christ quand il fut crucifié...

***Les travaux continuent*** aujourd'hui à bon rythme. Outre l'audace et le génie architectural du lieu, le plus surprenant est d'accomplir une visite touristique dans un édifice en construction. Du jamais-vu dans le monde des monuments ! Imaginez-vous dans la peau d'un touriste du XIIe s visitant le chantier de Notre-Dame de Paris ou celui du temple d'Angkor, tandis que des centaines d'ouvriers et de maçons travaillent comme des fourmis à l'intérieur. La Sagrada Família est un ***chantier permanent*** rempli d'échafaudages, de grues, de blocs de pierre (porphyre, basalte, granit gris et pierre de Montjuïc). Les plus optimistes espèrent que l'ensemble du Temple sera achevé en 2026, mais les autres parient pour 2030. Bon, on n'est plus à 4 ans près... D'ailleurs, Gaudí lui-même avait estimé que, selon les techniques de son temps, il faudrait 2 siècles pour finir l'œuvre...

### UN ASCÈTE DÉSARGENTÉ ET GÉNIAL

*Gaudí passa les 12 dernières années de sa vie dans le Temple, dormant au sous-sol, se nourrissant frugalement de fruits secs. Habillé de vêtements élimés, il demandait l'aumône dans la rue, tant pour son besoin personnel que pour celui de la construction de la Sagrada Família. Le 7 juin 1926, il fut renversé par un tramway. Pris pour un mendiant, personne ne se soucia de lui, et il fut transféré trop tard à l'hôpital. Toutefois, une foule immense vint lui rendre un dernier hommage. Dans le musée-crypte, on aperçoit le tombeau où le génial architecte repose au cœur de son admirable projet.*

En attendant, l'édifice a été ouvert au culte et consacré par le pape Benoît XVI en 2010, lui donnant ainsi une véritable valeur religieuse et le statut de basilique, alors même que certains craignaient qu'elle ne finisse par devenir « un parc d'attractions ». Si l'intérieur est désormais achevé (5 nefs longitudinales et 3 nefs transversales d'où s'élève une véritable forêt de colonnes arborescentes) ainsi que l'une des 2 sacristies donnant accès au cloître extérieur, ***il reste à construire encore 4 clochers*** sur un total de 12, ainsi que la tour lanterne centrale de 170 m, la tour Notre-Dame (125 m) et celles des Quatre Évangélistes, sans compter la façade principale, encore inachevée.

– ***Accès aux tours du Temple :*** par la façade de la Nativité ou par celle de la Passion (c'est fromage ou dessert, pas les 2). Dans chaque cas, on monte obligatoirement par l'ascenseur, pour redescendre on peut le faire en ascenseur ou à pied, par un escalier en colimaçon bien exigu qui ménage quelques échappées visuelles sur des détails architecturaux intéressants. Du haut des tours, on découvre toute la ville, mais on ne peut malheureusement plus passer d'une tour à l'autre par les étroites passerelles géantes, inaccessibles à cause des travaux.

– ***Le musée-crypte :*** *au sous-sol du Temple.* Très intéressant et même ***indispensable pour se représenter le projet final***. Nombreux plans, maquettes (certaines sont même en cours de réalisation pour venir en aide aux architectes actuels) et photos des différentes étapes de la construction, ainsi que des films et autres explications sur l'œuvre et l'inspiration de Gaudí.

À travers une vitre, on aperçoit le ***tombeau de Gaudí*** dans la crypte (accessible également par l'extérieur de l'édifice).

– À côté du portail de la Passion, les ***escoles*** construites en 1909 par Gaudí à la demande de l'Association des dévots de sant Josep et qui étaient destinées à l'enseignement des enfants. Par leur simplicité et leur rigueur, tant sur le plan des matériaux utilisés que sur le plan esthétique, les *escoles* suscitèrent l'intérêt de nombreux architectes (dont Le Corbusier). Après plusieurs campagnes de restauration (et même de reconstruction), elles abritent aujourd'hui une exposition permanente sur les techniques architecturales de Gaudí et sur la fonction de la géométrie dans l'élaboration de la cathédrale.

***Hospital de la Santa Creu i Sant Pau*** *(plan d'ensemble)* ***:*** *avda Sant A. M. Claret, 167. ☎ 93-553-78-01 ou 93-268-24-44. • santpaubarcelona.org • Ⓜ Sant-Pau-Dos-de-Maig. Bus nº 47, H8 et 19 (depuis le centre) et H6 (depuis le park Güell). En période de Covid, mar-ven 10h-14h30, w-e et j. fériés 10h-17h ; pas d'audioguide et visites guidées seulement les w-e et j. fériés à 11h (castillan) et*

*12h30 (catalan) ; tarifs réduits. En temps normal : avr-oct 9h30-19h (15h dim) ; nov-mars 9h30-17h30 (15h dim). Visites guidées : en français sam à 11h ; en anglais ven-dim à 11h ; en castillan ven-dim midi ; en catalan ven-dim à 12h30. Fermé lun et 25 déc. Résa en ligne conseillée. Entrée : 15 €, avec audioguide 19 €, avec visite guidée 20 € ; réduc ; gratuit - de 12 ans.* Érigé au rang de Patrimoine de l'humanité par l'Unesco, ce vaste site est ***l'ensemble moderniste le plus important d'Europe***. L'hôpital de Sant Pau est construit sur les fondements d'une institution hospitalière et religieuse datant de 1401. À l'époque, cet emplacement excentré avait été choisi pour sa bonne « ventilation », car suffisamment éloigné de la ville pour éviter la propagation d'éventuelles épidémies. À la fin du XIXe s, quand Barcelone devient le moteur industriel de la Catalogne et accueille nombre d'immigrés venus de toute l'Espagne, la ville décide de se doter d'un établissement moderne. Paul Gil, banquier de la reine, lègue à sa mort l'ensemble de sa considérable fortune pour réaliser ce nouvel hôpital, et c'est à Lluís Domènech i Montaner (à qui l'on doit également le *palau de la Música catalana*) qu'est confié le projet. Si la 1re pierre est posée en 1905, l'hôpital ne sera inauguré qu'en 1930. Il accueillera des malades jusqu'en 2009, fin des travaux du nouvel hôpital, construit à l'emplacement des anciens jardins potagers.

Sant Pau est presque une ville dans la ville, une petite cité moderniste idéale, avec ses rues, ses pavillons, son église, ses arbres remplis de perruches vertes, sans oublier son couvent pour les religieuses qui s'occupaient des soins. Et encore, le projet définitif, faute de moyens financiers et de querelle avec l'évêque, n'a jamais vu le jour. Parmi les 46 pavillons prévus, seuls 27 ont été construits. Œuvre éclectique d'influence néogothique mâtinée de néomudéjar, c'est d'abord un très bel ensemble de briques et de tuiles vernissées, d'une grande richesse ornementale : il faudrait presque prendre le temps de détailler toutes les sculptures, gargouilles, bas-reliefs en mosaïque... D'ailleurs, la beauté des bâtiments était, à l'époque, considérée comme thérapeutique... afin de guérir l'âme. Tout dans la création de cet hôpital a tenu compte des avancées médicales et des conceptions hygiénistes de ce début du XXe s. Grâce à des châteaux d'eau néogothiques indépendants, chacun des pavillons était autonome en eau, élément indispensable à l'entretien et à la salubrité des lieux. C'est dans le même souci hygiéniste que les murs intérieurs sont carrelés de céramiques, différentes en fonction des pavillons ; celui de Sant Rafael – parmi la poignée qui se visite – est le plus impressionnant.

La symétrie est le dénominateur commun de l'enceinte. Les pavillons sont distribués autour de 2 rues nord-sud et est-ouest en forme de croix : n'oublions pas que l'édifice a été construit en coopération avec les autorités religieuses de l'époque ! Isolés les uns des autres (pour éviter les contagions, sujet brûlant s'il en est par ces temps de Covid), assortis de 2 jardins plantés d'essences censées purifier l'air et capter les bactéries, ils étaient destinés à des spécialités médicales différentes et communiquent entre eux par 1 km de galeries souterraines (dont on emprunte une toute petite partie en début de visite en compagnie d'infirmiers virtuels), sans avoir à passer par les jardins. Pour privilégier l'harmonie visuelle, les pavillons possèdent 1 ou 2 étages en sous-sol ou en demi-sous-sol. Un grand écran semi-circulaire projette un passionnant exposé historique traduit en français. La maquette du site donne une idée de la dimension des lieux. Le pavillon Sant Salvador abrite une exposition sur Montaner aménagée en forme de dragon, référence à Saint-Georges. La visite se termine avec celle d'une partie du grandiose pavillon de l'administration, superbe avec son escalier monumental sous coupole par lequel on gagne (chouette perspective, depuis les fenêtres, sur la Sagrada Família) la magnifique salle Montaner et sa balustrade sculptée de lettres gothiques. Pour la petite histoire, Lluís Domènech i Montaner – dont Gaudí suivra l'enseignement à l'École technique supérieure d'architecture de Barcelone –, obsédé par la beauté et l'idée de l'art pour l'art, a quelque peu esquivé la question structurelle, et nombre de bâtiments ont dû être repris et consolidés. Un ensemble qui mérite grandement un détour (d'autant qu'il est largement moins fréquenté que la Sagrada Família).

# LE POBLENOU

• Plan Poblenou *p. 189*

**Il fut un temps pas si lointain où le Poblenou (surnommé le Manchester barcelonais) faisait partie des mal-aimés. Si les industriels se réjouissaient du rendement de leurs innombrables usines, les élégantes se pinçaient le nez à la simple évocation de ses exhalaisons pestilentielles !**
**Mais le Poblenou tient, enfin, sa revanche : d'abord, parce que les fabriques ont fermé progressivement, ensuite, parce que la flambée de l'immobilier a incité de nombreux Barcelonais à migrer vers ce nouvel eldorado. Certains entrepôts ont cédé la place à de beaux espaces verts, d'autres ont été reconvertis en lofts et ateliers d'artistes. Quant au littoral, il a profité de l'incroyable processus de rénovation initié par les Jeux olympiques de 1992. Chaque week-end, c'est la foule des grands jours qui arpente ses plages, avant d'aller se perdre dans les rues pittoresques de cet ancien quartier populaire de plus en plus branché.**



## Où manger ?

### De très bon marché à bon marché (moins de 16 €)

|●| 🍸 ***Monopol*** *(plan Poblenou, A-B1-2,* ***239****)* **:** *rambla del Poblenou, 74. ☎ 93-485-46-00. • lamonopol@gmail.com • Ⓜ Poblenou. Tlj 11h-16h, 19h-minuit. Congés : 3 sem en août. Menus 12 € (midi en sem)-17 € ; tapas et raciones 3-15 €. Apéro maison offert sur présentation de ce guide.* Derrière sa façade ouvragée, c'est l'ancien siège social du club de foot local, un pan d'histoire du quartier. Les jeunes gens qui l'ont transformé en bar-resto n'ont rien changé à la déco : trophées sur les étagères, vieilles photos d'équipes aux murs... et il y a toujours un baby-foot ! Petite cuisine catalane, burgers, tapas et bière artisanale maison. La terrasse, ici, n'est pas sur la Rambla comme les voisins, mais sur le toit. DJs ou concerts de temps à autre.

|●| 🍸 ***El 58*** *(plan Poblenou, A-B2,* ***284****)* **:** *rambla de Poblenou, 58. ☎ 93-601-39-03. • el58poblenou@gmail.com • Ⓜ Poblenou. Tlj sauf dim soir et lun 13h30-23h (16h dim). Tapas 5-14 €, jusqu'à 16-18 € pour les produits plus rares.* Une maison typique du quartier, tout en profondeur : une fois le bar passé, c'est une enfilade de petites salles de bistrot, un peu biscornues, où bois et briques dominent. Également une petite terrasse sur la rambla. Dans les petites assiettes, de joyeux et goûteux assemblages de produits bien catalans, relevés de cuissons exotiques ou de pointes modernes. Une adresse aussi sympathique qu'intéressante.

|●| ***Tovar*** *(plan Poblenou, A1,* ***283****)* **:** *c/ Bolivia, 11-13. ☎ 93-300-58-16. • bcnbartovar@hotmail.com • Ⓜ Glòries. Tlj sauf dim, 6h-17h15. Fermé sem du 15 août. Menu midi 11 €.* Un bon p'tit resto populaire dans un quartier un peu improbable car en pleine reconstruction. Menu du déjeuner très apprécié des ouvriers et cols blancs du quartier. Du fait maison, simple et sans chichis, catalan pour l'essentiel, servi avec gentillesse. Pratique, car à quelques pas du DHUB, du mercat dels Encants et de la torre Gloriès.

### De chic à très chic (de 25 à plus de 40 €)

|●| ***Escribà – Xiringuito et Guingueta*** *(plan Poblenou, A2,* ***280****)* **:** *avda del*

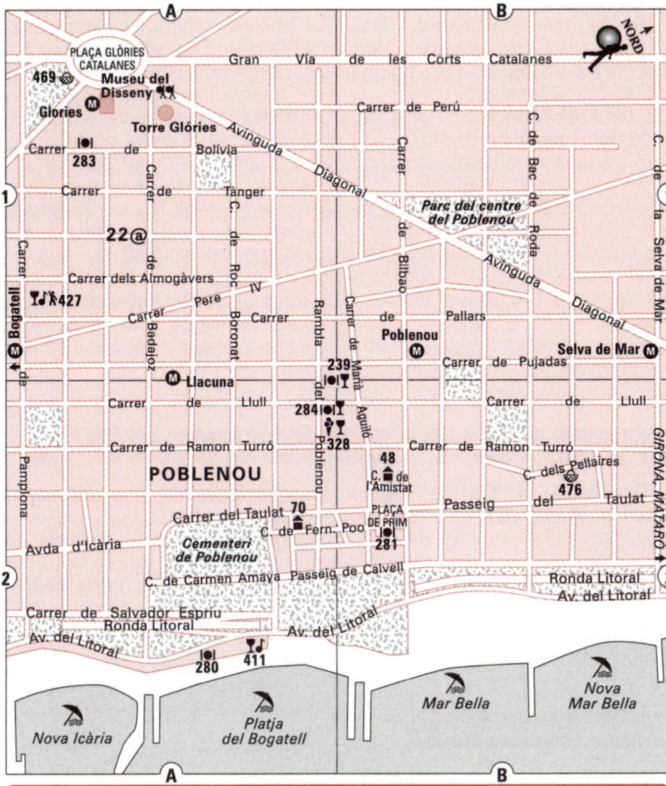


## POBLENOU

### Où dormir ?

**48** Amistat Beach Hostel (B2)
**70** Hostal Poblenou (A2)

### Où manger ?

**239** Monopol (A-B1-2)
**280** Escribà – Xiringuito et Guingueta (A2)
**281** Els Pescadors (B2)
**283** Tovar (A1)
**284** El 58 (A-B2)

### Où déguster une glace ? Où boire une *orxata* ?

**328** Orxateria el Tío Ché (A-B2)

### Où boire un verre ? Où écouter de la musique live ?

**411** Les kiosques de la plage del Bogatell (A2)
**427** Razzmattaz (A1)

### Achats

**469** Puces du Mercat dels Encants (A1)
**476** Palo Alto Market (B2)

*Litoral, 42. ☎ 93-221-07-29. • admi nistracio@restaurantescriba.com • Sur la promenade del Bogatell pour le Xiringuito et sur la plage, en plein air, pour la Guingueta. Ouv tlj 12h-23h. Plats 16-29 €, paellas 20-34 €.* Parmi les nombreux restos alignés en bord de mer et le long de cette plage, *Escribà* est de loin le plus connu et le plus fréquenté. Assez touristique, donc, et pas donné, mais la vue depuis la terrasse est tellement sympa... Une adresse 2-en-1, puisqu'aux beaux jours on trouve aussi la *Guingueta Escribà* à même le sable !

**Els Pescadors** *(plan Poblenou, B2,* ***281****) : pl. de Prim, 1. ☎ 93-225-20-18. • contacte@elspescadors.com • Ⓜ Poblenou. Depuis le métro, remonter les c/ Bilbao puis de la Jonquera et tourner à droite dans c/ de Fernando Poo, 1re à gauche ensuite vers la placette. Tlj 13h-15h30, 19h45-22h30. Congés : Semaine sainte et vac de Noël. Repas 45-60 €. Résa conseillée.* C'était autrefois une taverne, c'est aujourd'hui le meilleur resto de poisson du quartier (grosse spécialité : la morue). Attention, le poisson est bien sûr facturé au poids et ça grimpe vite. Mais le service est attentif, la cuisine soignée (voire inventive côté desserts), les produits de saison et le cadre vraiment charmant. La terrasse se déploie sur la célèbre, tranquille et ô combien pittoresque plaça de Prim, à l'ombre des arbres tortueux qui se laissent escalader par les enfants. Pas étonnant que ce soit le resto préféré des Rolling Stones (ils s'y connaissent, les papis rockers). Cela dit, vu les tarifs, ce n'est pas pour toutes les bourses !

BARCELONE

## Où déguster une glace ? Où boire une *orxata* ?

***Orxateria el Tío Ché*** *(plan Poblenou, A-B2,* ***328****) : rambla del Poblenou, 44-46. ☎ 93-309-18-72. • horchateria@eltioche.es • Ⓜ Poblenou. Tlj sauf mer 10h-22h (23h ou minuit ven-sam).* Fondé en 1912, c'est le glacier du Poblenou. Pas pour son aspect historique, mais parce que ses glaces artisanales sont vraiment onctueuses ! Délicieuse *orxata* également, y compris sous forme de crème glacée. Le tout à déguster en terrasse ou sur les bancs posés sur les petits ronds-points de la rambla...

## Où boire un verre ?

***Les kiosques de la plage del Bogatell*** *(plan Poblenou, A2,* ***411****) : sur la plage del Bogatell, en plein air. À 10 mn à pied du Port olympique en longeant la mer vers le nord. Ⓜ Llacuna. Plusieurs bars-kiosques (xiringuitos en catalan) s'alignent face au large, notamment le* ***Vai Moana*** *(☎ 93-309-12-91 ; • oficina@panteagroup.club • ; tlj en haute saison jusqu'à 1h – 2-3h w-e et 19h hors saison ; fermé déc-mars).* Le soir, musique et ambiance dansante. Quelques tapas et sandwichs pour combler un petit creux. Évidemment, l'emplacement se paie, mais idéal pour humer l'air du soir en toute tranquillité.

## Où écouter de la musique live ?

***Razzmatazz*** *(plan Poblenou, A1,* ***427****) : c/ Almogàvers, 122. ☎ 93-320-81-67. • inforazz@salarazzmatazz.com • salarazzmatazz.com • Ⓜ Bogatell ou Marina. Entrée : 15-20 € (avec 1 conso) selon programme, réduc si achat à l'avance sur Internet.* C'est la plus grande salle de concert de Barcelone, où se produisent les pointures espagnoles et internationales. Abrite aussi une immense boîte de nuit au look industriel avec 5 salles aux ambiances différentes : la plus grande (le *Razzclub*) pour l'indie rock, le *Pop Bar* plutôt... électro (et *gay-friendly*), *The Loft* pour les amateurs de techno pure et dure, *Lolita* pour la house ou le disco et la *Rex Room,* pour la pop et l'électro.

## Où voir un spectacle (opéras, concerts classiques...) ?

**Auditorium** *(plan d'ensemble)* **:** *c/ Lepant, 150. ☎ 93-247-93-00. • auditori.cat • Ⓜ Glòries ou Marina.* Inauguré en grande pompe en mars 1999 par l'orchestre symphonique de Barcelone et l'orchestre national de Catalogne, cet auditorium accueille la plupart du temps des concerts classiques. Il ouvre également certaines salles au jazz, au flamenco, au rock et même au *Sónar* !

## Achats

**Les puces du Mercat dels Encants** *(plan Poblenou, A1,* ***469****)* **:** *pl. de les Glòries Catalanes. • encantsbarcelona.com • Ⓜ Glòries, Encants ou Monumental. Lun, mer et ven-sam 9h-20h.* Sous une immense et vaste halle moderne, imaginée par l'architecte comme d'immenses voilures-miroirs, dans lesquelles se reflètent les couleurs du marché. Rien que pour l'architecture, vaut le coup d'œil. Sinon, quelques bonnes affaires à réaliser, au sous-sol. Au rez-de-chaussée, c'est sans grand intérêt. Au 1er niveau, des petites gargotes derrière un immense wagon de train.

**Palo Alto Market** *(plan Poblenou, B2,* ***476****)* **:** *c/ dels Pellaires, 30-38. • paloaltomarket.com • Ⓜ Selva-de-Mar. Le 1er w-e du mois (sauf août) 11h-21h. Entrée : 4,50 € (3,50 € sur Internet) ; gratuit - de 12 ans.* Dans la cour d'une ancienne usine du Poblenou, réhabilitée par Javier Mariscal, un marché qui réunit artisans d'art, éditeurs de bouquins, designers et... stands de fruits et légumes. *Food trucks,* concerts et DJs. Éminemment branché, mais très sympathique.



# À voir

Ce n'est pas un hasard si on a choisi de construire à la lisière du Poblenou, sur quelque 220 ha de friches industrielles, un quartier quasiment futuriste, le ***22@,*** consacré à la communication et aux nouvelles technologies avec l'immanquable ***torre Glóries*** *(ex-torre Agbar ; plan d'ensemble et plan Poblenou, A1),* achevée en 2005 par l'architecte français Jean Nouvel, située à l'angle de Diagonal et de la carrer de Badajoz. Descendez donc métro Glòries pour en admirer la façade car, malheureusement pour l'amateur d'architecture, l'endroit ne se visite pas ! Le bâtiment, organisé autour d'un noyau central qui abrite ascenseurs et autres gaines techniques, se veut écolo, édifié, par exemple, au moyen de matériaux biodégradables. Ses 142 m de haut de forme oblongue, en obus, sont un écho aux flèches de la Sagrada Família (dont les tours, quand elles seront terminées, la dépasseront largement) et au sanctuaire de Montserrat (dans les proches environs de la ville). Vue de près, ses dégradés de bleus et de rouges sont censés rappeler les céramiques de Gaudí. De loin, ce sont ses beaux reflets mordorés qui l'emportent, dus aux innombrables facettes de cristal qui la recouvrent. Surnommée « le suppositoire » par les Barcelonais, la torre Glóries s'inscrit donc dans un ambitieux projet d'urbanisme qui englobe aussi le récent ***museu del Disseny*** *(plan Poblenou, A1),* dont la silhouette est comparée à une agrafeuse... décidément ! Autre projet en cours, l'aménagement du parc Glóries. En poursuivant l'avinguda Diagonal, à 10 mn à pied environ, s'étend le récent ***parc del centre del Poblenou*** *(plan Poblenou, B1)* : un vaste triangle de plus de 5 ha, conçu également par Jean Nouvel. Encadré par une enceinte percée de hublots et croulant sous la végétation, c'est un espace de « lumières et d'ombres », selon l'architecte, où alternent de larges étendues dégagées et des espaces plus intimistes.

Mais le véritable cœur du Poblenou palpite tout du long de la ***rambla del Poblenou*** *(plan Poblenou, A1-2),* plus précisément dans la partie sud, à partir de la carrer de Pere IV. Elle est bordée de bars authentiques dont les terrasses débordent largement sur le terre-plein central. Enfin, si l'on rejoint la ***carrer de Maria Aguiló*** (aussitôt parallèle à la Rambla), on a carrément l'impression d'être en province, avec ses petits immeubles bas, son marché (une grosse halle située au bout de carrer de Pons i Subirà) et ses placettes pleines de charme comme l'adorable ***plaça de Prim.*** Avec ses maisonnettes blanches et ses arbres aux troncs torturés, on en oublierait presque qu'on est à Barcelone !
Enfin, jeter un œil à l'immense et surprenant ***cimetière du Poblenou*** *(plan Poblenou, A2 ; cementeri de Poblenou, accès par la c/ del Bisbe Climent ; tlj 8h-18h).* Derrière ses hauts murs, c'est le 1er construit hors la ville, surtout intéressant pour ses sépultures modernistes. On parvient ensuite à des plages irrésistibles, car nettement plus tranquilles qu'à la Barceloneta.



★★ ***Museu del Disseny*** ***(DHUB*** *; plan Poblenou A1)* **:** *pl. de les Glòries Catalanes, 37-38. ☎ 93-256-68-00. • museudeldisseny.cat • ♿ Mar-dim 10h-14h, 15h-20h. Fermé lun (sauf j. fériés), 1er janv, 1er mai, 24 juin et 25 déc. Entrée expo permanente (valable 2 j. pdt 6 mois) : 6 € ; réduc ; gratuit - de 16 ans, et pour ts le dim 15h-20h et le 1er dim du mois.* L'une des ambitions de la ville de Barcelone, reconnue dans le monde entier pour ses designers de talent, était de réunir en un seul et même lieu ***son patrimoine lié au design.*** C'est chose faite, avec ces 25 000 m² qui regroupent plus de 70 000 pièces, provenant en fait des anciens *museu des Arts decoratives, museu du Design, museu de Ceràmica* et *museu tèxtil i d'indumentària.* L'architecture du bâtiment, signé par le cabinet MBM, vaut déjà le coup d'œil. Ses lignes géométriques et asymétriques, sa couleur gris mat (la façade est couverte de plaques de zinc) et son aspect brut industriel tranchent radicalement avec les courbes scintillantes de la torre Glóries en arrière-plan. Au pied de l'édifice s'étire une vaste esplanade qui offre une intéressante perspective sur ce quartier en pleine mutation avec le futur parc Glóries juste en face. Il a d'ailleurs été pensé pour s'insérer dans la vie du quartier, puisque son grand hall central traversant et ses escalators, en libre accès, se veulent une véritable rue, qui permet d'accéder directement au Poblenou en contrebas. De même accueille-t-il une bibliothèque municipale, plusieurs bibliothèques spécialisées, des centres de recherche sur les matériaux et des studios de design, comme une passerelle architecturale, mais aussi une passerelle vers l'industrie et l'économie.
À travers ***4 sections permanentes*** correspondant chacune à un étage du bâtiment (les expos temporaires sont au rez-de-chaussée), le *museu del Disseny* rend hommage à l'objet au sens noble, de sa conception à son utilisation dans le temps. Muséographie claire et aérée, notices explicatives bien ficelées, bref, un musée à la lecture facile.

*1er étage : le design d'objets*

Sous une frise chronologique, une sélection d'objets de déco et de meubles désignés au XXe s par des Catalans, devenus les icônes d'une époque. Parmi les pièces emblématiques, le fauteuil en cuir et armatures tubulaires « BKF » ou « Butterfly » (1938) dessiné par le trio argentin-catalan Antoni Bonet-Juan Kurchan-Jorge Ferrari Hardoy et inspiré d'une chaise utilisée par les officiers de l'armée britannique au XIXe s. Un des plus copiés de l'histoire du design ! Au rayon des objets les plus populaires et plébiscités pour leur bon rapport qualité-prix, on retrouve la Seat Ibiza 2e génération et... les w-c Roca. Même les ustensiles pratiques de la vie quotidienne ont leur place au musée, comme la *fregola* (balai-serpillière) d'Ecofrego avec son seau cloisonné pour séparer les eaux sales de celle de rinçage. Il fallait y penser !

*2e étage*

Après « Les arts décoratifs du IIIe au XXe siècle », l'étage devrait accueillir une exposition intitulée « Modernisme, cap sur la culture du design » afin de démontrer que l'un mène à l'autre... Les différentes parties devraient illustrer à travers nombre d'objets cette envie de modernité et d'intégration européenne qui est à l'origine du modernisme, mais aussi les industries de l'art, les grands protagonistes du mouvement, la maison bourgeoise, l'art au XIXe s, etc.

*3e étage : la mode de 1550 à 2015*
Muséographie très réussie, mettant en scène les courants vestimentaires de façon originale et théâtrale. Le parcours est chronologique, avec une série de vitrines thématiques présentant, sur de beaux fonds noirs, une sélection de costumes anciens et vêtements qui ressortent magnifiquement. Petite touche décalée, la présence d'une création contemporaine inspirée de cette tendance (un faux-cul en denim, par exemple), glissée au milieu des mannequins en costumes d'époque ! Belle série de corsets également. Sur les murs, tout autour des vitrines, court une frise chronologique ponctuée d'anecdotes savoureuses et de petits commentaires sur la mode masculine et son évolution à elle aussi (y a pas de raison !). On suit l'évolution des silhouettes selon le contexte moral et social, par exemple comment le corps se libère après la Révolution. Et aussi toutes les techniques, les artifices pour amplifier, élargir, allonger ou au contraire réduire certaines parties du corps selon les modes.

*4e étage : la nouvelle communication visuelle, de 1980 à 2003*
Pas l'étage le plus intéressant à notre goût. Cela dit, on y trouve une sélection d'affiches illustrant l'évolution du graphisme depuis le boom de la Movida. Joli point de vue sur la tour Glòries.



## Où aller à la plage ?

Plutôt familiales, les plages du Poblenou comme celles de la ***Nova Icària*** (près du port Olímpic), de ***Nova Mar Bella*** ou du ***Llevant,*** la plus à l'est donc parmi les moins fréquentées de la ville. Plus de monde et ambiance plus jeune sur les plages de ***Bogatell*** et de la ***Mar Bella*** (peut-être bien la plus belle, avec une petite zone naturiste, surtout gay).

# GRÀCIA

• Centre détachable E-H1-2 et plan d'ensemble *p. 82-83*

**Pour ceux qui disposent d'un peu de temps avant ou après la visite du park Güell voisin, ce petit quartier, ancien village absorbé par Barcelone au moment de la réalisation de l'Eixample, est un de nos coups de cœur. Descendre à la station de métro Diagonal pour d'abord remonter la *carrer Gran de Gràcia (centre détachable F1),* un des axes principaux du quartier. Attardez-vous sur les façades Belle Époque de certains immeubles bourgeois. Entrez dans leur hall, admirez les luxueuses cages d'escalier, les ascenseurs rétro, les rampes en fer forgé, etc. Superbe édifice au no 15, avec bow-windows miroitantes. Au no 77, puis au no 81, notez les balcons, les bow-windows avec vitraux, le vieil ascenseur. Prendre ensuite la travessera de Gràcia, autre axe important du quartier (avec son marché de l'Abaceria, déménagé passeig Sant Joan en attendant son retour par ici), puis zigzaguer le nez en l'air et l'humeur vagabonde dans les ruelles adjacentes bordées de petits immeubles et de maisons qui n'ont rien perdu de leur charme.**

Dans les années 1920, Gràcia était anarchiste. Les rues se nomment ici Fraternité, Liberté ou Progrès, et une place s'appelle même « Revolución » (Franco ne l'a jamais digéré !). En mai 2016, l'expulsion d'un squat a débouché sur plusieurs nuits quasiment d'émeute ! Quatre autres petites places sympas : de la Vila de Gràcia (avec ses façades de couleur), del Sol avec sa haute tour d'horloge (1864) et sa mairie toute bleue et discrètement moderniste, del Diamant et de la Virreina. À Gràcia vit une classe moyenne, héritière du monde ouvrier des années 1930, à laquelle viennent se joindre des jeunes, des étudiants, ainsi que des profs, des intellectuels, des artistes, des écrivains. Bienvenue chez les bobos barcelonais ! Oh, vous ne découvrirez rien d'extraordinaire : juste une atmosphère de quartier, des p'tits bistrots, des bars recyclés, des boutiques vintage, de vieux disquaires, brocantes, librairies...
Ne pas rater, en outre, la fête du quartier aux alentours du 15 août ! Grand moment de liesse authentiquement populaire pendant plusieurs jours.



## Où manger des tapas ?

### Assis ou debout

**La Trini** *(centre détachable G1,* ***182****) : c/ Verdi, 30. ☎ 93-237-03-35. • info@latrini30.com • Ⓜ Joanic. Tlj 12h-15h30, 19h-22h30. Menus midi 11,50 € en sem et 13,50 € le w-e ; tapas 2,50-11,50 €.* Un petit bar à tapas, resté dans son jus et repris par des jeunes très sympas. Bonne ambiance le soir au comptoir comme en salle, mélange heureux de Barcelonais et de vacanciers. Ne manquez pas les délicieuses croquettes au jambon !

**Gasterea** *(centre détachable G1,* ***168****) : c/ Verdi, 39. ☎ 93-237-23-43. Tlj sauf mer, midi et soir. Pintxo env 2 € ; cazuelita env 4 €.* Serré devant le zinc comme les *pintxos* alignés sur le bar ou réfugié-perché dans le brouhaha de la salle arrière, on apprécie l'endroit. L'ambiance est ici au beau fixe, tant par l'humour du service que par la qualité des produits embrochés sur les banderilles des *pintxos*. Tout est frais, éminemment basque (y compris le cidre ou le *txacoli*), et l'additon reste vraiment raisonnable ! Une valeur sûre de Gràcia.

**Colmado Gràcia** *(centre détachable G1,* ***242****) : travessera de Gràcia, 193. ☎ 93-463-63-96. • colmadogracia@gmail.com • Ⓜ Diagonal. Tlj sauf dim 19h-minuit. Tapas et plats 2,50-12 €.* Une vieille balance, quelques bocaux pour justifier le *colmado* (épicerie) de l'enseigne, mais c'est bien un bar-resto, minuscule. Déco comme souvent dans la Barcelone cool : murs bruts, plantes vertes et chaises dépareillées (qui, ici, grimpent jusqu'au plafond !). La différence est dans l'assiette : excellente cuisine maison, produits frais (le marché est en face) et plein de petites formules vraiment épatantes vu le prix, même si les portions sont parfois un peu chiches. Accueil et service a-do-ra-bles. Résa impossible.

## Où manger au resto ?

### De bon marché à prix moyens (10-30 €)

**Gut** *(centre détachable G2,* ***294****) : c/ del Perill, 13. ☎ 93-186-63-60. • restaurantgut@gmail.com • Ⓜ Diagonal. Tlj 13h-15h30, 20h-22h. Menus 13,50 € (à midi) puis env 28 € ; plats 10-16 € ; repas env 25 €.* Charmante petite salle à la lumineuse et coquette déco contemporaine. Bonne cuisine méditerranéenne (et volontiers) végétarienne, avec une large gamme de plats sans gluten. Une petite adresse sûre.

**Can Punyetes** *(plan d'ensemble,* ***292****) : c/ de Marià Cubí, 189. ☎ 93-200-91-59. • info@canpunyetes.com • Depuis l'avda Diagonal, remonter la c/ de Muntaner, puis c'est la 3e à gauche. Tlj 12h30-15h45, 20h30-minuit (les fourneaux s'arrêtent un peu* *plus tôt). Fermé 25 déc et 1er janv. Plats 8-17 €.* Gentille taverne rustique, facilement identifiable grâce à ses portes vitrées en arabesque. Petite salle chaleureuse aux murs couleur jaune de Naples. On y sert des plats catalans à prix doux (genre tapas et tranches de pain grillées) et des viandes cuites à la braise. Incontestablement l'endroit le plus sympa de ce quartier plutôt avare en (bonnes) adresses. Il faut parfois patienter au bar avant de décrocher une table. Mais on n'attend jamais bien longtemps. Clientèle plutôt étudiante, mais les moins jeunes semblent tout aussi ravis de l'aubaine.

**Envalira** *(centre détachable G1,* ***293****) : pl. del Sol, 13. ☎ 93-218-58-13. Ⓜ Fontana. Mar-sam 13h30-20h30 ; dim et j. fériés 13h30-16h30. Fermé lun. Menu midi 22 €, plats 13-25 € ; paella 16 € ; repas env 30 €. Digestif offert sur présentation de ce guide.* Une institution familiale, bien cachée derrière sa minuscule vitrine de verre sablée. L'accent n'est pas mis sur la déco, mais bien sur la cuisine, notamment sur les *arroces* et les paellas. Accueil et service aimables.

**La Gavina** *(centre détachable F1,* ***297****) : c/ Ros de Olano, 17. ☎ 93-415-74-50. • pizzerialagavina@yahoo.com • Ⓜ Fontana. À 2 pas de la pl. del Sol. Tlj sauf lun 13h (20h mar)-1h. Congés : Semaine sainte et 1re quinzaine d'août. Pizzas 6,50-13 €.* C'est, paraît-il, la pizzeria la plus connue de Gràcia. Rien de bien extraordinaire, mais une atmosphère familiale et agréable, et des pizzas reconstituantes. Résultat : c'est parfois blindé, ça papote sec et tout le monde oublie la salle quelconque.

### Très très chic (plus de 60 €)

**Botafumeiro** *(centre détachable F1,* ***298****) : c/ Gran de Gràcia, 81. ☎ 93-218-42-30. • info@botafumeiro.es • Ⓜ Fontana ou Diagonal. Service continu tlj 12h-1h. Plateau de fruits de mer, assortiments de poissons a la plancha 86-145 € pour 2 pers ; plats 25-60 €.* Un des meilleurs restos de poissons et crustacés de Barcelone. Une longue salle avec des boxes de bois clair, une atmosphère tamisée et agréable, un service impeccable. Cuisine ouverte, où l'on peut voir la brigade à l'œuvre. Si vous ne tenez pas particulièrement à votre intimité, on vous conseille le long comptoir au bar... sympa et plus informel ! En repartant, ne pas manquer le superbe hall du nº 77 juste à côté...

BARCELONE

## Où déguster une glace ?

**Paral.lelo** *(centre détachable F1,* ***325****) : c/ de Sèneca, 18. 📱 645-74-69-03. Tlj 12h30-23h.* Dans une ruelle discrète, un excellent petit glacier artisanal qui vous régalera avec ses parfums originaux : *dulce de leche* et cacahuètes salées, noisette-pastèque, melon-menthe ou encore citron-gingembre.

**La Gelateria Italiana** *(centre détachable G1,* ***329****) : pl. de la Revolució-de-Setembre 1868, 2. ☎ 93-210-23-39. Tlj 9h30-minuit.* Bonnes glaces italiennes, à emporter ou à déguster sur la terrasse de la place, pour faire une pause.

## Où boire un verre ?

Beaucoup d'animation sur les terrasses des nombreuses places publiques à la sortie des écoles, puis, dans un registre plus festif et étudiant, le soir autour de la plaça del Sol et de la carrer de Verdi. Le temps fort étant bien sûr les fêtes du quartier, à la mi-août.

### Tôt ou tard

**Café del Sol** *(centre détachable G1,* ***415****) : pl. del Sol, 16. ☎ 93-237-14-48. • cafedelsoldenit@gmail.com • Ⓜ Fontana ou Diagonal. Tlj 11h-2h30 (3h w-e) ; la terrasse ferme à minuit. Tapas 4-10 €, plats 8-16 €. Digestif offert* *sur présentation de ce guide.* Sur une des places incontournables de Gràcia, il règne dans ce café une douce bohème qui se mêle à une vie de quartier populaire. C'est pourquoi on aime plutôt fainéanter en terrasse, même si l'intérieur a vaguement des allures de café 1900. Quelques tapas et des plats fort honnêtes (salades, burgers, tataki...) pour grignoter un morceau. Sinon, le petit local de *La Sedici*, à côté, vend des *pizzette* très bon marché...

***Bar Virreina*** *(centre détachable G1,* ***416****) : pl. de la Virreina, 1. ☎ 93-237-98-80. • correo@virreinabar.com • Ⓜ Fontana. Tlj 10h-minuit (17h30 dim).* Dominée par la belle église Sant Joan, la place de la Virreina est un peu le centre symbolique de Gràcia. Et ce bar est parfait pour prendre un café ou un verre sous les parasols noirs de la vaste terrasse, tout en observant la vie du quartier. Bons sandwichs et tapas servis le midi. Le soir, il y a en principe plus d'animation.

***Bodega E. Marin*** *(centre détachable G1,* ***418****) : c/ de Milà i Fontanals, 72. ☎ 93-213-30-79. • bodegamaringracia@gmail.com • Ⓜ Fontana ou Joanic. Tlj sauf sam soir-dim 7h-15h, 17h-23h.* Toute petite échoppe dans son jus, mi-caviste, mi-bodega. Les murs sont couverts du sol au plafond de rayonnages de bouteilles, mais on peut aussi acheter ou commander du vin ou du vermouth « au robinet ». Une rangée de tabourets à l'intérieur et 2 gros tonneaux dehors pour se poser. Du typique ! Rien à grignoter, en revanche.

***Can Codina*** *(centre détachable G2,* ***376****) : c/ del Torrent-de-l'Olla, 20. ☎ 93-516-15-84. Ⓜ Diagonal. Tlj 12h-minuit. Tapas 4-8 €.* Cet ancien repaire des *aficionados* du Barça s'est un peu boboïsé mais il est resté dans son jus de vieux bistrot. On y avale avec plaisir un *vermut* maison accompagné de quelques *bravas* ou de *croquetas*.

Voir aussi la boutique ***Olokuti*** (dans la rubrique « Achats » plus loin) pour sa terrasse-jardin, un des secrets les mieux gardés de Gràcia.

## Plutôt le soir

***Raïm*** *(centre détachable G1,* ***419****) : c/ del Progrés, 48. Ⓜ Diagonal ou Joanic. Tlj sauf dim-lun 20h-2h30 (3h ven-sam).* Un vol direct pour La Havane au prix d'un mojito ? Le son des cuivres cubains vous mènera très certainement au *Raïm* (« raisin » en catalan). Cette ancienne (1886) cantine ouvrière aux murs patinés par le temps, meublée d'époque et envahie de bibelots usés, vibre chaque soir au rythme de la salsa dans une atmosphère fraternelle. Et, de mémoire catalane, on n'aurait jamais servi de meilleurs mojitos à Barcelone.

***Le Châtelet*** *(centre détachable G1,* ***417****) : c/ de Torrijos, 54. ☎ 93-284-95-90. Ⓜ Joanic. À l'angle avec la c/ de la Perla. Tlj 18h (17h dim)-0h30 (3h ven-sam). Snacks 3,50-5 €.* Dans ce bar fraternel, l'enseigne façon damier donne le ton, tout comme la déco colorée à la Miró égayée de quelques photos de Paname. Atmosphère résolument barcelonaise, jeune et internationale. Impeccable pour siroter un cocktail bon marché dans un fauteuil moelleux et avaler un bon *bocadillo* (*entrepan* en catalan).

***Le Journal*** *(centre détachable F-G1,* ***377****) : c/ de Francisco Giner, 36. ☎ 93-368-41-37. Ⓜ Diagonal. Tlj 18h-2h30 (3h ven-sam).* Des feuilles de journaux en guise de papier peint, des rayonnages de bouteilles acidulées, des meubles hétéroclites envahissant la petite salle ou la mezzanine, une bande-son tendance rock et des cocktails pas chers : ce bar festif a trouvé la bonne recette pour séduire les étudiants !

## Achats

Pas mal de petites boutiques de jeunes créateurs (mode et déco) dans les rues de ce quartier.

***Entre Latas*** *(centre détachable G1,* ***489****) : c/ de Torrijos, 16. ☎ 93-015-47-25. • hola@entrelatas-bcn.com • Ⓜ Joanic ou Gràcia. ♿ Fermé dim-lun mat. Congés annuels : 20 août-10 sept. Tlj sauf lun et dim ap-m, 11h-14h30, 18h-21h.* De la boîte de conserve, exclusivement ou presque ! Car les Espagnols mettent volontiers en boîte tout ce que la mer produit, les amateurs de poulpe et autres escabèches de moules, couteaux, thon ou morue trouveront ici de quoi remplir les trous dans leurs valises. À noter que la plupart de ces produits viennent de l'Atlantique et des ports de Galice, quand même. Bons conseils, parfois en français. Pour les amateurs, d'autres petites boutiques créatives dans la rue...

**Olokuti** *(plan d'ensemble,* ***475****) : c/ d'Asturies, 38. ☎ 93-217-00-70. • info@olokuti.com • Ⓜ Fontana. Tlj sauf dim 10h-21h.* Si la maison est typique du quartier, il n'y a que quelques produits locaux dans cette boutique où « consommer autrement » (du bio, du commerce équitable...). On vous en indique aussi et surtout le chemin pour son petit jardin caché sur l'arrière avec quelques tables où se poser tranquillou, le temps d'un thé ou d'un jus de fruits.



## À voir

**Park Güell** *(plan d'ensemble)* **:** *c/ Olot. ☎ 902-200-302. • parkguell.barcelona • Ⓜ Lesseps. Dans le quartier de La Salut, juste au-dessus de Gràcia. De la station de métro Lesseps, quasiment pas de fléchage. Compter 15 mn à pied : prendre la travessera de Dalt vers la droite puis à gauche l'av. de la Montanya et enfin les escalators (ou, plus loin, la c/ de Larrard) ; ça grimpe à la fin. En bus : à condition de réserver en ligne (hors période de Covid), le bus jaune de la ligne Amarilla-Metro, plaça Alfonso-X, est direct et gratuit. Sinon, prendre le n° 24 depuis la pl. de Catalunya (trottoir côté Corte Inglés), mais attention à vos affaires, arrêt Park Guëll ou pour éviter les foules, Carmel Gran Vista, on descend alors le parc depuis le haut. Également le bus n° V19 depuis Arc-de-Triomf. Pour commencer par la zone monumentale, l'accès se fait par la c/ Olot. Tlj 9h30-17h30. Dernière entrée 1h avt fermeture. Fermé certains j. fériés. Une partie du parc est en accès libre, mais* ***tte la zone qui regroupe les édifices de Gaudí (sauf la casa-museu Gaudí) est payante et en accès limité. Résa en ligne INDISPENSABLE, aussi longtemps que possible à l'avance !*** *Entrée : 10 € ; réduc ; gratuit - de 6 ans. Si on achète son billet aux 2 guichets près de l'entrée principale, le nombre d'entrées disponibles par ½ heure dépend du nombre de visiteurs sur le site (pas plus de 700 à la fois), donc prévoir en hte saison beaucoup d'attente (parfois jusqu'à 4h après l'achat) avt de pouvoir entrer... Le billet ne vaut que pour 1 entrée (pas de retour possible). Possibilité de visite guidée à 22 € et privée à 50 € (résa en ligne, hors période de Covid).*

– ***La zone monumentale :*** dès l'entrée principale, 2 pavillons surprennent avec leurs cheminées champignonesques. Destinées à l'origine à la conciergerie de la résidence, ces bâtisses aux lignes pleines de fantaisie inspirées du conte d'Hänsel et Gretel... évoquent plutôt l'univers ondulant d'une B.D. des *Schtroumpfs* ! Ne raconte-t-on pas que Gaudí avait dû, de temps à autre, recourir à certaines productions mycologiques (des champignons hallucinogènes, pour être clairs) plus réputées pour leur capacité à procurer des visions colorées de l'existence que pour leur valeur nutritive ? Le pavillon du concierge, à droite, abrite aujourd'hui (l'intérieur est

### PLUS D'ARGENT ? TANT MIEUX !

*Voici l'une des étapes obligatoires de votre itinéraire pour découvrir Gaudí. À l'origine de ce parc, on trouve dans les années 1900 le projet ambitieux d'une ville-jardin modèle, au sein d'un parc à l'anglaise (d'où le K du « park », pas du tout catalan !) commandité par l'industriel Güell et confié à Gaudí. L'argent ayant manqué, l'entreprise resta inachevée, et le terrain (avec ce qui avait déjà été réalisé) fut converti en parc municipal... pour le bonheur de tous.*

beaucoup moins exubérant que l'extérieur...) un minuscule centre d'interprétation du modernisme (photorama d'architecture et d'histoire).
Plus surprenant encore est le double escalier, enserrant la fameuse fontaine au dragon polychrome, et menant à ce qui devait être initialement le marché de la ville-jardin. Forêt de 86 ***colonnes doriques,*** dont le gigantisme, le mystère pesant, le vide oppressant entre elles créent une atmosphère étrange et envoûtante. À gauche, derrière l'école intégrée au parc, jeter un œil au curieux *portic de la Bugadera,* un passage tout incurvé où trône la statue-pilier d'une lavandière. Au niveau supérieur, une grande esplanade se termine par une ***balustrade-banquette*** en pierre et béton, sinueusement folle, décorée exclusivement d'incrustations de *trencadis* de céramiques, carrelages, vaisselles cassées, matériaux utilisés en combinaisons chromatiques fascinantes. De là, vue superbe et étendue sur Barcelone.

– ***Les jardins :*** de vastes jardins méditerranéens (pins, oliviers, figuiers) fréquentés par les perruches vertes. Vous franchirez obligatoirement au moins un des 3 viaducs, étranges hallucinations de pierre et de terre, qui illustrent les capacités géniales de Gaudí à remodeler le paysage. Enfin, les plus courageux ne manqueront pas l'ascension du *turó de les Tres Creus,* qui conduit après une pente ardue à une colline surmontée de 3 croix (dont une curieusement en forme de triangle), soit le point le plus élevé du parc. Joli point de vue sur la ville.

– ***Casa-museu Gaudí :*** *sur la droite, un peu en hauteur, en entrant dans le parc (hors de la zone d'accès restreint). ☎ 93-219-38-11. • sagradafamilia.org/casa-museu-gaudi • Tlj 9h (10h oct-mars)-20h (18h oct-mars), dernière entrée 15 mn avt fermeture. Fermé en période de Covid, les ap-m des 1er et 6 janv et 25-26 déc. Entrée : 5,50 € ; réduc, notamment avec la* Barcelona Card *; gratuit - de 11 ans. Entrée combinée avec la Sagrada Família (audioguide inclus) : 27 €.* Sur les 61 habitations prévues par l'ambitieux projet de ville-jardin, seules 3 ont été construites, dont cette charmante petite maison, œuvre d'un disciple de l'artiste, Francesc Berenguer. Gaudí y résida pendant 20 ans. Au départ, c'était la maison témoin du projet immobilier ! À voir : quelques superbes meubles provenant des *casas Batlló, Calvet* et *de la Pedrera,* ainsi que des portraits, plans et maquettes de projets. Une visite intéressante, mais, pour le prix, très courte.

***Casa Vicens*** *(plan d'ensemble) : c/ de les Carolines, 20-26. • casavicens.org • Ⓜ Lesseps ou Fontana. ♿ En temps normal, d'avr à début oct, tlj 10h-20h (dernière entrée à 18h40) ; de début oct à mars, tlj 10h-19h (15h lun). En période de Covid, seulement ven 15h-19h et w-e 10h-19h (dernière entrée à 17h40) ; entrée à tarif réduit. Fermé 6 janv, et 25 déc. En temps normal, entrée : 16 €, 20 € avec visite guidée (min 1 visite/j. en français : résa recommandée sur le site) ; réduc ; gratuit - de 12 ans.* Gaudí, encore, diront les grognons ! La *casa Vicens* fut, en 1885, le ***1er projet de Gaudí pour des particuliers***, à savoir la famille Vicens, dont on ne sait pas grand-chose sinon qu'il s'agissait d'une famille barcelonaise bourgeoise qui désirait faire construire une maison de campagne. Il faut imaginer que le coin était alors verdoyant, Gràcia n'était qu'un village déjà « loin de la ville », et le terrain était bien plus vaste... Sans oublier que la maison était 2 fois plus petite... Ainsi que vous l'expliquera très bien votre guide (on vous conseille vraiment la visite guidée), Gaudí édifia pour les Vicens une maison assez simple, pas bien grande, destinée à n'être utilisée que quelques mois dans l'année. Si elle grimpe sur 4 niveaux, elle est surtout enchâssée dans un vaste jardin, avec une très grande fontaine (aujourd'hui détruite), et destinée à profiter des espaces extérieurs. Et le jeune architecte y exprime déjà toutes ses influences : l'***orientalisme*** manifeste des motifs, des matériaux et des arches des façades, l'omniprésence de la ***végétation*** jusque dans les azulejos représentant feuillages divers et fleurs, ou dans toutes les ferronneries (y compris celles du portail principal, que l'on s'attend presque à voir vibrer sous la brise...).
Puisque la 1re vue sur la maison se fait vraiment depuis le ***jardin*** (de la rue, on manque de recul), on remarque très vite, côté arrière de la façade, de légères différences entre la partie droite, avec sa petite tourelle, et la gauche, plus simple : les couleurs des céramiques qui diffèrent d'un ton, des ornementations un brin plus simples...

C'est que, suite à la vente de la demeure, cette partie gauche a été ajoutée à l'original (à droite) en 1925 ! Et pas même par Gaudí en personne – trop occupé alors à sa grande œuvre de la Sagrada Família – mais par un de ses assistants, Joan Baptista de Serra Martínez, qui double donc la surface de la maison et construit des façades « dans le style » de Gaudí. On vous passe les différentes étapes qui rétrécirent le jardin, détruisirent la fontaine et la chapelle, déplacèrent le perron... pour entrer dans ce bel édifice, où Gaudí fit tout pour laisser entrer lumière et nature. Mais notez, juste avant, le vaste balcon du rez-de-chaussée et ses volets japonisants (reconstruits d'après photos car cette loggia avait été transformée en véranda). Quant à ***la délicate fontaine à arc-en-ciel*** qui s'y trouve, c'est une originale toile d'araignée qui combine l'eau et le soleil pour former un effet d'arc-en-ciel. Dire qu'elle fut retrouvée au fin fond de la province de Gérone !

Au ***rez-de-chaussée,*** l'étage noble, vestibule, salle à manger et salon affichent tous de superbes sgraffites, vernis pour certains, aux motifs végétaux, comme si les lierres des azulejos de la façade étendaient les arabesques de leurs ramifications jusque dans la maison. Les quelques meubles de la salle à manger sont également de la main de Gaudí, qui y intégra, sur demande de M. Vicens, 34 petites œuvres d'un peintre catalan (mais les oiseaux des portes, eux, d'inspiration japonaise, sont une idée de Gaudí). Tout au bout, l'***adorable petit fumoir,*** d'inspiration totalement mudéjar : polychromie d'origine sur stalactites de papier mâché, bleu comme le ciel, avec des grappes de dattes qui évoquent une oasis. Sans oublier les sgraffites qui, ici, rappellent le travail du cuir, tanné et travaillé en relief, typique de Cordoue. Une merveille !

On retrouve toujours une profusion végétale dans les pièces ***du 1er étage*** : sgraffite façon amandier dans la chambre rose, plafond de la salle de bains (qui disposait de l'eau courante et se partageait en 3 espaces distincts : vestiaire, toilette et salle d'eau) orné de lierre entre les poutres. Dans la chambre principale, 2 thèmes séparent la pièce : un côté bleu avec des fougères aux murs et des mûres sauvages au plafond, une partie rose illustrée de roseaux et de feuilles de vigne. Dans la chambre bleue, notez les passiflores, symbole de la passion du Christ que Gaudí vénérait. Remarquez cet ingénieux système de porte qui permet de fermer au choix l'une des 2 chambres et la salle de bains pour n'en faire plus qu'un seul espace... Et finissons l'étage par le mignon boudoir avec sa coupole pleine d'oiseaux, son trompe-l'œil d'une des tours de la maison, et ses fenêtres ajourées, qui accueillait les activités familiales du soir (lecture, travaux de couture). En gros, les hommes au fumoir et les femmes à la couture !

Quant ***au 2e étage,*** auquel on accède par un escalier datant de 2014, il avait une double raison d'être : avec toutes ses fenêtres pour créer des courants d'air, c'était un séchoir idéal pour le linge de maison... mais il avait aussi une ***fonction d'isolation thermique,*** en tant qu'étage-tampon (un procédé classique de l'architecture traditionnelle catalane). Il accueille désormais une série de maquettes (dont une de la maison avec son jardin d'origine, sa fontaine, son potager), un film instructif (successivement en catalan, castillan et anglais), le *manuscrit de Reus* dans lequel Gaudí donne sa vision de la maison familiale idéale et enfin des expositions temporaires. Pour terminer, grimpette ***jusqu'au toit-terrasse,*** où on retrouve les prémices des tourelles qui feront son succès.

Petit ***café*** dans le jardin. Possibilité de grignoter un morceau.

# L'OUEST DE BARCELONE

• Plan d'ensemble *p. 82-83*

**Au pied de la serra de Collserola s'étendent de vastes quartiers plutôt chic, *Sarrià, Sant Gervasi* et, au nord-ouest, *Sants,* importante articulation de la**

**ville autour de la gare ferroviaire du même nom, et enfin *Les Corts,* connu pour accueillir le *Camp Nou,* stade du Barça. Le vieux centre de Sarrià a conservé un aspect ancien plutôt plaisant et non loin, le monastère de Pedralbes est un vrai morceau de campagne à la ville.**

## Où manger des tapas ?

### *Du côté de Sants*
*(centre détachable B1-3)*

### Assis ou debout

**Lagunak** *(centre détachable B1, **183**)* : *c/ de Berlín, 19. ☎ 93-490-95-65. • info@lagunakbcn.com • Ⓜ Plaça-del-Centre. Tlj sauf dim et lun soir, 13h30-16h, 20h30-23h.* Pintxo *env 2 €, raciones 5-7 €.* Un resto de quartier, qui sert, entre autres, des *pintxos* délicieux et originaux. Fréquenté par les gens du coin. Le resto est beaucoup trop cher.

**Bodega Bartolí** *(centre détachable B2, **108**)* : *c/ del Vallespir, 41. ☎ 93-339-10-21. Ⓜ Sants Estació. Lun-ven 7h-18h30, sam 8h-18h, fermé dim. Menus midi 13-14 €, plat env 10 €.* À quelques pas de la gare, une bodega authentique, sans artifice, fréquentée par la population du quartier. Cuisine catalane à l'image du décor, savoureuse, et qui tient au ventre (spécialités d'escargots). Pas donné mais convaincant. Nous, on aime.

**La Mestressa** *(centre détachable B2, **179**)* : *pl. d'Osca, 7. ☎ 93-431-99-80. • lamestressa@hotmail.com • Ⓜ Plaça-de-Sants. Tlj 18h-minuit (1h sam). Tapas, burgers, salades et planchas 4,50-16 €. Résa le w-e en soirée.* Sur cette place très villageoise du barri de Sants, si calme en journée et si animée le soir, une adresse où venir entre potes refaire le monde et déguster *escalivada* et autres *croquetes* catalanes. On joue ici sur l'ambiance décontractée, meubles de récup' de rigueur et sourire de l'accueil. Et pour s'asseoir en terrasse et profiter de la place piétonne, il faut arriver tôt ! Les gourmands pousseront ensuite jusqu'à **Cacao's Gelato Siciliano,** à 2 pas *(c/ Riego, 19 ; 602-08-04-31 ; mar-dim 17h30-minuit, fermé lun)* pour s'offrir une excellente glace artisanale !

## Où trouver un resto ?

### *Du côté de Sarria*
*(plan d'ensemble)*

Quelques bonnes adresses dans la charmante rue principale de Sarrià, si vous êtes en vadrouille dans le coin, entre la colline du Tibidabo et le monastère de Pedralbes. Ambiance et clientèle très locales.

### De bon marché à prix moyens (10-25 €)

**Bar El Tomás de Sarria** *(plan d'ensemble, **247**)* : *c/ Major de Sarrià, 49. ☎ 93-203-10-77. • info@eltomasdesarria.com • Ⓜ et FCG : Sarrià. Tlj sauf dim 12h30-16h, 18h30-22h. Congés : Semaine sainte, août et fêtes de fin d'année.* Patatas bravas *env 2,50 €.* Classique bar de quartier tout en longueur, prolongé de 2-3 tables en terrasse. Une adresse pourtant connue de toute la ville : on y sert, paraît-il, les meilleures *patatas bravas* de Barcelone ! Personne évidemment ne commande rien d'autre. Et même si, avouons-le, on n'a pas (encore !) testé toutes les *patatas bravas* de la capitale catalane, celles-là sont particulièrement bonnes !

**Casa Joana** *(plan d'ensemble, **247**)* : *c/ Major de Sarrià, 59. ☎ 93-203-10-36. • restcasajoana@gmail.com • Ⓜ et FCG : Sarrià. Tlj sauf dim 9h-15h45, 20h30-22h30. Menus 13 € midi en sem et 20 € soir et w-e ; plats 10-25 € ; tapas 2-14 €.* La bonne auberge familiale, au décor gentiment

BARCELONE

modernisé et à l'accueil franchement chaleureux. Cuisine sans prétention mais vraiment maison, plats aussi locaux que les habitués du quartier qui réservent toujours la même table. Bon rapport qualité-prix pour les menus, un peu chérot à la carte.

## À voir

**Reial Monestir de Pedralbes** *(plan d'ensemble)* **:** *baixada del Monestir, 9. ☎ 93-256-34-34. • monestirpedralbes.barcelona • Train FGC de la ligne L12 ; arrêt Reina-Elisenda, puis 10 mn à pied. Sinon, bus nos H4, V5, 63, 68, 75 et 78, qui partent, pour certains, de la pl. Universitat ; descendre à l'arrêt Monastir-de-Pedralbes, ou alors 20 mn de marche depuis* Ⓜ *Palau-Reial ou Maria-Christina. Dernière option, la ligne bleue du bus touristique avec arrêt au pied du monastère. Fermé pour Covid, sinon mar-dim : avr-sept 10h-17h (19h sam, 20h dim) ; oct-mars 10h-14h (17h w-e) ; dernière entrée 30 mn avt fermeture. Fermé lun, 1er janv, Vendredi saint, 1er mai, 24 juin et 25 déc. Entrée : 5 € ; réduc - de 30 ans et + de 65 ans ; inclus dans la* Barcelona Card ; *gratuit - de 16 ans et pour ts le 1er dim du mois et ts les dim après 15h. Audioguide en français compris.* Fondé en 1327 par la reine Elisenda de Montcada, 4e femme de Jacques II d'Aragon, le monastère présente une architecture typique du gothique catalan. Sobre tour octogonale et armoiries sur la façade. À l'intérieur de l'église *(ouv 11h-13h),* vitraux du XIVe s et tombeau en albâtre de la reine. On retrouve son exact pendant, également en albâtre, de l'autre côté du mur, dans le monastère. On remarque tout de même que la reine est, cette fois-ci, représentée en nonne. Le cloître, charmant, possède 3 rangées de fines arcades superposées, et dessert de façon classique les différentes parties du monastère : cellules (bien conservées), infirmerie, réfectoire... Les religieuses ont vécu ici jusqu'en 1983.
Dans la salle du chapitre, beau vitrail du XVe s, et dans la chapelle Saint-Michel, superbes peintures murales du XIVe s de Ferrer Bassa (influencé par Giotto et l'école siennoise), représentant des scènes de la vie de la Vierge. Très belles cuisines également, recouvertes d'azulejos, et tout confort. Dans l'impressionnant volume des anciens dortoirs est exposé le trésor : orfèvrerie religieuse, statues, peintures, très beau retable... Les autres salles conventuelles abritent généralement des expositions temporaires. Une belle visite, dans un environnement paisible aux allures de village (la place pavée devant le monastère est vraiment pittoresque).

**Finca Güell** *(ou* **pabellones Güell** *; plan d'ensemble)* **:** *avda de Pedralbes, 7. ☎ 93-317-76-52. • rutadelmodernisme.com •* Ⓜ *Palau-Reial. Du métro, prendre à droite l'avda Diagonal, puis monter l'avda de Pedralbes sur env 150 m.* ***Fermé pour travaux.*** Ces pavillons, construits de 1884 à 1887 par un Gaudí visionnaire, méritent un détour pour leur magnifique et impressionnant portail, véritable chef-d'œuvre de ferronnerie moderniste : un dragon ailé, squelettique mais non moins menaçant avec sa gueule béante et ses dents acérées, joue les gardiens. La *finca* abrite aujourd'hui une bibliothèque de recherche et n'est accessible au public que dans le cadre des visites. Cela dit, il n'y a pas grand-chose à voir de plus à l'intérieur de la propriété.

**Museu FC Barcelona – Camp Nou :** *avda Arístides Maillol, 7-9. ☎ 902-189-900. • fcbarcelona.com •* Ⓜ *Palau-Reial ou Collblanc. Fermé pour Covid, sinon tlj 9h30-19h30 (10h-18h30 dim et j. fériés ; 14h30-de mi-oct à mi-mars). Fermé les jours de match, 1er et 6 janv, et 25 déc. Entrée (hyper chère, réduc sur le site internet) : 29,50 € ; réduc 4-10 ans et + de 70 ans ; gratuit - de 4 ans. Visites guidées (réduc sur Internet) : à 38,50 € (avec expérience virtuelle), 45 € (tour classique), 59 € (espaces privés et vestiaire des joueurs !) et 119 € (zone des joueurs le jour du match).* Vraiment pas donné, mais, selon le tarif, les fans pourront descendre les gradins jusqu'à la pelouse (sans la fouler : interdit !), puis découvrir les loges présidentielles (et même boire un coup au bar VIP... moyennant un petit supplément), le vestiaire des stars ou encore jeter un coup d'œil à l'impressionnante tribune des commentateurs sportifs (un vrai nid d'aigle tout en baie vitrée, suspendu au-dessus du vide). Si cette partie est très sympa, le musée se révèle pour sa part bien décevant : n'espérez ni reliques ni souvenirs émouvants, vous n'aurez droit qu'à une succession high-tech de vidéos, commentaires audio et autres tables interactives. Intéressant, mais ce n'est pas exactement ce qu'on attendait. Boutique immense en fin de parcours. *Business is business...*

## LE TIBIDABO

• Hors plan d'ensemble *p. 82-83*

**Cette grosse colline est le point culminant (à plus de 500 m) de la serra de Colserolla, petit massif couvert de pins et de cyprès, l'une des réserves d'oxygène de la ville, qu'elle protège des vents du nord. Panorama absolument éblouissant depuis les terrasses. Par beau temps, possibilité d'apercevoir Majorque et les Pyrénées.**

Quant au ***parc d'attractions*** du même nom qui occupe l'essentiel du site, ouvert depuis 1908, c'est carrément le plus ancien d'Espagne et c'est la récompense des petits... et des grands qui sont fans du genre ! Car on n'est pas obligé d'acheter un forfait à la journée : une partie des 25 manèges est accessible en direct et se paie à l'unité. Sympa pour un tour de grande roue (construite en 1921 mais, rassurez-vous, rénovée depuis) ébouriffant ! *Compter env 2 €/activité. On peut aussi envisager un forfait intermédiaire pas trop cher (env 13 € adulte ; 8 € enfant) permettant un accès illimité aux attractions du 1er niveau. Pour l'ensemble du parc, prévoir env 28,50 € adulte et 10,30 € enfant de - de 1,20 m ; gratuit enfant - de 90 cm. Bref, c'est un peu à la carte et une sortie sympa pour les familles (• tibidabo.cat •).* En revanche, l'église du Sacré-Cœur qui coiffe la colline ne vaut pas le déplacement. Sauf peut-être pour l'ascenseur payant qui vous emporte encore plus haut, pour une vue grandiose. On découvre ainsi toutes les collines avoisinantes et, par temps clair, Montserrat. Petite laine conseillée, il y a souvent du vent. Et pour ceux qui voudraient aller encore plus haut, un ascenseur grimpe également jusqu'à la plate-forme de la tour de communication conçue à l'occasion des J.O. de 1992 par le célèbre architecte Norman Foster.

Sur place, café et snack avec de délicieux churros.

### Pour s'y rendre

➢ ***Par la route,*** délicieuse et sinueuse, qui s'élève doucement. En VTC ou en taxi, du centre : 10-20 €.

➢ ***En transports en commun :*** ça dépend de la saison !

– Le plus économique, le plus direct et le plus simple : le ***Tibibús T2A*** *(• sarfa.com • ; fonctionne seulement lorsque le parc est ouv ; à partir de 10h15, ttes les 30 mn en été ; 3 €/trajet),* au départ de la pl. de Catalunya (angle rambla de Catalunya). Il vous dépose directement au parc. Attention, une fois les travaux du funiculaire achevés, le bus vous déposera pl. del Doctor Andreu, d'où il vous faudra prendre... le nouveau funiculaire, pardi. Le bus n° V13 se rend également à proximité du musée *Cosmo Caixa*.

– Sinon, prendre le ***train FGC de la ligne L7*** (entrée discrète plaça Catalunya, à l'angle de la c/ Pelai). Ticket spécial à 2,40 € l'aller simple ou inclus dans la carte *T-Casual*.

Au terminus (station Avinguda-del-Tibidabo, pl. Kennedy), si les travaux de rénovation sont terminés, prendre le ***Tramvia Blau*** (« tramway bleu » ; encore en travaux en 2020) ou le bus nº 196 qui mène jusqu'à la pl. del Doctor Andreu, d'où le ***nouveau funiculaire*** (également en travaux en 2020 !) devrait vous hisser au sommet du Tibidabo. Sinon, il ne vous reste qu'à prendre un taxi...

## Où manger au resto ?

### Très chic (plus de 40 €)

***La Venta*** *(hors plan d'ensemble,* ***301****) : pl. Doctor Andreu. ☎ 93-212-64-55. • laventa@laventarestaurant.com • Sur l'avda Tibidabo, au pied du funiculaire. Pour s'y rendre, prendre le bus nº 196 jusqu'au terminus. Tlj sauf dim soir, 13h30-15h30, 20h30-22h30. Fermé dim en août. Résa conseillée en été. Menus dégustation 45 € (servi pour la tablée) puis 53-59 € ; plats 12-24 €.* Une belle adresse : service impeccable, cadre soigné (salles joliment décorées de céramiques et de dessins ou véranda cosy) et surtout une cuisine élaborée et savoureuse (queue de bœuf, oursin gratiné, tarte aux pommes), le tout à déguster sur une terrasse dominant la ville. Certains plats sont proposés en demi-portion. Prix encore raisonnables pour la qualité proposée.



## Où déguster des churros ?

***Comaxurros*** *(plan d'ensemble,* ***316****) : c/ de Muntaner, 562. ☎ 93-417-94-05. Mar-jeu 17h-20h30, ven-sam 9h-13h30, 17h-20h30. Fermé dim-lun.* En redescendant de Tibidabo, voici l'occasion de faire la pause goûter en dégustant d'excellents churros à tremper dans un vrai chocolat chaud, onctueux comme il faut. Le tout dans un local moderne orné d'un joli néon rose ou à emporter sur la tranquille plaça Bonanova.

## La tournée des boîtes

***Mirablau*** *(hors plan d'ensemble,* ***450****) : c/ Manuel Arnús, 2 ; en fait, pl. Doctor Ancheu. ☎ 93-434-00-35. • mirablau@mirablaubcn.com • Pour s'y rendre, descendre à la station de métro Avinguda-del-Tibidabo et prendre le bus 196 (dernier départ : 22h ou 23h l'été, mais consulter les horaires, qui changent souvent). Sinon, en taxi. Tlj 11h-1h pour le resto et jusqu'à 5h ven-sam (hors Covid) pour le DJ. Entrée libre.* Bar musical panoramique, le *Mirablau* a un atout considérable qu'aucune mode ne pourra détrôner : des baies vitrées sur 2 étages pour contempler Barcelone qui, la nuit, scintille de mille feux. Clientèle de jeunes gens de toutes les catégories, venus s'encanailler gentiment dans un décor postmoderne. Sympa également pour avaler un petit plat à prix correct tout en profitant largement de la vue.

## À voir dans le secteur du Tibidabo

***Cosmo Caixa*** *(musée de la Science) : c/ Isaac Newton, 26. ☎ 93-212-60-50 (disque automatique). • cosmocaixa.es • Ⓜ Avinguda-del-Tibidabo. Bus nº V13 direct. Sinon, depuis la station Avinguda-del-Tibidabo (ligne L7), bus nº 196. Accès : par la ronda de Dalt, entre la c/ Cister et l'avda del Tibidabo. Tlj 10h-20h. Fermé 1er et 6 janv, et 25 déc. Entrée : 6 € (gratuit - de 16 ans) ; activité (hors période de Covid) : 3-6 € ; réduc. Cafétéria sur place.*

Fidèles à leur réputation de créativité, les architectes catalans ont fait preuve d'audace pour concevoir cet espace ultramoderne au service de la connaissance. Ils ont creusé 6 niveaux sous la colline de Collserola afin d'y aménager une surface de 50 000 m², tout en respectant l'ancien bâtiment, œuvre moderniste (1909) de Domènech i Estapà, situé sur l'esplanade qui offre une vue imprenable sur la ville de Barcelone.
On descend d'abord une vertigineuse rampe hélicoïdale symbolisant le temps (et donc l'évolution), qui s'enroule autour d'un immense tronc d'arbre d'Amazonie, un acariquara haut de 21 m et vieux de 300 ans. À ses pieds, une machine s'amuse (et nous amuse !) à remonter systématiquement les graines, hélicoïdales elles aussi, pour les faire chuter à nouveau.
Puis c'est le choc visuel provoqué par une muséographie d'avant-garde destinée à captiver le visiteur, à lui donner la plus belle leçon de ***sciences naturelles*** sans jamais l'ennuyer. Car, bien plus qu'un musée, c'est un « palais de la Découverte ». Hors période de Covid, les (petits et grands) gamins peuvent toucher à tout, tester, explorer, appliquer en jouant des tas de phénomènes physiques, optiques, sonores, rêver devant les machines sophistiquées... Vraiment ludique ! Dans la section « Univers », on ne manquera pas le ***Print 3D,*** le grand ***pendule magnétique*** ou encore la ***lunette remontant le temps jusqu'au Big Bang.*** Également un ***« mur géologique »,*** une section composée de différents types de formations montrant le curieux phénomène des strates rocheuses (7 coupes de roches réelles, pour un poids total de près de 100 t). Quant à la 2e partie, consacrée au monde du vivant, elle est tout aussi géniale. Comme le musée a fait du développement durable et de la protection de la forêt un objectif pédagogique, il a reconstitué un vaste morceau grandeur nature de la ***« forêt inondée »,*** un morceau de forêt tropicale les pieds dans l'eau. Tout est là, de la touffeur aux sons caractéristiques, en passant par les arbres aux racines puissantes plongeant dans un immense bassin où évoluent des poissons tropicaux et autres bébêtes curieuses. Passionnantes expos temporaires. Planétarium (hors période de Covid).

BARCELONE

☆☆ ≮ ***Torre Bellesguard :*** *c/ Bellesguard, 20. ☎ 93-250-40-93. • bellesguardgaudi.com • Même accès que le Cosmo Caixa (puis bus n°123 ou 196 depuis la station Avinguda-del-Tibidabo ou 15 mn à pied par la c/ d'Isaac Newton). Mar-dim 10h-15h (dernière entrée à 14h30). Fermé lun, 1er et 6 janv, et 25-26 déc. Entrée : 10 € (visite guidée en période de Covid, sinon audioguide en français compris), ou 16 € avec visite guidée en temps normal (seulement le w-e, en anglais, espagnol ou catalan ; consulter le site) ; réduc ; gratuit - de 8 ans.* Derrière les murs restaurés d'un petit château du XVe s, résidence d'été du dernier roi de Catalogne, Martin Ier, voici une villa, enfin un petit château, de taille somme toute assez modeste (900 m² quand même), construite par Gaudí entre 1900 et 1909. Il l'édifia (sans jamais l'achever) pour la famille Figueras, celle de la fameuse *casa Figueras,* où se trouve désormais la pâtisserie de renom *Christian Escribà* (voir plus haut « El Raval. Où prendre le petit déjeuner ?»).
Respectueux du site, Gaudí a fait ici dans le néomédiévalisme : la maison ressemble vraiment à un château avec ses tours, ses créneaux et son chemin de ronde. L'architecte a même poussé la logique jusqu'à concevoir un escalier intérieur très étroit pour pouvoir repousser plus facilement d'hypothétiques assaillants !
Beaucoup de lignes droites, donc, à l'extérieur. Même si Gaudí n'a pas pu s'empêcher de céder – discrètement – à ses marottes : observez les fenêtres en ogives étroites avec leurs colonnettes en pierres torsadées, la tuyauterie recouverte de *trencadis* (mosaïque constituée de débris de céramiques) ou encore le camaïeu vert-bleu-gris des ardoises de la façade (les maçons ont, paraît-il, mis plusieurs mois à les trier) qui crée quand même un effet d'ondulation ! Et Gaudí a multiplié les références à la religion chrétienne : la tour fait 33 m de haut, les 3 balcons évoquent la Trinité...
Une réalisation plutôt intéressante parce que à part dans l'œuvre de l'architecte. Mais, attention, il n'y a vraiment pas grand-chose à voir à l'intérieur. On notera

surtout la forte luminosité interne qui contraste avec le style austère des murs extérieurs, renforcée par les azulejos et le lustre de type mudejar du vestibule. Mais le mobilier a été brûlé pendant la guerre civile... pour chauffer la maison, qui accueillait alors un orphelinat. Et le 1er étage, occupé par les propriétaires, ne se visite pas. Reste le grenier, cette pièce dite « des briques », inachevée, qui devait être un salon de musique dans l'esprit médiéval et qui donne aujourd'hui une idée des solides armatures utilisées par Gaudí. Et enfin le sommet de la tour, avec ses 2 terrasses, la 2e étant accessible par un escalier très très étroit (sujets au vertige, s'abstenir !), où l'on comprend pourquoi l'endroit s'appelle « belle vue » (*bellesguard* en catalan). Petite anecdote gaudienne supplémentaire : dans un angle de la 1re terrasse, l'angle du toit avec ses 2 fenêtres forme le visage... d'un dragon. On ne se refait pas !



# LES ENVIRONS DE BARCELONE

## COLÒNIA GÜELL

**Située au nord de Barcelone, à *Santa Coloma de Cervelló,* cette cité ouvrière voulue par l'industriel Güell est tout à fait remarquable, en particulier pour son église construite par Gaudí. Elle est malheureusement inachevée, mais elle représente pour les fans de l'architecte une possibilité de mieux comprendre ses règles architectoniques. Un monument petit par sa taille mais grand pour son génie et son innovation. Et pour Gaudí, l'église de la Colònia Güell servit en quelque sorte de brouillon à la Sagrada Família. « La structure qui sera celle de la Sagrada Família, je l'ai essayée d'abord pour l'église de la Colonie Güell. Sans cet essai préalable, je n'aurais jamais osé l'adopter pour le Temple », disait-il lui-même.**

### Comment y aller de Barcelone ?

En voiture, très mal indiqué ; le plus simple reste le train.

➢ ***En train :*** depuis Plaça-Espanya, prendre un train de la *FGC* (lignes S4, S8 et S9) ; direction Barcelona-Martorell/Igualda/Manresa, arrêt à la station Colònia-Güell, puis suivre le marquage bleu au sol (un peu effacé, certes, mais c'est aussi bien fléché ; c'est à 5 mn à pied). Trains ttes les 15 mn (ttes les 30 mn dim) ; durée : 22 mn.

➢ ***En voiture :*** autoroute C-32 (direction Sitges) jusqu'à la sortie 16A, puis la A-2 direction Tarragona/Lleida, et prendre la sortie 607 : suivre « Sant Boi de Llobregat » puis « Santa Coloma de Cervelló/Colònia Güell ». Parking gratuit sur place.

### Adresse utile

ℹ ***Centre d'interpretació :*** *c/ de Claudi Güell, 6. ☎ 93-630-58-07. • gaudicoloniaguell.org • Dans la Colònia Güell. Mêmes horaires que la Colònia : fermé pour Covid, sinon lun-ven 10h-19h (17h nov-avr), w-e et j. fériés 10h-15h. Fermé 1er et 6 janv, dimanche des Rameaux et Vendredi saint, 25-26 déc. Entrée pour la crypte de la Colònia Güell : 8,50 € ; + 1 € pour l'audioguide ; réduc ; gratuit - de 10 ans. Visite guidée crypte et Colònia (entrée incluse, compter 2h) : 12 €, en castillan sam à 12h, en catalan dim à 12h ; parfois possible sur résa en français, mais plus cher.* Petit conseil : c'est à l'ouverture, à 10h, qu'il y a le moins d'attente. Et prévoir 2 bonnes heures de visite pour découvrir aussi la Colònia. Le billet pour visiter l'église s'achète à l'office de tourisme ; la cité ouvrière, elle, se visite gratuitement. Ils organisent aussi des ateliers de sensibilisation pour les enfants (résa à l'avance sur Internet). Ne manquez pas la visite du centre d'interprétation, qui explique bien le contexte aussi bien artistique que social lors de la construction de cette cité ouvrière.

## Où manger ? Où boire un verre ?



Aux beaux jours, le week-end, les tables de la Colònia sont très demandées : n'hésitez pas à réserver, en particulier pour le dimanche midi.

**El Capritx :** *c/ Reixach, 16. ☎ 93-630-76-52, 607-90-68-72. • rcapritx@gmail.com • À gauche en sortant de l'église, dans la Colònia. Mar-dim 13h-16h, 21h-23h (ouv aussi dim soir et lun tte la journée si j. fériés). Fermé 15 j. en août. Menus midi en sem 14 €, env 23 € le w-e ; carte min 30 €.* Pour prolonger le plaisir de la visite de la Colònia Güell, ce petit resto propose un bon menu du jour, servi dans une salle fraîche à la déco 1900. Seul bémol, le supplément à presque tous les plats !

**Ateneu Unió :** *pl. Joan Güell, 5. ☎ 93-661-31-11. • ateneuunio@gmail.com • Tlj 7h-23h. Menu midi 12 €.* C'est l'antique café du village, installé sur la grand-place, jadis le lieu de rendez-vous des villageois. À l'intérieur, la déco de l'immense salle avec ses beaux carreaux de ciment au sol est probablement d'origine, avec quelques petites retouches, de-ci de-là, au gré des années. Une pause agréable, pendant ou à la fin de la visite, en terrasse si le temps le permet. Sinon, le **Bar Sport,** *c/ Barrau, 4 (tlj 7h-22h – 16h30 dim ; fermé 15 j. en août),* avec sa grande terrasse à l'ombre des arbres et ses *raciones* bien catalanes sans prétention à prix serrés, au carrefour de toutes les animations du village, est une bonne solution.

# À voir

**Colònia Güell :** construite à partir de 1890 par Eusebi Güell i Bacigalupi, ce n'est rien d'autre que la cité ouvrière d'une usine textile, aujourd'hui intégrée au village de Santa Coloma de Cervelló et toujours habitée. L'usine fabriquait principalement du velours, et l'industriel Güell espérait limiter les conflits sociaux en regroupant tous ses employés dans un cadre agréable, doté de tous les services d'une ville classique. Ce type d'organisation se retrouve souvent en Catalogne (et aussi en France, à l'époque de la révolution industrielle), mais la particularité, ici, est que Güell a continué à jouer son rôle de mécène de la culture en dotant sa cité industrielle d'équipements culturels et religieux. L'ensemble cessera de fonctionner en 1973, crise générale de l'industrie oblige.
Comme souvent, Guëll a fait appel à ***son architecte favori, Gaudí,*** pour construire sa cité et en particulier l'église. Il a également engagé ***d'autres grands architectes catalans, Rubió Bellver et Berenguer i Mestres,*** pour bâtir les grosses maisons de maîtres, les logements des ouvriers et tous les bâtiments administratifs et collectifs (école, caves...). Les matériaux sont caractéristiques du mouvement moderniste, mâtiné de beaucoup de brique, de fer et de pierres locales, typiques de l'architecture catalane populaire.
La Colònia se partage en 2 zones, chacune en forme de L : la zone industrielle et la zone résidentielle avec, à l'extrémité de chaque L, 2 bâtiments symboliques, la crypte et l'école. Toute la cité se parcourt à pied au fil des grosses bâtisses modernistes : le couvent, les caves, l'école, les logements populaires et l'église,

mais les maisons sont toujours habitées et les infrastructures toujours en fonction (l'école, par exemple). Du coup, seule l'église inachevée se visite, intérieur comme extérieur.

– ***L'église (crypte) :*** ce petit bijou moderniste planté au milieu des pins vaut vraiment une visite, et pour bien en comprendre la complexité, le mieux est de suivre l'une des visites guidées qui permettent de saisir tout l'enjeu technique et architectural de cet endroit hors du commun. La 1re pierre est posée en 1908, mais tout comme son « Temple », cette église est inachevée : Gaudí abandonne les travaux en 1914 pour des raisons méconnues (probablement pour se concentrer sur le chantier de la Sagrada Família), n'ayant construit que la crypte, surmontée du porche et de l'ébauche de la nef. La crypte offre une sensation très particulière de déséquilibre, le sentiment troublant d'une architecture en mouvement qui pourrait, à tout instant, vriller et s'écrouler. Alors qu'il n'en est rien, bien au contraire : chez Gaudí, la structure prime toujours, et la répartition des forces est absolument parfaite. On sent ici tout son génie et sa grande observation de la nature, comme à la Sagrada. L'intérieur est intéressant pour les nombreux vitraux mais aussi pour son mobilier, notamment ses bancs. Une occasion unique de s'asseoir sur du mobilier original et inestimable. Les plans initiaux de Gaudí prévoyaient des tours de 40 m de haut et plusieurs étages. Les architectes qui prirent la relève sur le chantier se contentèrent de couvrir la crypte et de consolider les constructions existantes afin qu'on puisse l'ouvrir au culte, mais aucun n'eut le courage ou l'audace de l'achever... Accès au plateau supérieur en contournant la crypte par la droite : sur la grande dalle, l'emplacement prévu des piliers est bien marqué, et quelques moignons de tours pointent vers le ciel. Remarquer le porche de l'église : comme celui de la crypte, il est taillé d'un seul tenant dans la pierre.



# MONTSERRAT (08699)

**À une soixantaine de kilomètres à l'ouest de Barcelone, tel un nid d'aigle perché à 700 m d'altitude, le monastère de Montserrat constitue l'un des lieux les plus visités de la Catalogne. Son nom provient de l'aspect « scié » que la montagne prend quand on la regarde d'un certain point de vue. D'un périmètre de 25 km, la masse de roche fièrement dressée culmine à 1 235 m au pic de Saint-Jérôme. Ce curieux massif rocheux se caractérise par de longs monolithes verticaux collés les uns aux autres, conglomérats de galets énormes et érodés, qui prennent des formes animales ou humaines mais toujours fantastiques.**

**La rudesse de ce paysage est adoucie par une exubérante végétation qui s'accroche à la roche avec une étonnante vivacité. Un pareil site ne pouvait pas laisser indifférents les hommes désireux de fuir le vacarme du monde : mystiques et moines en firent leur demeure. Et aujourd'hui, les alpinistes chevronnés en ont fait l'un de leurs rendez-vous de prédilection.**

## UNE MONTAGNE INSPIRÉE

De tout temps, le Montserrat a enflammé l'imaginaire des artistes, et nombre de ses masses rocheuses portent des noms évocateurs (le Moine, la Sentinelle, la Cloche). Les poètes allemands ***Schiller*** et ***Goethe*** étaient de fervents admirateurs de ce site. Ce dernier n'a-t-il pas déclaré que « l'homme ne trouvera le bonheur nulle part, si ce n'est dans son propre Montserrat » ? Le musicien ***Wagner*** s'inspira de ce lieu tourmenté qu'il évoque dans *Parsifal* et *Lohengrin*.

L'Autrichien ***Stefan Zweig*** s'y rendit en 1905 : il qualifia Montserrat de « montagne sacrée », et impressionné, il jugea le paysage « digne de Zarathoustra et non d'un Parsifal ».

## LE GRAAL ET LA VIERGE NOIRE

Montserrat, c'est aussi un pèlerinage célèbre vers le monastère, construit aux XIe et XIIIe s. Dès le VIIIe s, de nombreux ermitages cernaient la montagne. Selon une légende très connue au Moyen Âge, mentionnée souvent dans le cycle des romans arthuriens, le ***Saint-Graal*** (calice supposé contenir le sang du Christ) aurait été rapporté de Terre sainte au XIe ou XIIe s, par des chevaliers revenus des croisades, qui l'auraient mis « en dépôt » à Montserrat. Qu'est-il devenu, ce célèbre calice qui enflamma l'imagination de tant d'auteurs médiévaux ? La quête du Graal continue ! Avis aux amateurs, même si une version officielle le situe désormais dans le trésor de la cathédrale de Valencia.

### NAZISME ET INCULTURE CRASSE

*Himmler était fou d'ésotérisme. Ancien éleveur de poulets, il avait une vision très bornée de l'histoire. Il vint à Montserrat, en 1940, avec une escouade de nazis pour récupérer le légendaire... Saint-Graal. Boire le sang du Christ contenu dans le vase sacré lui aurait permis de gagner la guerre, pensait-il. Dans* Indiana Jones et la dernière croisade, *Spielberg évoque cette incroyable quête du Saint-Graal avec des nazis allumés.*

Au cours du XIIe s, une Vierge miraculeuse fut trouvée dans une grotte de la montagne. Dès lors, la renommée du monastère s'étendit loin hors des frontières. Au XVIe s, on développa l'infrastructure pour permettre à un nombre croissant de pèlerins d'y séjourner. C'était sans compter avec le délicat passage des troupes napoléoniennes qui rasèrent le tout en 1811.
Les bâtiments que l'on peut voir aujourd'hui datent du XIXe s et ne présentent guère d'intérêt. La guerre civile fut l'une des périodes les plus noires du monastère. La paix revenue, la vie religieuse a repris avec une grande vivacité, au point de retrouver toute son intégrité en étant l'un des plus virulents foyers de protestation lors de la période franquiste.

## QU'Y TROUVE-T-ON ?

Un monastère et une basilique, un musée, un magnifique point de vue, de belles balades (superbes spots pour les fanas d'alpinisme), et une ambiance follement pieuse (ou pieusement folle, au choix) pendant le pèlerinage.

## Comment y aller de Barcelone ?

### En voiture

L'accès en voiture est payant (parking env 5 €/j.). Vous pouvez aussi laisser votre voiture à Monistrol-Vila et prendre le train à crémaillère (voir ci-après).

### En train

➢ De la pl. d'Espanya. ☎ *93-205-15-15.* • *fgc.cat* • *La bouche d'entrée pour le train se trouve sur la droite de la place en regardant les 2 grandes colonnes.* Prendre le train *Ferrocarril FGC* (ligne R5 ou R50, direction Manresa). En gros, 1 train ttes les heures à partir de 5h15 (retour de Monistrol de Montserrat 6h21-22h41). Durée : env 1h05. Descendre soit à la station Aeri de Montserrat pour prendre le téléphérique, soit à la station suivante, Monistrol de Montserrat, pour prendre le train à crémaillère. Compter de toute façon env 1h30 de trajet total.

■ ***Téléphérique*** *(aeri de Montserrat) : ☎ 93-835-00-05. • aeridemontserrat.com •* Sur la ligne *Ferrocaril R5,* descendre à Aeri de Montserrat, puis prendre le téléphérique qui mène au monastère. Fonctionne tte l'année (seulement w-e 2de quinzaine de janv) : mars-oct, départ env ttes les 15 mn, 9h40-19h ; hors saison, moins de départs : 10h10-17h45 (9h40-18h15 j. fériés) ; 11,50 € l'A/R (7,50 € le trajet simple, mieux vaut acheter l'A/R donc). Ce téléphérique relie le fond de la vallée de Monistrol au monastère de Montserrat. Il gravit en 5 mn une hauteur de 544 m sur une distance de 1 350 m.

■ ***Train à crémaillère :*** *☎ 93-252-14-80. • cremallerademontserrat.cat •* Permet d'accéder directement à l'esplanade du monastère. On le prend à la gare de Monistrol de Montserrat (si on arrive en train depuis Barcelone par la ligne *Ferrocaril R5*) ou à la station de Monistrol-Vila (2e arrêt du train à crémaillère, seulement valable pour ceux qui arriveraient en voiture, car on y trouve un vaste parking gratuit). De Monistrol-Vila : nov-mars, départs ttes les 20-40 mn (ttes les 20 mn le w-e) 7h35-18h35 (19h15 le w-e) ; avr-oct, ttes les 20 mn, 8h35-20h15. De Monistrol de Montserrat : 1 départ ttes les heures tte l'année ; nov-mars, 8h48-17h48 (18h48 les w-e) ; avr-oct, 8h48-18h48 (19h48 le w-e et tlj de mi-juin à mi-sept). Billet : 11,50 l'A/R ; réduc (notamment pour les lève-tôt sur les 2 premiers départs depuis Monistrol-Vila hors saison). La ligne, longue de plus de 5 200 m, permet de gravir une pente de 548 m en 15-20 mn. Train en très bon état.

– Des ***billets « combi »*** sont en vente : par exemple, le « combi » à env 33,45 €, incluant le métro à Barcelone, un billet de train A/R Barcelone pl. Espanya-Monistrol de Montserrat, le billet (A/R) avec le train à crémaillère, et le funiculaire de Sant Joan.



## Adresse utile

ℹ ***Informations touristiques :*** *pl. de la Creu. ☎ 93-877-77-77. • montserratvisita.com • En arrivant au pied du monastère, sur la droite. Fermé pour Covid, sinon mars-sept, tlj 9h-19h30 ; oct-fév, tlj 9h-18h.*

## Où camper ? Où manger ? Où boire un verre ?

– Pendant les pèlerinages, foule énorme. Renseignez-vous à l'office de tourisme pour les hébergements *(☎ 93-877-77-77 ; demandez le central de résas).* Ils vous proposeront, entre autres :

⛺ ***Aire de camping de Sant Miguel :*** *accessible seulement à pied. Ouv Semaine sainte-1er nov. Fermé hors saison. Réception 8h-14h, 17h-21h. Env 10,50 € pour 2 pers avec tente.* Site exceptionnel en terrasses. Confort basique, mais douches avec eau chaude.

|●| ***Restaurant Abat Cisneros :*** *sur l'esplanade. ☎ 93-877-77-01. Tlj 12h-16h côté self-service (fermé en hiver) ; midi et soir côté resto. Menus env 28 €.* Presque le seul endroit pour manger sur place (prix moyens).

🍷 ***Bar del Mirador :*** *tlj 9h-17h (fermé en hiver).*

# À voir

👥 ***La basilique :*** *tlj 7h30-19h30.*
Construite au milieu du XVIe s, elle profite d'un beau panorama sur la vallée. À l'intérieur, on découvre une élégante nef bordée par 2 étages de chapelles. Pour accéder à la *Vierge noire (tlj 8h-10h30, 12h-18h, plus 19h15-20h de mi-juil*

*à sept)* qui trône au-dessus de l'autel, sortir de l'église et emprunter la porte de droite. Préparez-vous à faire une queue délirante ! On traverse patiemment une série de chapelles avant de gravir un escalier monumental, composé de hauts-reliefs sculptés. Mosaïques intéressantes représentant des saints. L'escalier étroit mène au chœur où siège la *Moreneta* (Vierge noire), sculpture romane en bois polychrome du XIIe s, posée sur un socle d'argent. Les pèlerins défilent à pas cadencés pour baiser le globe que tient la sainte patronne de la Catalogne. Son visage semble presque triste à force d'être serein. On parvient ensuite à la crypte.

– Ne loupez pas le chœur d'enfants de l'*Escolania* : il s'agit d'une école de musique qui forme de jeunes choristes. On peut les entendre chanter le *Salve Regina* : *lun-jeu à 13h et 18h45, ven à 13h, dim à 12h et 18h45 (sauf à Pâques, fin juin-fin août et à Noël : les jeunes sont en vac). Durée : env 10 mn. Messe célébrée en grégorien par des moines tlj à 11h.*

– Le *cloître* gothique (datant de 1460) est le seul élément rescapé de l'ancienne abbaye.



**Le musée de Montserrat :** *pl. del Monestir. ☎ 93-877-77-45. • museudemontserrat.com • Fermé pour Covid, sinon tlj 10h-17h45 (18h45 de fin juin à mi-sept et ts les w-e et j. fériés avr-oct). Entrée : 8 € ; réduc.* La 1re partie du musée s'intéresse principalement à la peinture espagnole ainsi qu'aux écoles napolitaine et vénitienne... Œuvres de Bartolomeo Manfredi, superbe *Saint Jérôme* du Caravage, un Greco, un Zurbarán, quelques compositions de Picasso... et une petite section inattendue qui rassemble Pissarro, Sisley, Degas ou encore Monet. Une salle est évidemment réservée à la Vierge de Montserrat, comme il se doit (tableaux, statues...). La 2de partie propose une collection archéologique éclectique (poteries chypriotes, objets rapportés de Terre sainte, une impressionnante momie de jeune fille...), avant de céder la place à une belle série d'icônes byzantines. Intéressant. Également des expos temporaires.

**Montserrat Portes Endins :** *en période Covid, lun-jeu 11h-14h30, 15h30-17h, fermé ven-dim ; sinon en été, tlj 9h-20h ; hors saison, tlj 9h-18h45 (20h w-e). Entrée : 5,50 € ; réduc.* Un petit espace audiovisuel interactif qui présente les activités quotidiennes des moines.

## Balades dans les environs

Un grand nombre de balades conduisent aux ermitages disséminés sur les pitons rocheux. Le *Guide officiel de Montserrat*, opuscule payant fort bien fait et disponible sur place dans toutes les boutiques, indique tous les itinéraires, leur durée et leur point de départ.

– ***Le funiculaire de Sant Joan :*** *un téléphérique monte depuis le monastère jusqu'au sommet de la montagne. Fermé de janv à mi-mars. En gros : avr-oct, ttes les 12 mn, 10h-17h50 (18h50 de fin juin à mi-sept) ; nov-déc (et 3e sem de mars), ttes les 20 mn mais seulement jusqu'à 16h50. Durée : 6 mn. Billet : 14 € A/R ; réduc.* Pente de 248 m sur une longueur de 503 m. Du sommet, vue magnifique sur toute la région, jusqu'aux petites collines qui ondulent vers la mer. C'est également le point de départ de l'*itinéraire de Sant Joan.*

➢ ***L'ermitage de Saint-Jérôme*** (*Sant Jeroni*) **:** *accès par le funiculaire de Sant Joan, au bord de la grande place. Durée : 1h aller.* Au sommet, un sentier mène au pic de Sant Jeroni. Panorama extraordinaire.

➢ ***L'itinéraire de Santa Cova*** est moins fatigant. Les fainéants couperont le fromage en utilisant le funiculaire de Santa Cova, qui raccourcit la balade. *Fermé 8 janv-9 mars. Fin mars-oct, ttes les 20 mn, 10h10-17h40 (ou 18h l'été et le w-e) ; le reste de l'année, 1er départ vers 11h (10h10 w-e), dernier 16h40-17h selon saison ; 5,50 € l'A/R.*

➢ ***Le chemin des Gouttières :*** *4 km. A/R : 1h sans arrêt.*
Départ du parking du monastère de Montserrat et du monument situé en dessous, dédié à Ramon Lull, penseur catalan, par le sculpteur Subirachs. Le haut lieu de Montserrat en Catalogne garde l'empreinte de son mysticisme sur le moindre de ses chemins. Et les Catalans sont très fiers, à juste titre, de leurs artistes. Cette balade est une façon de rendre hommage à la Vierge noire de tous les Catalans en suivant les traces de l'art catalan, si présent dans ce pays.
Sur la terrasse du parking de Montserrat, plaça dels Apòstols, la vue panoramique est superbe vers les Pyrénées au nord, la mer et le Tibidabo sur Barcelone à l'est – évidemment par beau temps ! Après avoir quitté le monument de l'Échelle de la Raison *(Escala de l'Enteniment),* quelques mètres plus loin sur la route permettent de rejoindre l'indication d'*Els Degotalls,* ou Les Gouttières. Il faut suivre cette direction durant 25 mn pour découvrir de très belles vues panoramiques et plusieurs monuments qui font référence à la vie culturelle et folklorique de la Catalogne. Le chemin aboutit au site du *Magnificat,* décoré de céramiques aux sujets symboliques. À la fin de l'itinéraire se profile la formation rocheuse d'*Els Degotalls* en forme de gouttières, d'où jaillissait une source autrefois.

– L'été, de nombreux alpinistes « s'essaient » aux parois de Montserrat. ATTENTION, la roche sédimentaire comporte un mélange de matière dure et de matière friable. Plusieurs sauts de l'ange sont à déplorer.



# TERRASSA (08221) 173 800 hab.

**À 28 km au nord-ouest de Barcelone, sur la route du monastère de Montserrat, cette grande ville, effervescente et animée, est la 2e ville universitaire de Catalogne avec ses 15 000 étudiants. Plusieurs bâtiments industriels ont été reconvertis en salles d'exposition, en édifices publics ou en musées. C'est le cas du *Vapor Aymerich, Amat i Jover,* véritable chef-d'œuvre de l'architecture industrielle moderniste, qui abrite aujourd'hui un passionnant musée de la Science. Ne manquez pas non plus le très bel office de tourisme et les superbes églises romanes !**

## Un peu d'histoire

Terrassa occupa une place importante lors de la révolution industrielle de la fin du XIXe s. Ses usines textiles furent le principal moteur de la vie économique de la ville pendant près d'un siècle. La riche bourgeoisie industrielle laissa le champ libre aux architectes modernistes, en particulier Lluís Muncunill i Parellada, qui s'en donnèrent à cœur joie, construisant usines et fabriques, mais aussi magasins, logements ouvriers, édifices publics et espaces verts.
Vers 1970, la crise économique obligea la plupart des entreprises textiles à fermer leurs portes.

## Comment y aller de Barcelone ?

➢ ***En train RENFE :*** depuis la pl. de Catalunya, ligne R4 direction Terrassa (au retour, direction Martorell). Trains ttes les 15 mn env, 50 mn de trajet. Ticket A/R env 9,20 €.
➢ ***En métro-train :*** prendre la ligne S1 (FGC) depuis la pl. de Catalunya. De la station de Sants, prendre la L4 jusqu'à Sant-Vicens puis direction Vilafranca-Manresa. Plusieurs/h, env 45 mn de trajet. Tarif similaire.

## Adresse utile

**Oficina de turisme :** *parcs de Sant Jordi, pl. Josep Freixa i Argemí, 11.* ☎ *93-739-70-19.* • *visitaterrassa.cat* • *Lun 9h-14h, mar-ven 9h-14h, 17h-19h ; w-e et j. fériés 10h-14h. En août : tlj 9h (10h w-e)-14h.* Logé dans un superbe édifice moderniste tout en rondeurs et d'un blanc immaculé, signé Lluís Muncunill i Parellada, à l'orée d'un parc. Visite guidée de l'édifice sur résa.

## À voir

***Museu de la Ciència i de la Tècnica de Catalunya*** *(musée national de la Science et de la Technique de Catalogne ; mNACTEC)* **:** *rambla d'Ègara, 270.* ☎ *93-736-89-66.* • *mnactec.cat* • *De mi-juin à mi-sept, mar-dim 10h-14h30. De mi-sept à mi-juin, mar-ven 9h-18h ; w-e, j. fériés 10h-14h30 (et 16h30-20h30 sam). Fermé lun, 1er et 6 janv, 25 et 26 déc. Entrée : 6 € ; réduc ; gratuit - de 16 ans, et pour ts le 1er dim du mois.* Le musée occupe les superbes bâtiments d'une usine considérée par certains comme l'une des plus belles d'Europe. C'est au début du XXe s que 3 industriels de Terrassa (Aymerich, Amat et Jover) décident de s'associer pour monter une fabrique de textile. Ils confient la construction à l'architecte Lluís Muncunill i Parellada. À partir de 1908, jusqu'à 400 personnes y travaillent à la fabrication de tissus en laine, de la filature à la finition, et ce jusqu'à la fermeture en 1978. Le bâtiment est un chef-d'œuvre. La grande nef centrale s'étend sur environ 11 000 m², elle est couverte d'arcs et de voûtes en brique soutenus par des piliers en fer. L'effet vient surtout de la ***belle charpente en briques dont les ondulations font comme des vagues*** au-dessus de la muséographie moderne.
Le musée commence par une maquette de l'usine et une exposition permanente sur l'énergie (charbon et vapeur, gaz et pétrole, énergies propres, énergie de la planète), le tout illustré par de vieilles machines, roues, engrenages et éolienne. Les autres sections se consacrent à l'industrie textile, aux ordinateurs et aux transports, avec une exposition de voitures, motos et avions de toutes les époques. Vraiment très bien conçu, vivant et original (infos en castillan et en anglais, parfois en français). Hors période de Covid, des jeunes gens sont là pour répondre à vos questions et faire des animations, par exemple dans le secteur consacré à la chimie (au sous-sol), sans oublier jeux et écrans pour les enfants jusqu'à 6 ans. On peut voir aussi les anciennes ***caves à charbon*** et une ***énorme machine à vapeur,*** le patio et la superbe cheminée haute de 41 m.
***Café-resto*** dans la cour et resto à l'étage. Sinon, plusieurs cafés sur la rambla juste devant.

***Balade du mNACTEC au parc Vallparadis :*** gagner le ***Mercat de la Independència*** par la rambla d'Egara et tourner à gauche dans le raval de Montserrat jusqu'au nº 48 pour jeter un œil au cadran solaire de l'ancienne ***Farmàcia Albinyana***. Passer l'***Ajuntament*** (mairie), logé dans la *casa Consistorial*, et vous voilà devant la cathédrale sur la ***plaça Vella*** où se trouve le cœur de l'animation avec ses cafés. Visiter la ***casa Alegre de Sagrera*** au nº 29 de la carrer Font Vella *(mer-sam 10h-13h, 18h-20h et dim 11h-14h ; fermé lun-mar ; entrée : 3 € ; gratuit le 1er dim du mois).* Cette riche maison de style Art nouveau fut bâtie à l'emplacement du manoir d'un fabricant de textile de la fin du XVIIIe-début XIXe s qui joua un grand rôle dans la guerre d'indépendance espagnole. En repartant, jeter un œil aux 2 jolies maisons du ***nº 91***. Passer le pont qui surplombe le petit train du parc Vallparadis. À l'angle du pont et de la station *FGC* Vallparadis-Universitat, jeter un œil à la ***casa Baumann*** de 1913. Descendre à gauche vers le parc, idéal pour se dégourdir les jambes et pour divertir les enfants avec le petit train (*Trenet Parc* ; payant). Un coup d'œil au ***château*** du XIIe s *(castell Cartoixa ; ☎ 93-785-71-14 ; mer-sam 10h-13h30, 16h-19h ; dim 11h-14h ; fermé lun-mar ; 3 €, réduc)* avant de grimper jusqu'aux églises...

***Conjunt monumental de les esglésies de Sant Pere*** *(ensemble monumental des églises de Sant Pere)* **:** *dans le parc Vallparadís. ☎ 93-783-37-02. • terrassa.cat/museu • En arrivant en train, traverser le centre-ville pour accéder au parc Vallparadis (très agréable). Mar-sam 10h-13h30, 16h-19h ; dim et j. fériés 11h-14h. Fermé lun-mar, 1er janv, 1er mai, juil, 25-26 déc. Entrée : 4 € (7 € castell inclus) ; réduc ; gratuit pour ts le 1er dim du mois. Audioguide : 2 €.* Les 3 adorables églises Sant Pere, Sant Miquel et Santa Maria, conservent encore des peintures du haut Moyen Âge, mais on y trouve aussi des œuvres gothiques et romanes. L'église de Sant Pere, la plus grande, est renommée pour son très beau retable gothique en pierre et ses peintures murales. Celle de Sant Miquel, la plus petite et la plus émouvante, est en fait un ancien baptistère du IXe s avec colonnes à chapiteaux et une minuscule crypte romane. Quant à Santa Maria, complètement romane, elle abrite des fresques murales et 2 beaux retables du XVe s, ainsi qu'un pavement en mosaïque. On peut également voir les fondations de la Seu d'Ègara, une ancienne basilique du VIIIe s.

# LE LITTORAL BARCELONAIS (Costa Barcelona)

## SITGES

(08870) 29 300 hab.

• Plan *p. 215*

**À 40 km au sud de Barcelone, protégée des vents du nord par les monts du Garraf qui en ont longtemps interdit l'accès par la terre, Sitges s'est très tôt tournée vers la mer. De ce déterminisme géographique, la ville a hérité d'une relation particulière avec le Nouveau Monde comme en témoignent les *casas de los Indianos* qui émaillent son cœur historique. Car tout au long des XVIIIe et XIXe s, nombreux furent les natifs qui, partis « faire les Amériques » comme on disait à l'époque, sont rentrés au bercail les poches pleines. Le plus célèbre d'entre eux, un certain Bacardí, fit fortune dans la distillerie.**
**Ce *melting-pot* culturel attira très tôt artistes et intellectuels, notamment dans le sillage de Santiago Rusiñol, peintre, poète et dramaturge, enfant chéri de cette ville qui devient le centre du mouvement moderniste catalan à la fin du XIXe s. De ce bouillonnement a perduré un certain art de vivre qui a permis à Sitges de résister au bétonnage intensif qu'ont connu ses consœurs de la côte. Tandis que ses plages, baignées de soleil à longueur d'année, sont particulièrement appréciées par la communauté LGBT.**

### Arriver – Quitter

#### En train

***Estació RENFE*** *(plan B1)* **:** *pl. E. Maristany. Rens : ☎ 912-320-320. • renfe.com • rodaliesdecatalunya.cat •*

➢ ***Barcelona-Sants et Barcelona-Passeig de Gràcia*** *(ligne R2 Sud)* **:** départ ttes les 10-30 mn 4h45-22h25 depuis Sitges, 5h45-minuit depuis Barcelone. Trajet 35-45 mn.

➢ ***Aéroport de Barcelone T2, puis T1*** *(ligne R2 Sud jusqu'à El Prat de Llobregat, puis ligne R2 Nord)* **:** départ ttes les 30 mn env 5h24-23h26 depuis Sitges, 5h42-23h38 depuis l'aéroport terminal 2. Trajet 40-50 mn. Rajouter 10 mn de bus entre T2 et T1.

#### En bus

***Estació d'autobusos*** *(plan A1)* **:** *dans le prolongement de l'avda de les Flors, de l'autre côté de la voie ferrée.* Compagnie *Plana (Mon Bus)* : *☎ 93-893-70-60. • monbus.cat •*

➢ ***Barcelona*** *(pl. Universitat, via pl. d'Espanya)* **:** depuis Barcelone, en sem ttes les 30 mn-1h, 6h30-23h20 ; le w-e 8h20-22h20, 1 départ/h ; 40-55 mn de trajet. Depuis Sitges, mêmes fréquences, mais départ 5h40 (7h w-e) ; 50 mn-1h10 de trajet. Aussi quelques bus de nuit.

➢ ***Barcelona aéroport (T1)*** **:** 1 départ/h lun-sam 6h-22h (21h sam) ; dim 2 départs/h 8h-22h. Depuis l'aéroport, mêmes fréquences, mais départ 50 mn plus tard en sem, 1h50 plus tard dim. Trajet 30-35 mn.

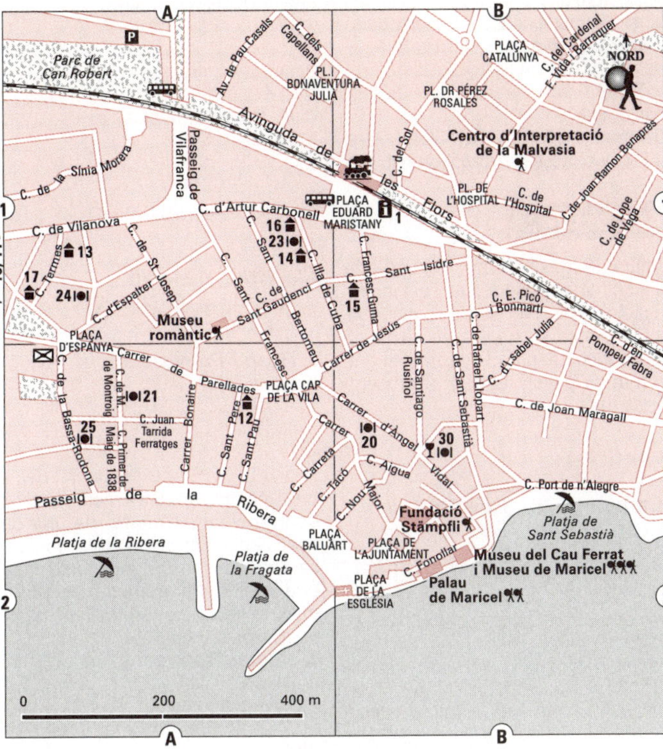


## SITGES

| | |
|---|---|
| **Adresse utile** | |
| **1** Oficina d'informació turística (B1) | |
| **Où dormir ?** | |
| **10** Camping El Garrofer (hors plan par A1) | |
| **11** Camping Sitges (hors plan par A1) | |
| **12** Hostal Parellades (A2) | |
| **13** Hostal Termes (A1) | |
| **14** Hotel El Xalet (A1) | |
| **15** Hotel Romàntic (B1) | |
| **16** Hotel Liberty (A1) | |
| **17** Hotel Alexandra (A1) | |
| **Où manger ?** | |
| **20** Galicia (B2) | |
| **21** El Pescadito (A2) | |
| **23** Casa Raimundo (A1) | |
| **24** Incognito (A1) | |
| **25** Can Martí (A2) | |
| **Où boire un verre ?** | |
| **30** El Cable (B2) | |

## Adresses et infos utiles

**Oficina d'informació turística** *(office de tourisme ; plan B1,* ***1****) : pl. Eduard Maristany, 2. ☎ 93-894-42-51. • sitgestur.cat • Devant la gare ferroviaire. Lun-sam 10h-14h, 16h-18h30 (20h en été ; 19h sam en hiver) ; dim 10h-14h.*

**Agisitges :** *c/ de la Davallada, 1. 619-79-31-99. • info@agisitges.com • agisitges.com •* Tours guidés, sur

l'architecture des maisons des *Americanos* par exemple, possibles en français.
■ ***Banques, change :*** *quelques banques pl. Cap de la Vila (plan A2).*
***Taxis :*** *☎ 93-894-13-29. • taxi sitges.com •*
***Stationnement :*** ATTENTION ! Gare aux PV, la chasse à l'infraction est une affaire qui roule à Sitges. *Parkings du centre hors de prix, compter 27 €/j., le mieux est de se garer sur le grand parking du parc Can Robert (4 €/j., plan A1), au nord de la voie ferrée, voire dans les zones résidentielles alentour (gratuit).*

## Où dormir ?

Attention, Sitges est une ville très prisée à certaines périodes et il est indispensable de réserver bien à l'avance. À titre d'exemple, en septembre, pendant la *Bears Week* (le grand rassemblement des fêtards gays), les prix explosent littéralement !

### Campings

***Camping El Garrofer*** *(hors plan par A1,* ***10****) : ctra 246A, km 39. ☎ 93-894-17-80. • camping@grupolasinia.com • campingelgarrofer.com • ♿ À 2 km au sud de Sitges. Bus Barcelone-Sitges, arrêt Rocamar. Fermé nov-fév. Compter 24-42 € pour 2 pers avec voiture et tente, bungalows 2-5 pers 59-180 €. Réduc de 10 % sur le prix de la parcelle en moyenne et basse saison sur présentation de ce guide.* Sur un grand terrain ombragé, un camping bien équipé à défaut d'être joli et bien vert. Resto, piscine, aire de jeux et animations diverses. Bungalows avec terrasses plutôt plaisants et entièrement équipés. Certains chiens « dangereux » ne sont pas acceptés, renseignez-vous...

***Camping Sitges*** *(hors plan par A1,* ***11****) : ctra 246A, km 38. ☎ 93-894-10-80. • info@campingsitges.com • campingsitges.com • ♿ À env 1 km au sud de Sitges. Arrêt de bus « Camping Sitges ». Fermé 30 oct-18 mars. En été, résa indispensable à l'avance. Compter 28-41 € pour 2 pers avec tente et voiture, bungalows 2-4 pers 59-145 €.* Sur un grand terrain plat et herbu, 160 emplacements à l'ombre des pins. Bungalows avec cuisine équipée et draps fournis (pas les serviettes), les plus récents profitant d'une petite terrasse. Équipements classiques et propres : piscine, resto, supérette, aire de jeux... Accueil (souvent) francophone.

### De bon marché à prix moyens (30-100 €)

***Hostal Parellades*** *(plan A2,* ***12****) : c/ de les Parellades, 11. ☎ 93-894-08-01. 📱 666-37-52-31. • info@hostalparellades.com • hostalparellades.com • Fermé nov-avr. Doubles avec sdb 60-100 € ; pas de petit déj.* En plein centre, on aime bien cette maison ancienne, haute de plafond, avec son petit salon frais en été et sa terrasse ombragée surplombant une ruelle. Chambres très simples mais impeccables. Excellent rapport qualité-prix-accueil.

***Hostal Termes*** *(plan A1,* ***13****) : c/ Rafael Termes, 9. ☎ 93-894-23-43. • info@hostaltermes.com • hostaltermes.com • Doubles avec sdb 40-86 € ; familiales et apparts 4-5 pers aussi.* Accueillant, au calme sans être à perpète. Une douzaine de chambres doubles et un *apartement* (n° 401) au dernier étage, sans cuisine toutefois. Salles de bains équipées de douches. Ameublement et déco simples, on se croit parfois à la *casa.* Clim et chauffage dans toutes les chambres, balcons pour la moitié d'entre elles. Pas de petit déj ni de cuisine, juste un micro-ondes et un distributeur de boissons à la réception.

### De prix moyens à plus chic (65-160 €)

***Hotel Liberty*** *(plan A1,* ***16****) : c/ de l'Illa de Cuba, 45. ☎ 93-676-69-50. • info@libertyhotelsitges.com • libertyhotelsitges.com • ♿ Congés : janv. Doubles 50-200 € ; penthouse pouvant accueillir 4 pers ; petit déj 8 €.*

Littéralement truffé de nounours (en référence à la *Bears Week*), cet hôtel est un savant mélange de raffinement et d'esprit cocooning. Fenêtres à jalousie, carrelage *liberty*, mobilier choisi, chaque chambre possède son propre style. Celles sur l'arrière, avec petite terrasse ou balcon, sont plus mimi. Elles surplombent le ravissant jardin où le petit déj est servi en été. Accueil gentil.

**Hotel Alexandra** *(plan A1,* ***17****) : c/ Rafael Termes, 20. ☎ 93-894-15-58. • info@hotelalexandrasitges.com • hotelalexandrasitges.com • Congés : janv. Doubles 50-150 € ; pas de petit déj.* Petit immeuble de 3 niveaux plus combles, situé à l'angle d'une rue à l'écart du gros cirque estival (mais à 5 mn à pied). La 301, avec terrasse et un aperçu lointain sur la mer (2 chaises longues, treille de jasmin...), est la plus séduisante. La 302 est carrément un petit appart, avec sa machine à laver planquée dans un petit chalet sur la terrasse. Parmi les autres, préférer les 2 avec balcon car certaines donnent sur un simple puits de lumière.

**Hotel El Xalet** *(plan A1,* ***14****) : c/ de l'Illa de Cuba, 35. ☎ 93-811-00-70. • info@elxalet.com • elxalet.com • ♿ Doubles 50-200 €, petit déj 10 €.* Dans un hôtel particulier du début du XXe s, les jolies chambres ont gardé leur atmosphère moderniste d'origine grâce à une habile refonte. Meubles anciens, boiseries ripolinées, carrelage et vitraux Tiffany d'époque et du charme à revendre. Agréable jardin avec piscinette, où est servi un petit déj sans faille aux beaux jours, et accueil au top. Seul bémol, la finesse des cloisons risque bien d'imprimer à vos nuits d'inoubliables souvenirs de vacances... Alors, choisissez bien votre nid !

**Hotel Romàntic** *(plan B1,* ***15****) : c/ Sant Isidre, 33. ☎ 93-894-83-75. • romantic@mediumhoteles.com • mediumhoteles.com • ♿ Fermé nov-fév. Résa conseillée. Doubles 67-200 €, petit déj inclus.* Dans une paisible rue du centre historique, cet hôtel composé de 2 villas construites au XIXe s par un *Americano* est irrésistible de charme. Les chambres, toutes différentes, sont parfois assez petites mais toujours joliment décorées de gravures, tableaux et meubles anciens. Les plus chères jouissent d'un balcon donnant sur le superbe jardin arboré, à l'arrière. Les parties communes sont tout aussi agréables (faïences colorées, sculptures et tableaux) et le bar américain est un petit bijou d'élégance rétro.

## Où manger ?

### Bon marché (max 16 €)

**Galicia** *(plan B2,* ***20****) : c/ Ángel Vidal, 20. ☎ 93-894-00-91. Tlj sauf mar 13h-16h, 19h30-23h30. Congés : nov. Menus 12 €, pizzas et tourtes 10-12 €, carte 15-20 €. Verre de sangria offert sur présentation de ce guide.* Minuscule et pittoresque cantine à la déco nourrie de tout un bric-à-brac hispanique. Les claustrophobes préféreront la poignée de tables à l'extérieur. Honorable cuisine familiale (comme l'ambiance !) rodée par les années de métier. Touristes comme habitués apprécient particulièrement les pizzas maison et les menus très économiques. Pas toujours facile donc d'y dégoter une place...

**Incognito** *(plan A1,* ***24****) : c/ Europa, 16. 📱 646-59-82-52. Ts les midis sauf mar, plus le soir juin-sept. Congés : Noël et jour de l'An, plus 2 sem après carnaval. Formules 13-15 € le midi, 19 € le soir.* Incognito, ce bar-resto ne devrait pas le rester longtemps, même dans sa rue peu passante. Parce que c'est une excellente petite adresse (et déjà un passage obligé du circuit gay, notamment pour l'apéro). La cuisine méditerranéenne (au sens large), riche de bonnes idées et à prix d'amis, attire les travailleurs le midi. Service aussi efficace que chaleureux. Penser à réserver.

**El Pescadito** *(plan A2,* ***21****) : c/ de Marqués de Montroig, 4. ☎ 93-894-74-79. • anisan1964@gmail.com • Tlj, sauf mer, 12h30-minuit. Congés de mi-déc à mi-janv. Plats du jour 7-14 €.*

Dans une des rues les plus animées, le resto populaire dans toute sa splendeur avec, derrière sa miniterrasse, une salle toute en profondeur, où le son de l'immanquable téléviseur est largement couvert par le brouhaha ambiant. Personnel efficace au service d'une cuisine espagnole classique avec, comme son nom l'indique, pas mal de plats de poisson et autres fruits de mer qui tiennent (pour le prix) bon la barre.

### De prix moyens à plus chic (min 16 €)

**Casa Raimundo** (plan A1, **23**) : *c/ de l'illa de Cuba, 39-41. ☎ 93-894-35-16. • sitgescasaraimundo@gmail.com • ♿ Tlj sauf dim soir-lun. Menus 13 € midi en sem, puis 18-40 € ; carte 35-40 €.* 2 salles classiques, avec poutres et tableaux aux murs. Ici, la cuisine, goûteuse et bien tournée, vient de Galice. Au menu, quelques viandes, mais ce sont les produits de la mer qui tiennent la vedette. La *parrillada de pescado y marisco* n'est pas donnée mais délicieuse. Belle carte des vins : c'est le dada du patron.

**Can Martí** (plan A2, **25**) : *c/ de la Bassa-Rodona, 10. ☎ 93-894-41-14. • info@canmarti.es • ♿ Tlj sauf lun-mar soirs et mer. Menus déj 17 € sinon carte 30-40 €.* Une salle avec des tables dressées à l'ancienne et quelques olives qui patientent gentiment dessus. La clientèle d'habitués qui vient s'assoir ici sait ce qu'elle veut : passer un bon moment autour d'une viande grillée (la spécialité de la maison), d'un *arroz* rondement mené ou d'un poisson tout juste sorti de l'eau. Le service attentif, la générosité des portions et le rapport qualité-prix du menu déj en semaine en font une excellente adresse.

## Où boire un verre ?

**El Cable** (plan B2, **30**) : *c/ Barcelona, 1. ☎ 93-894-87-61. • bar@elcable.cat • Tlj 19h-23h30, et aussi w-e 12h-15h30. Tapas et pinchos 2-6,50 €.* Ouvert dans les années 1950, ce bistrot est resté dans son jus. D'ailleurs on tire toujours le malvoisie, le vermouth et le *moscatell* à la barrique, dans une chaude ambiance qui atteint rapidement le niveau sonore d'une cantine scolaire. Faut dire qu'ici on sert des tapas de concours et des *pinchos* à faire baver les escargots ! Alors évidemment ça se sait et on rapplique fissa dès l'ouverture pour y rester scotché une bonne partie de la soirée...

Le soir, les bars de la ***carrer Primer de Maig*** (*plan A2* ; rebaptisée calle Pecado, « rue du Péché »... tout un programme !) et de la ***carrer de l'Illa de Cuba*** *(plan A-B1)* font le plein jusqu'à pas d'heure. Les hommes qui préfèrent les hommes apprécieront l'ambiance du côté de la ***carrer Sant Bonaventura*** et de la ***carrer Bonaire.***

## À voir. À faire

***Museu del Cau Ferrat i Museu de Maricel*** *(musée du Fer forgé et musée de Maricel ; plan B2)* : *c/ de Fonollar, 8. ☎ 93-894-03-64. • museusdesitges.cat • Tlj sauf lun 10h-19h (20h juil-sept, 17h nov-fév). Entrée : 10 € ; entrée combinée avec le palau de Maricel 13 €, avec en plus le musée Stämpfli 17 € ; réduc ; gratuit - de 16 ans et pour ts le 1er mer du mois. Pour la visite, télécharger l'application gratuite en français.* Le *museu del Cau Ferrat* est l'ancienne résidence de Santiago Rusiñol (1861-1932), apôtre du modernisme catalan, peintre, philosophe et dramaturge. Elle fut transformée en musée en 1933. En fait, la traduction littérale de *musée du fer forgé* est assez inappropriée car quand bien même cette maison recèle de véritables chefs-d'œuvre du genre (pas moins de 750 pièces couvrant une période allant du Moyen Âge à la Renaissance tardive), il s'agit plus d'un ***véritable musée d'art*** doublé d'une sorte de ***cabinet de curiosités.***

On y trouve, outre les œuvres de ***Rusiñol,*** de nombreux tableaux dont ceux de ses amis ***Ramon Casas*** et ***Miquel Utrillo*** (le père du Maurice), avec lesquels il formait un inséparable trio. Tous les artistes de l'époque sont passés par là, tant et si bien que les murs bleu Klein de sa maison sont aujourd'hui bardés d'œuvres originales de ***Picasso, Miró,*** de céramiques catalanes allant du XVI<sup>e</sup> s à nos jours, d'antiquités phéniciennes et de verreries romaines. On y trouve même *Les larmes de Saint-Pierre*, un Greco, acheté une bouchée de pain par Rusiñol lors de son séjour à Paris. À l'étage, sous un superbe plafond néogothique, le maître des lieux avait aménagé un grand salon pour faire la fête. Outre la collection de fer forgé proprement dite, on y découvre un étonnant patchwork Edo (Japon) de la fin du XVIII<sup>e</sup> s ainsi qu'une collection de verres anciens en provenance de toute l'Europe. Après une petite vidéo de présentation et souvent une expo temporaire, on gagne ensuite le *museu de Maricel,* installé, lui, dans l'ancien hôpital de Sant Joan, augmenté de plusieurs maisons du quartier, accolées et réunies, de 1910 à 1918, par l'industriel américain Charles Deering (les tracteurs John Deere !). Devenu musée dans les années 1970 grâce à l'acquisition de la collection d'un riche médecin, entièrement repensé en 2014, ce vaste ensemble néo-classique offre un ***panorama artistique allant du X<sup>e</sup> s à la 1<sup>re</sup> moitié du XX<sup>e</sup> s.*** On laisse s'écouler les siècles à mesure que l'on descend les étages : statuaire médiévale, retables qui nous en file plein les mirettes, puis toiles baroques, ***école luministe de Sitges*** (XIX<sup>e</sup> s), modernisme et noucentisme... Au rez-de-chaussée, fresques allégoriques autour de la Première Guerre mondiale dans une ancienne chapelle et sculptures de nus joliment présentées dans une longue pièce vitrée ouvrant sur la mer.

***Palau de Maricel*** *(palais de Maricel ; plan B2)* **:** *c/ de Fonollar, s/n. ☎ 93-894-03-64. • museusdesitges.cat • Sur visite guidée seulement jeu, ven et dim à 11h (en anglais), 12h (en catalan) et 13h (en castillan). Entrée : 5 € ; entrée combinée avec les autres musées de la ville de Sitges ; réduc ; gratuit - de 16 ans.* Le *palau de Maricel* était l'endroit où le milliardaire Charles Deering, qui avait acquis pas moins de 46 maisons du quartier plus l'ancien hôpital de Sant Joan, entreposait ses collections. Sa maîtrise d'œuvre avait été confiée à Miquel Utrillo, avec lequel Deering se brouillera d'ailleurs avant la fin des travaux. Ce bâtiment s'avère une vraie réussite d'architecture noucentiste. Il est constitué de plusieurs salons d'un clinquant assumé, d'une petite chapelle, mais surtout d'un cloître en terrasse absolument fabuleux ouvert sur la méditerranée et dont les chapiteaux sculptés constituent une allégorie de Deering lui-même ! Mégalo un jour, mégalo toujours !

***Centro de Interpretació de la Malvasia*** *(centre d'interprétation du malvoisie ; plan B1)* **:** *pl. de Joan i Ferret, s/n. ☎ 93-379-72-13. • cellerdelhospital.cat • Ven 17h-19h, sam 11h-14h40 et 17h-19h, dim le mat seulement ; fermé certains j. fériés (voir le site). Entrée 5 € ; visites guidées sur résa 10 € ou 20 € selon formule ; réduc.* Le développement du phylloxéra associé à l'arrivée en fanfare du *cava* dans le dernier quart du XIX<sup>e</sup> s a bien failli réduire à néant la production locale de malvoisie. Oui, mais c'était sans compter sur un certain Manuel Llopis de Casades, qui légua à l'hôpital Sant Joan Baptista son propre chai ainsi qu'un vignoble. C'est l'histoire qui est racontée dans ce musée moderne où vos sens seront mis en éveil. Une dégustation clôture la visite et bien sûr, passage obligé par la boutique.

***Museu romàntic*** *(plan A1)* **:** *c/ Sant Gaudenci, 1. ☎ 93-894-29-69. • museusdesitges.cat •* ***Fermé pour travaux, doit rouvrir courant 2021 ou 2022.*** Cette demeure néoclassique de la fin du XVIII<sup>e</sup> s, construite par les Can Llopis, riche famille de commerçants de malvoisie (un vin liquoreux), a été laissée telle quelle. On y découvre, outre une cave de malvoisie avec ses barriques, sa presse et son fouloir, différentes pièces de vie dans lesquelles sont exposés des dioramas retraçant la vie des différentes classes sociales au XIX<sup>e</sup> s, quelques reliques (dans la chapelle évidemment) ainsi que de nombreux objets en vogue au XIX<sup>e</sup> s. C'est le cas de la *collection Lola-Anglada,* qui rassemble quelque 400 poupées des XVIIe, XVIIIe et XIXe s en cuir, carton ou porcelaine, venant principalement de France et d'Allemagne.

**Les « casas de los Americanos » :** itinéraire à faire en solo à l'aide du plan (très succinct mais gratuit) disponible à l'office de tourisme, ou lors de visites guidées (voir *Agisitges* dans « Adresses et infos utiles »). À part la bibliothèque municipale, pas de visite de l'intérieur des édifices, on les admire de l'extérieur ! Il s'agit de demeures privées édifiées par des Catalans partis aux Amériques, à Cuba notamment, et revenus au pays fortune faite. La ville en compte environ 80, dont le style va du néoclassicisme au modernisme en passant par le romantisme et l'éclectisme.

**Fundació Stämpfli** *(plan B2)* **:** *pl. de l'Ajuntament, 13.* ☎ *93-894-03-64.* • *fundacio-stampfli.org* • *museusdesitges.cat* • *Juil-sept, ven 17h-20h, w-e et j. fériés 11h-14h, 16h-18h ; horaires restreints en hiver (souvent w-e et j. fériés seulement 10h-14h, 16h-18h). Entrée : 5 € ; réduc.* Fondée par l'artiste suisse Peter Stämpfli, cette galerie de dimension modeste expose sa collection par roulement, en organisant des expos temporaires centrées sur le travail d'un artiste en particulier. La majorité des œuvres s'inscrivent dans le courant de la figuration narrative, né dans les années 1960 à Paris.

**Les plages :** une dizaine de petites plages, délimitées par des digues, s'étirent sur les 3 km du front de mer. Environ à 15 mn vers l'est, après l'église, la plage *dels Balmins* accueille les naturistes (majoritairement gay).

## Fêtes

– **Carnaval de Sitges :** *pdt une bonne sem, début fév.* Parades (gay pour certaines) pleines d'exubérance. Celles des dimanche et mardi sont les plus intéressantes.
– **Rallye de Cotxes d'Època :** *1 w-e de mars.* • *sitgesrallye.com* • Rassemblement de voitures d'époque.
– **Corpus Christi :** *juin.* Magnifiques tapis de fleurs dans les rues et procession de géants.
– **Gay Pride :** *juin ou juil en principe, pdt 5 j. (théoriquement 5-9 juin 2021).* • *gaysitgespride.com* •
– **Bears Week :** *1 sem en sept.* • *bearssitges.org* • C'est la semaine où les chasseurs courent après les gros nounours.
– **Festival internacional de Cinema fantàstic de Catalunya :** *10 j. début oct.* • *sitgesfilmfestival.com* • Rendez-vous des amoureux de fantastique et d'horreur au cinéma.

# VILAFRANCA DEL PENEDÈS (08720) 39 750 hab.

**À 24 km au nord de Sitges et à 55 km au sud-ouest de Barcelone, dans une vaste plaine fertile traversée à l'époque romaine par la via Augusta, Vilafranca del Penedès est aujourd'hui encore un nœud de communications. Elle est surtout réputée pour être la capitale du Haut Penedès *(Alt Penedès),* 1er terroir viticole de Catalogne, qui produit notamment 90 % du *cava* régional.**
**De taille moyenne, la ville compte quelques monuments anciens dans son centre historique, autour de la basilique Sainte-Marie, comme le palais du Roi *(palau Reial),* qui abrite le Musée de la Culture du Vin de la Catalogne.**

## Adresse utile

**Oficina de turisme :** *c/ Hermenegild Clascar, 2. ☎ 93-818-12-54. • turisme vilafranca.com • penedesturisme.cat • ♿ À env 10 mn à pied de la gare. Mar-sam 9h30-13h30, 15h-18h ; lun, dim et j. fériés 10h-13h.*

## À voir dans le coin

**Les caves Torres :** *finca El Masel, 08739* ***Pacs del Penedès.*** *☎ 93-817-73-30. • torres.es • À 4 km à l'ouest de Vilafranca del Penedès, sur la route de Sant Martí Sarroca. Visite guidée sur résa (possible en ligne) en castillan, catalan, ou anglais. Pour les visites en français, appeler avant. Entrée : env 18 € (avec une dégustation de 5 vins). Durée : 2h. Compter 30-35 € pour déjeuner sur place.* La visite débute avec un film de 15 mn, narrant la success-story de la famille Torres. Produisant du vin depuis 1870, elle est aujourd'hui à la tête d'une des plus grandes et des plus modernes maisons d'Espagne, primée à maintes reprises. On entre ensuite dans le *tunel de las Estaciones*, où le cycle des saisons et son influence sur la vigne animent un mur-écran pendant qu'une foule d'arômes embaument l'air (bois brûlé, fleur d'oranger, etc.). Et hop ! On embarque dans un petit train qui sillonne le domaine avant d'entrer dans l'obscure cave Josefa, où sont entreposés des milliers de tonneaux. Passage par les chaînes de mise en bouteille et retour au point de départ pour une dégustation. Les amateurs regretteront le côté aseptisé de la visite, tout en reconnaissant aux Torres un sens aigu du marketing.

# DANS LES ENVIRONS DE VILAFRANCA DEL PENEDÈS

## *SANT SADURNÍ D'ANOIA* *(12 870 hab.)*

Située au bord de l'autoroute AP 7-E 15 Barcelone-Tarragone, à 15 km à l'est de Vilafranca del Penedès et 45 km à l'ouest de Barcelone, Sant Sadurní d'Anoia est LA ville du *cava*. Le coin assure près de 75 % de la production nationale de ce vin pétillant (voir la rubrique « Boissons » dans « Hommes, culture, environnement » en fin de guide). Venir ici est l'occasion d'aller visiter les belles caves modernistes de *Codorníu*, une compagnie qui produit plus de 40 millions de bouteilles par an et de tout savoir sur le *cava* en visitant le *Centro de Interpretaçió del Cava – CIC Fassina*. Chaque année début septembre s'y déroule un carnaval pour le moins original : la *festa de la fil.loxera*, un festival pyrotechnique et musical qui célèbre la victoire de la ville en 1887 sur le phylloxéra, un insecte qui ravagea, à l'époque, le vignoble de Penedès.

## Comment y aller ?

➢ ***En train :*** liaisons régulières avec Barcelona-Sants et Vilafranca del Penedès par la ligne R4 des *Rodalies*. *• rodalies.gencat.cat •*

## Adresse utile

**Oficina de turisme et Centro de Interpretaçió del Cava – CIC Fassina :** *c/ Hospital, 23. ☎ 93-891-18-33. • turismesantsadurni.cat • À 150 m de la pl. del Ayuntamiento, soit 10-15 mn à pied de la gare. Mar-ven 9h15-14h45, 16h-18h30 ; sam 10h-14h, 17h-19h ; dim 10h-14h. Fermé lun.*

## Où manger ?

**Can Quetu :** *c/ de Tarragona, 25. ☎ 93-891-02-57. Tlj sauf lun et sam 13h-16h. Congés : août. Menu en sem env 10 €. CB refusées.* Une cantine ouvrière où l'on se restaure de plats simples et bons. Ici, on ne se moque pas de la clientèle, la qualité et la quantité sont au rendez-vous. Bon accueil.

## À voir

**Centre de Interpretació del Cava – CIC Fassina :** *même adresse que l'office de tourisme. ☎ 93-891-31-88. • turismesantsadurni.cat • Visite guidée sur résa (possible en ligne) en castillan, catalan, ou anglais mar-dim à 10h30, 12h30 et 16h30 ; fermé lun. Entrée : 6 € ; réduc. Durée : 1h15.* Aménagé dans une distillerie du début du XIXe s, ce petit musée qui privilégie l'environnement tactile vous fera toucher du doigt (c'est le moment de le dire) la production du *cava*, d'un point de vue organique (pousse de la vigne, ses maladies, dont le fameux phylloxéra) comme d'un point de vue du processus de vinification. Une petite dégustation clôture la visite.

**Les caves Codorníu :** *avda J. Codorníu. ☎ 93-891-33-42. • codorniu.es • visitascodorniu.com • (résas). Tte l'année lun-sam 9h-17h. Fermé dim en principe (mais consulter leur site, ça peut changer). Dernière entrée 1h30 avt fermeture. Visite guidée d'env 1h30 en castillan, catalan, anglais ou français (sur résa) suivie d'une dégustation de 2 types de cava : 16 € ; réduc ; gratuit - de 7 ans. Résa possible en ligne. Compter 20-25 € pour déjeuner sur place.*
Née en 1551, la maison *Codorníu* est ***la plus ancienne entreprise familiale d'Espagne***. C'est aussi la 1re de Catalogne à adopter la méthode champenoise, en 1872. Elle est donc l'inventrice du *cava* et y consacre rapidement la totalité de sa production. En 1915, après 20 ans de chantier, les merveilleuses caves imaginées par l'architecte moderniste Josep Puig i Cadafalch sont inaugurées. Ce monument national est d'ailleurs le vrai plus de ces caves, qui intéresseront, du coup, même les néophytes en matière de vin.
Après une vidéo retraçant l'histoire de la maison et la traversée de la belle propriété, on rejoint l'ancienne salle de pressage, transformée en un petit musée réunissant quantité d'objets et machines viticoles. Puis c'est la plongée dans les gigantesques caves. On en découvre une partie à bord d'un amusant petit train.

# HOMMES, CULTURE, ENVIRONNEMENT

« Quand j'étais enfant, je dessinais comme Raphaël mais il m'a fallu toute une vie pour apprendre à dessiner comme un enfant »

Pablo Picasso

## ARCHITECTURE ET DESIGN

Mosaïques colorées, volutes joyeuses et dragon brillant comme des écailles de poisson... on pense immédiatement à Gaudí quand on évoque l'architecture de Barcelone. Mais ce créateur mystique et secret savait aussi observer et se nourrir de l'héritage du passé, qui a façonné la ville. Les ruelles médiévales, les vestiges de la muraille romaine, les cathédrales gothiques et les palais modernistes, c'est ce mélange baroque qui lui donne sa beauté insolite. De la période antique subsistent quelques vestiges de la muraille qui entourait la ville au IVe s (visibles dans le parcours souterrain du *museu d'Història de Barcelona* et dans certains recoins du Barri Gòtic). L'art gothique et son caractère flamboyant ont eu raison des monuments romans. En revanche, il reste dans le nord de la région de très belles églises romanes : la vieille Catalogne en dénombre environ 2 000 ! On peut admirer des fresques colorées (originales) et des peintures sur bois, des Vierge à l'Enfant et des Christs sereins au musée national d'Art de Catalogne de Barcelone.
Mais, ici, les amateurs d'art gothique seront les plus comblés : ils découvriront les caractéristiques du ***gothique catalan,*** qui connut son apogée sous le règne de Jaume Ier (prononcer « Jaoumé Primèr », à la catalane !) : des églises moins hautes mais plus larges, solidement appuyées sur leurs contreforts, avec un chœur disposé au centre de la nef principale et non tout au fond. Le toit est généralement plat, sans flèche ni pinacle – à l'exception de la cathédrale et ses 3 orgueilleuses flèches dentelées. Cette dernière est à visiter absolument, avec son cloître abritant depuis des temps immémoriaux 13 oies, en hommage à sainte Eulalie, martyrisée alors qu'elle n'avait que 13 printemps. Santa María del Mar ou Santa María del Pi sont moins imposantes mais valent la visite, dans la lumière tremblotante de centaines de bougies rouges allumées par les fidèles. La ***Renaissance*** et le ***baroque*** ont en revanche laissé peu de traces à Barcelone, si ce n'est des éléments de décoration rajoutés sur des façades gothiques et de nombreuses toiles dans les musées.

### L'éclat du modernisme

Ce qui fait l'image de marque de la ville, c'est bien sûr la délirante ***Sagrada Família,*** la ***Pedrera,*** le ***palau Güell*** et le ***park Güell.*** Autant d'œuvres signées Gaudí (prononcer « Gâodi ») et nées du mouvement artistique et culturel appelé ici « modernisme » ; en France, cela correspond à l'Art nouveau. Les *modernistas,* un mouvement d'architectes et de créateurs, né à la fin du XIXe s (un peu avant l'Art nouveau en France et le modern style en Angleterre), qui préférait les motifs mauresques et Renaissance au néoclassicisme, la simplicité de la brique à la froideur de la pierre, les motifs floraux aux frises antiques, les courbes aux lignes droites. Il y eut ***Gaudí,*** mais aussi ***Lluís Domènech i Montaner*** *(Palau de la Música catalana),* ***Puig i Cadafalch*** (*Poble Espanyol* ainsi que de nombreux palais et maisons), ou encore ***Josep María Jujol,*** qui épaula le maître Gaudí. Chez Gaudí, plus que chez tout autre, les moindres détails ont leur importance, du mobilier à la poignée de porte en passant par les ferronneries. Avec leurs mosaïques colorées et leurs formes arrondies, on dirait ces constructions sorties des contes de notre enfance, semées dans les rues de Barcelone par un Petit Poucet poétique, distrait et rêveur. Le célébrissime bloc de maisons sur le *passeig de Gràcia,* entre le nº 35 et le nº 43, surnommé la *Manzana de la Discordia* (un jeu de mots difficile à rendre, puisque *manzana* en espagnol se traduit par « pomme » ou par « pâté de maisons »), est un bon résumé de la variété créatrice du modernisme. Les édifices y sont, comme la Pedrera et le *palau* Güell, incontournables. Mais d'autres moins connus valent le détour : la *casa* Sayrach (Diagonal, 423), propriété privée, ou la *casa* Berenguer (calle Diputació, 246), elle aussi privée mais transformée en bureaux (il est donc possible d'y jeter un coup d'œil). Le fabricant de chemises sur mesure de la *Camiseria Xancó* (la Rambla, 78), le chocolatier *Escribà* (la Rambla, 83) et l'hôtel *España* (carrer Sant Pau, 9) offrent aussi leurs volutes et leurs dorures aux curieux.

## L'audace d'aujourd'hui

Voulant préserver son image de ville audacieuse et entreprenante, la métropole a investi dans des projets architecturaux d'envergure : lors de sa grande toilette pour les J.O. de 1992, 150 architectes ont planché sur 300 monuments ! À visiter, pour la démesure de son architecture et non pour son concept ludico-commercial (auquel on est plutôt allergiques), l'étonnant ***Maremagnum,*** un complexe en plein port, auquel on accède par une passerelle suspendue au-dessus de l'eau, avec restos géants de fruits de mer, boutiques haut de gamme, boîtes de nuit sur 3 étages et minigolf en terrasse.
Dans le ***Raval,*** un ancien quartier mal famé en pleine réhabilitation, 2 bâtiments ultramodernes se côtoient : le ***Centre de culture contemporaine de Barcelone (CCCB),*** construit sur un ancien hospice de charité, la *casa de caritat,* et dessiné par Helio Piñón et Albert Viaplana ; et le ***musée d'Art contemporain (MACBA),*** un mini-Beaubourg tout blanc dessiné par Richard Meier, qui mêle harmonieusement lignes droites et courbes. Ceux qui s'intéressent à l'architecture contemporaine peuvent aussi aller voir le gratte-ciel couché de Rafael Moneo, au bout de l'avenue Diagonal, le Théâtre national de Catalogne, de style néo-classique, conçu par Ricardo Bofill, près de la plaça de les Glòries Catalanes, les 2 immenses tours, la Mapfre et l'hôtel *Arts* qui répondent aux flèches de la Sagrada Família, ainsi que la baleine de bronze de Frank Gehry, tous les 3 en bordure du Port olympique.
Et parmi les plus récentes et qui firent beaucoup jaser, la ***torre Glories*** (ex-*Agbar*), conçue par l'architecte français Jean Nouvel (créateur également du parc del Poblenou, à quelques enjambées), et l'hôtel *W* (œuvre cette fois-ci du Catalan Ricardo Bofill) dont la « voile » imposante se dresse à la pointe de la Barceloneta.

## Design

Branchée et inventive, Barcelone aime le design. Cette créativité a certainement une origine historique : puisqu'ils furent pendant longtemps interdits de commerce avec le Nouveau Monde, les Catalans durent produire leurs propres richesses. Dépourvue de matières premières, la région se spécialisa dans l'industrie de transformation : verre, textile, céramique, cuir, bois, métal, etc. Le concept d'œuvre totale, inventé par le modernisme, qui estimait qu'un architecte devait pouvoir concevoir non seulement la maison, mais aussi son mobilier, a certainement joué un rôle dans ce bouillonnement créatif. Barcelone compte 7 écoles de design ou organismes, dont la FAD *(Foment de les Arts i del Disseny),* née en 1903, la plus prestigieuse et la plus ancienne. Elle décerne un prix chaque année au meilleur dessinateur. Voir aussi le passionnant ***museu del Disseny.***
Tous les 2 ans, au mois de juin, a lieu dans la ville le ***Printemps du design*** (*festival de les arts i del disseny,* ou Fadfest' pour les intimes), un circuit de galeries,

boutiques et bars qui exposent les dernières inventions du cru. ***Xavier Mariscal,*** qui crée B.D., céramiques, affiches, logos, etc., est un bon exemple de designer à la mode barcelonaise : il signe aussi des lampes et des tabourets rigolos et pleins de couleur. On peut citer également ***André Ricard,*** qui magnifie l'ouvre-boîtes et le déodorant ! Comme autrefois à l'époque moderniste, les designers d'aujourd'hui travaillent le bois, la céramique et le verre, mais aussi le plastique et le carton. Leurs outils ? La poésie et l'humour !

# BOISSONS

## Non alcoolisées

– La ***orxata*** (prononcer « horchata »), que l'on traduit à tort par « orgeat », est aussi bonne que rafraîchissante. D'origine valencienne, elle est très populaire dans toute l'Espagne. Les points de vente, qui fleurissent partout en été, se repèrent facilement grâce à leurs centrifugeuses blanches. Sa texture rappelle celle du lait (en plus farineux) et son goût celui de l'amande. Cela dit, si l'orgeat est, lui, une boisson à base d'amandes, la *orxata* est produite avec le suc des tubercules et des tiges de la *chufa* (en français, le souchet jaune), une sorte de papyrus qui pousse dans les marais du Guadalquivir. La recette semble héritée des Arabes. Il existe aussi des *horchatas* d'amandes et d'orge – et même de riz – au Mexique.
– Le ***granitzat*** (ou *granizado* en castillan) : du jus de citron ou d'orange, ou du café, avec de la glace pilée dans de grosses centrifugeuses. Sucré, glacé et pas cher.
– Le ***café*** est de tous les petits déjeuners. Les Espagnols l'apprécient particulièrement au lait *(café con leche)* – lait chaud ou lait froid, à vous de choisir. Si vous le voulez noir, demandez un *café solo* – ou un *cortado* si vous le préférez juste avec une touche de *leche.* Un allongé se dit *café largo,* mais les Espagnols ne l'aiment guère, ce traître à son espèce... Et puis : *café helado* (glacé) ou *café con hielo* (servi chaud mais avec un verre rempli de glaçons). Enfin, le *carajillo* est un café arrosé de rhum (souvenir de Cuba) ou – le plus souvent – de brandy.
– Autre incontournable espagnol depuis la découverte des Amériques, le ***chocolat chaud*** ne ressemble pas au nôtre. Ici, ce n'est pas un breuvage clairet à l'eau, mais une boisson riche et nourrissante, épaissie à la fécule, dense en arômes, faite tout exprès pour y tremper les fameux *churros,* ces beignets allongés du petit déj. Un régal quand c'est bien fait, mais point trop n'en faut ! À noter, pour la petite histoire, que les Espagnols ont dû obtenir une dérogation de l'UE pour continuer à épaissir leur chocolat, avec de la fécule de maïs par exemple... On vous indique nos meilleures adresses comme la maison Amatller ou le *museu de la Xocolata.*

## Alcoolisées

– ***La bière*** *(cerveza)* **:** la boisson la plus répandue, certes ! Pour vous éviter des déconvenues, sachez que, dans un bar, *una cerveza* est plutôt une bière en bouteille, la pression se disant *una caña* (demander *un quinto* pour une 20 cl, *una mediana* pour une 33 cl et *una jarra* pour une 50 cl). Les marques locales sont *Moritz* (depuis 1856) et *Estrella Damm* (créée par un Alsacien en 1876 et disponible sans gluten).
– ***Le vin :*** le berceau de la viticulture catalane se trouve à quelques kilomètres de Barcelone, dans la région du Penedès. Aux cépages traditionnels (*garnatxa, carinyena, ull de llebre,* entre autres, pour les vins rouges ; *macabeu, xarello, parellada,* pour les blancs) se mêlent désormais des cépages européens : cabernet sauvignon, riesling, chardonnay, gewurztraminer. Il en résulte une grande variété de crus. De manière générale, privilégiez l'appellation DO *(denominación de origen)* : si elle figure sur l'étiquette de votre bouteille, c'est un gage de qualité. 9 crus catalans en bénéficient, la région du Penedès produisant à elle seule 2 millions d'hectolitres par an. On trouve des vins rouges à la belle robe sombre et au goût

puissant, produits dans les montagnes au-dessus de Tarragone (Priorat), qui titrent jusqu'à 16° ! À ne pas négliger non plus, la DO Costers del Segre (*garnatxa*, cabernet, merlot, monastrell...) au nord de Lleida ; ni la DO Empordà, au nord de la Catalogne, produisant des rouges, des blancs et des vins doux.

– ***Le vermut de grifo :*** littéralement, « vermouth au robinet ». La grande tendance depuis quelques années. Il s'agit de vin cuit macéré avec des herbes, des épices, du sucre et livré dans des petits fûts. On le tire un peu comme de la bière à la pression et on y ajoute parfois un doigt d'eau gazeuse, un zeste de citron ou d'orange, une olive. Les recettes varient (plus ou moins sucré, parfumé, amer), mais ça n'a rien à voir avec les vermouths en bouteille. À consommer avec beaucoup de tapas, car ça monte vite à la tête. Privilégiez les bars où on le sert « maison ».

– ***Le cava :*** ce crémant catalan s'appelle ainsi depuis 1972, quand l'appellation « champagne » a été rigoureusement réservée à la région... champenoise, pardi. C'est donc un vin blanc pétillant, élaboré à partir de cépages traditionnels espagnols et de chardonnay, ou éventuellement rosé (dans l'air du temps...) si on y ajoute, par exemple, des grains de grenache. Il fermente une 2de fois après la mise en bouteille, pendant 9 mois minimum. Très agréable à boire, il a un côté plus fruité et plus vert que notre champagne national. Les marques les plus connues sont Codorníu et Freixenet (voir « Le littoral barcelonais. Sant Sadurní d'Anoia ») que vous trouverez facilement dans les linéaires. Cependant, nombre d'amateurs estiment que le meilleur *cava*, à base de chardonnay, le Raimat, est produit dans le village éponyme, situé à 17 km au nord-ouest de Lleida.

### CAVA OÙ ? ÇA VA PAS !

*Miró avait dessiné l'étiquette d'une célèbre marque de cava, qui ne put être commercialisée car le peintre avait utilisé le mot « champagne », appellation déposée et jalousement protégée par les Français. Non mais !*

– Enfin, ne passez pas à côté du ***moscatel*** (sorte de vin doux), qui se consomme exclusivement en fin de repas ou avec certains desserts, comme le *mel i mató* (voir plus loin « Desserts » dans « Cuisine. Spécialités catalanes »).

## CASTELLERS

Il existe une tradition toute catalane : les *castellers*, ou châteaux humains. Cette coutume remonterait aux croyances solaires... Cherchait-on à décrocher le Soleil, comme on voudrait parfois décrocher la Lune ? Elle se pratique en équipe *(colla)*, il en existe aujourd'hui une soixantaine à Barcelone, dont la légendaire *colla Vella* (● collavella.cat ●) qui a, comme tant d'autres, plus d'un siècle d'existence. Mais on a retrouvé à Tarragone des documents du XVIIIe s qui en parlaient déjà ! Les règles du jeu sont simples : monter le plus haut possible et redescendre sans se faire mal...

### BABEL À BARCELONE

*À croire que l'architecture est ancrée au plus profond de l'âme catalane, les castellers (châteaux humains) sont une tradition qui consiste à bâtir une pyramide humaine la plus haute possible. Le record actuel est de 10 étages ! Cela demande équilibre, sens de la solidarité et mollets d'acier. C'est finalement une construction sociale, où les plus forts garantissent une bonne stabilité de la base, pendant que la jeunesse, confiante dans la robustesse de ses aïeux, part à l'assaut du sommet... Une Babel idéale et sans discorde.*

– ***Un peu de technique :*** d'abord, il faut constituer une *pinya*, une mêlée ultra-compacte, le plus stable possible ; il n'est pas rare qu'elle soit constituée de 100 à 150 personnes. Sur cette base s'élève le château. Toute la subtilité consiste à monter en même temps pour conserver l'équilibre de la structure, jusqu'à atteindre l'*agulla.* Ce pinacle, où s'élève seul le plus jeune de tous, généralement un enfant, fille ou garçon de 5-8 ans. Mais une fois la construction établie, il faut redescendre. Et c'est là que cela se corse, les enfants glissent d'épaule en épaule en prenant grand soin de ne pas déséquilibrer la structure. C'est le moment le plus périlleux ! Les pyramides qui s'écroulent ne sont pas rares. En bas, les parents s'inquiètent pour leur progéniture, mais bien souvent ils sont eux aussi passés par là, au moment de l'enfance. Rassurez-vous, bien que cela soit une faible protection, les enfants du sommet portent des casques !

– Renseignez-vous à l'office de tourisme : il y a parfois en juin des *castells* à Barcelone (le 2e dimanche de juin), plaça de Catalunya ou dans les fêtes de quartier. Sinon, il vous reste à les pister à travers la région, lors des *festes majors* (fêtes locales), ou à vous scotcher devant la télé, qui en retransmet régulièrement...

# CUISINE

De l'huile d'olive à profusion, de l'ail, du soleil, de la patience et du savoir-faire : voilà les principaux ingrédients de la cuisine catalane ! Cette *cuina* (du catalan « cuisine ») a des racines phéniciennes, grecques et romaines, et l'un des 1ers livres de cuisine espagnols a été écrit au XVe s, en catalan, par Rupert de Nola, cuisinier du roi Alfons el Magnànim. On trouve ici une cuisine métissée et savoureuse, qui ne craint pas de mélanger la terre et la mer, le sucré et le salé, le miel, la cannelle, les amandes, les pignons et les fruits secs. La charcuterie *(embotits)* est âpre et vigoureuse, indifféremment crue ou cuite, comme les *boutifarres (botifarra),* un boudin noir ou blanc préparé avec de la viande de porc mêlée au sang, le jambon cru ou le *fuet* (saucisse sèche).

La ***botifarra de l'Empordà*** est sucrée et parfumée de zeste de citron et de cannelle, une recette qui date du Moyen Âge. Plus on entre dans les terres, plus on rencontre sur les tables des ***llonganises*** (saucisses) et autres plats tenant bien au corps, surtout au petit déj, où l'on vous proposera salaisons, fromages, tomates et ail à frotter sur votre pain grillé ! Les Catalans sont également très friands de champignons, qui poussent en abondance dans la région, et d'escargots. Même si l'on trouve souvent la paella dans le *menu del día*, ne cherchez pas à tout prix la *paella valenciana* (descendez un peu sur la côte...) ni un gaspacho andalou (et encore moins du flamenco !), qui ont autant de connivences avec la Catalogne qu'une arrière-grand-mère avec le trampoline !

## Spécialités catalanes

### *Plats*

– ***Pa amb tomàquet :*** tranches de pain frottées d'ail et de tomate, arrosées d'huile d'olive et salées, servies tièdes ou chaudes dans presque tous les restos, parfois en remplacement du pain ou en guise d'accompagnement. Simple et savoureux.

– ***Escalivada :*** servie tiède ou froide, impeccable pour accompagner charcuterie ou fromage ; c'est un assortiment d'aubergines, d'oignons et de poivrons grillés et confits au four.

– ***Romesco :*** une sauce de Tarragone, composée de tomates, pain frit et amandes grillées, parfumée à l'ail et aux piments rouges (appelés *nyoras*), vinaigre, herbes et épices.

– ***Calçotada :*** une véritable institution catalane ! Les *calçots,* oignons nouveaux, sont originaires de Valls, petite ville où tous les restos, entre janvier et la fin du printemps, affichent ce plat à leur carte (servis en dehors de cette période, les *calçots* ont été surgelés...). À Barcelone, quelques-uns sacrifient encore, en saison, à la *calçotada* : grillés au feu de sarments, on déguste les *calçots* « décalottés » de leur peau première et trempés religieusement dans la fameuse sauce *romesco.* Délicieux !

– ***Conill amb cargols :*** lapin cuit dans une sauce très parfumée avec des escargots.

– ***Esquixada :*** délicieuse salade à base de morue dessalée, accompagnée de tomates, oignons...

– ***Botifarra amb fesols :*** saucisse catalane accompagnée de haricots blancs, souvent au menu dans les Pyrénées et servie avec l'*allioli.*

– ***Sarsuela :*** un plat dont l'origine remonte à la fin du XIXe s, à base de poissons à chair ferme revenus à l'huile d'olive, puis mitonnés avec tomates concassées, ail, oignons, cannelle, *jérez,* laurier et paprika. À la fin, on flambe au rhum ou au brandy et on ajoute langoustines, calamars, moules et petites palourdes.

– ***Suquet de peix :*** bouillabaisse locale à base presque exclusivement de poissons de roche.

– ***Fideuà :*** ce plat ressemble à la paella (même type de cuisson) mais en plus simple, avec de la seiche ou du calamar, parfois avec crevettes, langoustines ou du poulet, le tout accompagné de poivrons et tomates. Attention, les pâtes (une sorte de vermicelles) y remplacent le riz. On déguste ce plat tout le long de la côte méditerranéenne, jusqu'à Valence.

– ***Mar i muntanya :*** figure du renouveau catalan, il s'agit d'une cuisine moderne mariant la terre et la mer. Toutes les combinaisons sont possibles, tel l'assemblage poulet-langoustines...

– ***Graellada de peix i marisc (parrillada de mariscos) :*** assortiment de poissons et crustacés simplement grillés *(a la plancha)* et arrosés d'huile d'olive. On en trouve tout le long des côtes espagnoles, mais ce n'est en général pas donné.

– ***Escudella i carn d'olla :*** le pot-au-feu local. Des viandes, des saucisses et des légumes sont cuits ensemble dans une marmite. Le bouillon est consommé en entrée, accompagné de pâtes. Pour Noël, il est accompagné d'une dinde farcie aux prunes, pommes, abricots, pignons et saucisse !

– ***Peus de porc estofat :*** pieds de porc à l'étouffée, purée d'oignons, tomates, ail, vin et *picada* (voir plus loin).

– ***Arròs negre :*** riz à la seiche, cuisiné avec l'encre de la bestiole (ce qui lui donne une couleur noire, d'où son nom).

– ***Faves ofegades :*** plat de fèves tendres aux lardons et à la *botifarra* noire et blanche, petits pois frais et menthe.

– ***Bacallà a la llauna :*** morue *(bacallà)* cuite sur une plaque *(llauna)* et arrosée de sauce à l'ail, au piment et aux tomates, accompagnée de poivrons grillés.

– ***Bacallà amb panses i pinyons :*** morue farinée aux raisins, pignons de pin, sauce tomate et œuf mollet.

– ***Mariscada :*** plateau de fruits de mer, où les langoustines et crevettes (et homard, s'il y en a) sont passées à la poêle, avec de l'huile d'olive et de l'ail.

– ***Daurada a la sal :*** daurade en croûte de sel.

– ***Niu :*** morue séchée, entrailles de morue, œufs durs et pommes de terre, souvent agrémentés de saucisses, voire de gibier à plume (pour les courageux seulement !).

– ***Picada :*** sauce préparée avec des amandes, de l'ail, des pignons, des noix, des noisettes, du pain et du persil, le tout pilé dans un mortier avec de l'huile.

– ***Sofregit*** (*sofrito* en castillan) ***:*** sauce à base de tomates et oignons hachés menu et frits dans l'huile d'olive.

– ***Samfaina :*** ratatouille catalane.

– ***Tiró amb naps :*** canard aux navets.

– ***Coca de recapte :*** tourte maison composée d'un lit d'oignons, d'aubergines, de piments rouges pelés...

– ***Cassola del tros :*** civet de porc confit, de lapin, d'escargots accompagnés de pommes de terre, épinards, poivrons grillés... hmm !

– ***Allioli :*** ici, on le prépare avec de l'huile d'olive et de l'ail, sans jaune d'œuf. Et il accompagne parfois les fameuses *patatas bravas*.
– ***Xató :*** plat originaire de Sitges, que d'autres villes ont repris en l'arrangeant « à leur sauce ». À base de salade accompagnée de morue, de thon et d'olives, le *xató* est souvent servi avec la sauce *romesco.* Il fait l'objet d'une fête populaire, la Xatonada, célébrée dans plusieurs villes, dont Sitges bien sûr, pendant son festival en février. Démonstration à l'appui des spécialistes en la matière, les *xatoneros* !

***Desserts***

– ***Crema catalana :*** notre crème brûlée nationale s'est inspirée de la catalane ! Précisons que la recette originale, savoureuse, est parfumée à l'anis, à la cannelle ou à la vanille. Mais c'est de plus en plus difficile d'en trouver de bonnes (et faites maison surtout) dans les restos...
– ***Mel i mató :*** fromage blanc de brebis qui a la texture de la ricotta italienne et est arrosé de miel.
– ***Pastisset :*** gâteau moelleux à l'anis.
– ***Menjar blanc :*** à base d'amandes et de cannelle.
– Et encore les *braços de gitanos,* les *becs d'Arbeca* et les *cremes cremades* des grands-mères.

### CARAMÉLISÉ N'EST PAS BRÛLÉ !

*La* crema catalana *est LE dessert catalan par excellence. Pas question de la confondre avec la crème brûlée, que les puristes considèrent comme une grossière contrefaçon. Tout le secret résiderait dans le fer à caraméliser... tellement plus adapté, dit-on ici, que le chalumeau dont se servent nombre de restaurateurs – au risque de calciner la croûte de sucre. Le fer chaud, manuel ou électrique, est juste positionné au ras du ramequin et... hop, voilà ! Alors arrêtons de confondre brûlé et caramélisé, nom d'une pipe catalane !*

## Autres spécialités culinaires nationales

– ***La tortilla :*** omelette servie froide ou chaude, le plus souvent délicieuse, nourrissante et pas chère, avec pommes de terre *(patatas)* et oignons, voire aux fines herbes, aux queues d'écrevisses (rare), au chorizo ou encore aux tomates, lardons, petits pois, etc.
– ***Le cocido :*** sorte de pot-au-feu avec plus ou moins de variantes, servi en plat de résistance.
– Côté douceurs, les **churros** (chichis), les **porras** (gros *churros*) et les ***buñuelos*** (*bunyols* en catalan, beignets) sont probablement les meilleures pâtisseries de la péninsule. Trempés (sans honte) dans le traditionnel chocolat chaud bien épais, c'est le petit Jésus en culotte de velours ! Autres délices, le plus souvent à base de lait et d'œufs : la ***leche frita,*** sorte de béchamel sucrée et épaisse d'origine andalouse, refroidie puis coupée en gros carrés frits dans l'huile et ensuite saupoudrés de sucre ; le ***tocino del cielo*** (gâteau aux cheveux d'ange) ; les ***natillas,*** crème anglaise épaisse et parfumée à la cannelle ou au citron ; l'***arroz con leche*** (riz au lait) ; les ***torrijas,*** l'équivalent du pain perdu...

## Les tapas

On trouve ***2 sortes de bars à tapas*** : d'un côté, les vieux de la vieille, avec comptoir en bois patiné à souhait, poutres et tonneaux ; de l'autre, les petits jeunots au look design, qui jouent à fond la carte de la modernité. Côté assiette, la tendance, ce sont les ***tapas « créatives »*** : plus élaborées que les tapas à l'ancienne et aussi plus chères, normal ! Barcelone étant une ville maritime, on vous conseille les ***tapas de poissons et fruits de mer.***

À Barcelone (comme dans toute l'Espagne d'ailleurs), tous les bars, populaires ou branchés, proposent des tapas mais ne l'affichent pas forcément. Demander : « *¿ De tapeo, qué hay ?* » Parmi les nombreuses spécialités, voici les plus courantes : le ***pa amb tomàquet*** (pain à la tomate) est basique, mais il peut s'accompagner d'***escalivades*** (légumes confits), de *pebrots* (poivrons ou ***pimientos*** en castillan), d'*anxoves* (anchois ou *boquerones*). On trouve aussi des olives, des portions de ***bacallà*** (morue ou *bacalao*), des parts de ***tortilla,*** des ***buñuelos*** (beignets aux légumes, au fromage, à la saucisse...), des ***amanides*** (salades ou *ensaladas*) aux riz, poivrons, fruits de mer ***(mariscades),*** etc. La simple salade de tomates et petits morceaux de fromage, arrosée d'huile d'olive, est délicieuse. Sans oublier les assortiments de charcuterie ou de fromages. On peut, selon l'importance de son appétit ou tout simplement pour goûter à plusieurs spécialités, commander ***una tapa*** (toute petite portion), ***una mitja ració*** (demi-assiette ou *media ración*) ou ***una ració*** (assiette entière ou *ración*). Autrefois, le prix des tapas était compris avec la boisson. Mais, aujourd'hui, les tapas sont facturées à part, à l'exception des olives, chips et cacahuètes parfois servies gracieusement avec la bière.

### UNE BOUCHÉE DE TAPAS

*D'où vient la tradition des tapas ? Sachez qu'une querelle fait rage. Certains affirment que pour lutter contre l'alcoolisme, un roi, dont on a oublié le nom, aurait obligé les débits de boissons à poser une soucoupe avec un en-cas sur le verre de vin. D'autres soutiennent que les tapas auraient été créées pour éviter que les mouches ne tombent dans le verre. Et comme ça faisait tristounet, une soucoupe vide, on ajouta une olive ! Dans un cas comme dans l'autre, tapar signifie « boucher ».*

Si c'est la 1re fois que vous débarquez en Espagne, vous vous demanderez probablement pourquoi le soir, quels que soient le jour et l'endroit, les bars sont bondés (hors Covid, il s'entend). Les Espagnols ont l'habitude d'« aller de tapas en tapas » *(ir de tapas)* entre potes. Ils se donnent tous rendez-vous dans leur bar favori, souvent dans leur quartier même, et parcourent les ***mesones*** au gré de leurs envies et des spécialités. Ici, ***morcillas,*** là, ***tortillas.*** On mange debout en s'essuyant le coin du bec avec les serviettes en papier cigarette ; c'est souvent moins formel qu'un resto où l'on doit s'asseoir et attendre les plats, faire risette au serveur, se faire servir du vin et payer le prix fort. Pour les néophytes, il ne faut pas avoir peur de se frayer un chemin jusqu'au bar, puis d'insister auprès des serveurs : ils sont souvent débordés et il leur arrive d'oublier carrément la commande.

– À Barcelone, nombre de bars se sont mis à la mode basque des ***pintxos,*** sorte de tapas sous forme de petits canapés, percés d'une petite pique en bois. Chauds ou froids, ils arrivent au bar sur de grands plateaux, et c'est à chacun de se servir. Pas toujours très fin, ça dépend, en particulier dans la carrer de Blai où les bars à *pintxos* sont les plus nombreux. Mais ce n'est vraiment pas cher. Une fois rassasié, vous réglez l'addition *(la cuenta)* en annonçant vous-même le nombre de *pintxos* consommés (en gros, chaque *pintxo* coûte entre 1,50 et 2 €, parfois quelques centimes de plus pour les préparations chaudes ou plus élaborées). Gardez précieusement les piques plantées dans les *pintxos,* le calcul sera plus facile pour les serveurs. C'est quand même très beau la confiance...

## La charcuterie ibérique

L'Espagne est célèbre pour ses jambons depuis la plus haute Antiquité. Si le *serrano* est un bon jambon de montagne, à l'ancienne, on est parfois loin du trésor gastronomique que peut être le jambon ibérique. Le porc ibérique est une race rustique, proche du sanglier, élevé en (relative) liberté dans le Sud-Ouest espagnol, dans la *dehesa.* Loin donc de Barcelone et de la Catalogne. Pourtant, pas

un resto, pas un bar à tapas digne de ce nom n'oublierait d'inscrire ce pur délice à sa carte. Se nourrissant de glands et d'herbes sauvages, sa chair et sa graisse ont un parfum et un fondant exceptionnels. Après 2 à 3 ans de longue maturation, le jambon est enfin prêt à être dégusté, à température ambiante, coupé à la main, en tranches fines, en le laissant fondre dans la bouche afin de bien s'imprégner des parfums. Il n'a pas d'équivalent, et certains le considèrent, à juste titre (à notre avis !), comme le meilleur jambon du monde... Bien sûr, il est cher. On l'appelle aussi parfois ***pata negra*** (allusion à une race de porc) ou ***jabugo*** (du nom d'un des villages producteurs). Sa qualité est certifiée par le label *Real Ibérico* ; le terme *bellota,* voire *bellota-bellota,* désigne le top du top (porcs élevés en extérieur, nourris uniquement avec des glands !)... Menacé un temps de disparition face à l'essor des races plus productives, ce cochon a retrouvé sa place sur les tables espagnoles et représente aujourd'hui plus de 5 % du cheptel.
Le porc ibérique ne produit pas seulement d'excellents jambons. On trouve également, et c'est moins cher, de l'épaule, du *lomo* (filet mignon de porc fumé), du chorizo et toutes sortes de saucisses et saucissons... Là aussi, la différence est nette.
***Enfin, une dernière remarque*** sur laquelle on aurait bien voulu faire l'impasse... Nombreuses sont les lettres des lecteurs nous indiquant une nette dégradation dans la qualité de la nourriture, et surtout dans le service. Force est de constater que, dans cette ville commerçante et habituée à accueillir plus de touristes qu'elle ne compte d'habitants, la courtoisie fait souvent défaut. Et si derrière une décoration fort plaisante se cache, hélas, une nourriture quelque peu industrialisée, de même les beaux sourires des serveurs et serveuses philippins ou latino-américains masquent une gestion âpre des patrons locaux. Moralité, privilégiez les adresses les moins touristiques !

# ÉCONOMIE

La Catalogne fait preuve d'un dynamisme envié dans la péninsule. Ne dit-on pas que les Catalans sont capables de transformer des cailloux en pains, à force de travail ? Au point qu'on les juge parfois un peu trop durs à la tâche et âpres au gain...
Reste que, comme toute l'Espagne, la Catalogne a subi de plein fouet la crise sociale et économique. En 4 ans, le taux de chômage est passé de 8 % (en 2008) à 23,8 % fin 2012 avant de commencer à refluer franchement (11,20 % mi-2019). C'est un peu mieux que l'Espagne (14 %), qui affiche l'un des taux les plus élevés de l'Union européenne, mais le climat reste morose. D'autant que la crise du coronavirus est passée par ici, comme partout en Europe.

### OÙ EST PASSÉ LE POGNON ?

*Les conquistadors espagnols rapportèrent d'Amérique des trésors considérables à leur mère patrie. À part à Séville et dans quelques cathédrales, on se demande pourquoi ces richesses ont laissé si peu de traces. Eh bien, ces grands navigateurs étaient des parvenus ; ils dépensèrent leur fortune en soieries et en épices, les produits de luxe de l'époque. Le grand bénéficiaire fut donc la Chine, et non pas l'Espagne.*

## Le contexte espagnol

Au début des années 2000, le leitmotiv du Premier ministre espagnol, José María Aznar, est : « España va bien. » C'est vrai que l'Espagne a alors connu une période de forte croissance. L'agriculture occupe désormais moins de 2,5 % de la population active (18 % en 1985), l'industrie environ 22 % et les services un peu plus de 75 %. C'est bien là le profil d'un pays moderne, industrialisé (les produits industriels représentent 80 % des exportations) et tertiarisé, participant pleinement aux échanges commerciaux internationaux. L'Espagne compte aujourd'hui parmi les 1ers producteurs mondiaux d'automobiles (avec 10 % de la population active dans ce seul secteur !). Elle est un grand exportateur d'acier, de produits chimiques, de vêtements, le 1er producteur mondial d'huile d'olive, et elle est à la tête de la 1re flotte de pêche de l'UE. Et n'oublions pas le tourisme, en nette hausse depuis quelque temps, qui a généré presque 60 milliards d'euros ces dernières années et qui représente aujourd'hui presque 15 % du PIB. L'Espagne se classe au 14e rang des puissances économiques mondiales et au 5e rang européen.

## Légère embellie après la crise de 2008

Après le boom de l'économie du début des années 2000, l'Espagne plongea dans la crise en 2008, frappée de plein fouet par l'éclatement d'une bulle immobilière. La crise économique mondiale n'a fait qu'aggraver la situation. Acculés en raison de la hausse des taux de leurs emprunts immobiliers, les Espagnols ont freiné sur les dépenses, entraînant une chute de la consommation et, logiquement, de la production industrielle. Le déficit public a explosé.

Dans les années qui suivirent, sous la pression de l'Union européenne (et relayés par les différents gouvernements espagnols), l'Espagne subit une cure d'austérité drastique (augmentation de la TVA et des impôts, baisse des salaires dans la fonction publique, coupes franches dans les dépenses publiques, retraite à 67 ans, flexibilisation des contrats de travail...). Les plans d'austérité se sont accumulés. En septembre 2011, l'Espagne fut même le 1er pays de l'UE à inscrire dans sa Constitution la « règle d'or » de stabilité budgétaire exigée par l'Union européenne. Résultat, depuis 2014, la croissance pointe à nouveau le bout de son nez, les marchés sont contents (youpi !), les agences de notation relèvent la note du pays après l'avoir fortement dégradée 2 ans plus tôt. Ça, c'est pour les pages business des journaux.

La réalité est tout autre. Le taux de chômage bondit, passant de 8 % en 2008 à 27 % en 2013 – le 2e taux le plus élevé des pays de l'Union européenne, derrière la Grèce... Le chômage touche aussi près de 1 jeune sur 2, un record absolu ! Et les trois quarts des jeunes qui ont un emploi sont des précaires : on les surnommait *mileuristas* (« ceux qui gagnent 1 000 € par mois »). Depuis 2012, on les surnomme les « *nimis* », pour « *ni mismo* », « pas même » 1 000 € par mois, et cela concerne aussi bien les diplômés que les moins qualifiés. L'Espagne tient d'ailleurs le record, en UE, du taux d'émigration des jeunes...

Après 6 années de récession, la reprise s'engage au 2d semestre de 2013, continuant à se renforcer de 2015 à 2019 ; la croissance avoisinant alors les 3 %, puis les 2,7 et 2,4 % en 2018 et 2019. Autre conséquence : le taux de chômage est en baisse quasi constante depuis 2013, pour atteindre 14 % en 2019. Un chiffre cependant 2 fois supérieur à la moyenne des autres pays de l'Union européenne. L'Espagne reste le 2e pays de l'UE avec le plus fort taux de chômage, et un tiers des salariés touchent au maximum 707 € par mois. Autre ombre au tableau : 93 % des embauches sont désormais des contrats temporaires, le CDI ne semblant plus être la règle...

## Le moteur catalan

Globalement, la Catalogne s'en tire mieux que le reste de l'Espagne. Même lors des années de récession, le PIB s'est moins affaissé ici que dans le reste de la péninsule et il augmente même depuis 2014. Et le chômage y est aussi moins élevé. Réalisant 20 % du PIB national, la Catalogne est la 1re région économique d'Espagne, avec une croissance de 3 % début 2018, devant Madrid, mais mise à mal par la crise économique actuelle (on table sur 1,9 % de croissance pour 2019). L'industrie est traditionnellement son fer de lance, avec le quart de la production espagnole à elle seule. Construction automobile, industries pharmaceutique, électronique, chimique et agroalimentaire constituent les fleurons de la région, qui misent sur des activités à haute valeur ajoutée. Le textile reste présent malgré la

crise du secteur. Et, depuis quelques années, l'aéronautique occupe une place de plus en plus importante dans le tissu économique catalan. Autre secteur qui contribue à l'embellie du PIB catalan, le tourisme, avec une hausse de 5 % des visiteurs jusqu'en septembre 2017, puis un net ralentissement dû à la crise politique !
Sous l'impulsion de capitaines d'industrie plus européens qu'espagnols, la Catalogne forme depuis 2004, avec les anciennes régions Languedoc-Roussillon et Midi-Pyrénées, l'eurorégion Pyrénées-Méditerranée. Elle a, d'autre part, constitué avec la Lombardie, la Région Auvergne-Rhône-Alpes et le Land de Bade-Wurtemberg le club des « Quatre moteurs pour l'Europe ». Grâce à sa situation géographique, à ses infrastructures et à ses partenariats intraeuropéens, la Catalogne s'est muée en une véritable plaque tournante pour l'économie espagnole. Elle représente 25 % des exportations du pays, mais ne bénéficie que de 11 % des investissements en 2016. Côté échanges commerciaux, la France occupe la 1re place de sa liste de clients après le marché intérieur espagnol, la 2e place de fournisseur et la 3e en termes d'investissements (la communauté autonome accueille de très nombreuses entreprises étrangères).
Les liens à la France se révèlent aussi par le raccordement récent de Barcelone au réseau ferré européen à grande vitesse, et à l'importance du nombre de touristes venus de l'Hexagone, qui représentent 23,8 % des quelque 19,1 millions de visiteurs étrangers recensés en 2017, propulsant ainsi la région en tête des destinations touristiques espagnoles ! Le secteur, qui compte pour 5,2 % des emplois catalans, a toutefois un impact négatif sur un point : l'inflation locale, y compris sur les loyers. Le TGV relie désormais Paris à Barcelone en 6h30, et c'est un succès.

# ENVIRONNEMENT

## Entre béton et nature

La Catalogne, à l'instar de la majorité des régions et des pays côtiers, souffre de ce que l'on appelle la ***littoralisation*** : cette tendance bien humaine à vouloir habiter et travailler en bord de mer. Et Barcelone (qui concentre les deux tiers des 7,5 millions d'habitants de la communauté autonome), coincée entre mer et montagne, est confrontée à de nombreux problèmes liés à la ***surconcentration*** et à la compétition pour l'espace entre les activités industrielles, les infrastructures de transport et l'agriculture périurbaine. Les terres irriguées du delta du Llobregat ne cessent ainsi de reculer devant les assauts de la métropole, et ont perdu une bataille décisive avec la création de l'aéroport. Au nord de la ville, la production de légumes et de fleurs se réfugie sur les versants des collines et montagnes côtières, chassée de l'étroite plaine littorale par l'expansion des stations touristiques grandes consommatrices d'eau (golf, piscines, etc.). Sachez, à ce propos, qu'un touriste moyen consomme environ 300 l d'eau par jour (le double d'un habitant hors saison) et jusqu'à près de 900 l s'il opte pour un séjour haut de gamme avec golf, spa, piscine et hôtel de luxe ! D'ailleurs, 13 % des eaux urbaines et industrielles se déverseraient actuellement dans la mer sans être assainies.
L'accès à l'eau potable s'annonce comme un enjeu essentiel des années à venir. Les solutions envisagées rivalisent d'imagination : désalinisation, réutilisation, transvasement de l'eau du Rhône (carrément !), mais aussi et surtout de celle de l'Èbre, projet qui se heurte à une franche opposition dans toute la Catalogne. La gestion de l'eau représente ici près de 57 % des investissements réalisés en matière d'environnement !

## Solutions d'avenir

Côté développement durable et énergies renouvelables, la prise de conscience est avérée. Vous noterez les nombreux arbres plantés en ville qui rafraîchissent l'atmosphère dans les rues. En 2000, Barcelone joue les précurseurs. Par arrêté

municipal, tout nouveau bâtiment appelé à consommer plus de 2 000 l d'eau chaude par jour est tenu d'installer des chauffe-eau solaires. Une mesure adoptée depuis par 25 municipalités catalanes. Cela n'a pas empêché qu'au printemps 2008 la pénurie était telle que les Catalans ont dû importer de l'eau depuis Marseille, par bateau...
Enfin, en matière de tri, Barcelone a commencé à s'équiper de bornes de collecte des déchets par tuyaux pneumatiques, procédé qui a l'immense avantage d'être entièrement souterrain. À suivre...

# HISTOIRE

## Quelques dates

– ***550 av. J.-C. :*** civilisation des Ibères ; ces derniers reçoivent l'influence culturelle des Phéniciens et des Grecs.
– ***vers 218 av. J.-C. :*** occupation romaine.
– ***484 apr. J.-C. :*** le royaume des Wisigoths s'étend sur toute l'Espagne.
– ***712 :*** la Catalogne est, après Séville, une des 1res conquêtes des Maures d'Afrique du Nord.
– ***801 :*** Charlemagne s'empare de Barcelone et intègre la Catalogne, divisée en de multiples comtés, à son empire.
– ***1035-1492 :*** les royaumes chrétiens du nord de la péninsule reprennent progressivement possession des territoires perdus : c'est la « Reconquête » sur l'Espagne musulmane. En 1162, les comtés catalans s'unissent au sein de la Principauté de Catalogne placée sous la souveraineté d'Alphonse I, roi d'Aragon.
– ***1469 :*** mariage de Ferdinand d'Aragon et d'Isabelle de Castille, les fameux « Rois Catholiques ». Réunion des 2 puissants royaumes longtemps rivaux.
– ***1478-1479 :*** mise en place de l'***Inquisition*** par Tomás de Torquemada.
– ***1492 :*** chute du royaume d'Al-Andalus après la prise de Grenade le 2 janvier. Découverte de l'Amérique par Christophe Colomb (le 12 octobre, devenu fête nationale de l'Espagne). Expulsion des juifs « pour protéger l'unité religieuse de l'Espagne » (200 000 environ partent pour l'Afrique du Nord, l'Italie et l'Empire ottoman). À son retour du Nouveau Monde, Christophe Colomb se rend à Barcelone où résident les souverains (d'où la colonne de Colomb sur le port).
– ***1516-1556 :*** règne de l'empereur Charles Quint (Charles Ier pour les Espagnols), petit-fils d'Isabelle la Catholique. Domination d'un immense empire, tant en Europe qu'en Amérique, « où jamais le soleil ne se couche ».
– ***1700 :*** avènement au trône d'Espagne de Philippe V, petit-fils de Louis XIV, à l'origine de la guerre de Succession d'Espagne (1701-1714) – qui se termine à la signature du traité d'Utrecht, par la perte des Pays-Bas et du royaume de Naples.
– ***1714 :*** le 11 septembre, la ville de Barcelone plie devant Philippe V, et la Catalogne perd son indépendance.

### QUAND LA CATALOGNE S'ÉMANCIPE

*Lorsqu'en 985 Barcelone fut pillée sur ordre du calife Al-Mansour, le comte Borell II demanda logiquement un coup de main à son suzerain, Hugues Capet. Mais le roi des Francs ne daigna pas lui répondre. Borell refusa alors de renouveler son serment d'allégeance, un geste considéré comme le tout 1er acte de souveraineté de la Catalogne. Pas rancuniers, de nombreux Catalans s'enrôlèrent comme mercenaires auprès des musulmans. Lorsqu'ils revinrent au pays, enrichis par l'or du califat, ils rapportèrent aussi des innovations techniques, qu'ils transmirent ensuite au reste de l'Espagne. Ces progrès permirent à la Catalogne de prendre son envol économique.*

– ***1808 :*** Napoléon nomme son frère Joseph roi d'Espagne, surnommé « Pepe Botella ». Madrid, occupée par les troupes françaises, se soulève. Début de la guerre d'indépendance.
– ***1813 :*** victoire de l'armée anglo-portugaise de Wellington, jointe aux Espagnols. Ferdinand VII retrouve le trône d'Espagne.
– ***1814-1833 :*** morcellement de l'empire espagnol d'Amérique en États indépendants.
– ***1931 :*** aux élections municipales, la gauche l'emporte dans les grandes villes et proclame la République le 14 avril. Abdication du roi Alphonse XIII. La Catalogne tente de retrouver son indépendance, mais devra se contenter d'être la 1re région du pays à bénéficier du statut d'autonomie.
– ***1936 :*** succès pour le *Frente Popular,* groupant syndicats et partis de gauche, aux élections de février. Très vite se dessine une réaction ; l'armée du Maroc, dirigée par le général Francisco Franco, donne le signal du soulèvement. C'est le début de la guerre civile. L'Espagne devient un banc d'essai pour les grandes puissances, qui offrent une aide importante aux 2 parties.
– ***1939 :*** Barcelone est prise par les nationalistes. Le gouvernement républicain, qui s'y était replié, se réfugie en France. Le 28 février, chute de Madrid, dernier bastion de la résistance républicaine.
– ***1969 :*** le général Franco désigne officiellement son successeur en la personne du prince Juan Carlos, petit-fils d'Alphonse XIII.
– ***1975 :*** mort de Franco, le 20 novembre. Le 22 novembre, Juan Carlos Ier devient roi d'Espagne.
– ***1978 :*** la nouvelle Constitution d'un État espagnol, « social et démocratique », entre en vigueur.
– ***1982 :*** victoire du PSOE (socialiste), Felipe González devient Premier ministre.
– ***1986 :*** entrée de l'Espagne dans la Communauté économique européenne.
– ***1992 :*** Jeux olympiques à Barcelone (juillet).

## UN HYMNE SANS PAROLES

*Depuis la fin de la dictature, l'hymne national espagnol – la Marcha Real – est joué sans paroles. Son texte, appris par cœur par tous les écoliers du royaume depuis 1761, symbolisait trop le franquisme. Une bonne manière, aussi, d'amadouer les régionalistes dans ce pays qui possède 5 langues officielles.*

– ***1996 :*** après 13 années de pouvoir, défaite du socialiste Felipe González face à José María Aznar, du Parti populaire (droite). Le nouveau Premier ministre négocie le soutien des nationalistes et surtout des Catalans menés par Jordi Pujol.
– ***Novembre 2003 :*** Jordi Pujol, chef du gouvernement de la Catalogne depuis 23 ans, passe la main. Le leader socialiste et ancien maire de Barcelone Pasqual Maragall remporte la majorité des suffrages.
– ***2004 :*** le PSOE gagne les élections et José Luis Zapatero devient Premier ministre.
– ***2005 :*** en juin, une loi légalise le mariage homosexuel, ainsi que l'adoption d'enfant par des couples de même sexe.
– ***2006 :*** débat houleux sur le nouveau statut d'autonomie de la Catalogne. En juillet, un texte élargissant l'autonomie de la Catalogne est finalement approuvé par référendum local. Commémoration des 70 ans de la guerre civile espagnole, alors que, peu à peu, le pays commence à regarder en face cette histoire encore très douloureuse.
– ***2007 :*** polémique nationale : 498 religieux nationalistes sont béatifiés, au titre de « martyrs ». Le Vatican a beau parler de « réconciliation », beaucoup d'Espagnols y voient un soutien de l'Église à Franco... surtout en cette année d'anniversaire de la démocratie (30 ans déjà !).
– ***2008 :*** en mars, le PSOE de Zapatero gagne les élections générales. Le pays tout entier s'enfonce dans la crise : immobilière d'abord, économique ensuite...

– ***2009 :*** comme partout, le fait majeur, c'est la crise ! En moins de 1 an, l'Espagne double son taux de chômage... La Catalogne, industrielle, n'échappe pas au naufrage.
– ***2010 :*** l'Espagne se retrouve classée parmi les pays à risque par les agences de notation anglo-saxonnes. Et comme d'habitude, l'opium des peuples vient consoler les hommes. L'Espagne devient championne du monde de foot pour la 1re fois de son histoire !
– ***2011 :*** toujours en pleine crise, l'Espagne voit proliférer les mouvements spontanés appelant à l'émergence d'une autre société. Les socialistes sortent rincés des élections municipales et régionales : ils perdent notamment la mairie de Barcelone, bastion historique. En septembre, le parlement de Catalogne interdit la corrida. En décembre, à la suite des élections législatives anticipées, Mariano Rajoy (PP) devient Premier ministre. Il présente un 1er plan d'austérité 10 jours plus tard.
– ***2012 :*** la crise s'aggrave, le taux de chômage continue sa triste ascension (plus de 25 %). Plus de 1 an après le début du mouvement, les Indignés redescendent dans les rues espagnoles. En juillet, la Roja remporte l'Euro 2012 de football et réalise ainsi un triplé historique Euro-Coupe du monde-Euro. Le 11 septembre (fête de la Catalogne), de grandes manifestations indépendantistes parcourent Barcelone et les grandes villes catalanes.
– ***2013 :*** la crise, encore et toujours. Le chômage continue de monter : 27,16 % en début d'année. Le 11 septembre, une chaîne humaine spectaculaire est organisée tout le long du littoral catalan, de la frontière française au delta de l'Èbre, réunissant 2 millions de personnes.
– ***2014 :*** côté économie, la reprise s'annonce timidement avec une légère hausse du PIB et une légère baisse du chômage. L'Espagne devient alors un exemple de réussite de la politique imposée par la Commission européenne, même si les Espagnols se sentent, au quotidien, toujours englués dans la crise. En juin, le roi Juan Carlos abdique en faveur de son fils, Felipe VI. La tension monte entre Madrid et la Catalogne, et cette dernière organise une consultation sur l'indépendance : 80 % des 2 millions de votants disent « oui ».
– ***2015 :*** la croissance est modeste mais présente. En mai, *Podemos* (parti né du mouvement des Indignés) crée la surprise lors des élections régionales et municipales de mai, en s'emparant notamment de Madrid et de Barcelone, talonné par un autre tout nouveau parti, les centristes de *Cuidadanos.* Aux législatives, c'est finalement le Parti populaire (PP) qui se classe en tête, bien loin, cependant, de la majorité absolue. C'est la fin du bipartisme qu'a connu l'Espagne depuis le retour de la démocratie. Et comme aucun parti en lice ne se résout à une alliance, le pays reste sans gouvernement... En Catalogne, les élections régionales de septembre donnent la majorité absolue de sièges aux indépendantistes (même si en termes de voix, ils plafonnent à 47,8 %). Et dès octobre, les indépendantistes de *Junts pel si* et de CUP proposent une résolution devant le nouveau parlement catalan pour déclarer « solennellement le début du processus de création de l'État catalan indépendant ».
– ***2016 :*** de janvier à octobre, ni le PP ni le PSOE ne parviennent à former un gouvernement, malgré de nouvelles élections en juin. Fin octobre se dessine une issue : à la demande d'investiture de Mariano Rajoy, le PSOE s'abstient, plutôt que de voter contre, et permet au chef du PP de former un gouvernement. Mais l'alliance s'arrête là, et le parlement espagnol demeure sans majorité marquée... Pendant ce temps, le parlement catalan continue à afficher une volonté d'indépendance de la région...
– ***2017 :*** l'embellie économique en Espagne profite aussi à Barcelone, d'autant que le tourisme y est florissant (plus de 8,3 millions de visiteurs en 2016 !). Pourtant, 150 000 personnes défilent pour exprimer leur ras le bol face au tourisme de masse avec le slogan « *tourists go home, refugees welcome* ». Le 18 août, un attentat revendiqué par l'EI endeuille la ville : 16 morts et une centaine de blessés, tous fauchés sur les Ramblas par la folie des hommes. Fin septembre,

les relations entre la Catalogne et le gouvernement madrilène se tendent : le référendum d'autodétermination organisé le 1er octobre par le gouvernement catalan est déclaré illégal par la Cour constitutionnelle espagnole. Le gouvernement Rajoy sort les grands moyens : saisie des bulletins de vote, arrestation de hauts responsables du gouvernement catalan, envoi de 10 000 membres des forces de l'ordre espagnol en Catalogne, mise sous scellé de bureaux de vote... Le 1er octobre, le référendum se tient dans un climat plus que tendu, avec occupation des bureaux de vote et affrontements parfois jusque devant les urnes...
Résultat (d'après le gouvernement catalan) : 42 % de votants, à 90 % favorables à l'indépendance ; et surtout, ce qui frappe les esprits, une bonne centaine de blessés dans les affrontements avec les forces de l'ordre... Image déplorable s'il en est... Le 3 octobre, l'intervention très ferme du roi Felipe VI qui réaffirme « ... la responsabilité des pouvoirs légitimes de l'État d'assurer l'ordre constitutionnel et le fonctionnement normal des institutions, le respect de l'État de droit et l'autonomie de la Catalogne » surprend les Catalans qui en espéraient une parole d'apaisement et d'appel au dialogue...
Gouvernement catalan et gouvernement espagnol entament alors un bras de fer : suspension par le Tribunal constitutionnel espagnol du parlement catalan, déclaration d'indépendance aussitôt suspendue par Carles Puigdemont, ultimatum de Madrid pour que le gouvernement catalan éclaircisse sa position, appel au dialogue de Carles Puigdemont... Fin octobre, Madrid déclenche l'article 155 de la Constitution espagnole : gouvernement et parlement catalans sont suspendus (et certains de ses membres sont arrêtés et jugés). Carles Puigdemont se replie (avant même qu'un mandat d'arrêt soit émis par Madrid), la région passe sous l'administration directe de Madrid. Le 21 décembre, les Catalans renouvellent leur Parlement, plus de 2 mois après le référendum d'autodétermination. Participation record (82 %) et victoire des Indépendantistes qui arrivent en tête avec 47,5 % des voix. Ils conservent ainsi la majorité au Parlement de Catalogne.
Pendant ce temps, de grandes entreprises déménagent leurs sièges sociaux hors de Catalogne (à Valence, entre autres) et les Catalans restent très partagés, entre indépendantistes purs et durs et autonomistes, avec toutes les nuances que chacun de ces blocs peut rencontrer...
– ***2018 :*** après plusieurs mois de crise politique dans le pays, le chef du parti socialiste espagnol, Pedro Sánchez, devient Premier ministre, à la place de Mariano Rajoy (renversé par le Parlement). De son côté, Quim Torra est désigné président de la Catalogne. Les 2 hommes se rencontrent en juillet pour une 1re tentative de déblocage politique entre la région indépendantiste et le pouvoir central. La tutelle imposée par Madrid à la région avait, quant à elle, été levée quelques jours auparavant...
– ***2019 :*** le nouveau gouvernement se montre généreux avec les bateaux de migrants qu'il accueille dans ses ports. Cependant, des enquêtes dénoncent les conditions de vie des migrants employés comme saisonniers dans le secteur agricole.
– ***2020 :*** le pays figure parmi les plus touchés d'Europe par le coronavirus, instaurant un confinement général puis des reconfinements partiels et officieux, avec leur lot de réglementations concernant le port du masque, l'ouverture et la fermeture des bars, restaurants et lieux de nuit et de concerts. Madrid devient la ville la plus touchée lors de la deuxième vague. Peu d'hôtels parviennent à rouvrir pour la saison touristique. D'ailleurs, les touristes ne reviennent que timidement. L'Espagne termine l'année avec une chute du PIB de 12,8 %. Entretemps, l'ex-roi Juan Carlos, éclaboussé par des affaires de corruption, s'exile dans les Émirats pour tenter de se faire oublier et sauver la monarchie espagnole. En Catalogne, le président de la *Generalitat Quim Torra* est destitué pour avoir installé une banderole réclamant la libération des « prisonniers politiques ». Pendant ce temps, son mentor, l'indépendantiste Carles Puigdemont, exilé en Belgique mais devenu député européen, rompt avec son parti pour divergence stratégique et fonde son propre parti, le CRIDA *(Crida Nacional per la Repùblica).*

## Barcelone, la ville d'Hamilcar ?

Barcelone est l'une des plus anciennes villes d'Espagne : la légende chuchote même que c'est Hercule qui l'aurait fondée. Plus sérieusement, on ignore si Barcelone était habitée avant la période romaine, mais certains historiens émettent l'hypothèse de l'établissement d'un camp vers 230 av. J.-C. par le Carthaginois Hamilcar Barca (le papa du célèbre Hannibal), sur la colline de Montjuïc. C'est lui qui aurait donné son nom à la ville.
Les Romains fondent en tout cas une ville autour du mont Taber, au Ier s av. J.-C. : les vestiges de la muraille et des colonnes, que l'on voit dans le Barri Gòtic actuel, montrent que cette colonie, nommée Barcino, prospérait et tirait ses revenus de la pêche et de la production agricole.

## Les invasions

Rome tremble ? Voici les Alamans et les Francs qui arrivent pour chasser ses légions ; entre 260 et 270 apr. J.-C., Barcelone et Tarragone sont dévastées. Pendant 1 siècle et demi, la Catalogne est envahie et occupée successivement par des hordes de « barbares » en provenance du nord ou de l'est ; barbares germaniques (les ***Suèves***) ou originaires d'Asie centrale : Alains, Vandales (dont certains historiens pensent – hypothèse controversée ! – qu'ils ont laissé leur nom au sud du pays, la Vandalousie, l'Andalousie actuelle). Puis les ***Wisigoths*** déboulent en 413, repoussant les Suèves vers l'ouest (le Portugal actuel) et les Vandales (dans lesquels s'étaient fondus les Alains) en Afrique du Nord. En 711, un jeune guerrier berbère, Tarik, franchit le détroit qui désormais portera son nom (Gibraltar, de l'arabe *Djebel Tarik,* la montagne de Tarik) et entame sa progression vers le nord. En 715, c'est au tour des musulmans de s'approprier Barcelone, en la rebaptisant au passage Barjalonah. Puis Louis le Pieux, fils de Charlemagne, s'empare de la ville en 801. Les Carolingiens établissent un réseau de comtés avec, à leur tête, des vassaux originaires de la région. Barcelone devient une ville frontière dans la marche d'Espagne, cette ***zone tampon*** au sud des Pyrénées, destinée à servir de bouclier en cas d'éventuelles invasions.

## Naissance d'une autonomie

Attardons-nous sur un personnage important et, pour tout dire, assez rigolo. C'est le fils du comte d'Urgell, nommé Guifré el-Pilòs, c'est-à-dire ***Guifred le Velu*** (qui portait remarquablement son nom...). Né en 865, ce joyeux drille conquiert avec ses frères les bastions catalans voisins, dont Barcelone. Il crée de nombreuses fondations religieuses dans la ville et la région.
En 988, Borrell II, comte de Barcelone, décide de rompre avec le régime de vassalité qui le liait jusque-là à Hugues Capet, roi des Francs. C'est le 1er acte d'autonomie catalane ! Son comté agit alors en toute indépendance, en resserrant les liens avec les comtés voisins. Au XIIe s, le mariage de ***Raymond Béranger IV,*** comte de Barcelone, avec Pétronille d'Aragon donne naissance à la Confédération catalo-aragonaise.
Durant le règne de Jacques Ier (1213-1276), la Confédération

### LA SAINTE (?) INQUISITION

*Cette redoutable machine à tuer n'est pas une invention espagnole. Face à la montée des hérésies qui refusaient l'autorité papale, le pape Grégoire IX utilisa, dès 1231, les dominicains pour tenir ces tribunaux religieux. Il s'agissait de torturer pour faire avouer et condamner au bûcher. Les victimes comptaient majoritairement des femmes (les moines étaient plutôt misogynes) et des riches (l'Église récupérait leurs biens !).*

devient une grande puissance méditerranéenne : elle annexe en effet Majorque en 1229, Valence en 1238, la Sicile en 1282, la Corse en 1297. Voilà d'ailleurs pourquoi on parle des variantes de catalan dans les îles Baléares et à Valence. Au XIVe s, il y aura aussi l'annexion de la Sardaigne (1323) et des territoires grecs d'Athènes et Néopatrie (1387). Puis Naples tombe dans l'escarcelle de la Confédération. En fait, chaque possession garde son autonomie et ses institutions. Ce qui fait la richesse de la région, ce sont les échanges commerciaux des marchands catalans avec les pays du nord de la Méditerranée, mais aussi l'Afrique et le Proche-Orient. C'est sous le règne de Pierre III le Cérémonieux, à la fin du XIVe s, que se forme la ***Generalitat,*** organisme délégué des *Cortes* (assemblées) : elle exerce des fonctions exécutives en matière de droit, de politique et de finances.
L'autonomie s'est aussi affirmée avec la Reconquête. La présence musulmane fut de courte durée en Catalogne et n'a pas concerné les vallées pyrénéennes. Ces dernières participèrent activement à la Reconquête. Si on a retenu les grands noms, ce furent souvent les seigneurs locaux qui s'illustrèrent dans l'entreprise. Ainsi les comtes d'Urgell, qui reprirent Balaguer, frontière nord d'Al-Andalus.

## Le déclin

C'est vers le milieu du XVe s que 2 événements historiques marquent le déclin de la Catalogne. En 1469, le mariage d'Isabelle de Castille et de Ferdinand d'Aragon annonce un début d'unité entre les 2 royaumes les plus prospères de l'Espagne, la Castille et la Confédération catalo-aragonaise. Et la découverte de l'Amérique déplace les échanges commerciaux vers l'Atlantique, au détriment de la Méditerranée. Or, la monarchie interdit à ses sujets catalans le commerce avec l'Amérique : ils se trouvent alors exclus de juteuses opérations économiques. Malgré tout, jusqu'à la fin du XVIIe s, la Generalitat parvient à maintenir sa souveraineté politique et juridique : la Catalogne conservera jusqu'au début du XVIIIe s une monnaie, une langue et un système fiscal propres.

### DES BANQUEROUTES SURPRENANTES

*Au XVIe s, grâce à l'afflux d'or et d'argent, l'Espagne devint le pays le plus riche du monde. Mais Philippe II, fils de Charles Quint, dépensait sans compter : construction de palais et, surtout, guerres sans fin contre les Ottomans, les Français, les Flamands... Son « Invincible Armada » fut défaite par les Anglais. De nombreux navires transportant les trésors sud-américains furent interceptés par les corsaires. Et par 3 fois, malgré ses revenus insensés, le roi ne put payer ses dettes.*

En 1640 éclate la ***revolta dels Segadors*** (« révolte des Moissonneurs »), 1er épisode d'une guerre contre le roi d'Espagne qui durera 12 ans et se terminera quand la Catalogne, exsangue, déposera les armes. En 1705, elle est impliquée dans un conflit international : la guerre de Succession au trône d'Espagne. En effet, à la mort de Charles II, 2 prétendants se disputent la Couronne : Philippe d'Anjou, petit-fils de Louis XIV, et l'archiduc Charles d'Autriche. Les Catalans soutiennent ce dernier les armes à la main, et essuient une sérieuse défaite lors du siège de Barcelone en septembre 1714. Philippe d'Anjou est intronisé roi d'Espagne sous le nom de Felipe V et instaure le décret de Nova Planta, un ensemble de décrets qui abolissent les structures juridiques et administratives de la Catalogne (le revers de la médaille, lorsque l'on parie sur le mauvais cheval...). Il supprime la Generalitat et érige un énorme fort, la Ciutadella, pour surveiller la ville. Le catalan est interdit dans l'administration, la justice et l'enseignement, au profit du castillan. La Catalogne, bon gré mal gré, est soumise à la monarchie espagnole.

## Croissance industrielle…

Malgré tout, Barcelone ne perd pas courage : une croissance s'amorce, et l'on aménage – à partir de 1753 – le quartier ouvrier de la Barceloneta. En 1778, la levée de l'interdiction de commercer avec l'Amérique stimule l'économie de la ville et de toute la Catalogne. Au début du XIXe s, la ***guerra del Francès*** (la « guerre du Français », le Français en question étant, bien sûr, Napoléon) marque douloureusement la ville et la région. Vers 1830, Barcelone développe l'industrie du liège tandis que la viticulture prend son essor, avant que les guerres dites « carlistes » ne freinent une nouvelle fois le développement économique de la région. Les « carlistes », ce sont les partisans de Charles de Bourbon, qui se proclame héritier de son frère Ferdinand VII, puisque celui-ci n'a qu'une fille, Isabelle. À la mort du roi, la guerre civile éclate, les carlistes contre les pro-isabelliens. Il faut attendre 1839 pour que les droits de la reine soient officiellement reconnus.

## … et misère ouvrière

L'industrialisation de la Catalogne reprend son essor, on importe d'Angleterre de nouvelles machines à tisser, les machines à vapeur prennent le relais des chevaux. Mais on vit très mal dans les quartiers populaires. Les salaires ont beau être plus élevés qu'à Madrid, les ouvriers vivent dans des logements insalubres et exigus, les enfants sont mal nourris et mal soignés : les multiples révoltes qui éclatent régulièrement sont généralement réprimées dans le sang. En 1843, Barcelone sera bombardée du haut de la colline de Montjuïc, après plus de 2 mois de grèves et de manifestations menées entre autres par les anarchistes. À côté de cela, les industriels comme ***Eusebi Güell,*** le mécène de Gaudí, tentent d'inventer des systèmes un peu plus humains, quoique très paternalistes, pour les ouvriers. Ils créent des *colònies industrials.* Celle de Güell est située à Santa Coloma de Cervelló, sur les rives du Llobregat, et a été construite en partie par Gaudí. L'usine, les maisons des ouvriers, l'église, l'école et la maison du directeur sont réunies à l'intérieur d'une même enceinte, et les enfants bénéficient d'un enseignement gratuit.

## Extension et Exposition universelle

Au milieu du XIXe s, la superficie de Barcelone était de 427 ha tandis que Paris s'étendait sur 7 802 ha et Londres sur 31 685 ha. La population augmentant de 28 % par an, le problème de l'habitat devint une effrayante réalité sociale. Les gens vivaient entassés dans des taudis insalubres. Il fallait d'urgence agrandir la ville. Comment ?

Un concours destiné à ébaucher les plans futurs de la ville est ouvert en 1859. C'est finalement le projet d'Idelfons Cerda qui est retenu pour l'***Eixample*** (l'Extension). Avec son quadrillage régulier, il était, sur le papier, aéré par des jardins publics et des parcs. Hélas, la spéculation immobilière aidant, les espaces verts furent peu à peu grignotés pour faire place à de superbes maisons bourgeoises, parfois de style moderniste. La ville en profita pour accueillir l'Exposition universelle de 1888, une folie financière qui faillit la laisser sur la paille, Madrid ayant accordé une subvention dérisoire à sa vieille rivale. L'avingunda del Paral-lel, le monument à la gloire de Christophe Colomb, et l'arc de triomphe sont édifiés à cette époque.

## La *Renaixença*

Sur cette lancée, Barcelone va mieux : elle exporte du vin et du liège un peu partout dans le monde. Et investit les bénéfices dans l'industrie textile, qui devient le moteur de l'économie catalane. Mais, surtout, un mouvement littéraire et social naît au milieu du XIXe s : la *Renaixença,* en même temps que le romantisme européen. Il verra fleurir des poèmes, des journaux et des magazines écrits en catalan, les intellectuels donnant ses lettres de noblesse à une langue qui n'était jusque-là que parlée, car interdite dans l'enseignement et l'administration. C'est le réveil de la « catalanitude ». Le mouvement se veut social, allant de pair avec l'émergence de syndicats. C'est aussi la naissance du modernisme, ce mouvement artistique dont Barcelone a été le plus beau théâtre (voir plus haut la rubrique « Architecture et design »).

## Anarchie, grèves et coup d'État

Mais revenons aux anarchistes. Il semble que les Catalans aient été séduits par leurs thèses, bien plus que par celles des socialistes : leur volonté d'autonomie trouvait un écho dans le projet anarchiste de municipalités indépendantes et souveraines. Jusqu'au début du XXe s, la ville sera le théâtre d'attentats anarchistes : on la surnomme même la « Rose de Feu » à cause des explosions et bombes en tout genre. Précisons qu'il faudra attendre 1907 pour que la journée de travail des femmes soit réduite à 11h et que l'emploi des enfants de moins de 10 ans soit interdit.

Le prolétariat de Barcelone augmente : la ville passe de 115 000 habitants en 1800 à 500 000 en 1900, accueillant les paysans pauvres de Catalogne et d'autres régions d'Espagne, sans compter les quelques immigrants de Cuba et Porto Rico dépossédés par les États-Unis qui s'étaient emparés des dernières colonies espagnoles. En 1909, Madrid décidant une nouvelle mobilisation des Barcelonais pour aller rétablir l'ordre au Maroc, le peuple se révolte et c'est la ***Semana trágica*** (« Semaine tragique ») : des dizaines d'édifices religieux sont saccagés, et plusieurs ouvriers exécutés en représailles.

En 1914 est créée la ***mancomunitat de Catalunya,*** qui réunit les 4 provinces catalanes, un parlement sans pouvoir réel qui exige néanmoins la création d'un État catalan au sein d'une fédération espagnole. Des grèves terribles éclatent dans les années 1919-1920, à tel point que l'état de guerre est déclaré à Barcelone et que 229 personnes y trouvent la mort. Le coup d'État du capitaine général de Catalogne, Miguel Primo de Rivera, impose une dictature de 7 ans à l'Espagne tout entière. Il interdit la *mancomunitat,* le puissant syndicat anarchiste CNT, et même le football-club de Barcelone (!), trop symbolique. C'est lui qui appuie la candidature de la ville pour accueillir une nouvelle Exposition universelle, qui a lieu à Montjuïc en 1929. L'effarant Palau nacional, édifice néoclassique immense et pompeux, est édifié en un temps record pour accueillir les cérémonies d'ouverture. On en fera plus tard le museu nacional d'Art de Catalunya.

## La guerre civile

À la chute de Rivera en 1930, et après la formation de la 2de république d'Espagne en 1931, les nationalistes catalans de gauche (ERC), conduits par Francesc Macià, un personnage populaire et charismatique surnommé Avi (« Grand-Papa ») par les Catalans, et Lluís Companys, proclament la république de Catalogne ! Un nouveau gouvernement régional, la Generalitat, est créé. Mais il s'agit d'un monstre de papier. Madrid tient encore les rênes du pouvoir. Ce n'est pas encore, loin s'en faut, l'autonomie tant désirée. À la mort du président Macià, c'est ***Lluís Companys*** qui lui succède et proclame à nouveau l'État catalan de la fédération espagnole. Madrid répond en condamnant les membres de la Generalitat à 35 ans de prison... Lorsque le *Frente popular* remporte

### L'ESCADRILLE ESPAÑA

*Les forces antifranquistes n'ayant pas d'aviation, Malraux s'engagea vite dans la guerre d'Espagne. En quelques semaines, il récupéra 25 avions pour créer l'escadrille España, aidé par un inconnu, un certain Jean Moulin. Ne sachant pas piloter, Malraux savait cependant commander et, surtout, convaincre. Il participa directement à 65 opérations aériennes. Respect.*

les élections, en 1936, la Generalitat est restaurée, et les prisonniers libérés : la Catalogne bénéficie, pour peu de temps, d'une réelle autonomie.
Mais Franco, qui a soulevé l'armée d'Afrique au Maroc, et rallié à lui nombre de places militaires en Espagne, dont celle du quartier de Pedralbes à Barcelone, étouffe ce fragile espoir. En mars 1938, les nationalistes franquistes lancent une offensive en Aragon, et le front de l'Èbre devient le théâtre de batailles sanglantes et atroces. Mal armées, mal équipées, les forces catalanes en déroute abandonnent la ville fin 1938 aux nationalistes.

## L'ère Franco

200 000 Catalans choisissent l'exil, près de 200 000 autres sont tués lors d'une impitoyable répression. Companys, réfugié en France, sera livré aux autorités espagnoles par la Gestapo et fusillé sur la colline de Montjuïc. L'ère Franco signifie un sévère tour de vis pour les Catalans : le catalan est banni des écoles, interdit dans la rue ; même la sardane est prohibée. Toutefois, les Catalans ne sont pas tous hostiles au régime franquiste : de nombreuses familles de la bourgeoisie adoptent le castillan, et l'Église coopère le plus souvent. Parmi les opposants, le docteur Jordi Pujol, emprisonné en 1960 pour avoir chanté un air catalan au cours d'une visite de Franco à Barcelone. 3 ans plus tard, il fonde une banque pour soutenir l'économie catalane.
Pendant les dernières années du régime franquiste, l'opposition s'organise : l'***assemblea de Catalunya*** est créée en 1971. Les militants, nombreux et actifs, se réunissent pour scander « Amnistie, Liberté, Autonomie » et chanter à pleins poumons la chanson de Lluís Llach, *L'Estaca* (« Le Pieu »). Mais c'est la maladie, et non les opposants, qui aura raison du vieux dictateur : il s'éteint le 20 novembre 1975.

### FRANCO EST NUL !

*Pour sa succession, le dictateur se méfiait de Juan de Bourbon, le roi en titre, à cause de ses idées démocratiques. Il préféra donc son fils, Juan Carlos, et son éducation fut assurée par des professeurs bien franquistes. L'élève cacha bien son jeu, et Juan Carlos succéda donc à Franco à sa mort. En instaurant la démocratie, le jeune roi tourna définitivement la page noire du franquisme.*

## La révolution olympique

Le 2d événement qui va bouleverser la vie des Catalans a lieu 7 ans plus tard. En 1982, Barcelone est choisie pour accueillir les Jeux olympiques de 1992. Pour la ville, c'est l'occasion de se faire connaître des investisseurs, de construire des hôtels et d'améliorer ses infrastructures. Le slogan *Barcelona, posa't guapa* (« Barcelone, fais-toi belle ») s'affiche partout, et la ville tout entière résonne de coups de truelle et de marteaux-piqueurs. Elle ravale ses façades, nettoie ses rues, ses plages, réorganise et agrandit son port. Comme une cocotte sans couvercle, la métropole bouillonne d'une intense activité culturelle et artistique.
Autre conséquence des Jeux olympiques : le développement du tourisme. Durant 15 jours, Barcelone s'offre une vitrine médiatique inégalable. Les images de fête retransmises à travers le monde entier suffisent alors à en faire en quelques années une destination touristique urbaine incontournable, au même titre que Londres, Florence ou Amsterdam. Depuis, la capitale catalane continue d'exprimer son dynamisme au travers de nombreuses manifestations.

## L'autonomie, enfin !

Aujourd'hui, l'Espagne est divisée en 17 « régions et nationalités autonomes » *(comunidades autónomas)* qui disposent, grâce notamment à la pression des Basques et des Catalans, du droit de se gouverner. Si le gouvernement autonome de la Catalogne (la Generalitat) a les mains libres pour la culture, l'urbanisme, le commerce, le tourisme et les affaires sociales, il partage le pouvoir en ce qui concerne les transports et l'énergie, par exemple. Il perçoit directement des impôts spécifiques, plus un tiers de l'impôt sur le revenu auprès de l'État. Une autonomie encore renforcée par l'adoption par référendum, en 2006, d'un nouveau statut.

Mais cette autonomie a encore franchi un pas avec la création de l'eurorégion Pyrénées-Méditerranée regroupant les régions Occitanie, Catalogne et les îles Baléares. La signature en 2008 de la convention du Groupement européen de coopération territoriale permet même, désormais, à la Catalogne de mettre en œuvre des projets de coopération territoriale cofinancés par l'Union européenne. L'un des exemples les plus marquants est la création du premier eurocampus. Plus de 510 000 étudiants, répartis dans 22 universités, bénéficient d'une synergie commune, unique en Europe. Une belle auberge espagnole !

## MATCH BARCELONE-MADRID

Comme toutes les vieilles querelles, l'antagonisme Barcelone-Madrid remonte à la nuit des temps. En 1640, Barcelone se soulève déjà contre la tentative de centralisation de l'État de Felipe IV. Au XIXe s, le pouvoir bombarde la ville à plusieurs reprises du haut du château et de la citadelle de Montjuïc, symboles toujours détestés des Barcelonais.

Madrilènes fainéants, vivant aux crochets du pays, contre Barcelonais égoïstes et radins mais vivant de leur travail, l'antipathie, en plus de se nourrir de caricatures, a parfois quelque chose de pathologique. Et l'ère de Franco n'a rien arrangé. Les Catalans paranos soupçonnèrent longtemps Madrid de vouloir transformer la province en une terre de paysans et de bergers pour éviter toute contestation...

De tout temps, les clubs de foot furent à couteaux tirés : dans les années 1920, le stade de Barcelone fut fermé car on y chantait l'hymne national catalan. Et le Barça n'a jamais pardonné au Real de lui avoir piqué, dans les années 1950, un joueur de légende, l'Argentin Di Stefano, qui permit à la capitale de rafler la Coupe d'Europe des clubs champions 5 années de suite, de 1956 à 1960... Bon, depuis, les 2 clubs sont définitivement entrés dans la légende du foot, surtout depuis un certain Messi au Barça et un certain Zidane au Real... Et la rivalité continue !

À part ça, Barcelone se plaint du peu d'empressement de Madrid à l'aider à éponger ses dettes des Jeux olympiques, et à investir dans les infrastructures (aéroport, etc.). Quant à certains Madrilènes « expatriés » à Barcelone, ils pestent de voir leurs enfants obligés d'apprendre le catalan à l'école. Et les 2 villes se tirent la bourre comme des gamines pour savoir qui immatricule le plus de voitures par an !

## MÉDIAS

### Votre TV en français : TV5MONDE, la première chaîne culturelle francophone mondiale

Avec ses 11 chaînes et ses 14 langues de sous-titrage, TV5MONDE s'adresse à 370 millions de foyers dans 198 pays par câble, satellite et sur IPTV et est présent dans plus de 3 millions de chambres d'hôtels. Vous y retrouverez de l'information, du cinéma, du divertissement, du sport, des documentaires...

Préparez votre séjour grâce à son site voyage ● *voyage.tv5monde.com* ● et, sur place, restez connecté avec les applications et le site ● *tv5monde.com* ● Demandez à votre hôtel le canal de diffusion de TV5MONDE et contactez ● *tv5monde.com/contact* ● pour toutes remarques.

## Presse

Les 2 grands quotidiens nationaux, ***El Mundo*** (1,2 à 1,3 million de lecteurs), de sensibilité libérale droitière, et ***El País*** (2 millions), plus à gauche, n'atteignent ces chiffres de diffusion que grâce à leurs éditions régionales (15 pour le 1er, 7 seulement pour le 2d). Dans tous les cas, ils sont désormais dépassés par certains gratuits, au 1er titre desquels *20 Minutos* (2,4 millions de lecteurs). Dans les hôtels, les restos, les campings, les quotidiens régionaux se taillent la part du lion, et, le plus souvent, on ne trouve qu'eux. Mais ils dépassent rarement les 200 000 exemplaires et ne s'intéressent guère qu'à l'actualité d'une ou 2 provinces. D'où une foultitude de titres. Pour la plupart, ils traitent avec soin des nouvelles internationales (surtout européennes, en fait) et nationales, mais y ajoutent d'innombrables pages locales. Pour le voyageur, ce peut être une aubaine : le moindre événement, le moindre concert, la moindre foire artisanale ou le moindre marché est signalé. Ajoutons les annonces publicitaires, les agendas culturels souvent très détaillés (cinés, spectacles...), les pages TV... Bref, une mine d'infos, même si, il faut bien le dire, elle est encore plus conservatrice que la presse régionale française.
Les poids lourds de la presse catalane sont la ***Vanguardia*** (fondé en 1881, de centre droit) et le ***Periódico de Catalunya*** (centre gauche), tous deux imprimant 2 éditions, l'une en catalan et l'autre en castillan. Ce qui n'empêche pas de trouver une multitude de titres locaux en catalan, dont la diffusion ne dépasse pas le périmètre d'une ville.
Côté magazines, la presse people caracole en tête derrière le vétéran ***¡ Hola !*** et ses 730 000 exemplaires. Les concurrents sont nombreux : ***Semana, Diez minutos, ¿ Qué me dices ?...*** La presse people espagnole fouille nettement moins dans les poubelles que ses homologues européens. Certes, on y parle des top models et de Caroline de Monaco, mais, ce qui plaît aux Espagnols, ce sont les infos (pas les ragots) sur les *toreros,* les grands chanteurs de flamenco et les rejetons de la noblesse (la famille royale d'Espagne en particulier). Bref, la tendance serait plus *Point de vue* que *Gala.* En fait, c'est un bon moyen d'entrer dans la société espagnole par la (toute petite) porte.

## Télévision

Une surprise : les petits tirages de la presse TV. *Teleprograma,* le leader, plafonne à 250 000 exemplaires. Les Espagnols regarderaient-ils peu la télé ? Certes non, ils sont même les champions cathodiques d'Europe. Au programme : séries, jeux, documentaires, journaux télévisés et films.
TVE 1 et TVE 2 sont des télés d'État, complétées par une offre de chaînes régionales assez peu regardées, sauf au Pays basque. Du côté des chaînes privées, on trouve Antena 3, Cuatro (version gratuite de Canal +), Telecinco (Tele 5, chaîne des reality-shows, des jeux et des potins) et La Sexta, ainsi que Digital + (payante, nom espagnol de Canal +). Les horaires des programmes sont indiqués dans le journal local, donc pas besoin de journal spécialisé. Sachez que les journaux télévisés suivent l'heure des repas (15h et 21h sur TVE 1). Les téléréalités et les émissions people battent des records d'audience depuis des années. La *telebasura* séduit avec des formats tels *Sálvame,* où, chaque après-midi, un groupe de collaborateurs tous plus trash les uns que les autres étripe l'intimité de célébrités de série B. Belén Esteban, ex-femme de torero et figure de la télé espagnole, est l'égérie de ce drôle de cirque qui a failli à plusieurs reprises être supprimé en raison des nombreuses plaintes de collectifs de téléspectateurs. Véritable phénomène de société, ce type d'émission contraste avec la qualité des reportages sur des sujets politiques et sociaux, dans lesquels les journalistes espagnols excellent.

## Radio

De ce côté-là, c'est un peu le bazar. Des centaines de miniradios inondent la bande FM. Pour écouter de la musique locale, c'est l'aubaine, sauf en voiture car le *cantaor* au *duende* fabuleux se trouve soudain remplacé par un débat sur la culture des olives au détour d'une colline. Des valeurs sûres : les stations de la radio nationale de España comme Radio Clásica ou la plus rock Radio 3.

# PERSONNAGES

– ***Ferran Adrià*** *(né en 1962)* **:** parcours singulier pour ce « cybersorcier des fourneaux » au nom souvent associé à la cuisine moléculaire. Après avoir fait la plonge dans un resto d'Ibiza, puis rassasié le mess des garnisons de Carthagène, il atterrit à 22 ans au resto *El Bulli* (à cala Montjoi, près de Roses) dont il fait, dans les années 2000, la table la plus connue du monde ! Dès ses débuts, il n'a cessé d'innover en commençant par tout déconstruire : aliments, cuisson, saveurs, textures, odeurs, formes. Grâce à l'informatique, chaque composant est entré dans une base de données qui lui permet de jouer à l'infini avec les mariages. « Il est le seul à inventer une cuisine que je ne sais pas faire », a dit Joël Robuchon au sujet de Ferran Adrià, qui devrait ouvrir à nouveau les portes d'*El Bulli,* en tant que centre de recherche gastronomique, après la pandémie de Covid.
– ***Ricardo Bofill*** *(né en 1939)* **:** cet architecte surdoué et séduisant a dessiné le nouvel aéroport de Barcelone, l'hôtel *W* à la pointe de la Barceloneta, le Palais national des congrès à Madrid, le quartier d'Antigone à Montpellier, la place de Catalogne ou encore celle du Marché-Saint-Honoré à Paris, et des HLM aux airs de châteaux forts. Il aime les villes néo-antiques, les immeubles à colonnes et les décors de théâtre dans lesquels on peut habiter. Il crée le *Taller de Arquitectura* en 1963, un atelier qui compte aujourd'hui une quarantaine de personnes.
– ***Montserrat Caballé*** *(1933-2018)* **:** cette cantatrice barcelonaise s'est révélée aux yeux du public néophyte par son duo avec Freddie Mercury, le défunt chanteur du groupe Queen. Sa grande technique vocale, l'étendue de sa tessiture et sa prestance lui ouvrent bien des rôles, des romantiques primesautières aux sombres vengeresses. C'est *Lucrèce Borgia,* au Carnegie Hall de New York, en 1965, qui la consacre véritablement auprès du public. Depuis sa retraite, elle s'implique très activement dans l'action humanitaire, et fait partie des Ambassadeurs de bonne volonté de l'Unesco.
– ***Pablo Casals*** *(1876-1973)* **:** violoncelliste, compositeur et chef d'orchestre né Pau Casals à El-Vendrell, près de Tarragone. À 12 ans, il quitte sa ville natale pour Barcelone et son école municipale de musique. C'est là qu'il découvre les *Six suites pour violoncelle seul* de Bach, qui vont bouleverser sa vie. En 1939, il fuit le régime franquiste et s'installe à Prades, dans les Pyrénées-Orientales, donnant des concerts au profit des réfugiés espagnols. Il refusera longtemps de jouer à l'étranger tant que les grandes nations n'auront pas aidé l'Espagne à retrouver sa liberté...
– ***La Chupa Chups* :** c'est au milieu du XIX^e^ s que Josep Bernat, un petit confiseur de Barcelone, invente le bonbon-caramel, une boule de sucre caramélisé. Dans les années 1950, son petit-fils Enric rachète la société *Granja Asturias,* productrice de pâtes de fruits, et commande une étude de marché : si les enfants raffolent de ses bonbons, les mamans les apprécient beaucoup moins, vu qu'ils salissent les mains et les habits de leurs chers petits ! Il trouve la solution : piquer ses caramels sur un bâtonnet. La première sucette est lancée sous le nom de « Gol », à cause de sa forme de ballon de foot, avant de s'appeler *Chups,* nom trouvé par une agence de pub locale en 1958. Dalí dessine son logo, la célébrissime marguerite, et les amateurs la rebaptisent « Chupa » (tétine, en espagnol). La petite sucette ronde, suçotée par des générations entières de gourmands, vendue dans plus de 160 pays (y compris la Chine et la Russie), atteint des ventes spectaculaires.

– ***Salvador Dalí*** *(1904-1989)* **:** né à Figueres, dans la province de Gérone, Dalí a une dette particulière envers Barcelone, car c'est dans cette ville qu'il montera ses premières expos, chez le galeriste Dalmau. Il y rencontre Miró, de 8 ans son aîné, qui le prend sous son aile. À Paris, il est sous son parrainage amical, et celui de Picasso. Miró lui fait connaître les surréalistes, dont Dalí deviendra une figure de proue... avant de se fâcher avec eux ! Outre la peinture, le maître de l'excentricité touche à tout : il coécrit des scénarios avec Luis Buñuel *(Un chien andalou),* se lance dans des happenings, tourne une pub pour les pralinés Lanvin (grand moment de télé)... mais reste inlassablement fidèle à sa femme et muse, Gala. Contrairement à Picasso ou à Miró, il ne critiquera jamais ouvertement le pouvoir franquiste et fera même, à la fin de sa vie, un éloge du Caudillo. D'ailleurs, voici en quels termes Dalí parlait de Picasso : « Picasso est espagnol. Moi aussi. Picasso est un génie. Moi aussi. Picasso est communiste. Moi non plus ! » L'État espagnol est devenu à sa mort son héritier universel, un héritage estimé à quelque 850 millions de francs de l'époque. Le teatre-museu Dalí de la ville de Figueres, où il naquit et passa ses dernières années, demeure un des musées les plus visités d'Espagne après le Prado, à Madrid, et représente une des étapes du « triangle dalínien » en Catalogne.

### LE SECRET DE DALÍ

*Pour sa moustache, Dalí s'inspira de Velázquez, qu'il admirait car riche, célèbre et vénéré par les puissants. En fait, pour l'allonger, il ajoutait des cheveux collés avec de la cire. Grâce à cette moustache, personne ne l'oubliait, même avant qu'il ne soit célèbre.*

– ***Salvador Espriu*** *(1913-1985)* **:** né à Santa Coloma de Farners (Gérone), l'une des plumes catalanes parmi les plus emblématiques du XX^e s. Profondément marqué par la mort subite de son frère et de sa sœur, tenaillé lui-même par la rage du sursitaire (il échappe à la grande faucheuse à l'âge de 10 ans) : la mort et le repli sur soi émaillent la 1^re partie de son œuvre. Puis l'auteur parvient à se défaire de cette obsession et appelle à la lutte, notamment contre le franquisme. Son message d'espoir connaîtra un retentissement considérable en Catalogne.

– ***Antoni Gaudí*** *(1852-1926)* **:** il paraît que Picasso le détestait. Pourtant les œuvres de l'architecte sont devenues l'emblème de Barcelone (qui l'a largement fêté en 2002 pour le 150^e anniversaire de sa naissance) ! Gaudí étudia l'architecture et la philosophie, ce qui explique cette fusion de la technique et du spirituel. Il dépassa rapidement le rationalisme d'un Viollet-le-Duc pour se lancer dans une œuvre de visionnaire qui inquiéta quelque peu ses contemporains. Il puisa dans toutes les sources offrant l'occasion d'enrichir son inspiration : architecture du passé, procédés techniques et utilisation des matériaux, exploitation de toutes les possibilités du végétal, pour aboutir à des formes dynamiques et originales, audacieuses pour l'époque, et qui font de lui l'un des plus grands architectes de tous les temps. Ce n'est pas par hasard si 7 de ses œuvres ont été classées « Biens culturels du Patrimoine mondial » : le palau Güell, le park Güell, les casas Milà (connues comme la Pedrera), Vicens et Batlló, la façade de la Nativité, la crypte de la Sagrada Família et la crypte de la Colònia Güell. Celui qui devait mourir en 1926 sous les roues d'un tramway consacra les dernières années de sa vie à son chef-d'œuvre inachevé, la Sagrada Família, allant même jusqu'à dormir sur le chantier ! Comme les cathédrales de naguère, la construction de la Sagrada risque de durer encore un bon demi-siècle, d'autant que les plans ont disparu dans un incendie. Pendant longtemps encore, on la visitera dans la poussière et les étincelles des soudeurs.

– ***Lluís Llach*** *(né en 1948)* **:** les Catalans disent de ce chanteur septuagénaire qu'il a le *duende,* un frisson dans la voix, un supplément d'âme qui touche et donne la chair de poule. Il est LE chanteur catalan et ses concerts attirent 100 000 personnes au stade Nou Camp.

– ***Sergi López*** *(né en 1965)* **:** acteur fétiche de Manuel Poirier (avant *Western,* il avait tourné 4 films avec ce réalisateur). Si c'est donc en France qu'il a fait sa 1re apparition à l'écran, il est avant tout catalan et fier de l'être. Sa brillante prestation dans *Harry, un ami qui vous veut du bien,* de Dominik Moll, fut à juste titre récompensée par le césar du meilleur acteur en 2001. Depuis, Sergi López se partage entre cinéma et théâtre.

## CHANTER, C'EST RÉSISTER !

*Franco avait interdit de parler la langue catalane en public... mais avait oublié de la prohiber dans les chansons ! Lluís Llach, chanteur engagé, a toujours milité pour la Catalogne autonome et chanté en catalan. Il dut pourtant s'exiler à Paris en 1970 après avoir été déclaré « chanteur interdit » sous Franco. Sa chanson L'Estaca (« Le Pieu ») devint l'hymne de la résistance antifranquiste. Il a même refusé un contrat mirifique de CBS qui lui demandait de chanter en espagnol.*

– ***Xavier Mariscal*** *(né en 1950)* **:** dit « Mariscal ». Né à Valence mais son cœur bat pour Barcelone ! C'est la ville qu'il adopte pour y mener une carrière de créateur tous azimuts : souvenez-vous, la mascotte Cobi, rendue célèbre lors des J.O. de 1992, c'est lui. Mais c'est lui aussi qui signe un dessin animé iconoclaste, *Los Garriris,* avec ses héros vagabonds, lui encore qui imagine un tabouret aux pieds ondulés ou une affiche à la gloire de la ville, avec ce slogan « Bar-cel-ona » (en catalan : « Bar, ciel, vague »). Il fait également partie des talents qui ont investi le Palo Alta, dans le Poblenou, réanimant ainsi la vieille friche industrielle de Barcelone.

– ***Eduardo Mendoza*** *(né en 1943)* **:** cet auteur barcelonais cultive son image de provocateur gentleman. Titilleur professionnel mais loyal, dans *La Vérité sur l'affaire Savolta,* il s'étend à loisir sur la bourgeoisie et les anarchistes de l'année 1917. Il sait aussi souligner le fait que les fortunes colossales de la cité catalane se sont bâties sur l'indigence du petit peuple de la *Ville des prodiges,* ou encore vitupérer contre la Catalogne à l'heure du franquisme *(L'Année du déluge).*

– ***Joan Miró*** *(1893-1983)* **:** il a passé son enfance carrer de Ferran, en plein centre de Barcelone, bercé par les tic-tac familiers des mécanismes chers à son horloger de père. Très vite, Miró comprend que son goût pour les formes abstraites, les explosions de couleurs, détone et détonne ! Son passage aux cours de la Llotja, où il est mal noté par ses professeurs, en témoigne. Il rencontre Gaudí au Cercle artístic de Sant Lluc, avant de partir pour Paris, à l'instar de ses amis peintres : c'est là qu'il rencontre Picasso, de 12 ans son aîné, avant de revenir à Barcelone au début de la Seconde Guerre mondiale. Pendant la guerre civile, il se bat avec ses affiches pour seules armes, afin d'alerter l'opinion internationale, de même qu'il soutiendra la cause catalane pendant la période du franquisme.

– ***Manuel Vázquez Montalbán*** *(1939-2003)* **:** l'écrivain est né dans une Barcelone qui se remettait tout juste des drames de la guerre civile. Son père étant originaire de Galice, Montalbán écrit en castillan, la langue de sa famille, mais reste un ardent défenseur de la culture catalane, avec « une certaine distance émotionnelle » en plus. Journaliste, poète, romancier et même chroniqueur gastronomique, il s'engage en politique aux côtés du PSUC (parti socialiste unifié catalan à sensibilité communiste). Il reçoit quelques-uns des plus grands prix littéraires, comme le Planeta (équivalent du Goncourt français) en 1979 et le Grand Prix de littérature policière en 1981. Son héros fétiche, Pepe Carvalho, connaît Barcelone comme sa poche, et son péché mignon, entre 2 enquêtes désabusées, est de mitonner quelque succulente recette catalane ou de partir en balade autour du monde... Tout comme Montalbán, qui s'est d'ailleurs éteint à l'aéroport de Bangkok. Voir aussi notre rubrique « Barcelone utile. Livres de route ».

– ***Pablo Picasso*** *(1881-1973)* **:** Picasso est né à Málaga, en Andalousie, mais sa 1re expo, il la monte à Barcelone, sur les murs du café *Els Quatre Gats,* un peu l'équivalent de notre *Chat Noir* montmartrois. Lorsque le jeune Pablo arrive à Barcelone, il a 14 ans. Il habite alors avec ses parents carrer de la Mercè, près des quais, puis suit les cours de l'école des beaux-arts de la Llotja, où son père est professeur. On peut voir des œuvres de jeunesse, des scènes de rue, des croquis de pigeons de l'élève Picasso au musée qui porte son nom dans le quartier Ribera. Si son style s'est affirmé à Paris, Picasso a toujours aimé Barcelone, laquelle, avec ses rues vivantes, son port, ses carrioles et ses chevaux, a été sa 1re source d'inspiration.

– ***Jordi Pujol*** *(né en 1930)* **:** ce « Napoléon catalan » (selon certains), à la fois fort en gueule et rusé, a dominé la scène politique catalane durant 23 ans, de 1980 à 2003. Il se fait remarquer dès 1960 en chantant le *Cant de la Senyera* (l'hymne au drapeau catalan) devant le Caudillo. Franco n'a pas l'humeur badine, et Pujol écope de 7 ans de prison. Il ne purge pas sa peine jusqu'au bout et reprend son « activité » de résistant au sein de la *Banque catalane* fondée par son père en 1959. Son leitmotiv ? *Fer país,* construire le pays, sous-entendu le pays catalan. En 1974, Pujol fonde le parti Convergència i Unió (CIU). Dès lors, plus rien ne semble l'arrêter, pas même un scandale de malversations financières. De 1980 à 2003, il préside la Generalitat et représente, avec ses 16 députés, 5 % des voix espagnoles : il devient l'allié incontournable des divers gouvernements. Ex-président de l'Assemblée des régions d'Europe, cet homme de terrain a réussi à imposer, en 1983, que le catalan soit généralisé à l'ensemble de la province, et son enseignement obligatoire à l'école primaire. Il n'était pas seulement le gouverneur de Catalogne, il en est le symbole, son incarnation. En 2003, à 73 ans, il préfère se retirer du devant de la scène et passer la main à la nouvelle génération.

– ***Jordi Savall*** *(né en 1941)* **:** né à Igualada, dans la province de Barcelone, ce violiste (entendez par là « joueur de viole ») étudie au conservatoire de Barcelone puis à Bâle, en Suisse, où il remet au goût du jour la viole de gambe, instrument du XVe s tombé dans les oubliettes, et recrée un répertoire allant du Moyen Âge au XIXe s. Considéré comme l'un des plus grands interprètes de viole de gambe, il participe activement aux bandes originales des films *Tous les matins du monde* (1992), d'Alain Corneau, *Jeanne la Pucelle* (1993), de Jacques Rivette, et *Marquise* (1997), de Vera Belmont, pour n'en citer que quelques-uns...

– ***Antoni Tàpies*** *(1923-2012)* **:** Tàpies et ses toiles non figuratives, ses sculptures étranges et non dénuées d'humour, sont une création toute barcelonaise. Dans les années 1950, ce jeune artiste était considéré comme l'héritier de Miró, car il faisait preuve, comme lui, d'un tempérament inquiet et novateur. Sa fondation, carrer Aragó, dans le quartier de l'Eixample, abrite une collection permanente de son œuvre.

– Et n'oublions pas les champions de tennis ***Sergi Bruguera*** et ***Arantxa Sánchez-Vicario*** ; le ténor ***José Carreras*** ; les écrivains ***Jaume Cabré*** (dont les remarqués *Les Voix du Pamano* ou *Confiteor),* ***Carlos Ruíz Zafón*** (voir « Livres de route » dans « Barcelone utile » en début de guide), malheureusement décédé en 2020, ou ***Victor del Árbol,*** distingué par de nombreux prix, auteur de polars très sombres qui revisitent l'histoire récente de la Catalogne et de l'Espagne.

## POPULATION

Le Catalan est le résultat d'invasions successives, depuis les Phéniciens jusqu'aux Arabes, en passant par les Grecs et les Romains. Et n'oublions pas les influences glanées en Italie et en Sicile... Un peuple avec une tradition et une culture richement diversifiées. Contrairement aux Basques, les Catalans ont forgé leur identité culturelle à l'aune de leur propre histoire et non dans la recherche d'une quelconque homogénéité ethnique. Comme eux, en revanche, ce sont de grands navigateurs, qui ont développé très tôt un sens aigu du commerce et de la finance ; ils parcoururent les pays méditerranéens, et parfois s'y installèrent. Ce n'est pas un hasard si Barcelone et Bilbao sont aujourd'hui les 2 grands ports espagnols.
Si vous interrogez un Catalan sur les particularités de son peuple, il ne résiste pas bien longtemps à vous révéler le secret des gens d'ici : un savant dosage de *seny*

(le bon sens) et de *rauxa* (la démesure, la folie des grandeurs). Et de vous citer Dalí, Gaudí ou Bofill comme exemples de cet étonnant cocktail qui fait tout le charme du caractère catalan !

Il vous dira encore qu'il se sent plus européen qu'espagnol. Cela dit, à côté de ces Catalans « de souche », on trouve depuis 1 siècle des gens venus des régions les plus pauvres de la péninsule – dont beaucoup d'Andalous –, attirés par la richesse de la région. Ces immigrants-là ne parlaient que castillan et ont dû se mettre au catalan, parfois avec réticence.

La centralisation du pouvoir sous le régime de Franco avait fait de la Catalogne un pôle d'opposition au franquisme. Auparavant, du moins jusqu'au début du XVIIIe s, elle avait ses propres institutions, retrouvées un moment en 1931 avec la création de la Generalitat de Catalogne. La mort de Franco et l'avènement d'une monarchie parlementaire allaient conduire à la renaissance de la Generalitat. Le statut d'octobre 1979 crée un parlement catalan qui élit le président de la Generalitat.

### LES BÉBÉS VOLÉS DU FRANQUISME

*Jusqu'en 1987 (donc 12 ans après la mort de Franco !), 300 000 enfants furent enlevés à des familles républicaines et vendus à des mères... bien-pensantes, pour le prix d'un appartement ! Dans les maternités, on persuadait l'accouchée que l'enfant était mort-né. Certaines religieuses et médecins participaient à ce trafic inqualifiable et lucratif.*

Les tensions entre les Catalans et le pouvoir central résultent du degré d'autonomie financière et politique que ce dernier veut bien concéder. Dans l'ensemble, ça se passait plutôt bien : la Catalogne était une alliée indispensable au gouvernement madrilène. Il ne faut pas oublier qu'Aznar devait sa victoire de 1996 à l'appui de Jordi Pujol. Et ça, Pujol avait su en jouer.

Mais, depuis le début des années 2000, une sensibilité clairement indépendantiste se fait jour en Catalogne. Les manifestations en faveur de l'indépendance se multiplient, jusqu'à la spectaculaire chaîne humaine longue de 400 km qui réunit en 2013 quelque 2 millions de personnes entre la frontière française et la région de Valence. Le 9 novembre 2014, la Generalitat maintient un référendum (déclaré illégal par Madrid) sur l'indépendance. Sur les 2,5 millions d'électeurs (sur 7 inscrits) qui se déplacent, 80,7 % se prononcent pour un État catalan indépendant. La consultation était toute symbolique mais témoigne d'une forte conscience régionale, illustrée par les drapeaux catalans accrochés quasiment partout, ou cette devise que l'on retrouve dans certains restos : « Notre langue : le catalan ; notre danse : la sardane ; notre devise : la liberté ». Et le référendum d'octobre 2017, toujours autour du thème de l'indépendance, ouvre un gouffre dans la démocratie espagnole (voir plus haut « Histoire. 2017 en bref »).

## RELIGIONS ET CROYANCES

Les clichés ont la vie dure : l'Espagne apparaît pour beaucoup comme un pays très catholique, très empreint de religiosité, où toutes les femmes s'appelleraient María Dolores et les hommes Jesús ou José. Qu'en est-il réellement ?

Certes, d'après les sondages, un bon 70 % (94 % officiellement) des Espagnols se reconnaissent de confession catholique, ce qui

### L'AURÉOLE DES SAINTS

*Partout dans la chrétienté, l'auréole est le symbole des saints. Au départ, on apposait un disque métallique, juste pour protéger la tête des statues de la chute de pierres ou des gouttes d'eau qui suintaient des plafonds. Peu à peu, les fidèles ont cru que cette protection était l'attribut de la sainteté...*

laisse peu de place pour les autres obédiences. Mais ce chiffre, qui donne l'image d'un catholicisme triomphant, cache une baisse prononcée de la fréquentation des églises, notamment lors de la messe dominicale, et surtout chez les jeunes. D'ailleurs, quelque 25 % des Espagnols s'affirment agnostiques ou athées et plus de 1 sur 2 met rarement les pieds à l'église – si ce n'est à l'occasion d'un mariage, d'un baptême, d'une communion ou d'un enterrement. Se déclarer catholique ne signifie donc pas forcément avoir la foi, mais plutôt être de culture catholique et se conformer à certains rites. Leur fonction est d'ailleurs également sociale et contribue à définir la place de chacun dans la société. Et puis, toutes ces occasions restent souvent le meilleur prétexte pour faire la fête : aux nombreux jours fériés à caractère religieux s'ajoutent les différentes fêtes des villes et des villages données en l'honneur du saint patron local, tandis que la Semaine sainte et ses processions mettent les Espagnols dans un état proche de l'hystérie collective. Une hystérie à travers laquelle se mêlent joie de vivre l'instant et authentique ferveur religieuse.
Cela étant dit, si les Espagnols se retrouvent moins nombreux à la messe dominicale, l'Église reste suffisamment puissante pour s'opposer farouchement à la société civile sur le terrain social. Le remue-ménage face au mariage gay en est bien la preuve, de même que le retour dans le débat de la législation sur l'avortement.
Et les non-catholiques dans tout ça ? Eh bien, la 1re communauté serait constituée par les protestants (1,2 million), aux deux tiers des Anglais installés en Espagne... Près de 1 million de personnes seraient orthodoxes (travailleurs d'Europe de l'Est) et à peu près autant musulmans, issus en majorité de l'immigration – bien que se soit développé un îlot de nouveaux convertis en Andalousie. Les juifs ne seraient guère que 40 000, mais une loi votée en juin 2015 accorde, sur demande, la nationalité espagnole à tous les descendants des Séfarades expulsés d'Espagne en 1492 et les années suivantes !

## SARDANE

La sardane est la danse nationale catalane, originaire de la région de l'Empordà, au nord de la Catalogne. Spécifique au Bassin méditerranéen, elle se dansait déjà, paraît-il, chez les Étrusques et dans la Grèce antique. Codifiée par Pep Ventura au XIXe s, elle fut largement médiatisée lors de la cérémonie d'ouverture des J.O. de 1992. Rien à voir avec les démonstrations flamboyantes du flamenco : c'est une danse sobre, interprétée toutes générations confondues. Mais pas aussi simple qu'elle en a l'air, puisque tous les pas et les pointes sont comptés. Les rondes se forment à l'appel du *flabiol* (petite flûte). Puis, un à un, tous les instruments de la *cobla* (l'orchestre) le rejoignent. Les danseurs entament une série de pas vers la droite, puis en arrière, et exécutent la même chorégraphie de l'autre côté.
Au début, la danse est lente, puis accélère avec la musique, les pas s'enchaînent et deviennent de plus en plus compliqués, alternant sauts et mouvements des bras. Et de nouveau la musique ralentit, et on revient aux pas du début... D'autres danseurs peuvent entrer dans le cercle sans que la danse s'arrête, on leur fait simplement de la place : certains y voient un symbole de l'accueil chaleureux envers les étrangers, de l'ouverture d'esprit qui caractérisent la société catalane.
Chaque sardane est composée de 2 unités mélodiques distinctes : les points courts, qui font usage de refrain comme dans une chanson, et les points longs, sorte de couplet. L'usage a voulu qu'une sardane commence par les courts (2 fois), les longs (2 fois), les courts (2 fois) et finalement les longs (4 fois). Les seules interruptions ont lieu uniquement après le 2e et le 3e des 4 derniers longs, par 2 arrêts nommés contrepoints. Le musicien fixe le nombre de courts et de longs de chaque sardane, suivant son inspiration, mais la moyenne habituelle, imposée par le délai du temps à jouer (environ 12 mn par sardane) est de 21 à 45 courts et de 51 à 95 longs. À noter que la Confédération de sardane a déposé un dossier auprès de l'Unesco pour la faire classer en Patrimoine immatériel de l'humanité.

### Pour voir danser la sardane à Barcelone

– *Plaça Catedral :* de février à juillet, le samedi à 18h ; de septembre à novembre, les dimanches et jours fériés à 11h15.
– *Parc de la Ciutadella :* seulement le dimanche avant Noël vers 12h.
– *Parc de l'Espanya Industrial et parc de Joan Miró :* seulement quelques dates dans l'année, se renseigner.
En août, la sardane est réservée aux fêtes locales (voir « Fêtes et jours fériés » dans « Barcelone utile » en début de guide). On peut consulter les dates sur le site ● *portalsardanista.cat* ●

## SAVOIR-VIVRE ET COUTUMES

### Quelques particularités

– Dans les hôtels comme dans les restos, il faut parfois ajouter à la note une ***taxe*** *(IVA),* qui va de 10 % (normale) à 12 % dans certains restos chics. Bon à savoir aussi, le pain est généralement facturé, et les suppléments pour le service en terrasse plutôt fréquents.
– Si le service est inclus dans l'addition, le ***pourboire,*** lui, ne l'est pas : il n'est pas obligatoire, mais il est courtois de laisser quelque chose (jusqu'à 10 % de l'addition). N'oubliez pas que les salaires sont ici moins élevés qu'en France.

#### ON SE DIT « TU » ?

*Le tutoiement est bien plus utilisé en espagnol qu'en français. Une manifestation de proximité qui surprend quand un chauffeur de taxi vous tutoie, par exemple. Il faut dire que le « vous » espagnol (usted) est autrement plus lourd de sens : il dérive, par usure phonétique, de « vuestra merced » (« Votre grâce ») ! Voilà pourquoi on vouvoie plutôt les supérieurs hiérarchiques ou les personnes âgées.*

– Il est un rituel que l'on retrouve dans toute la péninsule Ibérique, celle du ***paseo*** (littéralement la « promenade »). Vers 19h-20h, avant le dîner, les Barcelonais cultivent encore l'habitude de déambuler sur la sacro-sainte Rambla (ou sur les autres ramblas) jusqu'au bord de mer, en famille ou entre amis. L'élégance est de mise, chez les grands comme chez les petits. C'est un moment très convivial, souvent ponctué de retrouvailles : on croise un voisin, on dit bonjour à une cousine : « Et comment va Isabel ? » et on finit par s'asseoir sur un banc pour regarder les autres passer... Un spectacle à ne pas manquer.
– Il y a peu de ***w-c publics,*** mais on peut plus facilement qu'en France utiliser les w-c des cafés et restos ; on en trouve également dans les lieux culturels, quelques grands magasins et les centres commerciaux.
– En ***voiture,*** les Espagnols se garent n'importe où, y compris en double ou triple file, mais jamais sur les emplacements réservés aux personnes handicapées, qu'ils respectent scrupuleusement.
– Enfin, on fait attention à sa ***tenue*** quand on entre dans une église (les jambes nues sont mal vues, et il vaut mieux couvrir bras et épaules).

### Fêtes à toutes les sauces

De toute façon, tous les prétextes sont bons en Espagne pour organiser une fête. Bien sûr, tous les saints y passent mais aussi les escargots, les ânes, les récoltes, les taureaux ! Il y en a pour tous les goûts et pour toutes les folies. On compte plus de 25 000 fêtes par an, soit une toutes les 20 mn ! La plupart sont concentrées en été. L'origine de ces fêtes est avant tout religieuse. Le catholicisme a intégré toutes les célébrations païennes pour mieux les christianiser et, au contraire

du protestantisme de l'Europe du Nord, est resté attaché à toutes les commémorations et à tous les rites ancestraux. N'empêche que les vieilles fêtes religieuses ont considérablement dévié, au point de parfois provoquer les critiques de l'Église.
Pour Gil Calvo, sociologue : « La base réelle [de la fête], c'est qu'il n'y a pas assez de travail pour tout le monde ; les Espagnols compenseraient donc ce manque d'activité par la fête. » Ni la fin du franquisme, ni la déchristianisation grandissante de la péninsule n'ont eu d'effet sur l'engouement festif des Espagnols : c'est aussi beaucoup le « vivre ensemble » que l'on célèbre.

### Vie nocturne

Ici, on ne dort pas ! Enfin, hors période de Covid... Mais la vie nocturne barcelonaise (et espagnole en général) est certainement l'une des plus développées d'Europe, voire du monde. La nuit, en temps normal, la rue appartient aux noctambules qui fourmillent dans les quartiers les plus animés. Barcelone, outre toutes les fêtes religieuses ou commémoratives, a comme particularité d'être une ville très branchée, pour ne pas dire *hype,* l'un des temples européens de la musique électronique, *Sónar* oblige ; on ne compte plus les bars et les boîtes, et la ville attire chaque année des milliers de jeunes venus s'éclater aux rythmes des derniers DJs, dans des ambiances et des cadres aussi variés que leurs envies ! Tout cela commence fort tard (en général, pas la peine de se pointer avant 1h ou 2h) et se termine au petit matin, à moins d'embrayer avec un *after...*

## SITES INSCRITS AU PATRIMOINE MONDIAL DE L'UNESCO

UNESCO
Organisation des Nations Unies pour l'éducation, la science et la culture
En coopération avec l
Centre du patrimoine mondial

Pour figurer sur la liste du Patrimoine mondial, les sites doivent avoir une valeur universelle exceptionnelle et satisfaire à au moins 1 des 10 critères de sélection. La protection, la gestion, l'authenticité et l'intégrité des biens sont également des considérations importantes.
Le patrimoine est l'héritage du passé dont nous profitons aujourd'hui et que nous transmettons aux générations à venir. Nos patrimoines culturel et naturel sont 2 sources irremplaçables de vie et d'inspiration. Ces sites appartiennent à tous les peuples du monde, sans tenir compte du territoire sur lequel ils sont situés. Pour plus d'informations : ● *whc.unesco.org* ●
– Les œuvres d'Antoni Gaudí (1984, 2005) : ***park Güell, palau Güell, casa Milà*** (la Pedrera), ***casa Vicens, Sagrada Família*** (façade de la Nativité et crypte), ***casa Batlló*** et ***Colònia Güell*** (la crypte ; à Santa Coloma de Cervelló, dans les environs de Barcelone).
– ***Palau de la Música catalana*** et ***hospital de Sant Pau*** (1997).

## SPORTS ET LOISIRS

### Le football *(fútbol)*

On trouve en Espagne les plus grands stades européens, et les grands clubs sont l'orgueil des villes. Barcelone vibre au rythme du ***Barça*** (FC Barcelone), club de foot phare du pays et symbole de la résistance catalane face au pouvoir de Madrid. Le club est entré dans la légende depuis le passage d'un certain Johan Cruyff à la fin des années 1970, qui proposa le football le plus spectaculaire et offensif d'Europe. Et ça a marché du feu de dieu... jusqu'à aujourd'hui ! Certes, on ne peut plus en dire autant en 2020, Messi ayant annoncé un faux départ en raison de la crise sportive du club, sans parler de notre Griezmann national qui a bien du mal à trouver sa place dans une équipe en plein doute...

Mais du point de vue historique, le Barça, c'est la grande classe ! Vainqueur pour la 26e fois du championnat national (la *Liga*) en 2019, les joueurs au maillot bleu et rouge ont également décroché tous les trophées européens, dont 5 fois la Ligue des champions en 1992, 2006, 2009, 2011 et 2015. En cette même année 2015, ils ont même accentué leur domination sur l'Europe en remportant le mythique triplé Championnat/Coupe/Ligue des champions. Il faut dire que le club a toujours accueilli de grosses pointures, parmi lesquelles les Argentins Diego Maradona et Lionel Messi, le Brésilien Ronaldinho, le Camerounais Samuel Eto'o ou les Français Lilian Thuram, Thierry Henry et aujourd'hui Antoine Griezmann, et on en passe. Peu de gars du pays, finalement... Mais qu'importe puisque le Nou Camp et ses 99 000 places compte 180 000 *socios,* un système unique d'abonnés-actionnaires qui leur octroie par exemple le pouvoir de renvoyer leur président, ce qui faillit arriver récemment quand Messi menaça de partir. Mieux qu'une cotation en Bourse !

Les aficionados en quête de simplicité se rabattront sur l'autre club de la ville, l'Espanyol, peut-être moins performant mais plus authentique. Les derbies entre ces 2 équipes donnent d'ailleurs lieu à des matchs très suivis et animés.

Les victoires à l'Euro 2008, la Coupe du monde en 2010 et l'Euro 2012 ont confirmé la bonne santé du football espagnol, même si l'élimination précoce à la Coupe du Monde 2014 et à l'Euro 2016 a quelque peu calmé l'enthousiasme des supporters du pays. Parmi les joueurs de la sélection, on compte un bon tiers de Catalans, mais c'est bien le drapeau national qui flottait dans les rues de Catalogne lors de ces compétitions !

# les ROUTARDS sur la FRANCE 2021-2022

(dates de parution sur • routard.com •)

## Découpage de la FRANCE par le ROUTARD

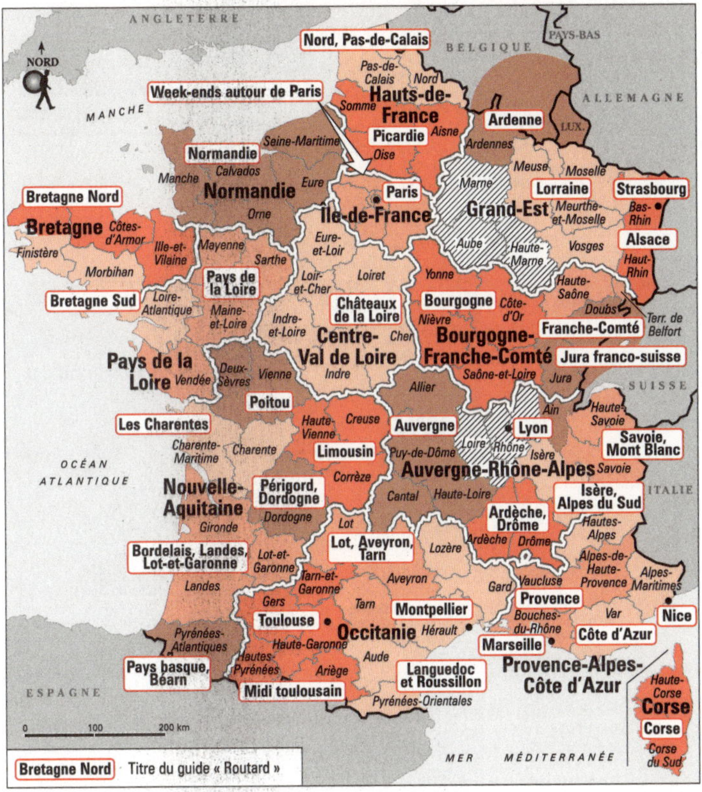


### Autres guides sur la France

- Nos meilleurs campings en France
- Nos meilleures chambres d'hôtes en France

### Autres guides sur Paris

- Paris
- Paris balades
- Restos et bistrots de Paris
- Le Routard des amoureux à Paris
- Week-ends autour de Paris

### Le Routard à vélo

- EuroVelo6
- La Bourgogne du Sud à vélo
- La Flow Vélo
- La Loire à Vélo
- La Vélodyssée (Roscoff-Hendaye)
- Le Canal des 2 mers à vélo
- Paris Île-de-France à vélo
- ViaRhôna
- Les plus belles escapades à Vélo en France

# les ROUTARDS sur l'ÉTRANGER 2021-2022

(dates de parution sur • **routard.com** •)

**Découpage de l'ESPAGNE par le ROUTARD**

**Découpage de l'ITALIE par le ROUTARD**

## Autres pays européens

- Allemagne
- Angleterre, Pays de Galles
- Autriche
- Belgique
- Bulgarie
- Crète
- Croatie
- Danemark, Suède
- Écosse
- Finlande
- Grèce continentale
- Hongrie
- Îles grecques et Athènes
- Irlande
- Islande
- Madère
- Malte
- Norvège
- Pays baltes : Tallinn, Riga, Vilnius
- Pologne
- Portugal
- République tchèque, Slovaquie
- Roumanie
- Suisse

## Villes européennes

- Amsterdam
- Berlin
- Bruxelles
- Budapest
- Copenhague
- Dublin
- Lisbonne
- Londres
- Moscou
- Naples
- Porto
- Prague
- Saint-Pétersbourg
- Stockholm
- Vienne

# les ROUTARDS sur l'ÉTRANGER 2021-2022

(dates de parution sur • *routard.com* •)

## Découpage des ÉTATS-UNIS par le ROUTARD

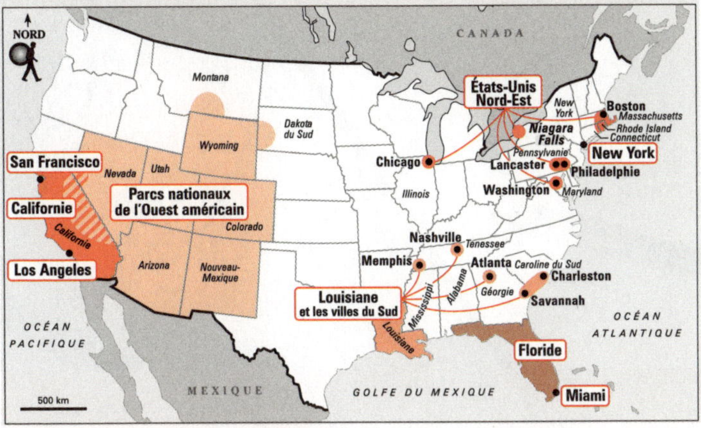


## Autres pays d'Amérique

- Argentine
- Brésil
- Canada Ouest
- Chili et île de Pâques
- Colombie
- Costa Rica
- Équateur et les îles Galápagos
- Guatemala, Belize
- Mexique
- Montréal
- Pérou, Bolivie
- Québec et Ontario

## Asie et Océanie

- Australie côtes est et nord + Red Centre
- Bali, Lombok
- Bangkok
- Birmanie (Myanmar)
- Cambodge, Laos
- Chine
- Hong Kong, Macao, Canton
- Inde du Nord
- Inde du Sud
- Israël et Palestine
- Istanbul
- Jordanie
- Malaisie, Singapour
- Népal
- Shanghai
- Sri Lanka (Ceylan)
- Thaïlande
- Tokyo, Kyoto et environs
- Turquie
- Vietnam

## Afrique

- Afrique du Sud
- Égypte
- Kenya, Tanzanie et Zanzibar
- Maroc
- Marrakech
- Sénégal
- Tunisie

## Îles Caraïbes et océan Indien

- Cuba
- Guadeloupe, Saint-Martin, Saint-Barth
- Île Maurice, Rodrigues
- Madagascar
- Martinique
- République dominicaine (Saint-Domingue)
- Réunion

## Guides de conversation

- Allemand
- Anglais
- Arabe du Maghreb
- Arabe du Proche-Orient
- Chinois
- Croate
- Espagnol
- Grec
- Italien
- Japonais
- Portugais
- Russe
- G'palémo (conversation par l'image)

## Livres-photos/Livres-cadeaux

- La France de Stéphane Bern (**nouveauté**)
- Voyages
- Voyages : États-Unis
- Voyages : France
- Voyages : Italie
- Road Trips Monde
- Road Trips en France (**nouveauté**)
- 120 coins secrets en Europe
- 50 voyages à faire dans sa vie
- 1 200 coups de cœur dans le monde
- 1 200 coups de cœur en France
- 52 week-ends dans les plus belles villes d'Europe
- 52 week-ends coups de cœur en France
- 52 escapades nature en France (**nouveauté**)
- Cahier de vacances du Routard

**Nous tenons à remercier tout particulièrement Loup-Maëlle Besançon, Thierry Bessou, Gérard Bouchu, François Chauvin, Grégory Dalex, Fabrice Doumergue, Cédric Fischer, Carole Fouque, Nicolas George, Michelle Georget, David Giason, Claude Hervé-Bazin, Emmanuel Juste, Dimitri Lefèvre, Fabrice de Lestang, Romain Meynier, Éric Milet, Pierre Mitrano, Jean-Sébastien Petitdemange, Thomas Rivallain et Jean Tiffon pour leur collaboration régulière.**

Brice Andlauer
Jean-Jacques Bordier-Chêne
Agnès Debiage
Coralie Delvigne
Jérôme Denoix
Tovi et Ahmet Diler
Clélie Dudon
Sophie Duval
Alain Fisch
Bérénice Glanger
Adrien et Clément Gloaguen
Sébastien Jauffret
Alexia Kaffès
Augustin Langlade
Jacques Lemoine
Aline Morand
Louis Nagot
Caroline Ollion
Martine Partrat
Odile Paugam et Didier Jehanno
Céline Ruaux
Prakit Saiporn
Nejma Tahri Hassani
Alice Tonasso
Caroline Vallano

**Direction :** Sidonie Chollet
**Direction éditoriale :** Élise Ernest
**Édition :** Matthieu Devaux, Olga Krokhina, Gia-Quy Tran, Julie Dupré, Emmanuelle Michon, Pauline Janssens, Amélie Ramond, Margaux Lefebvre, Julie Wood et Ionah Vasseur
**Ont également collaboré :** Anne Le Bigot et Arianne Fort
**Cartographie :** Frédéric Clémençon et Aurélie Huot
**Contrôle de gestion :** Jérôme Boulingre et Yannis Villeneuve
**Secrétariat :** Catherine Maîtrepierre
**Fabrication :** Nathalie Lautout et Audrey Detournay
**Relations presse :** COM'PROD, Fred Papet. ☎ 01-70-69-04-69. • *info@comprod.fr* •, Martine Levens (Belgique) et Maureen Browne (Suisse)
**Direction marketing :** Stéphanie Parisot, Élodie Darty et Charlotte Brou
**Couverture :** le-bureau-des-affaires-graphiques.com
**Silhouette du Routard :** Clément Gloaguen (d'après Solé)
**Maquette intérieure :** le-bureau-des-affaires-graphiques.com, Thibault Reumaux et npeg.fr
**Contact Partenariats :** Jérôme Denoix • *jeromedenoix@gmail.com* •
**Contact Partenariats et régie publicitaire :** Florence Brunel-Jars • *fbrunel@hachette-livre.fr* •

# INDEX GÉNÉRAL

INDEX GÉNÉRAL

## LISTE DES CARTES ET PLANS



INDEX GÉNÉRAL

**UNE PANDÉMIE INOUÏE !**

Depuis toujours, ***Le Routard* se plaît à dénicher hôteliers et restaurateurs** qui accueillent nos lecteurs avec sourire et professionnalisme. Malgré toute notre vigilance, certains d'entre eux auront malheureusement fermé quand ce livre sortira. De même, les horaires et modalités d'accueil de certains sites et musées auront été momentanément modifiés. Cette terrible **pandémie de Coronavirus** a, on le sait, des conséquences importantes pour tous les professionnels du tourisme. **Nous sommes de tout cœur avec eux !**

**IMPORTANT : DERNIÈRE MINUTE**

Sauf rare exception, le *Routard* bénéficie d'une parution annuelle à date fixe. Entre deux dates, des événements fortuits (formalités, taux de change, catastrophes naturelles, conditions d'accès aux sites, fermetures inopinées, etc.) peuvent intervenir et modifier vos projets de voyage. Pour éviter les déconvenues, nous vous recommandons de consulter la rubrique « Guide » par pays de notre site ● ***routard.com*** ● et plus particulièrement les dernières ***Actus voyageurs.***

### Remarque importante aux hôteliers et restaurateurs

Les enquêteurs du *Routard* travaillent dans le plus strict anonymat. Aucune réduction, aucun avantage quelconque, aucune rétribution n'est jamais demandé en contrepartie. Face aux aigrefins, la loi autorise les hôteliers et restaurateurs à porter plainte.

### Avis aux lecteurs

*Le Routard,* ce n'est pas comme le bon vin, il vieillit mal. On ne veut pas pousser à la consommation, mais évitez de partir avec une édition ancienne. Les modifications sont souvent importantes.

Les réductions accordées à nos lecteurs ne sont jamais demandées par nos rédacteurs afin de préserver leur indépendance. Les hôteliers et restaurateurs sont sollicités par une société de mailing, totalement indépendante de la rédaction, qui reste donc libre de ses choix. De même pour les autocollants et plaques émaillées.

### Avec routard.com, choisissez, organisez, réservez et partagez vos voyages !

✓ Rejoignez la plus grande communauté francophone de voyageurs : **plusieurs millions d'internautes.**

✓ Échangez avec les routarnautes : forums, photos, avis d'hôtels.

✓ Retrouvez aussi toutes les informations actualisées pour choisir et préparer vos voyages : près de 300 guides destinations, une centaine de dossiers pratiques et un magazine en ligne pour découvrir tous les secrets de votre destination.

✓ Enfin, comparez les offres pour organiser et réserver votre voyage au meilleur prix.

## *Les* **Routards** *parlent aux* **Routards**

Faites-nous part de vos expériences, de vos découvertes, de vos tuyaux et de vos coups de cœur. Aidez-nous à remettre l'ouvrage à jour. Indiquez-nous les renseignements périmés. Faites profiter les autres de vos adresses nouvelles, combines géniales... On adresse un exemplaire gratuit de la prochaine édition à ceux qui nous envoient les meilleurs courriers, pour la qualité et la pertinence des informations.

Quelques conseils cependant :

– Envoyez-nous votre courrier le plus tôt possible afin que l'on puisse insérer vos tuyaux sur la prochaine édition.

– N'oubliez pas de préciser l'ouvrage que vous désirez recevoir, ainsi que votre adresse postale.

– Vérifiez que vos remarques concernent l'édition en cours et notez les pages du guide concernées par vos observations.

– Quand vous indiquez des hôtels ou des restaurants, pensez à signaler leur adresse précise et, pour les grandes villes, les moyens de transport pour y aller. Si vous le pouvez, joignez la carte de visite de l'hôtel ou du resto décrit.

En tout état de cause, merci pour vos nombreux mails.

**122, rue du Moulin-des-Prés, 75013 Paris**

● *guide@routard.com* ● *routard.com* ●

## **Routard Assurance** *2021*

Enrichie au fil des années par les retours des lecteurs, *Routard Assurance* reste l'assurance voyage référence des globe-trotters. Tout y est inclus, même la **Covid** : frais médicaux, assistance rapatriement, bagages, responsabilité civile... Avant votre départ, appelez *AVI* pour un conseil personnalisé. Besoin d'une **attestation Covid,** d'un avis médical, d'une prise en charge dans un hôpital ? Téléchargez l'appli mobile *AVI International* pour garder le contact avec *AVI Assistance* et disposer d'un vaste réseau médical à travers le monde. *AVI Assistance* est disponible 24h/24 pour une réponse en temps réel. De simples frais de santé en voyage ? Envoyez les factures à *AVI* dès votre retour, ils vous remboursent sous une semaine. *Le Colisée Gardens, 10 avenue de l'Arche, CS 70126, 92419 Courbevoie Cedex.* ☎ *01-44-63-51-00.* ● *avi-international.com* ● Ⓜ *La Défense.*

Édité par Hachette Livre (58, rue Jean-Bleuzen, CS 70007, 92178 Vanves Cedex, France)
Photocomposé par Jouve (1, rue du Docteur Sauvé, 53100 Mayenne, France)
Imprimé par Jouve Print (Quai n° 2, 733, rue Saint-Léonard, BP 3, 53101 Mayenne Cedex, France)
Achevé d'imprimer en avril 2021
Collection n° 13 - Édition n° 01
50/0861/1
I.S.B.N. 978-2-01-629316-4
Dépôt légal : avril 2021

PAPIER À BASE DE FIBRES CERTIFIÉES